Organisation

SCHÄFFER
POESCHEL

Dietmar Vahs

Organisation

Einführung in die Organisationstheorie und -praxis

2., überarbeitete und erweiterte Auflage

1999
Schäffer-Poeschel Verlag Stuttgart

Praxisnahes Wirtschaftsstudium

Herausgegeben von Bernd P. Pietschmann und Dietmar Vahs

Prof. Dr. Bernd P. Pietschmann, Fachhochschule Aachen

Prof. Dr. Dietmar Vahs, Fachhochschule Esslingen –
Hochschule für Technik

Hilfsmaterial für die Lehre

Dozenten können einen Band mit DIN A 4-Vergrößerungen aller in diesem Buch enthaltenen Abbildungen beim Verlag bestellen. Von diesen Vorlagen lassen sich Transparentfolien zur Anwendung in Lehrveranstaltungen ziehen. Richten Sie Ihre Bestellung an den

Schäffer-Poeschel Verlag
Vertrieb
Werastraße 21–23
D-70182 Stuttgart
Fax 0711/2194–119

Bitte nennen Sie Autor, Titel und Bestellnummer des Folienvorlagenbandes und fügen Sie eine Bescheinigung über Ihre Dozententätigkeit bei.

Bestellnummer des Folienvorlagebandes: 3-7910-1529-X

Die Deutsche Bibliothek – CIP-Einheitsaufnahme

Vahs, Dietmar:
Organisation : Einführung in die Organisationstheorie und -praxis /
Dietmar Vahs. – 2., überarb. und erw. Aufl. – Stuttgart : Schäffer-Poeschel, 1999
  (Praxisnahes Wirtschaftsstudium)
  ISBN 3-7910–1497–8

Gedruckt auf chlorfrei gebleichtem, säurefreiem und alterungsbeständigem Papier

ISBN 3–7910–1497–8

© 1999 Schäffer-Poeschel Verlag für Wirtschaft · Steuern -. Recht GmbH & Co. KG
Einbandgestaltung: Willy Löffelhardt
Satz: Johanna Boy, Brennberg
Druck und Bindung: Franz Spiegel Buch GmbH, Ulm
Printed in Germany

Schäffer-Poeschel Verlag Stuttgart
Ein Tochterunternehmen der Verlagsgruppe Handelsblatt

Vorwort der Herausgeber

Die Reihe *Praxisnahes Wirtschaftsstudium* bietet eine lebendige und praxisorientierte Vermittlung des aktuellen betriebswirtschaftlichen Wissens.

Dazu trägt vor allem die langjährige Praxiserfahrung der Autoren dieser Reihe bei. Durch ihre Tätigkeit als Führungskräfte in Unternehmen, als Hochschullehrer und als Wirtschaftsberater verfügen sie sowohl über fundierte Fachkenntnisse als auch über umfassende praktische Erfahrungen.

Die Reihe *Praxisnahes Wirtschaftsstudium* umfaßt mehrere Bände, die in Aufbau und Gestaltung derselben Systematik folgen. Dadurch finden sich die Leserinnen und Leser in den einzelnen Wissensgebieten schnell zurecht und können die Themen leichter »vernetzen«. Der besseren Orientierung dienen auch die Marginalien am Rande des Textes und die Kennzeichnung von Beispielen mit einem B und von Definitionen mit einem D. Die Bücher bestehen aus jeweils drei Elementen:

- In einem **Thementeil** werden die Lehrinhalte systematisch und anhand einer Vielzahl von erklärenden Graphiken und Beispielen aus der Wirtschaft erläutert.
- **Fallbeispiele** führen realitätsnah durch die verschiedenen Bereiche eines Unternehmens und ermöglichen die unmittelbare Anwendung des erarbeiteten Wissens.
- Das ausführliche **Stichwortverzeichnis** am Ende jeden Buches macht die Reihe zu einem Nachschlagewerk, in dem sich die Leserinnen und Leser schnell zurechtfinden.

Wo immer dies sinnvoll ist, wird jeder Abschnitt des Thementeils durch Wiederholungsfragen zur Überprüfung des Lernfortschritts ergänzt; am Ende des Buches findet der Leser darüber hinaus teilweise Übungsaufgaben und Musterlösungen.

Die Bücher der Reihe *Praxisnahes Wirtschaftsstudium* wenden sich insbesondere an zwei Adressatengruppen:

- **Studierende** an Fachhochschulen, Universitäten, Akademien und sonstigen Einrichtungen, denen in dieser Reihe Lehrbücher angeboten werden, die wissenschaftliche Grundlagen mit konkretem Praxisbezug verbinden und die durch ihren Aufbau auch über das Studium hinaus als Nachschlagewerk dienen.

- **Praktiker**, die im Rahmen ihrer Tätigkeit mit betriebswirtschaftlichen Problemen konfrontiert werden und sich schnell und systematisch einen fundierten Einblick in den gegenwärtigen Stand der Betriebswirtschaftslehre und einiger wichtiger Nachbardisziplinen verschaffen wollen.

Für Hinweise, die einer Verbesserung der Reihe *Praxisnahes Wirtschaftsstudium* dienen, sind die Herausgeber jederzeit dankbar.

Aachen und Stuttgart   *Bernd P. Pietschmann*
                                                          Dietmar Vahs

Vorwort des Verfassers
zur ersten Auflage

Wer Aufgaben arbeitsteilig bewältigen möchte, wird zwangsläufig mit Organisationsproblemen konfrontiert. Das war in früherer Zeit grundsätzlich nicht anders als in unseren Tagen. Allerdings haben die Aufgabenkomplexität und die Aufgabendynamik ständig zugenommen. Organisatorischer Wandel ist zu einem wesentlichen Element geworden, um die Leistungs- und Wettbewerbsfähigkeit von Unternehmen zu verbessern. Letztendlich trägt Organisation zur langfristigen Erfolgssicherung bei. Führungskräfte der privaten Wirtschaft und der öffentlichen Verwaltung müssen in der Lage sein, organisatorische Maßnahmen für ihren Zuständigkeitsbereich zielgerichtet zu planen und erfolgreich umzusetzen, wenn sie ihrer Verantwortung gerecht werden wollen.

Die vorliegende Einführung in die Organisationstheorie und -praxis wendet sich an drei Gruppen von Adressaten (und selbstverständlich auch Adressatinnen, was an dieser Stelle pars pro toto zum Ausdruck gebracht werden soll): Zunächst sind Studierende angesprochen, die sich im Rahmen ihres Studienfaches mit Organisationsfragen auseinandersetzen müssen und nach einem Lehrbuch suchen, das wissenschaftliche Grundlagen mit konkretem Praxisbezug verbindet. Zweitens wendet es sich an Praktiker, die im Rahmen ihrer Tätigkeit mit organisatorischen Problemen konfrontiert werden und sich schnell einen fundierten Einblick in den gegenwärtigen Stand der Organisationslehre verschaffen wollen. Drittens soll dieses Buch jenen Lesern zur Lektüre dienen, die sich ohne unmittelbaren Zwang auf einem Gebiet »fit« machen wollen, von dem sie zu Recht annehmen, daß es in Zukunft weiter an Bedeutung gewinnen wird.

Um den Ansprüchen der drei Adressatengruppen so gut wie möglich gerecht zu werden, hat sich der Verfasser bei der Auswahl des Stoffes, dessen Gliederung und der Darstellung von seinen eigenen Erfahrungen als Student, Organisator in einem großen Unternehmen, Hochschullehrer und Unternehmensberater leiten lassen. Zahlreiche Abbildungen und eine entsprechende drucktechnische Gestaltung mit Hervorhebungen im Text und Marginalien sollen dem Leser eine schnelle Orientierung ermöglichen und visuelle Unterstützung bieten. Anhand einer Vielzahl von Beispielen wer-

den organisatorische Probleme und deren Lösungsansätze realitätsnah erörtert. Sie konfrontieren den Leser immer wieder mit der
Praxis und zeigen die zunehmende Bedeutung des Erfolgsfaktors
Organisation. Wiederholungsfragen am Ende eines jeden Kapitels
dienen der Selbstkontrolle. Die Abbildung 1 vermittelt einen ersten Eindruck vom inhaltlichen Aufbau des vorliegenden Lehrbuches.

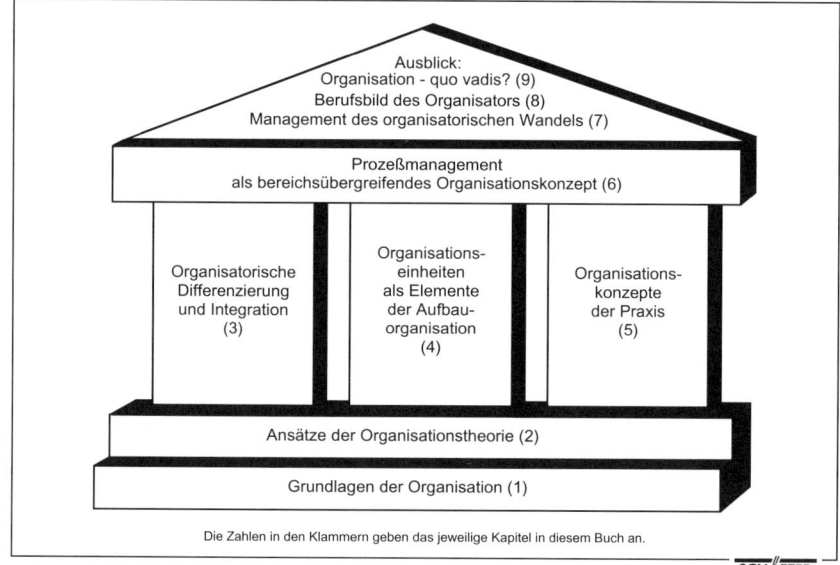

Abb. 1: Aufbau des Lehrbuches

Für Anregungen zur kontinuierlichen Verbesserung der »Organisation« ist der Verfasser immer dankbar.

Stuttgart, im Januar 1997   *Dietmar Vahs*

Vorwort des Verfassers
zur zweiten Auflage

Als vor ziemlich genau zwei Jahren die erste Auflage der »Organisation« erschien, war nicht abzusehen, daß nach kurzer Zeit eine Neuauflage erforderlich sein würde.

Der Verfasser hat diese Notwendigkeit gerne als eine Chance verstanden, sein Buch an einigen Stellen zu überarbeiten und zu ergänzen sowie kleinere inhaltliche und sprachliche Verbesserungen vorzunehmen.

Überarbeitet wurden insbesondere die »Ansätze der Organisationstheorie« (2. Kapitel) und das 7. Kapitel über das »Management des organisatorischen Wandels«. Die »Organisationskonzepte der Praxis« im 5. Kapitel wurden durch aktuelle Beispiele aus Unternehmen verschiedener Branchen ergänzt, um zu zeigen, wie die grundlegenden strukturellen Gestaltungsalternativen praktisch umgesetzt werden. Neu ist das neunte und letzte Kapitel, das sich mit der Frage auseinandersetzt, welche Perspektiven sich am Ende dieses Jahrtausends für die Unternehmensorganisation auftun.

Stuttgart, im Januar 1999   *Dietmar Vahs*

Inhaltsverzeichnis

Abkürzungsverzeichnis

A.	Auflage
Abb.	Abbildung
ABB	Asea Brown Boveri
Abs.	Absatz
AEG	Allgemeine Elektrizitätsgesellschaft
AG	Aktiengesellschaft
AktG	Aktiengesetz
ASQ	American Science Quarterly
BAB	Betriebsabrechnungsbogen
Bd.	Band
BDSG	Bundesdatenschutzgesetz
BetrVG	Betriebsverfassungsgesetz
BHW	Beamten-Heimstätten-Werk
BMW	Bayerische Motorenwerke
BVW	Betriebliches Vorschlagswesen
bzw.	beziehungsweise
ca.	zirka
DASA	Daimler-Benz Aerospace
DB	Der Betrieb
debis	Daimler-Benz InterServices
d.h.	das heißt
DIN	Deutsche Industrie-Norm(en)
Diss.	Dissertation
DM	Deutsche Mark
DNS	Desoxyribonukleinsäure
ebda.	ebenda
EDI	Electronic Data Interchange
EDV	Elektronische Datenverarbeitung
et al.	et alii (und andere)
e.V.	eingetragener Verein
F+E	Forschung und Entwicklung
f.	folgende
ff.	fortfolgende
ggf.	gegebenenfalls
GmbH	Gesellschaft mit beschränkter Haftung
GmbHG	GmbH-Gesetz
griech.	griechisch
HBM	Harvard Business Manager
HBR	Harvard Business Review
HM	Harvard Manager

HP	Hewlett-Packard
Hrsg.	Herausgeber
hrsg.	herausgegeben
HWFü	Handwörterbuch der Führung
HWO	Handwörterbuch der Organisation
IBM	International Business Machines
I. G.	Interessen-Gemeinschaft
i.S.	im Sinne
IKT	Informations- und Kommunikationstechnologie
ISO	International Organization for Standardization
IT	Informationstechnologie
KGaA	Kommanditgesellschaft auf Aktien
KVP	Kontinuierlicher Verbesserungsprozeß
lat.	lateinisch
LKW	Lastkraftwagen
MBB	Messerschmitt-Bölkow-Blohm
Mio.	Million(en)
MitbestG	Mitbestimmungsgesetz
MM	Manager Magazin
MontanMitbestG	Montan-Mitbestimmungsgesetz
MTU	Maschinen-Turbinen-Union
Nr.	Nummer
o.ä.	oder ähnliche(s)
OE	Organisationsentwicklung
o.O.	ohne Ort
PKW	Personenkraftwagen
Prod.	Produktion
PuK	Planung und Kontrolle
REFA	Verband für Arbeitsstudien und Betriebsorganisation e.V.
S.	Seite(n)
SBA	Strategic Business Area
SBU	Strategic Business Unit
SGE	Strategische Geschäftseinheit
SGF	Strategisches Geschäftsfeld
sog.	sogenannt(e)
Sp.	Spalte
StZ	Stuttgarter Zeitung
top	time optimized processes
TQM	Total Quality Management
u.a.	und andere(n)
u.U.	unter Umständen
u.v.m.	und vieles mehr
USA	United States of America
usw.	und so weiter

v.a.	vor allem
vgl.	vergleiche
Vol.	Volume
vs.	versus
WiSt	Wirtschaftswissenschaftliches Studium
WZB	Wissenschaftszentrum Berlin
z.B.	zum Beispiel
ZfB	Zeitschrift für Betriebswirtschaft
ZfbF	Schmalenbachs Zeitschrift für betriebswirtschaftliche Forschung
zfo	Zeitschrift Führung und Organisation

Abbildungsverzeichnis

1 Grundlagen der Organisation: Was ist unter Organisation zu verstehen?

1.1 Lernziele

Im ersten Kapitel soll der Leser

- die Bedeutung der Organisation für ein Unternehmen erkennen,
- sich mit wichtigen Grundbegriffen der Organisation auseinandersetzen,
- ein erstes Verständnis von Organisation entwickeln und
- die Organisation in den Gesamtzusammenhang der Unternehmensführung einordnen.

1.2 Ein erster Blick in die Organisationspraxis: Organisation als Erfolgsfaktor

Wer sich mit der aktuellen wirtschaftlichen Situation von Unternehmen auseinandersetzt, stößt sehr schnell auf das Thema Organisation. Offensichtlich spielen organisatorische Probleme bei der Lösung der anstehenden Aufgaben in (fast) allen Unternehmen derzeit eine besonders wichtige Rolle, gleichgültig ob es beispielsweise um die Marktausrichtung, die Kundenorientierung oder die Mitarbeitermotivation geht. Die geplante organisatorische Gestaltung der betrieblichen Strukturen und Abläufe ist für alle Führungsebenen zu einer Aufgabe geworden, deren zielgerichtete Bewältigung einen wesentlichen Erfolgsfaktor darstellt.

Impulse durch neue Konzepte

Gerade die letzten Jahre haben sich hinsichtlich Umfang und Intensität als eine beispiellose Phase der Neuausrichtung und Restrukturierung erwiesen. Angestoßen durch die **Lean Production-** und **Lean Management-Welle** Anfang der neunziger Jahre und gefördert durch eine schwache Konjunktur mit den entsprechenden wirtschaftlichen Folgewirkungen, fanden in vielen Unternehmen weitreichende und tiefgreifende organisatorische Veränderungen bisher nicht gekannten Ausmaßes statt, wie die Einrichtung von

Cost- und Profit-Centern, der Abbau von Hierarchieebenen, die prozeßorientierte Strukturierung usw. Als Vorbilder dienten zunächst japanische Unternehmen, die mit ihrer hohen Produktivität und Qualität im internationalen Wettbewerb Marktanteile eroberten. Weitere Organisationskonzepte wie **Business Reengineering** und **Total Quality Management** folgten. Sie versprachen noch umfassendere Verbesserungen und weitergehende Kostenreduzierungen.

Empirische Untersuchungsergebnisse

Nun läßt sich über die praktische Umsetzbarkeit und die Erfolgsaussichten dieser Management-Programme trefflich streiten, und jüngste Veröffentlichungen weisen nach, daß die oft allzu großen Erwartungen teilweise nicht erfüllt worden sind (vgl. hierzu Kapitel 7). Empirische Untersuchungen zeigen aber, welche Bedeutung den organisatorischen Fragestellungen nach wie vor zukommt. So ergab eine Befragung von über 1.800 Führungskräften großer und mittelgroßer Unternehmen unterschiedlicher Industriezweige in den USA, Kanada, Japan, Frankreich, Großbritannien und Deutschland, daß die wesentliche Aufgabe der kommenden Jahre darin gesehen wird, die »soft facts« den veränderten strukturellen Rahmenbedingungen anzupassen (vgl. Abb. 2). Auf die Frage, welche Maßnahmen als besonders wichtig für die Steigerung der Produktivität erachtet werden, nannten 93% der befragten Manager die Verbesserung der Kommunikation. Als weitere organisatorisch relevante Maßnahmen wurden die Neugestaltung der Geschäftsprozesse (91%), die Beteiligung der Mitarbeiter an den betrieblichen Entscheidungen (80%) und die leistungsgerechte Vergütung genannt (78%). Darüber hinaus gelten in allen Ländern die Füh-

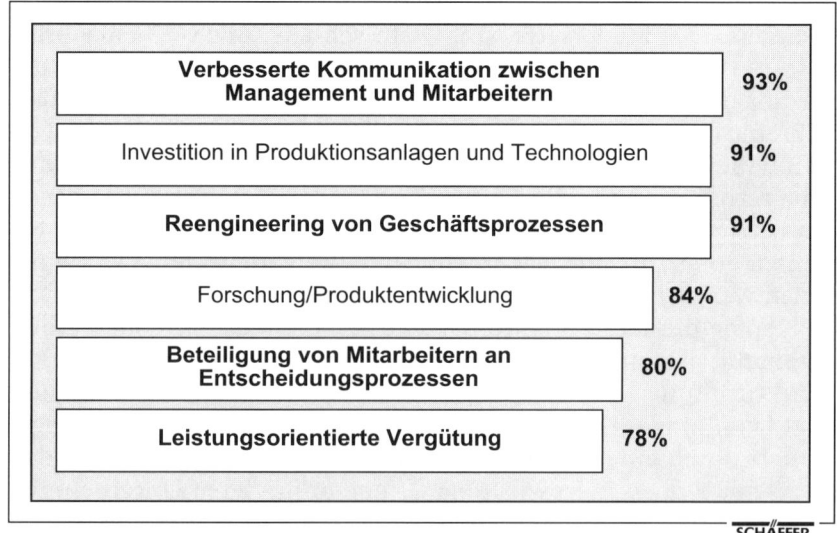

Abb. 2: Maßnahmen zur Produktivitätssteigerung

rungskräfteentwicklung (bis auf Japan) und die »Erneuerung der Organisation« als diejenigen Bereiche mit dem größten Handlungsbedarf (vgl. *Risch, S.* 1995 S. 170 ff.).

Asea Brown Boveri AG (ABB)	»Die Konzerngründung vor acht Jahren war die bis dahin größte grenzüberschreitende Fusion. ... *ABB* expandierte und nutzte Größen- und Verbundvorteile. Dabei sollte kein typischer Konzern mit kopflastiger Zentrale, lähmender Bürokratie, zahllosen Vorschriften, engstirnigem Denken und geringem Kundenkontakt entstehen sondern eine überschaubare Organisation mit kundennahen, ergebnisverantwortlichen Einheiten. Eine solche Struktur fördert Flexibilität, schnelles Reagieren und das kreative Potential der Mitarbeiter.« (*ABB AG* [Hrsg.]: Geschäftsbericht 1995, Bericht des Vorsitzenden der Konzernleitung, S. 5)
Hoechst AG	»Die Organisationsstruktur fördert unternehmerische Initiative und Flexibilität sowie Markt- und Kundenorientierung.« (*Hoechst AG* [Hrsg]: Targets - *Hoechst* International Management News 04/96)
Lufthansa AG	»Im Rahmen einer strukturellen Sanierung hat sich die *Lufthansa* in den vergangenen Jahren wieder auf ihre Kerngeschäftsfelder konzentriert. Einzelne Tätigkeitsbereiche wurden ausgegliedert, große Unternehmensbereiche rechtlich verselbständigt. 1995 ist eine Unternehmensgruppe mit einer transparenten und flexiblen Struktur entstanden. Sie paßt sich den Anforderungen des Marktes an und bietet die Voraussetzungen, im weltweiten Wettbewerb zu bestehen.« (*Lufthansa AG* [Hrsg.]: Information über die *Lufthansa* Unternehmensgruppe, Juli 1996)
Siemens AG	»Die Verwirklichung unserer Unternehmensziele erfordert eine leistungsfähige Unternehmensstruktur. Sie soll ein Höchstmaß an Markt- und Kundennähe, an Flexibilität, Schlagkraft und Unternehmertum sicherstellen. Unsere Unternehmensstruktur ist auf eine möglichst dezentrale und umfassende unternehmerische Geschäftsverantwortung ausgerichtet. Unterstützt wird dies durch eine möglichst flache Hierarchie mit einfachen und kurzen Entscheidungswegen.« (*Siemens AG* [Hrsg.]: Unternehmensleitsätze, Grundsätze der Organisation und Zusammenarbeit, Mai 1990)

Abb. 3: Organisation im Spiegel der Praxis

SCHÄFFER POESCHEL

**Organisation
aus Praxissicht**

Diese Einschätzung der Relevanz organisatorischer Maßnahmen für den Unternehmenserfolg findet sich beim Studium firmenspezifischer Dokumente bestätigt. In der Abbildung 3 sind einige ausgewählte Aussagen von Unternehmen verschiedener Branchen zum Thema Organisation genannt. Diese Aufstellung erhebt keinesfalls Anspruch auf Vollständigkeit oder Repräsentativität. Die Zitate machen aber deutlich, daß die Organisation aus der Sicht der Wirtschaftspraxis eine wesentliche Einflußgröße für den Unternehmenserfolg ist.

Die Aussagen von *ABB*, *Hoechst*, *Lufthansa* und *Siemens* zeigen, daß mit Organisation nicht nur eine bestimmte Ordnung von Aufgabenbereichen gemeint ist, die ihren Niederschlag dann in einer bildhaften Darstellung, den sogenannten Organigrammen, findet. Vielmehr wird die Organisation als ein wichtiges **Instrument zur Zielerreichung** gesehen, das insbesondere Schnittstellen zur Unternehmensstrategie (Stichwort: »Markt- und Kundennähe«) und zur Personalführung (Stichwort: »Unternehmertum«) aufweist.

**Erfolgsfaktoren-
modell**

Insofern ist die Feststellung von *Peters* und *Waterman* nachvollziehbar, daß »Organisation« mehr als nur »Struktur« ist. Eine Betrachtungsweise, die sich ausschließlich auf die Unternehmensstruktur beschränkt, ermöglicht aus ihrer Sicht keine zufriedenstellende Lösung von Organisationsproblemen. In dem **Erfolgsfaktoren-** oder **7-S-Modell** werden die Zusammenhänge zwischen der Struktur einerseits und den sechs anderen als erfolgsrelevant identifizierten Feldern dargestellt (vgl. Abb. 4). Das Modell beruht auf

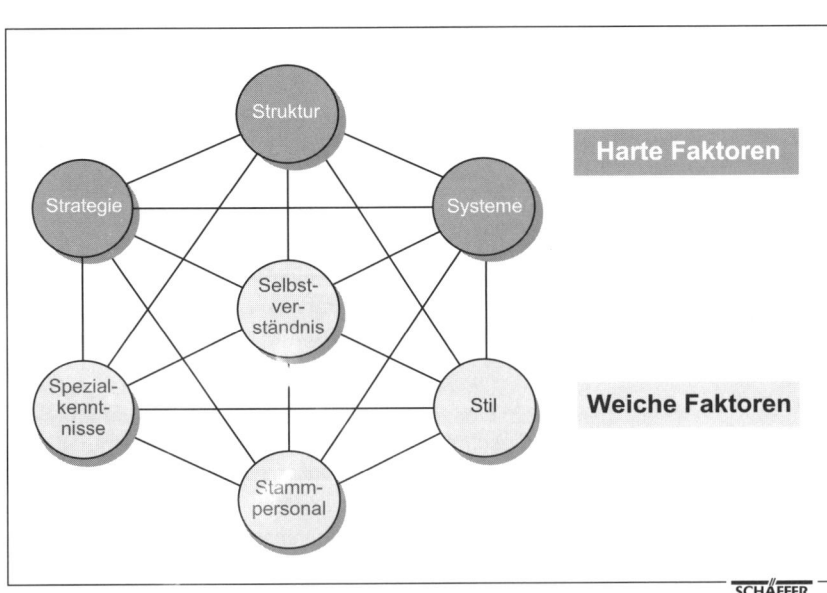

Abb. 4: Das 7-S-Modell

der Untersuchung von 62 US-Unternehmen und der Auswertung von Erfahrungen der Autoren, die sie als Mitarbeiter eines international tätigen Beratungsunternehmens gemacht haben. Es soll den herausragenden Erfolg (die »Spitzenleistungen«) dieser exzellenten Unternehmen erklären (vgl. *Peters, T. J./Waterman, R. H.* 1984 S. 32, *Waterman, R. H./Peters, T. J./Phillips, J. R.* 1980 S. 2 ff.).

Peters/Waterman unterscheiden in ihrem Erfolgsfaktorenmodell **»harte«** Faktoren (Struktur, Strategie, Systeme), die eher rational-quantitativen Charakter aufweisen, und **»weiche«** Faktoren (Selbstverständnis, Spezialkenntnisse, Stammpersonal, Stil), die vorwiegend emotional-qualitativer Natur sind. Die »hard facts« und »soft facts« machen ein Unternehmen erst durch ihre Wechselwirkungen erfolgreich. Von besonderer Bedeutung ist die Aussage von *Peters* und *Waterman*, daß es vor allem die weichen Faktoren sind, die Unternehmen zu Spitzenleistungen führen, während die harten Faktoren oftmals hinsichtlich ihrer Erfolgswirkungen überschätzt werden. Damit lösten sie eine intensive und anhaltende Diskussion über die Wirkung der Unternehmenskultur und -philosophie auf den Unternehmenserfolg aus.

Die **wesentlichen Erkenntnisse** ihrer Untersuchung haben *Peters* und *Waterman* wie folgt beschrieben (*Peters, T. J./Waterman, R. H.* 1982 S. 13): »Our findings were a pleasant surprise. The project showed, more clearly than could have been hoped for, that the excellent companies were, above all, brilliant on the basics. Tools didn't substitute for thinking. Intellect didn't overpower wisdom. Analysis didn't impede action. Rather, these companies worked hard to keep things simple in a complex world. They persisted. They insisted on top quality. They fawned on their customers. They listened to their employees and treated them like adults. ... They allowed some chaos in return for quick action and regular experimentation.«

Als das »wirklich Besondere« an den herausragend erfolgreichen, innovativen Unternehmen identifizierten sie **acht Merkmale**, die einen engen Bezug zu organisatorischen Fragestellungen aufweisen (vgl. *Peters, T. J./Waterman, R. H.* 1982 S. 13 ff., *Peters, T. J./Waterman, R. H.* 1984 S. 36 ff.):

(1) **Primat des Handelns** (»A bias for action«): Erfolgreiche Unternehmen handeln nach dem Motto »Do it, fix it, try it«, das heißt, sie finden eine Lösung und setzen diese auch um. Eine ausgeprägte Experimentierfreude ergänzt die analytisch-systematische Vorgehensweise.

(2) **Nähe zum Kunden** (»Close to the customer«): Die besten Unternehmen bieten eine herausragende Qualität ihrer Produkte und Leistungen, und sie lernen von ihren Kunden.

(3) **Freiraum für Unternehmertum** (»Autonomy and entrepreneurship«): In den besten Unternehmen werden Kreativität und Risikobereitschaft gezielt gefördert. Neuerer und »Champions« haben eine Chance, ihre Ideen umzusetzen.

(4) **Produktivität durch Menschen** (»Productivity through people«): Die Mitarbeiter werden als wertvolle Quelle für Qualitäts- und Produktivitätssteigerungen betrachtet.

(5) **Sichtbar gelebtes Wertesystem** (»Hands-on, value driven«): Die gelebte Unternehmenskultur und das ihr zugrundeliegende Wertesystem sind zentrale Erfolgsfaktoren für die Leistungsfähigkeit exzellenter Unternehmen.

(6) **Bindung an das angestammte Geschäft** (»Stick to the knitting«): Überragende Leistungen gelingen offenbar am ehesten solchen Unternehmen, die sich in ihrem angestammten Kerngeschäft bewegen und nicht versuchen, in fremde Geschäftsfelder zu diversifizieren.

(7) **Einfacher, flexibler Aufbau** (»Simple form, lean staff«): Die grundlegenden Strukturen und Systeme erfolgreicher Unternehmen sind einfach und überschaubar mit wenigen Führungskräften an der Spitze.

(8) **Straff-lockere Führung** (»Simultaneous loose-tight properties«): Exzellente Unternehmen handeln nach dem Grundsatz »Soviel Führung wie nötig, so wenig Kontrolle wie möglich«.

Während die Thesen ihrer »In Search of Excellence«-Studie von der Praxis begeistert als heuristische Denkanstöße aufgegriffen wurden, distanzierte sich die Wissenschaft von der Arbeit von *Peters* und *Waterman*. Kritisiert werden vor allem die Auswahl der untersuchten Unternehmen, die Unterstellung von bestimmten Kausalitäten und die Aufdeckung von trivialen Gemeinsamkeiten (vgl. *Scholz, C.* 1997 S. 63 f.). Insbesondere im Kapitel 7 dieses Buches, wenn es um das Management von Veränderungsprozessen geht, werden wir uns noch ausführlich mit der Bedeutung der weichen und der harten Faktoren für den Unternehmenserfolg zu befassen haben.

1.3   Fallbeispiel: Die Zukunft der *Speedy GmbH*

Die *Speedy GmbH* ist ein **fiktives** international tätiges Unternehmen der Fahrzeugindustrie, das als Hersteller und Anbieter von Automobilen seine Marktschwerpunkte in Deutschland und dem europäischen Ausland hat. Eines der Kernprodukte der *Speedy GmbH* ist der familienfreundliche Personenkraftwagen »Speedster family«. Dieses Fahrzeug ist auf dem neuesten technischen Stand. Es wird mit einer Brennstoffzelle betrieben und in verschiedenen Produktvarianten angeboten. Mit 9.000 Einheiten pro Jahr und 1.200 Beschäftigten erreichte die *Speedy GmbH* in dem soeben abgelaufenen Geschäftsjahr einen Umsatz von 420 Mio. DM. Davon werden zur Zeit rund 90% im Inland und 10% im europäischen Ausland erzielt. Das Unternehmen verfolgt eine langfristige Wachstumsstrategie, die auch neue, dem Kerngeschäft nahestehende Geschäftsfelder erschließen soll.

Bisher sah es so aus, als ob die Wachstumsziele erreicht werden. Durch das Auftreten von Fahrzeugherstellern aus dem südostasiatischen Raum ist der Erfolg der Unternehmensstrategie jedoch in Frage gestellt. In letzter Zeit zeigte sich mehrfach, daß die Wettbewerber mit qualitativ teilweise höherwertigen Produkten schneller am Markt waren – und das mit Preisen, die um 10-20% unter den eigenen Verkaufspreisen lagen. In der Folge gingen Marktanteile verloren, insbesondere im »home market« Deutschland. Der Kostendruck und die in der jüngsten Vergangenheit geradezu dramatisch rückläufige Ergebnisentwicklung haben in der Geschäftsführung Zweifel u.a. daran aufkommen lassen, ob die Organisationsstrukturen des Unternehmens noch den Anforderungen und den veränderten Rahmenbedingungen gerecht werden.

Wie sieht die Organisation der *Speedy GmbH* zur Zeit aus?

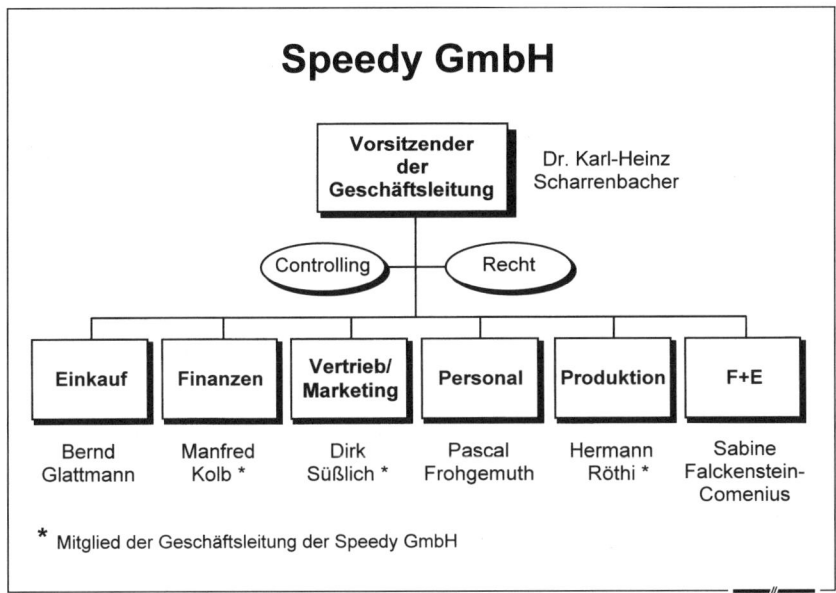

Abb. 5: Organisation der *Speedy GmbH*

Die *Speedy GmbH* ist seit Jahren funktional organisiert. Die Geschäftsleitung setzt sich aus den Vertretern der Bereiche Finanzen (*Manfred Kolb*), Vertrieb/Marketing (*Dirk Süßlich*) und Produktion (*Hermann Röthi*) zusammen. Vorsitzender ist *Dr. Karl-Heinz Scharrenbacher*, dem die beiden Stabsstellen Controlling und Recht direkt unterstellt sind. Zwar gab es in der Vergangenheit immer wieder Probleme mit der Zusammenarbeit, die beispielsweise dazu führten, daß der frühere Leiter Finanzen und der Leiter Produktion kaum noch miteinander redeten. Der Vorsitzende der Geschäftsleitung glaubte aber, diese Schwierigkeiten in den Griff zu bekommen. »Schließlich menschelt es überall« wurde zum vielzitierten Satz von *Dr. Scharrenbacher*. Mit der Pensionierung des früheren Finanzchefs glaubten alle an eine reibungsärmere Zusammenarbeit. Diese Hoffnung hat sich nicht erfüllt. Auch heute haben die Funktionsbereiche immer wieder große Schwierigkeiten, miteinander zu kommunizieren und gemeinsam Aufgaben zu bewältigen.

　　Nach dem Besuch eines Seminars mit dem verheißungsvollen Titel: »Veränderungsmanagement – den Wandel gestalten« ist sich der Vorsitzende der Geschäftsleitung sicher: So geht es mit unserer Organisation nicht weiter! Weil er weiß, daß letztendlich die Zukunft des Unternehmens auf dem Spiel steht, will *Dr. Scharrenbacher* bisher Versäumtes nachholen und sich mit dem für ihn noch relativ neuen Gebiet der Organisation intensiv auseinandersetzen.

Bei seinem Vorhaben stößt *Dr. Scharrenbacher* jedoch auf eine wahrhaft babylonische Begriffsverwirrung: Lean Management, Business Reengineering, Total Quality Management, Prozeßorganisation, lernendes Unternehmen, Tensorstrukturen, ... – alles hat offenbar etwas mit Organisation zu tun. Schnell stellt sich für ihn die Frage, was »Organisation« angesichts der Vielzahl von Erklärungsansätzen, »Rezepten« und Schlagwörtern eigentlich bedeutet und wie er sein neu erworbenes Wissen im Sinne des Unternehmens optimal einsetzen kann.

1.4   Grundbegriffe der Organisation

1.4.1   Was ist »Organisation«?

Kaum ein anderer Ausdruck wie derjenige der »Organisation« weist in der Umgangssprache und in der Wissenschaft eine vergleichbare Vielfalt auf. *Bleicher* führt dies darauf zurück, daß Probleme einer arbeitsteiligen und zugleich koordinierten Vorgehensweise zur Lösung komplexer Probleme die Menschheit von Anfang an begleitet haben. Mit dem Entstehen größerer gesellschaftlicher Einheiten, wie Kirche, Heer und Staat, wurde frühzeitig eine Suche nach zweckmäßigen organisatorischen Lösungen angestoßen. Im Zuge der wirtschaftlichen Entwicklung und insbesondere der Industrialisierung im 18. und 19. Jahrhundert erfolgte eine Übernahme dieser Problemlösungen in den Bereich der Wirtschaft und eine zunehmende Differenzierung der organisatorischen Aussagen (vgl. *Bleicher, K.* 1991 S. 34). Was also ist unter »Organisation« zu verstehen?

Jedes zielgerichtete Zusammenwirken von Teilen eines Ganzen beruht auf einer Ordnung. Ohne Ordnung herrscht Chaos, was in der Übersetzung nichts anderes als totale Verwirrung oder Durcheinander bedeutet. Im Durcheinander lassen sich aber komplexe Aufgaben nicht systematisch und zielgerichtet bewältigen. Deshalb bedarf es einer entsprechenden Organisation, wobei unter »Organisation« zunächst einmal der bewußte Entwurf von Regeln zu verstehen ist, die Gebilden, wie beispielsweise einem Unternehmen, eine Ordnung geben.

Organisieren   In der *Speedy GmbH* muß die Gesamtaufgabe »Fahrzeugproduktion« aufgeteilt werden, denn eine Einzelperson wäre kaum in der Lage, alle Teilaufgaben wahrzunehmen. So entstehen funktionale Verantwortungsbereiche wie Einkauf, Finanzen oder Vertrieb. Innerhalb dieser Funktionsbereiche sind weitere organisatorische Regelungen zu treffen, um die Funktionsfähigkeit des Unternehmens sicherzustellen. Beispielsweise ist im Einkauf der Prozeß der Materialbeschaffung in einer bestimmten Schrittfolge genau festzulegen. Organisation ist demnach zum einen **Organisieren**, also eine Tätigkeit, die eine Gesamtaufgabe strukturiert und die entstandenen Teilaufgaben im Hinblick auf bestimmte Zielsetzungen ordnet.

Zum anderen ist **Organisation** das Ergebnis des Organisierens. So sprechen wir beispielsweise von einer »funktionalen Organisations(struktur)« der *Speedy GmbH* oder von der »Organisation der Materialbeschaffung«, wobei wir in dem einen Fall den Aufbau des Unternehmens und in dem anderen Fall die Abfolge bestimmter Tätigkeiten mit dem Ziel der Beschaffung aller für die Fahrzeugherstellung erforderlichen Materialarten meinen. **Organisation**

Die Differenzierung von Organisieren einerseits und Organisation andererseits ist allerdings noch nicht ausreichend, um die mit ihnen verbundenen Bedeutungsinhalte zufriedenstellend zu erfassen. Ein vertiefender Blick in die organisationswissenschaftliche Literatur zeigt, daß der Organisationsbegriff eine große **Definitionsvielfalt** aufweist. Drei ausgewählte Beispiele namhafter deutscher Vertreter der Organisationslehre sollen dies deutlich machen:

- *Kosiol* versteht unter Organisation die zielorientierte »integrative Strukturierung von Ganzheiten oder Gefügesystemen«, wobei er die Dauerhaftigkeit besonders hervorhebt (*Kosiol, E.* 1976 S. 21). **Definitionsvielfalt des Organisationsbegriffs**
- Nach *Grochla* ist Organisation »als Strukturierung von Systemen zur Erfüllung von Daueraufgaben zu kennzeichnen« (*Grochla, E.* 1983 S. 13).
- *Kieser/Kubicek* sehen in Organisationen »soziale Gebilde, die dauerhaft ein Ziel verfolgen und eine formale Struktur aufweisen, mit deren Hilfe Aktivitäten der Mitglieder auf das verfolgte Ziel ausgerichtet werden sollen« (*Kieser, A./Kubicek, H.* 1992 S. 4).

Kosiol und *Grochla* haben offenbar ein Organisationsverständnis, das global mit »Organisieren« umschrieben werden kann, während *Kieser/Kubicek* das Ergebnis der organisatorischen Tätigkeit meinen. Gemeinsam ist den genannten Definitionen ein **Grundverständnis von Organisation**, das die folgenden Merkmale beinhaltet: **Merkmale von Organisationen**

Merkmal 1: Organisationen sind zielgerichtet

Ziele sind Aussagen über angestrebte Zustände (Soll-Zustände), die durch die Auswahl und die Umsetzung geeigneter Handlungsalternativen erreicht werden sollen.

Die Eigenschaft der Zielgerichtetheit oder Zweckbezogenheit ist in fast allen Definitionen des Organisationsbegriffs ein Merkmal, das besonders betont wird. Die Organisation ist einerseits ein Instrument, um die angestrebten Zustände zu erreichen. Andererseits bedeutet die Zielausrichtung, daß Organisationen »eigene« Ziele haben, die sie zu erreichen versuchen.

Nun kann man sich zu Recht die Frage stellen, ob Organisationen als abstrakte Gebilde Ziele verfolgen. Kann beispielsweise die *Speedy GmbH* als »seelenloses« Gebilde Ziele haben?

Individualziele

Zunächst einmal sind es doch bestimmte Personen, die eine Organisation bilden. Sie verfolgen **persönliche Ziele (Individualziele)**, die sie alleine nicht erreichen können. Die Organisation dient ihnen als Mittel, um eine interessante Tätigkeit auszuüben, ein hohes Einkommen zu erreichen, Prestige und Macht zu erlangen, sich selbst zu verwirklichen usw. Insofern könnte man die Organisation letztendlich als ein Instrument zur Selbstverwirklichung bezeichnen, wobei vorrangig und häufig sogar ausschließlich recht profane Ziele wie die Existenzsicherung im Vordergrund stehen.

Ziele für die Organisation

Neben den Individualzielen verfolgen viele Organisationsmitglieder auch **Ziele für die Organisation**: Sie engagieren sich für eine umweltfreundlichere Fertigung oder für die Steigerung des Umsatzes **ihres** Unternehmens. Zwischen den Individualzielen und den Zielen für die Organisation besteht häufig ein Zusammenhang: Der Einsatz für eine umweltfreundliche Produktion ist mit der Erwartung eines besseren Unternehmensimages und damit eines Prestigegewinns im Freundes- und Bekanntenkreis oder bei Geschäftspartnern verbunden. Die angestrebte Umsatzsteigerung kann ein höheres Gehalt zur Folge haben. Diese Zielkomplementarität, also die positive Auswirkung des einen Zielerreichungsgrads auf den anderen Zielerreichungsgrad, unterstützt das Erreichen der Organisationsziele.

Organisationsziele

Denn auch die Ziele **für die** Organisation sind zunächst keine Ziele **der** Organisation. Erst wenn sich die Organisationsmitglieder in einem formal festgeschriebenen, legitimierten Prozeß auf bestimmte Ziele geeinigt haben, liegen **Ziele der Organisation (Organisationsziele)** vor. Ziele der Organisation finden sich in Protokollen der Geschäftsleitung, in der Unternehmensplanung, in Veröffentlichungen des Unternehmens, in Presseverlautbarungen usw. (*Kieser, A./Kubicek, H.* 1992 S. 5 ff.). Sie sind im Prinzip auf Dauer angelegt. Dadurch unterscheidet sich die Organisation ganz wesentlich von der einzelfallspezifischen **Improvisation**, also der auf ein kurzfristiges Ziel gerichteten, aus dem Stegreif heraus angegangenen Ad-hoc-Problemlösung. Ein typisches Organisationsziel der *Speedy GmbH* ist beispielsweise das angestrebte langfristige Unternehmenswachstum.

Wie wichtig die Ziele der Organisation aus Unternehmenssicht sind, zeigt die Präambel, die den »Grundsätzen der Organisation und Zusammenarbeit« der *Siemens AG* vorangestellt ist (*Siemens AG* [Hrsg.] 1990 S. 13):

> »Unsere Unternehmensziele werden nur erreicht, wenn alle Mitarbeiter an deren Verwirklichung mitarbeiten. ... Die Gesamtinteressen unseres Unternehmens haben Vorrang vor den Interessen einzelner Bereiche und Abteilungen.«

Merkmal 2: Organisationen sind soziale Systeme

> **Unter einem System ist grundsätzlich eine gegenüber der Umwelt abgegrenzte Gesamtheit von Subsystemen und Elementen zu verstehen, die miteinander in Beziehung stehen (d.h. eine Struktur aufweisen) und sich gegenseitig beeinflussen.**

Die Kennzeichnung von Organisationen als soziale Systeme nimmt unmittelbaren Bezug auf die »menschlichen Elemente« derartiger Systeme, also beispielsweise die Arbeiter und Angestellten eines Produktionsbetriebes, die Mitglieder eines Sportvereins oder die Angehörigen einer Hochschule.

Gerade aus der Tatsache heraus, daß Organisationen keine »seelenlosen« Gebilde sind, sondern aus Menschen mit eigenständigen Zielen, Wertvorstellungen und Verhaltensweisen bestehen, ergeben sich die besonderen Anforderungen an diejenigen Personen, die sich mit organisatorischen Problemen auseinandersetzen. Eine Kernfrage dabei lautet: Wie lassen sich die Individualziele und die Organisationsziele bestmöglich harmonisieren? Denn was nützt es, wenn als Organisationsziel beispielsweise die Marktführerschaft angestrebt wird, die Mitarbeiter aber nicht gewillt sind, dieses Ziel mitzutragen, weil es zwar mit erheblichen Anstrengungen und mit regelmäßigen Überstunden, nicht aber mit einem höheren Gehalt oder mehr Selbstverwirklichung verbunden ist? Derartige Zielkonflikte gehen im Zweifel zu Lasten der Organisation.

Merkmal 3: Organisationen weisen eine formale Struktur auf

Wie wir bereits bei unseren pragmatischen Überlegungen am Anfang dieses Abschnitts festgestellt haben, ist die Ordnung, d.h. ein festes und in Regeln formalisiertes Beziehungsgefüge, ein weiteres wesentliches Merkmal von Organisationen. Ohne **organisatorische Regeln** ist eine zielgerichtete Zusammenarbeit der Organisationsmitglieder nicht möglich.

Die *Speedy GmbH* bewältigt die komplexe Gesamtaufgabe der Fahrzeugproduktion mit einer funktionalen organisatorischen Gliederung (Einkauf, Finanzen usw.), d.h. die Gesamtaufgabe ist nach bestimmten Prinzipien systematisch in

Teilaufgaben (Einkaufen, Finanzieren usw.) zerlegt worden. Dadurch entstand eine formale Struktur, mit der die Zuständigkeiten für die einzelnen Funktionen verbindlich geregelt werden (vgl. Abb. 5). Weitere formale Regeln legen in der *Speedy GmbH* beispielsweise die Zusammenarbeit der Bereiche und die Produktionsabläufe fest.

Organisationsstrukturen sind ein Instrument zur Steuerung des Verhaltens und der Leistung der Organisationsmitglieder im Hinblick auf die Organisationsziele. Dieses Instrument ist für die arbeitsteilige Bewältigung von Aufgaben **zwingend** erforderlich.

Das Ergebnis der vorausgegangenen Überlegungen schlägt sich in dem Organisationsverständnis dieses Buches nieder:

> **Unter Organisation ist sowohl das zielorientierte ganzheitliche Gestalten von Beziehungen in sozialen Systemen als auch das Ergebnis dieser Tätigkeit zu verstehen.**

1.4.2 Effektivität und Effizienz von Organisationen

Die klassische Unterscheidung der beiden Begriffe Effektivität (effectiveness) und Effizienz (efficiency) geht auf den amerikanischen Managementwissenschaftler *Peter F. Drucker* zurück (vgl. *Drukker, P. F.* 1973). Sie spielen in der Organisationstheorie und -praxis eine zentrale Rolle. Allerdings finden die beiden Termini keine einheitliche Verwendung im Sprachgebrauch. Sie werden deshalb im folgenden näher charakterisiert (vgl. *Gomez, P./Zimmermann, T.* 1993 S. 58 ff., *Witte, E.* 1995 Sp. 263).

Effektivität Eine Organisation ist **effektiv**, wenn sie die **richtigen Ziele** anstrebt und erreicht (»to do the right things«). Organisatorische Maßnahmen sind demnach effektiv, wenn sie grundsätzlich zur Erreichung bestimmter Organisationsziele geeignet sind.

Wie wir bereits wissen, verfolgt die *Speedy GmbH* das Ziel langfristigen Wachstums. Insofern kann es **effektiv** sein, die vergleichsweise starre Funktionalorganisation des Unternehmens in eine anders geartete, flexiblere Organisationsform zu überführen.

Effizienz Eine Organisation ist **effizient**, wenn sie die **richtigen Mittel** einsetzt, um die angestrebten Ziele zu erreichen (»to do the things right«). Organisatorische Maßnahmen sind demnach effizient, wenn sich mit ihnen bestimmte Organisationsziele erreichen lassen.

Um bei der *Speedy GmbH* zu bleiben, wären alle diejenigen Maßnahmen **effizient**, die konsequent darauf gerichtet sind, die neue Organisationsform einzuführen. Wenig sinnvoll (oder ineffizient) wäre es dagegen, Maßnahmen halbherzig zu ergreifen und dann nicht zu Ende zu führen.

Effektivität und Effizienz können sich auf sämtliche Funktionsbereiche und Abläufe in einer Organisation beziehen. Die beiden Begriffe werden immer wieder verwendet, um bestimmte Organisationsformen oder organisatorische Maßnahmen zu bewerten. Allerdings ergeben sich in der Praxis regelmäßig **Meß-** und **Zuordnungsprobleme** bei der Abschätzung der Effektivität und der Effizienz (vgl. *Thom, N.* 1990 S. 250 ff.). Wie soll auch beispielsweise ermittelt werden, ob eine produktbezogene Organisation tatsächlich effektiver als eine Funktionalstruktur oder die Einführung der neuen Struktur in einem Teamprozeß »von unten« tatsächlich effizienter als eine zentralistisch-autoritäre Einführung »von oben« ist? Für den Nachweis werden deshalb häufig Indikatoren wie Produktivität, Flexibilität, Arbeitszufriedenheit, Konfliktvermeidung, Kostenwirtschaftlichkeit, Qualität, Kundenzufriedenheit usw. herangezogen. Das Problem der Zuordnung von (effektivitäts- und effizienzverändernder) Ursache und Wirkung ist damit jedoch keineswegs gelöst. Hier bestehen in der Unternehmenspraxis erhebliche Zuordnungsprobleme.

Wenn die *Speedy GmbH* bei steigender Nachfrage nach ihren Fahrzeugen tatsächlich zu einer neuen Organisationsform (beispielsweise einer Prozeßorganisation) übergeht und sich in der Folge die Ergebnissituation des Unternehmens deutlich verbessert, ist dies dann ausschließlich auf die veränderte Organisationsstruktur, ausschließlich auf die stärkere Kundennachfrage nach den Produkten der *Speedy GmbH* oder auf beides zurückzuführen? Und falls letzteres zutrifft, welchen Beitrag hat die neue Organisationsform dann zu der Ergebnisverbesserung geleistet? Diese Frage wird in der Praxis kaum zweifelsfrei zu beantworten sein.

1.4.3 Organisation und Unternehmen

Unter einem »Unternehmen« wird in der Betriebswirtschaftslehre eine wirtschaftliche, technische, soziale und rechtliche Einheit verstanden, deren Aufgabe die Erstellung und der Absatz von marktfähigen Gütern und/oder Dienstleistungen ist. Alle hierfür erforderlichen Entscheidungen werden von der Unternehmensführung getroffen. Sie trägt die Verantwortung für die gesamte Geschäftstätigkeit und deren Ergebnis.

Hinsichtlich des Zusammenhangs von Organisation und Unternehmen lassen sich **zwei Sichtweisen** unterscheiden:

Sichtweise 1: Das Unternehmen *hat* eine Organisation

Instrumentaler Organisationsbegriff

Die instrumentale Betrachtung sieht in der Organisation ein Mittel zur **effizienten Führung** von Unternehmen und damit ein Instrument zur Zielerreichung. Dies kommt der ursprünglichen Bedeutung des Wortes »Organisation« sehr nahe. Sie leitet sich aus dem griechischen Wort »organon« ab, das mit »Werkzeug« zu übersetzen ist. Organisation im so verstandenen Sinne umfaßt die Gesamtheit aller generellen expliziten Regelungen eines Unternehmens, zu denen sowohl die personenbezogenen Verhaltensregeln als auch die maschinenbezogenen Funktionsregeln gehören (vgl. *Schanz, G.* 1992 Sp. 1460 f., *Schulte-Zurhausen, M.* 1995 S. 2).

Der **instrumentale** Organisationsbegriff stand stets im Mittelpunkt der betriebswirtschaftlichen Organisationslehre, die unter Organisation eine dauerhafte und feste Struktur versteht, deren Aufgabe es ist, die **Improvisation** (i.S. von vorläufigen und von vornherein zeitlich befristeten Regelungen) und die **Disposition** (i.S. von fallweisen, punktuellen Einzelentscheidungen) durch generelle Regelungen zu ersetzen. Das macht überall dort Sinn, wo sich die betrieblichen Aufgaben häufiger und in gleicher Weise wiederholen. *Erich Gutenberg* hat dies als »**Substitutionsprinzip der Organisation**« bezeichnet (vgl. *Gutenberg, E.* 1976 S. 239 ff.).

Substitutionsprinzip der Organisation

Die Kernaussage des Substitutionsprinzips oder -gesetzes lautet: »Die Tendenz zur generellen Regelung nimmt mit abnehmender Variabilität betrieblicher Tätigkeiten zu«. Da sich in Unternehmen nicht alle Abläufe und Vorfälle in gleicher Weise ständig wiederholen, ist nur eine teilweise Substitution möglich. Der Erfolg organisatorischer Regelungen ist dann optimal (E_{opt}), wenn alle gleichartigen und regelmäßig auftretenden Vorgänge mittels genereller Regelungen entschieden werden. In diesem Fall ist der organisatorische Rationalisierungsgrad optimal (R_{opt}). Werden dagegen ungleichartige oder unregelmäßige Sachverhalte mit Dauerregelungen erfaßt, obwohl sie eigentlich individuell zu entscheiden wären, spricht man von **Überorganisation**. Werden zu wenige sich wiederholende Vorgänge allgemein geregelt, liegt **Unterorganisation** vor (vgl. Abb. 6).

In der Vergangenheit gab es in der *Speedy GmbH* immer wieder Probleme mit der Durchführung von Projekten. Beispielsweise war stets unklar, welche Kompetenzen und Weisungsbefugnisse der Projektleiter gegenüber den Funktionsbereichen haben sollte: Konnte er beispielsweise das Marketing mit einer Marktforschungsstudie oder den Einkauf mit einer Lieferantenanalyse beauftragen? War er befugt, Termine verbindlich festzulegen und ihre Einhaltung zu überwachen? Welche Pflichten hatte er gegenüber seinem Auftraggeber? Diese und viele andere Sachverhalte wurden einzelfallbezogen und häufig mit großem zeitlichen Aufwand entschieden. Es lag sozusagen ein »klassischer Fall« von **Unterorganisation** vor, der dazu führte, daß mit Hilfe eines externen Beraters eine einheitliche »Re-

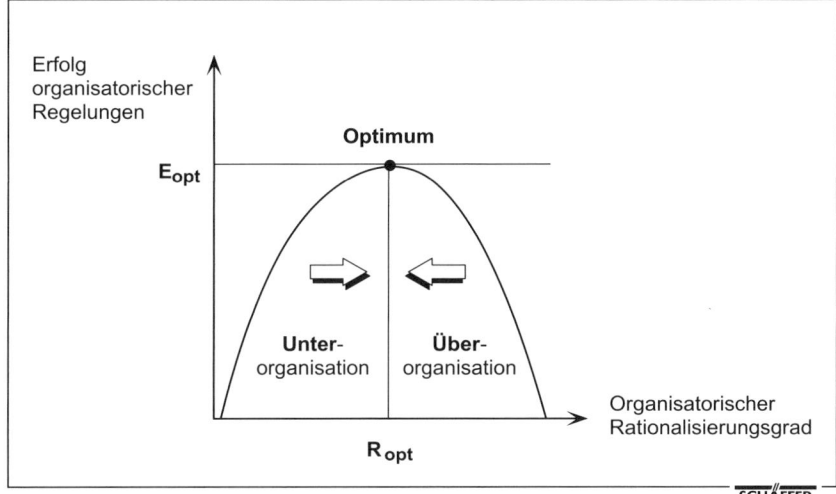

Abb. 6: Substitutionsprinzip der Organisation

gelung für die Durchführung von Projekten« erarbeitet und schriftlich in einem über 300 Seiten starken Projektmanagement-Handbuch festgehalten wurde.

Dieses Handbuch sollte alle regelmäßig im Zusammenhang mit Projekten entstehenden Fragen detailliert beantworten und so die Abwicklung der Vorhaben wesentlich erleichtern. Es stellte sich allerdings schon bald heraus, daß im Handbuch zu viele Sachverhalte zu detailliert geregelt waren. Diese »Regelungsflut« wirkte sich auf die Projektabwicklung hemmend aus. Es kam zu Verzögerungen, weil der »Form« Genüge getan werden mußte. Um der **Überorganisation** entgegenzuwirken, wurden die Anzahl und der Detaillierungsgrad der Projektregelungen verringert und in einem nur 30 Seiten langen »Projektmanagement-Leitfaden« zusammengefaßt, der ausschließlich die wesentlichen Fragen von Projekten regelt und den Projektleitern mehr Flexibilität und größere Entscheidungsspielräume gibt.

Dem Substitutionsprinzip der Organisation folgend können also beispielsweise die Betriebsabläufe rationeller gestaltet und die Führungskräfte von Routineentscheidungen entlastet werden. Allerdings bringt die Vorgabe genereller Regelungen auch den Verlust von Flexibilität und die Gefahr der Schematisierung mit sich, weil nicht alle möglicherweise zu regelnden Sachverhalte vorausschauend berücksichtigt werden können. Letztendlich werden die Entscheidungs- und Handlungsspielräume der Organisationsmitglieder durch Dauerregelungen eingeschränkt und »entindividualisiert« (vgl. *Kieser, A.* 1981 S. 69 ff.). Daher ist im Einzelfall zu prüfen, ob eine generelle Regelung sinnvoll ist, welches Ausmaß sie haben sollte und in welchen Ausnahmefällen abweichend von der Vorgabe entschieden und gehandelt werden kann. Insofern ist in der betrieblichen Praxis lediglich eine Annäherung an den optimalen Regelungsgrad möglich (vgl. die beiden Pfeile in der Abbildung 6) – erreichen wird man das Optimum alleine schon aufgrund der strukturellen Dynamik und Komplexität wohl nie.

Sichtweise 2: Das Unternehmen *ist* eine Organisation

Institutionaler Organisationsbegriff

Demgegenüber ist die **institutionale** Sichtweise vor allem durch die Organisationssoziologie und -psychologie geprägt und versteht unter Organisation ein **zielgerichtetes soziales System**, in dem Menschen mit eigenen Wertvorstellungen und Zielen tätig sind. Organisationen in diesem Sinne sind alle privaten und öffentlichen Institutionen wie Unternehmen, Hochschulen, Behörden, Vereine, Parteien und andere (vgl. *Schanz, G.* 1992 Sp. 1460).

Der zunächst im angelsächsischen Sprachraum dominierende institutionale Organisationsbegriff findet zunehmend auch in der deutschsprachigen Betriebswirtschaftslehre Verbreitung. Ein Grund hierfür ist sicherlich die Erkenntnis, daß generelle Regelungen in der Praxis nur dann funktionieren, wenn sie von den Organisationsmitgliedern auch angenommen und mitgetragen werden.

1.5   Organisation als Instrument der Unternehmensführung

In der Praxis sind die beiden oben dargestellten Sichtweisen des Organisationsbegriffs von Bedeutung. Einerseits muß jedem organisatorisch Tätigen heute klar sein, daß er bei der Erfüllung seiner Aufgaben, also beim Organisieren, die Organisationsmitglieder zu berücksichtigen hat. Andererseits ist Organisation zweifelsohne ein Mittel, um Unternehmen effektiv und effizient zu führen. Auf diesen zweiten Aspekt soll nach einer kurzen Erörterung des Begriffs »Unternehmensführung« näher eingegangen werden.

Führungsbedarf ergibt sich aus der Notwendigkeit, daß das Handeln von Personen im Hinblick auf bestimmte gemeinsame Ziele koordiniert werden muß. In Unternehmen erstreckt sich die Koordination allerdings nicht nur auf die Menschen, sondern auch auf die im Wertschöpfungsprozeß eingesetzten Finanz- und Sachmittel sowie die immateriellen Güter (insbesondere Informationen, Werte, Rechte und Pflichten). Insofern wird in der Literatur zur Unternehmensführung häufig zwischen den Begriffen Unternehmensführung und Personalführung unterschieden.

Personalführung/ Unternehmensführung/Management

Während bei der **Personalführung** das unmittelbare Verhältnis zwischen Vorgesetzten und Mitarbeitern und damit Fragen des Führungsstils und des Führungsverhaltens im Vordergrund stehen, geht es bei der **Unternehmensführung** um die Gestaltung und die Steuerung des Gesamtsystems Unternehmen. Entscheidungen der Unternehmensführung weisen Grundsatzcharakter auf. Sie engen den Handlungsspielraum von Folgeentscheidungen ein, besitzen eine hohe Bindungswirkung oder Irreversibilität, haben erhebliche finanzielle Auswirkungen und betreffen das ganze Unternehmen.

Eine Entscheidung, den Produktionsbereich der *Speedy GmbH* von Deutschland in ein Niedriglohnland zu verlagern, wäre ein typischer Akt der Unternehmensführung. Die Genehmigung eines Erholungsurlaubs für die Sekretärin der Geschäftsleitung wäre dagegen eine Personalführungsentscheidung von *Dr. Scharrenbacher*.

Demnach ist die Personalführung ein Teilbereich der Unternehmensführung, der jedoch zweifellos immer wichtiger wird. Der Begriff **Management** oder General-Management wird häufig gleichbedeutend mit Unternehmensführung verwendet (vgl. *Macharzina, K.* 1993 S. 34 ff.).

> **Unternehmensführung umfaßt die Gesamtheit aller grundlegenden Handlungen, die sich auf die zielgerichtete Steuerung des Unternehmens beziehen. Handlungsträger sind die Mitglieder der obersten Führungsebene.**

Erich Gutenberg hat schon in den fünfziger Jahren die Organisation als ein Instrument der Unternehmensführung gekennzeichnet, das gleichbedeutend neben anderen Instrumenten steht. In seinem **System der Produktionsfaktoren** unterteilt er die Einsatzgrößen der Leistungserstellung wie folgt (vgl. Abb. 7 und *Gutenberg, E.* 1976 S. 11 ff.):

Organisation als Produktionsfaktor

Elementarfaktoren	Objektbezogene menschliche Arbeit
	Betriebsmittel
	Werkstoffe
Dispositiver Faktor	Planung und **Organisation**
	Schicht des Irrationalen

Abb. 7: *Gutenberg*s System der Produktionsfaktoren

Elementarfaktoren sind diejenigen Produktionsfaktoren, die physikalisch-technisch vorhanden sind und unmittelbar in den Leistungserstellungsprozeß eingehen, während der dispositive Faktor immateriellen und mittelbaren Charakter hat. Unter **Planung** versteht *Gutenberg* das Festlegen von Zielen. **Organisation** folgt aus seiner Sicht der Planung, indem sie die Pläne »gestaltend-vollziehend« in generelle Regelungen umsetzt und damit einen zweckgerichteten Einsatz der drei Elementarfaktoren überhaupt erst ermöglicht. Planung und Organisation sind rationale Vorgänge, die in sich schlüssig und nachvollziehbar sind (»Schicht des Rationalen«). Daneben stellt *Gutenberg* die »**Schicht des Irrationalen**«, unter der er den unternehmerischen Impuls, also den Antrieb zu geschäftlicher Tätigkeit schlechthin versteht.

Organisation als Managementfunktion

Auch in der amerikanischen Managementliteratur spielt die Organisation eine wichtige Rolle. Unterschieden werden **fünf Managementfunktionen** (vgl. *Staehle, W. H.* 1991 S. 74 ff.):

- **Planning** (Planung als Primärfunktion; sie leistet die gedankliche Vorarbeit),
- **Organizing** (Organisation als die Umsetzung der Planung in überschaubare Teilaufgaben einschließlich der Zuweisung von Entscheidungs- und Anordnungsbefugnissen),
- **Staffing** (Personaleinsatz als anforderungsgerechte Besetzung der in der Organisation geschaffenen Stellen),
- **Directing** oder **Leading** (Führung als Veranlassung der Arbeitsausführung und zielgerichtete Steuerung) und
- **Controlling** (als Soll-Ist-Vergleich mit dem Einleiten von Korrekturmaßnahmen und Planrevisionen).

Die genannten Funktionen werden im Managementprozeß als logische Abfolge aufeinander aufbauender Teilfunktionen gesehen, die in einem Regelkreis miteinander verbunden sind. Organisation ist demnach der Schlüssel zur Umsetzung der gedanklichen Arbeit (Planung) in die Maßnahmenrealisation, die in den Phasen Personaleinsatz und Führung erfolgt. Das Controlling dient schließlich der Zielüberwachung und initiiert erforderlichenfalls Steuerungsmaßnahmen und Plankorrekturen.

Organisation als Querschnittsfunktion

Moderne Ansätze der Unternehmensführung im deutschen Sprachraum sehen die Organisation neben den Führungsfunktionen Planung und Kontrolle als eine **Querschnittsfunktion** zu den **Sachfunktionen** des betrieblichen Realgüterprozesses (Beschaffung, Produktion und Absatz). Unternehmensführung bedeutet demnach die Steuerung der Leistungsprozesse eines Unternehmens, d.h. aller zur Aufgabenerfüllung notwendigen Ausführungsaufgaben. Führungsaufgaben und damit auch Organisationsaufgaben fallen grundsätzlich in jedem Bereich eines Unternehmens an, gleichgültig auf welcher Leitungsebene (vgl. Abb. 8).

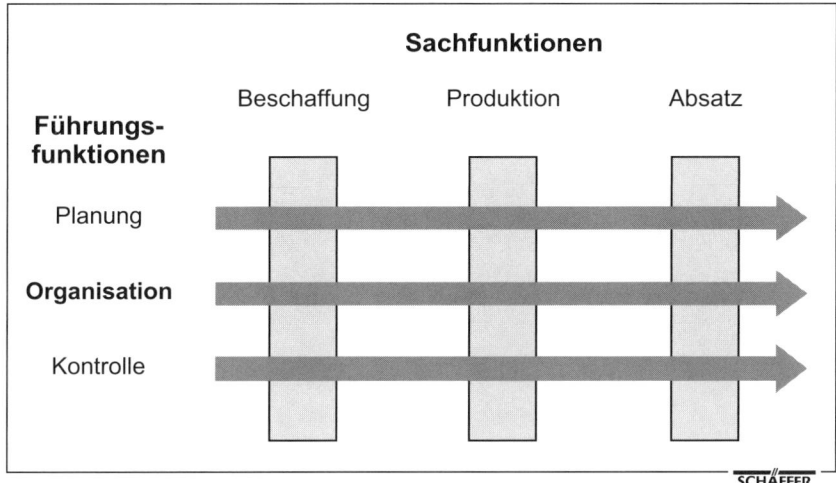

Abb. 8: Organisation als Querschnittsfunktion

1.6   Wiederholungsfragen zu Kapitel 1

1. Worin unterscheiden sich »Organisation« und »Organisieren«?
2. Wie würden Sie das in der Organisationslehre vorhandene Grundverständnis von Organisation beschreiben?
3. Was ist unter der »Effektivität« und der »Effizienz« von Organisationen zu verstehen?
4. Erläutern Sie das Substitutionsprinzip der Organisation.
5. Grenzen Sie den instrumentalen und den institutionalen Organisationsbegriff voneinander ab.
6. Kennzeichnen Sie Organisation als Instrument der Unternehmensführung.
7. Inwieweit handelt es sich bei der Organisation um eine Querschnittsfunktion?

2 Ansätze der Organisationstheorie: Vom Bürokratieansatz zum situativen Ansatz

2.1 Lernziele

Im zweiten Kapitel soll der Leser

- einen Überblick über die verschiedenen organisationstheoretischen Ansätze bekommen,
- die Vorgehensweise dieser Ansätze bei der Analyse und Bewertung von Organisationen kennenlernen und kritisch beurteilen,
- eine Antwort auf die Frage finden, inwieweit die wissenschaftlichen Ansätze einen Beitrag zum Verständnis und zur Gestaltung realer Organisationen leisten können und
- die Bedeutung der Ansätze für die praktische Organisationsarbeit erkennen.

2.2 Einordnung organisationstheoretischer Ansätze

Unsere heutige Welt ist in einem hohen Maß von Organisationen durchdrungen, gleichgültig ob wir die Arbeitswelt, den Freizeitbereich oder unsere »sonstige Umwelt« betrachten. Allein schon aus diesem Grund sollten wir über die Erscheinungsformen und die Funktionsweisen von Organisationen Bescheid wissen. Die Kenntnis der Zusammenhänge ist darüber hinaus eine wesentliche Voraussetzung für die planvolle Gestaltung von Organisationen.

Organisationstheoretische Ansätze dienen dem Zweck, Organisationen zu **erklären** und zu **verstehen**. Sie gehen jeweils von einem ganz bestimmten Vorverständnis von Organisation aus und betrachten die Realität selektiv, d.h. ausschnitthaft. Sie beinhalten Annahmen darüber, was Organisation »ist«, welche Gesichtspunkte daran besonders interessant und problematisch erscheinen, und welche Fragen durch wissenschaftliche Untersuchungen geklärt werden sollen. Was Organisationstheorien vom Alltagswissen über Organisationen unterscheidet, sind ein höheres Maß an

Systematik und die intersubjektive Überprüfbarkeit ihrer Aussagen (vgl. *Kieser, A.* 1995 S. 1 ff., *Kieser, A./Kubicek, H.* 1992 S. 33 ff., *Picot, A./Dietl, H./Franck, E.* 1997 S. 27 f.).

Das indische Märchen von dem Elefanten und den sechs blinden Männern soll zeigen, warum die Betrachtung des »Gegenstands Organisation« grundsätzlich problematisch ist (*Kieser, A.* 1995 S. 1):

B

«Sechs blinde Männer stoßen auf einen Elefanten. Der eine faßt den Stoßzahn und meint, die Form des Elefanten müsse die eines Speeres sein. Ein anderer ertastet den Elefanten von der Seite und behauptet, er gleiche eher einer Mauer. Der dritte fühlt ein Bein und verkündet, der Elefant habe große Ähnlichkeit mit einem Baum. Der vierte ergreift den Rüssel und ist der Ansicht, der Elefant gleiche einer Schlange. Der fünfte faßt an ein Ohr und vergleicht den Elefanten mit einem Fächer; und der sechste, welcher den Schwanz erwischt, widerspricht und meint, der Elefant sei eher so etwas wie ein dickes Seil.«

Vielfalt organisationstheoretischer Ansätze

Den Organisationswissenschaftlern ergeht es ähnlich. Mit ihren Ansätzen und Forschungsmethoden betrachten sie jeweils nur bestimmte Aspekte der Organisation. Die hochkomplexen Eigenschaften und Beziehungen zwischen den Elementen lassen sich nicht in **einer** Theorie zusammenfassen, d.h. **die** Organisationstheorie gibt es nicht. Vielmehr gibt es eine ganze Reihe unterschiedlicher Theorien, die sich mit dem Thema Organisation auseinandersetzen und die ihren Ursprung in verschiedenen wissenschaftlichen Disziplinen haben. So sind organisationstheoretische Fragestellungen ein Forschungsgegenstand der Wirtschaftswissenschaft, der Ingenieurwissenschaft, der Psychologie, der Soziologie, der Pädagogik und der Politologie. Die hier vorgestellten Ansätze (vgl. Abb. 9) zeigen die verschiedenen Möglichkeiten auf, den Untersuchungsgegenstand Organisation zu betrachten, und verdeutlichen, wie man je nach wissenschaftlichem Standpunkt über Organisation denken kann.

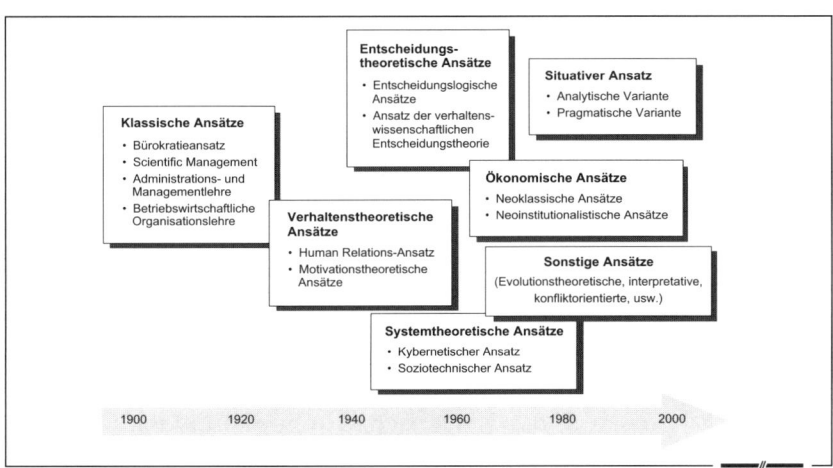

Abb. 9: Organisationstheoretische Ansätze

Bei der Systematisierung der organisationstheoretischen Ansätze wird weitgehend der Chronologie des Ursprungs dieser Ansätze gefolgt, wobei die zeitliche Zuordnung in der Abbildung 9 nicht mehr als einen groben Anhaltspunkt liefert (vgl. beispielsweise *Staehle, W. H.* 1991 S. 21 ff.).

2.3 Klassische Ansätze der Organisationstheorie

2.3.1 Bürokratieansatz von *Max Weber*

Der deutsche Jurist und Sozialwissenschaftler *Max Weber* (1864-1920) war an der Frage interessiert, wie in einer Organisation (Gesellschaft, Großunternehmen, Verwaltung) **Herrschaft** ausgeübt wird. Anhand der von ihm untersuchten Strukturmerkmale einer »spezifisch modernen Form der Verwaltung« entwickelte er sein Bürokratiemodell. *Weber* versteht unter **Bürokratie** kein schwerfälliges und ineffizientes Gebilde, sondern eine sehr leistungsfähige Organisationsform. Sie stellt die reinste Form legaler Herrschaft dar, die neben der charismatischen und der traditionalen Herrschaft zu den drei »Idealtypen der Herrschaft« gehört (vgl. *Kieser, A.* 1995 S. 38 f., *Weber, M.* 1972 S. 124 ff., S. 551 ff.).

Bürokratien sind bei *Weber* neben der mit ihnen verbundenen Rationalität (Sachlichkeit, Unpersönlichkeit und Berechenbarkeit) hauptsächlich durch die folgenden Merkmale gekennzeichnet:

* **Arbeitsteilung und Befehlsgewalt**

Kennzeichen von Bürokratien

Die regelmäßigen Tätigkeiten sind als »amtliche Pflichten« fest verteilt, d.h. jedem Mitglied der Bürokratie werden ein sachlich abgegrenzter Aufgabenbereich und die zu der Aufgabenerfüllung erforderlichen Entscheidungs-, Weisungs- und Leitungsbefugnisse (»Befehlsgewalt«) zugeordnet. Diese Zuordnung von Pflichten und Kompetenzen erfolgt generell und personenunabhängig. Dadurch können einzelne Personen (»Amtsträger«) ausgetauscht werden, ohne die Organisationsstruktur verändern zu müssen.

* **Amtshierarchie**

Es besteht ein streng hierarchischer Instanzenzug (»Amtshierarchie«). In diesem festen System von Über- und Unterordnung sind die Aufgaben und die Befugnisse auch in vertikaler Richtung klar voneinander abgegrenzt, d.h die jeweils übergeordnete Stelle verfügt nicht über das Recht, die Geschäfte der »unteren« Stelle einfach an sich zu ziehen. Im Konfliktfall entscheidet die nächsthöhere Instanz, weil sie einen größeren Bereich überschaut und über höhere Qualifikationen verfügt. Neben dem **Befehlsweg** von oben nach unten existiert auch ein fest geregelter **Appellationsweg** für Berufungen und Beschwerden von unten nach oben.

- **Regelgebundenheit der Amtsführung**

Die Erfüllung der Aufgaben erfolgt nach bestimmten **technischen Regeln und Normen**, die sich auf die Leistungen, die Kompetenzen und Verfahren und auf den sogenannten »Dienstweg« beziehen. Dieser Dienstweg legt verbindlich fest, wer mit wem kommunizieren darf oder muß.

- **Aktenmäßigkeit der Verwaltung**

Alle Vorgänge in Bürokratien sind schriftlich in Form von Aktennotizen, Briefen, Formularen usw. zu dokumentieren. Diese **Aktenmäßigkeit der Vorgänge** soll die Kontrolle aller Maßnahmen erleichtern und die Kontinuität der Geschäfte bei einem Wechsel des Amtsinhabers sicherstellen.

Würdigung

Die vier Strukturmerkmale der Bürokratie sind als Konstanten und nicht als Variablen definiert, d.h. sie sind nicht veränderbar. Unterschiedliche Organisationsformen können mit ihrer Hilfe nicht ausreichend erfaßt werden. Zwar können wir feststellen, ob eine Bürokratie vorliegt oder nicht; eine weitergehende Differenzierung ist aber nicht möglich. Allerdings wollte *Weber* auch kein exaktes Bild der Realität entwerfen, sondern einen **Idealtypus** beschreiben, der das Verständnis fördern soll. Die formalen bürokratischen Strukturen, die seiner Ansicht nach zu »universeller Effizienz« führen, sind angesichts der heute drastisch veränderten Rahmenbedingungen hinsichtlich ihrer Effizienzwirkung in Frage zu stellen.

2.3.2 Scientific Management

Die Studien von *Frederick Winslow Taylor* (1856-1915), die ihren Niederschlag in seinen beiden Hauptwerken »Shop Management« (1903) und »The Principles of Scientific Management« (1911) gefunden haben, entstanden in einer Zeit des Übergangs von der noch eher handwerklich geprägten Fertigung des 19. Jahrhunderts zur industriellen Massenproduktion des 20. Jahrhunderts. Sie gelten als Ausgangspunkt wissenschaftlicher Analysen von Arbeit und Management. *Taylor* begründet damit ein **neues Leistungs- und Effizienzdenken**. Die wissenschaftliche Betriebsführung studiert jede Arbeit bis in ihre letzten Elemente hinein, um den »one best way« ihrer Ausführung zu finden. Sie hat die Organisation des Fertigungsbereiches in der westlichen Welt bis in die Gegenwart nachhaltig beeinflußt und orientiert sich an den folgenden **Managementprinzipien** (vgl. *Frese, E.* 1992a S. 39 ff., *Kieser, A.* 1995 S. 68 ff., *Taylor, F. W.* 1913 S. 12 ff.):

- Zunächst wird von einer **Trennung von Planung und Ausführung der Arbeit** ausgegangen. Das Management übernimmt die Arbeitsplanung und -kontrolle (»Kopfarbeit«), die Arbeiter führen die vorgeplante Arbeit aus (»Handarbeit«). Dadurch können Spezialisierungsvorteile erzielt werden.

- Im Rahmen der Arbeitsplanung wird die menschliche Arbeit in systematischen **Zeitstudien** analysiert und in möglichst kleine Elemente zerlegt, die dann zu optimalen und hochspezialisierten Arbeitsabläufen zusammengefaßt werden. Durch die starke Arbeitsteilung werden die Anforderungen an die Arbeiter niedrig und die Anlernzeiten kurz gehalten.

- Die täglich von einem Arbeiter zu leistende Arbeit wird hinsichtlich der Zeiten, der Ergebnisse, der Verfahren und der Werkzeuge vorher genau festgelegt (»**Pensumidee**«). Dieser »Normalleistung« (»a fair day´s work«) liegt jedoch keine repräsentative Durchschnittsleistung zugrunde, sondern die Leistung von besonders geeigneten Spitzenkräften.

- Um einen starken Anreiz zur Überschreitung der Normalleistung zu schaffen, führt *Taylor* ein **Differential-Lohnsystem** auf der Basis des Stücklohns ein. Bis zur Normalleistung verläuft die Lohnkurve linear unterproportional, oberhalb dieser Marke linear überproportional. Wenn die Arbeiter keine Lohneinbußen in Kauf nehmen wollen, müssen sie mindestens ihr tägliches Arbeitspensum erbringen.

- Um die Trennung von geistiger und körperlicher Arbeit strukturell zu verankern, wird das sogenannte **Funktionsmeistersystem** vorgeschlagen. *Taylor* wollte damit einem spezifisch amerikanischen Problem begegnen, nämlich der Tatsache, daß es in den Vereinigten Staaten zu Beginn dieses Jahrhunderts keine Meister in unserem Sinne gab, die in der Lage gewesen wären, alle in der Fertigung auftretenden Probleme zu lösen. Er gliederte deshalb die Gesamtfunktion eines Meisters auf und verteilte sie mit Blick auf komplizierte Fertigungsaufgaben, wie sie beispielsweise im Maschinenbau vorliegen, auf acht »Funktionsmeister«.
Der Arbeitsverteiler (route clerk), der Unterweisungsbeamte (instruction card clerk) und der Kosten- und Zeitbeamte (cost and time clerk) bereiten die Arbeit im Arbeitsbüro vor. Der Verrichtungsmeister (gang boss), der Geschwindigkeitsmeister

Taylors **Managementprinzipien**

(speed boss), der Prüfmeister (inspector) und der Instandhaltungsmeister (repair boss) sorgen für die ordnungsgemäße Arbeitsausführung. Schließlich ist der Aufsichtsmeister (shop disciplinarian) für die Werkstattordnung zuständig. Durch diese **horizontale Spezialisierung** der Leitungsaufgaben, die auch als funktionale Arbeitsteilung bezeichnet wird, sollte ein kurzfristiges Anlernen der Stelleninhaber ermöglicht werden. Allerdings führt dieses System auch zu einer Mehrfachunterstellung der Arbeiter, wobei jeder Arbeiter bis zu acht Meistern gleichzeitig unterstellt sein kann (vgl. hierzu auch die Abschnitte 4.3 und 4.5).

Taylorismus/ Industrial Engineering

Der **Taylorismus** bezeichnet eine Denkweise, die geprägt ist von dem rationellen Einsatz von Menschen und Maschinen im Produktionsprozeß mit dem Ziel einer Maximalleistung. Dieses Denken wurde deshalb auch kritisch als »**efficiency craze**« bezeichnet. Die Betrachtungsebene ist vorwiegend das Fabrikmanagement. *Taylor*s Zeitstudien wurden von seinem Schüler *Frank B. Gilbreth* (1868-1924) durch **Bewegungsstudien** ergänzt, um unzweckmäßige oder unnötige Bewegungsabläufe erkennen und beseitigen zu können. *Taylor* und *Gilbreth* gelten damit als Begründer des **Industrial Engineering**.

Fordismus

Während *Taylor* sich noch primär mit der Rationalisierung handwerklicher Arbeit befaßte, optimierte *Henry Ford* (1863-1947) seine industrielle Automobilproduktion mit Hilfe von *Taylor*s Erkenntnissen. 1913 übernahm er im *Highland Park*-Werk das Prinzip der **Fließfertigung**, das bereits in der Mitte des 18. Jahrhunderts in der Zerlegeabteilung von Schlachthöfen Anwendung gefunden hatte. Durch die arbeitsorganisatorisch optimale Anordnung von Menschen und Maschinen konnte die Herstellung von Automobilen von einer qualifizierten Facharbeit zu einer Folge einfacher Verrichtungen ohne besondere Ansprüche an die Qualifikation der Arbeiter umfunktioniert werden. Die hohe **Typisierung der Produkte** (nur ein »*Model T*« und nur in schwarzer Farbe) ermöglichte eine weitgehende Mechanisierung der Fertigung, eine geringere Lagerhaltung und eine Reduzierung des Aufwandes beim Kundendienst. Durch **Eignungsuntersuchungen** wurden die für bestimmte Tätigkeiten jeweils am besten geeigneten Arbeiter ausgewählt.

Ford konnte mit seinem System die **Produktivität erheblich steigern**. Durch die Fließfertigung, die den Arbeiter im Takt des Fließbandes zu einer bestimmten Arbeitsleistung zwingt, ließ sich außerdem der **Kontrollaufwand verringern**. Beispielsweise verkürzte sich die Zeit für die Endmontage eines Fahrzeuges von 12,5 Stunden auf 93 Minuten. Der Verkaufspreis des insgesamt rund zwanzig Millionen Mal hergestellten *Model T* wurde von 850 US-$ auf 300 US-$

herabgesetzt, die wöchentliche Arbeitszeit auf 48 Stunden verkürzt und der Tageslohn der Arbeiter von 2,30 US-$ auf 5 US-$ erhöht (bei gleichzeitigem Verbot der Gewerkschaften in den *Ford*-Betrieben). Mit *Opel* stellte erstmals 1924, also elf Jahre nach *Ford*, eine deutsche Automobilfabrik ihre Produktion auf Fließfertigung um (und wurde 1929 von *General Motors* übernommen; vgl. *Ford, H.* 1923, *Staehle, W. H.* 1991 S. 25 f.).

*Taylor*s System war einerseits in der Zeit aufkommender Massenproduktion zweifelsohne **erfolgreich**. Es ermöglichte durch die systematische Rationalisierung der Arbeitsorganisation erhebliche Produktivitätssteigerungen. Andererseits war es von Anfang an außerordentlich **umstritten**, weil man die negativen Konsequenzen wie die Entfremdung von der Arbeit, Monotonie, Sinnentleerung und Fremd- statt Selbstbestimmung sah. Nach gewerkschaftlich organisierten Streiks und massiver Opposition gegen das *Taylor*-System kam es bereits 1911 zur Einführung eines Komitees des US-Senats, das klären sollte, ob das System überhaupt ethisch vertretbar sei. Trotz der zeitgenössischen Kritik an *Taylor*s Gedanken, die sich insbesondere an der Beanspruchung des Menschen über eine physisch und psychisch zumutbare Grenze hinaus und an dem vorgeschlagenen Lohnsystem entzündete, hat der Taylorismus bis in unsere Tage erhebliche Auswirkungen auf die Gestaltung der industriellen Produktion. Ohne ihn wäre eine rationelle Massenproduktion kaum denkbar, was allerdings nichts daran ändert, daß man sich seit geraumer Zeit zu Recht intensiv Gedanken über menschengerechtere Formen der Arbeitsorganisation macht.

Würdigung

2.3.3 Ansatz der Administrations- und Managementlehre

Während sich *Taylor* und andere Vertreter des Scientific Management und des Industrial Engineering vorwiegend mit Problemen der untersten Führungs- und der Ausführungsebene beschäftigen, setzt sich *Henry Fayol* (1841-1925) in erster Linie mit Fragen der Verwaltung und der Führung auseinander, die in den größer und komplexer werdenden Unternehmen der Jahrhundertwende eine immer wichtigere Rolle spielten.

Wie *Taylor* war *Fayol* Ingenieur und als Generaldirektor einer französischen Bergwerksgesellschaft zugleich Praktiker. In seinem 1916 erschienenen Hauptwerk »Administration Industrielle et Générale« formuliert *Fayol* seine Überlegungen und Erfahrungen in 14 »**Allgemeinen Verwaltungsprinzipien**« (vgl. *Fayol, H.* 1916). Hierzu gehören u.a. die Empfehlung einer weitgehenden Arbeitsteilung und eines hohen Maßes an Zentralisation, die Unterord-

***Fayol*s Verwaltungsprinzipien**

nung individueller unter allgemeine Interessen, die Wahrung von Disziplin und Ordnung als Grundlage unternehmerischen Handelns, die Übereinstimmung von Autorität und Verantwortung, die Gestaltung einer gerechten Entlohnung und die Schaffung eines »Esprit de Corps«, also eines »Teamgeistes«, wie wir heute sagen würden.

Einheit der Auftrags-erteilung

Von besonderer Bedeutung ist das Prinzip der **Einheit der Auftragserteilung**: Im Gegensatz zu *Taylor*s Mehrlinienprinzip des Funktionsmeistersystems kann bei *Fayol* eine untergeordnete Stelle immer nur von **einer** übergeordneten Instanz Weisungen erhalten (»seul chef, seule direction«). Daraus folgt, daß nur zwischen zwei jeweils hierarchisch aufeinanderfolgenden Organisationseinheiten Weisungs- und Informationsbeziehungen bestehen. Letztendlich laufen damit alle Anweisungen und Informationen von oben über alle Instanzen nach unten (**Instanzenzug**) und umgekehrt (**Dienstweg**). Damit ergibt sich zwangsläufig der Nachteil langer Kommunikationswege. Um diesen Nachteil zu vermeiden, läßt *Fayol* in Ausnahmefällen den direkten Kontakt zwischen hierarchisch gleichrangigen Positionen unter Umgehung des Instanzenzuges zu (sog. »*Fayol*sche Brücke«; vgl. hierzu auch den Abschnitt 4.6.3).

Würdigung

*Fayol*s Prinzipien sind nicht als starre Regeln, sondern als **Orientierungshilfen** zu verstehen, um ein Unternehmen erfolgreich zu führen. Erst in Verbindung mit der praktischen Erfahrung sind sie sinnvoll anzuwenden. Wie zeitlos einzelne Prinzipien sind, zeigt beispielsweise die Forderung nach einer Entsprechung von Verantwortung und Autorität, auf die später noch näher eingegangen wird, wenn wir uns mit der Frage der Stellenbildung auseinandersetzen (vgl. Abschnitt 4.2).

2.3.4 Betriebswirtschaftliche Organisationslehre

In Deutschland bildeten die Arbeiten von *Nordsieck* (vgl. *Nordsieck, F.* 1932 und 1934) die Grundlage für eine intensive Auseinandersetzung mit Organisationsfragen im Rahmen der Betriebswirtschaftslehre. Seine analytische Differenzierung der Organisationslehre in eine **Beziehungslehre** und eine **Ablauflehre** beeinflußte fast alle folgenden Arbeiten der betriebswirtschaftlichen Organisationslehre und prägen Theorie und Praxis im deutschsprachigen Raum bis heute:

Aufbau- und Ablauforganisation

- Die **Aufbauorganisation** gliedert ein Unternehmen in Teileinheiten (Stellenbildung), ordnet ihnen Aufgaben und Kompetenzen zu und ermöglicht die Koordination der verschiedenen Organisationseinheiten.

- Der Ablauf des betrieblichen Geschehens findet seinen Niederschlag in der **Ablauforganisation**. Sie regelt primär die inhaltliche, räumliche und zeitliche Folge der Arbeitsprozesse.

Die klassische Zweiteilung von Aufbau- und Ablauforganisation erfolgt in der betriebswirtschaftlichen Organisationslehre eigentlich aus arbeitstechnischen Gründen und ist eine »gedankliche Abstraktion«, die eine Auseinandersetzung mit organisatorischen Fragen erleichtern soll. In der Organisationspraxis können Aufbau- und Ablauforganisation selten isoliert betrachtet werden. Das war *Nordsieck* sehr wohl bewußt, denn er weist explizit darauf hin, daß die Zerlegung einer Gesamtaufgabe in Teilaufgaben (von ihm als »Gliedaufgaben« bezeichnet) nur dort gerechtfertigt ist, »wo der Prozeß durch die Bildung von Abschnitten nur relativ gering gestört wird, d.h. wo die wenigsten Prozeß- und Ablaufbeziehungen zerschnitten werden« (*Nordsieck, F.* 1968 S. 13). Er stellt darüber hinaus fest, daß sich die Koordination der Teilaufgaben um so schwieriger gestaltet, je weniger die prozessualen Belange bei ihrer Bildung berücksichtigt worden sind. Das in den letzten Jahren verstärkte Bemühen vieler Unternehmen um eine prozeßorientierte Ausrichtung der Strukturen zeigt, wie problematisch die Trennung von Aufbau- und Ablauforganisation für die Effizienz der Gesamtstruktur sein kann (vgl. hierzu Kapitel 6).

Das derzeit geschlossenste Theoriegebäude der betriebswirtschaftlichen Organisationslehre entwickelt *Kosiol* in seinem 1962 erstmals vorgelegten Werk über die »Organisation der Unternehmung« (vgl. *Kosiol, E.* 1976, *Lehmann, H.* 1992 Sp. 1544). Den Ausgangspunkt seiner Überlegungen bildet die »**Aufgabe der Unternehmung**«, unter der er das Ziel zweckbezogenen menschlichen Handelns versteht. Alle organisatorischen Maßnahmen sind darauf gerichtet, die Aufgabenerfüllung sicherzustellen. Hierzu ist die Gesamtaufgabe des Unternehmens zunächst in Teilaufgaben und Teilschritte zu zerlegen (Aufgaben- und Arbeitsanalyse), die danach zu zweckmäßigen Aufgabenkomplexen und Arbeitsprozessen zusammenzufassen sind (Aufgaben- und Arbeitssynthese). Auf diese Weise entsteht eine systematisch begründete Aufbau- und Ablauforganisation (vgl. *Kosiol, E.* 1976 S. 41 ff. und die ausführliche Darstellung im Kapitel 3).

Würdigung

Kritisch an der betriebswirtschaftlichen Organisationslehre ist insbesondere das Ausklammern von Verhaltensprozessen zu sehen, denn ohne die explizite Berücksichtigung menschlicher Bedürfnisse und informaler Aspekte (z.B. Machtverteilung, Einfluß von Meinungsführern, Wirkung der formalen Strukturen auf das Verhalten der Organisationsmitglieder) bei der Organisationsgestaltung ist eine auf Dauer effiziente Organisation nicht denkbar (vgl. *Kieser, A.* 1981 S. 29 ff.). Trotzdem besitzt die betriebswirtschaftliche Organisationslehre durch ihre Aufgabenorientierung, ihren Anwendungsbezug und die Fokussierung auf wirtschaftliche Gesichtspunkte der Organisation bis heute eine große Bedeutung für die Organisationstheorie und -praxis (vgl. *Lehmann, H.* 1992 Sp. 1538).

2.4   Verhaltenstheoretische Ansätze

Der **Human Relations-Ansatz** und die neueren **motivationstheoretischen Ansätze** stellen das menschliche Verhalten und die zwischenmenschlichen Beziehungen in den Mittelpunkt ihrer Betrachtungen. Nicht die formale Organisation durch ein umfassendes System ordnender Regelungen, wie bei den klassischen Ansätzen, sondern die **informale Organisation** und **informale Gruppen** bilden den Untersuchungsgegenstand. Zugrunde liegt das Menschenbild des »**social man**«, der neben den geregelten Beziehungen zu anderen Organisationsmitgliedern auch informale Verbindungen unterhält, und nicht das des »rational economic man«.

Informale Strukturen   Die informalen Verbindungen können aus gleichen Interessen (z.B. Karrierezielen, politischen, gesellschaftlichen und kulturellen Einstellungen), gleichen sozialen Merkmalen (z.B. Alter, Beruf, Geschlecht, Dauer der Betriebszugehörigkeit, Einkommen, hierarchische Stellung) oder sonstigen Gemeinsamkeiten entstehen. Abhängig von der jeweiligen Situation einer Organisation können die informalen Beziehungen die formalen Regelungen lediglich überlagern, oder sie können an deren Stelle treten und die »gewollte Ordnung« gewissermaßen außer Kraft setzen. Das wesentliche Merkmal informaler Strukturen ist es, daß sie nicht organisiert werden können und damit nur sehr beschränkt kontrollier- und steuerbar sind. Trotzdem gehören sie zu den kulturprägenden Faktoren einer Organisation (vgl. hierzu die Darstellung in Abschnitt 4.6.4).

Human Relations-Ansatz   Der **Human Relations-Ansatz** geht auf die berühmt gewordenen *Hawthorne*-Experimente der Forschergruppe um *Mayo, Roethlisberger* und *Dickson* in den *Hawthorne*-Werken der *Western Electric Company*, einer Tochter der *American Telephone and Telegraph Company (AT&T)*, Ende der zwanziger Jahre zurück. Ganz im Sinne des Scientific Management sollte damals der Einfluß der physischen Arbeitsbedingungen (Pausenregelung, Arbeitsraumgestaltung, Beleuchtungsverhältnisse, Belüftung, Farbgebung usw.) sowie der Auswahl und der Einübung von Arbeitskräften auf die Produktivität und die Qualität der menschlichen Arbeit untersucht werden. Es stellte sich jedoch heraus, daß die informale Organisation, also sozusagen das »Betriebsklima«, eine wesentlich bedeutsamere Auswirkung auf die Arbeitsergebnisse hatte als die Arbeitsbedingungen.

In der Folge entstand die **Human Relations-Bewegung**, die den Menschen als soziales Wesen und nicht als Quasi-Maschine versteht. Die Kernaussage dieses Managementkonzepts lautet, daß eine positive Einstellung gegenüber der Arbeit und dem sozialen Umfeld zu einer hohen Arbeitszufriedenheit führt, die wiederum eine hohe Arbeitsleistung bewirkt. Als Beeinflussungsfaktoren von Zufriedenheit und Motivation werden in erster Linie das Verhalten des Vorgesetzten, die Beziehungen innerhalb der Arbeitsgruppe und materielle Anreize gesehen. Die wesentliche Aufgabe der Vorgesetzten ist es folglich, für ein angenehmes Arbeitsklima zu sorgen und die Anzahl von Konflikten möglichst gering zu halten. Weil die sichtbare Arbeitsleistung eben nicht nur eine Funktion der physikalischen Arbeitsbedingungen ist, müssen die Führungskräfte neben fachlichen Fähigkeiten auch über »soziale Kompetenz« verfügen.

Human Relations-Bewegung

Neuere motivationstheoretische Ansätze untersuchen das menschliche Verhalten in Organisationen (**organizational behavior**) unter dem Blickwinkel, daß zwischen der Zufriedenheit der Organisationsmitglieder und ihrer Produktivität kein direkter und zwingender Zusammenhang besteht. Die Menschen werden stattdessen als Potential an geistigen Fähigkeiten und körperlichen Fertigkeiten

Motivationstheoretische Ansätze

Die *Hawthorne*-Experimente

Im Jahr 1923 initiierte das amerikanische *National Research Council* ein Forschungsprogramm, in dessen Verlauf zunächst die Zusammenhänge zwischen der Arbeitsplatzbeleuchtung und der Arbeitsleistung untersucht werden sollten. Einige der mit diesem Programm verbundenen Experimente fanden in den *Hawthorne*-Werken statt. Diese sogenannten „*Hawthorne*-Experimente" umfaßten von 1924-1932 insgesamt sechs Untersuchungsreihen. Durch ergonomische Experimente wollte man herausfinden, welche Einflußgrößen der Arbeitsgestaltung zu hohen Leistungen führen. Im Laufe der Untersuchungen zeigte sich, daß die erbrachten Leistungen auch dann anstiegen, wenn sich die Arbeitsbedingungen nicht verbesserten oder sich gegenüber der Ausgangssituation sogar verschlechterten. Dieses nicht erwartete und zunächst nicht erklärbare Ergebnis lenkte die Aufmerksamkeit der Forscher auf die beobachteten sozialen Veränderungen und deren Auswirkungen auf die Arbeitsmotivation. Die Leistungssteigerung wurde damit erklärt, daß die Anwesenheit und das Interesse der Forscher und die im Versuchsverlauf intensivierten sozialen Kontakte das Klima in den Gruppen verbessert und die Arbeitszufriedenheit ihrer Mitglieder erhöht hatte. Daraus schlossen die Forscher, daß die Veränderung der sozialen Bedingungen auch das Arbeitsverhalten und damit die Arbeitsergebnisse veränderte.

(vgl. *Kieser, A.* 1995 S. 99 ff., *Pugh, D. S.* 1971 S. 215 ff., *Staehle, W. H.* 1991 S. 33)

SCHÄFFER
POESCHEL

Abb. 10: Die *Hawthorne*-Experimente

(**human resources**) gesehen, das es zu fördern und weiterzuentwickeln gilt. Als Vertreter der motivationstheoretischen Ansätze sind v.a. *Maslow* (Bedürfnispyramide), *McGregor* (X-Y-Theorie) und *Herzberg* (Zweifaktorentheorie) zu nennen.

Würdigung

Die verhaltenstheoretischen Ansätze zeigen die Wirkung von sozialer Anerkennung und zwischenmenschlichen Beziehungen auf die Arbeitszufriedenheit, die Motivation und die individuelle Arbeitsleistung der Organisationsmitglieder. Für die organisatorische Effizienz sind demzufolge neben den formalen auch die informalen Strukturen von grundlegender Bedeutung. Der Human Relations-Ansatz und die neueren motivationstheoretischen Ansätze betrachten allerdings kaum mehr als einzelne Eigenschaften von Organisationen. Sie geben weder Auskunft darüber, wie Organisationen zu definieren sind, noch sagen sie etwas über die Einflußgrößen organisatorischer Gestaltung aus. Während andere Ansätze unter Organisation ein Gebilde zur Aufgabenerfüllung verstehen, ohne relevante menschliche Verhaltensgrößen wie Motivation, Zufriedenheit oder Konflikte zu berücksichtigen, stellen die sozialwissenschaftlichen Ansätze zwar den Menschen in den Mittelpunkt ihrer Betrachtung; die Beziehungen und Eigenschaften der formalen Struktur bleiben dagegen jedoch weitgehend unberücksichtigt (vgl. *Kieser, A./Kubicek, H.* 1992 S. 40 f.).

2.5   Entscheidungstheoretische Ansätze

Die entscheidungstheoretischen Ansätze der Organisationslehre befassen sich sowohl mit der Lösung von organisatorischen Gestaltungsproblemen (entscheidungslogisch-orientierte Ansätze) als auch mit dem Einfluß der Organisationsstruktur auf das Entscheidungsverhalten (entscheidungsprozeß-orientierte Ansätze). Bedeutsame Einzelansätze sind die Spieltheorie, die Teamtheorie, die Theorie der Verrechnungspreise (pretiale Lenkung) und die Verhaltenstheorie des Unternehmens (vgl. *Frese, E.* 1992a S. 220 ff., *Grochla, E.* 1983 S. 22 f., *Laux, H.* 1992 Sp. 1733 ff.).

Entscheidungs-logisch-orientierte Ansätze

Die **entscheidungslogisch-orientierten**, **mathematischen** oder **quantitativen Ansätze** setzen mathematische Algorithmen oder verbale Entscheidungsmodelle ein, um eine »optimale« Entscheidung zwischen verschiedenen Organisationsalternativen zu treffen (z.B. optimale Leitungsspanne, optimale Abteilungsgliederung, optimale Zahl der Hierarchieebenen). Die organisatorischen Gestaltungsmöglichkeiten sollen in die entscheidungslogische Grundstruktur mit Zielen, Alternativen und Umweltzuständen eingeordnet werden, um dann diejenige Strukturform wählen zu können, die eine bestmögliche Zielerreichung erwarten läßt. Die Hauptschwierigkeit liegt darin, daß diese präskriptiven Ansätze nur wenige Variablen und bestimmte Nebenbedingungen berücksichtigen können und deshalb die wesentlich komplexere Unternehmenswirklichkeit stark vereinfachen müssen. Insofern ist ihre Anwendbarkeit für die Lösung praktischer Organisationsprobleme fraglich und beschränkt sich im wesentlichen auf die Bereiche der Fertigung und der Materialwirtschaft (vgl. *Schreyögg, G.* 1996 S. 68 f., *Schüler, W.* 1992 Sp. 1806 ff., *Staehle, W. H.* 1991 S. 38 ff.).

Aus der Sicht der **entscheidungsprozeß-orientierten Ansätze**, die auch als Ansätze der verhaltenswissenschaftlichen Entscheidungstheorie bezeichnet werden, sind Organisationen als Systeme zu betrachten, in denen Entscheidungen zur Erreichung der Organisationsziele getroffen und koordiniert werden müssen. Betrachtungsgegenstand sind das Entscheidungsverhalten von einzelnen Individuen oder Gruppen und die Entscheidungsabläufe selbst. Im Mittelpunkt stehen die Beschreibung und die Erklärung des faktischen Problemlösungsverhaltens. Ihre Analyse bildet die Grundlage für Gestaltungsempfehlungen hinsichtlich des Entscheidungsumfelds und hier insbesondere der Organisation als einer wesentlichen Einflußgröße der individuellen Entscheidungen, die dazu beitragen sollen, daß rationeller entschieden werden kann (vgl. *Kieser, A./ Kubicek, H.* 1992 S. 42 f., *Schreyögg, G.* 1992 Sp. 1746).

Entscheidungs-prozeß-orientierte Ansätze

Die entscheidungstheoretischen Ansätze konzentrieren sich entweder auf den Entwurf von Entscheidungsmodellen oder auf das Entscheidungsverhalten der Organisationsmitglieder. Während es den quantitativen Ansätzen an umfassender Praktikabilität mangelt, können die entscheidungsprozeß-orientierten Ansätze zumindest Hinweise darauf geben, welche Auswirkungen bestimmte Organisationsformen auf das menschliche Entscheidungsverhalten haben können. Zur Erklärung von strukturellen Unterschieden in realen Organisationen leisten sie jedoch ebenfalls keinen Beitrag.

Würdigung

2.6   Systemtheoretische Ansätze

Die Bezeichnung »systemtheoretische Ansätze« faßt vielfältige Forschungsrichtungen zusammen, denen der Versuch gemeinsam ist, komplexe Sachverhalte und Zusammenhänge ganzheitlich zu beschreiben und zu erklären. Die **Systemtheorie** geht auf den österreichischen Biologen *Ludwig von Bertalanffy* (1901-1972) zurück, der in den dreißiger Jahren eine Theorie der Selbstregulierungsfähigkeit offener biologischer Systeme formulierte (vgl. *Bertalanffy, L. v.* 1972 S. 31 ff., *Staehle, W. H.* 1991 S. 40). Wie wir schon festgestellt haben, ist ein System eine gegenüber der Umwelt abgegrenzte Gesamtheit von Subsystemen und Elementen, die sich gegenseitig beeinflussen und eine Struktur (ein Beziehungsgefüge) aufweisen (vgl. Abb. 11).

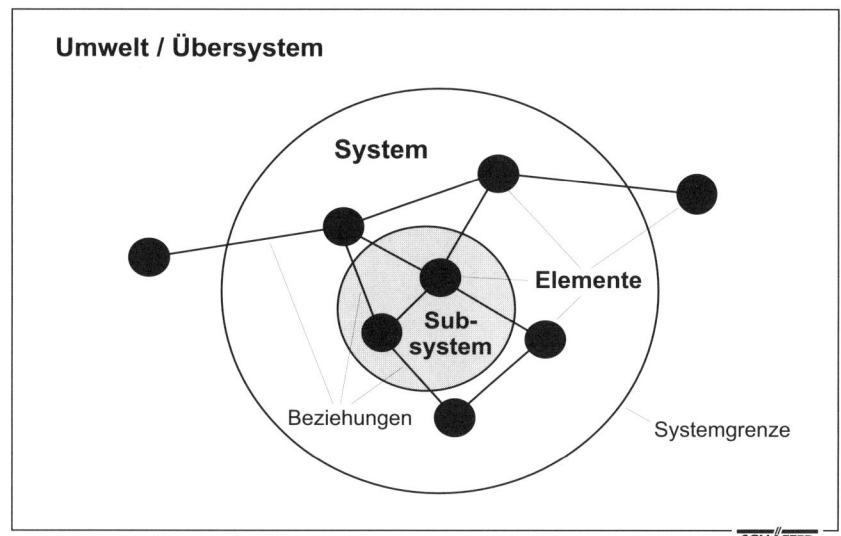

Abb. 11: Grundbegriffe der Systemtheorie

Systemtheoretische Grundbegriffe

Ein Beispiel aus der Humanbiologie soll die systemtheoretische Sichtweise verdeutlichen:

Der Mensch kann als **Übersystem** gesehen werden, das aus einer Vielzahl von **Systemen** (Organen) besteht, die wiederum aus **Subsystemen** (Gewebearten) und **Elementen** (Zellen) bestehen. Dabei sind die Zellen ihrerseits wieder Systeme mit verschiedenen Subsystemen wie Zellkern, Mitochondrien, Zellmembran etc. und Elementen (z.B. der DNS als Träger des genetischen Codes). Zwischen dem Übersystem, seinen Systemen, Subsystemen und Elementen bestehen vielfältige **Systembeziehungen** (z.B. Blut-, Lymph- und Nervenbahnen).

Auf diese Weise ergibt sich über die einzelnen Stufen hinweg je nach Betrachtungsansatz eine **Systemhierarchie**. Die in den Naturwissenschaften weiterentwickelte Systemtheorie dient insbesondere der Erklärung von Wachstums-, Anpassungs- und Selbstregulationsprozessen. Einen praktischen Anwendungsbezug im Zusammenhang mit Organisationsproblemen bringt erst die Verbindung mit der Kybernetik, denn jeder Anpassungsvorgang setzt notwendigerweise bestimmte Steuerungs- und Regelungsmechanismen voraus (vgl. *Fuchs, H.* 1972 S. 54).

Kybernetik   Als die Wissenschaft von der Steuerung und Regelung von Systemen wurde die **Kybernetik** (griechisch: »Steuermannskunst«)

von *Norbert Wiener* (1894-1964) begründet, der ihr auch den Namen gab (»Cybernetics«). Demnach liegen den Systemstrukturen und dem Systemverhalten bestimmte Regelungsmechanismen zugrunde, die unabhängig vom Untersuchungsgegenstand auf beliebige Systeme anwendbar sind, und bewirken, daß bestimmte Zustände konstant erhalten bleiben und/oder systemexterne Ziele angestrebt werden können (vgl. *Fuchs, H.* 1972 S. 54 f., *Riester, W. F.* 1972 S. 155 ff., *Schreyögg, G.* 1996 S. 86 ff., *Scott, W. R.* 1986 S. 152 ff.).

Die Systemtheorie und die Kybernetik sind gleichermaßen durch eine **disziplinübergreifende und ganzheitliche Denkweise** charakterisiert. Sie sind nicht nur geeignet, organisatorische Probleme zu erkennen und zu beschreiben, sondern können auch zu einer Lösung dieser Problemstellungen beitragen. Von besonderer Bedeutung ist es dabei, daß sich sowohl die statisch-strukturellen Aspekte als auch die dynamisch-funktionalen Gesichtspunkte erfassen und gestalten lassen. Die **systemtheoretisch-kybernetisch orientierten Ansätze** können durch folgende Merkmale charakterisiert werden (vgl. *Kasper, H.* 1991 S. 1 ff., *Lehmann, H.* 1992 Sp. 1839, 1843 ff.):

Systemtheoretisch-kybernetischer Ansatz

- **Ganzheitliche und interdisziplinäre Sichtweise**, d.h. die Beziehungen (Vernetzungen) zwischen den Systemelementen werden berücksichtigt und Aspekte wie Koordination, Kommunikation und Integration besonders akzentuiert. Die generellen Aussagen der Systemtheorie und der Kybernetik gelten für alle wissenschaftlichen Bereiche.
- **Umweltorientierung**, d.h. es handelt sich um offene Systeme, bei denen nicht nur die systeminternen sondern auch die externen Beziehungen zwischen dem System und seiner Umwelt explizit mit betrachtet werden. Die Umweltorientierung und die ganzheitliche Sicht fuhren zu einer Öffnung der Organisationslehre gegenüber anderen wissenschaftlichen Disziplinen.
- **Dynamische Betrachtung**, d.h. Organisationen als dynamische Systeme befinden sich in einem laufenden Prozeß der Veränderung, bei dem Gleichgewichtssituationen mit Ungleichgewichten abwechseln.
- **Selbstregulierung und Selbstorganisation**, d.h. organisatorische Systeme sind in der Lage, ohne Eingriffe von außen bestimmte Sollwerte und die Systemstruktur zu erhalten oder zu verbessern. Eng verbunden damit ist das Merkmal der Lernfähigkeit, die es Organisationen ermöglicht, ihre Erfahrungen zielgerichtet auszuwerten und daraus Schlußfolgerungen für das zukünftige Verhalten zu ziehen.
- **Gestaltungsorientierung**, d.h. der systemtheoretisch-kybernetische Ansatz der Organisationstheorie übernimmt die Funk-

tion eines »Vermittlers« zwischen der wissenschaftlichen Theorie einerseits und der Organisationspraxis andererseits. Neben der Beschreibung und Erklärung von strukturellen Sachverhalten sollen auch Gestaltungsempfehlungen gegeben werden.

Soziotechnischer Ansatz

Der auf *Eric Trist* zurückgehende **soziotechnische Ansatz** ordnet Organisationen als offenen, dynamischen Systemen die Primäraufgabe der Gütererstellung zu. Diese Primäraufgabe dient als Steuerungsgröße für die Regelung der individuellen und kollektiven Aufgabenerfüllung innerhalb einer Organisationseinheit. Grundsätzlich werden der Mensch, die Technik und die Organisation dabei als gleichbedeutend angesehen. Um eine optimale Gesamtleistung des Systems zu erzielen, müssen die technischen und die sozialen Subsysteme gleichzeitig und abgestimmt im Hinblick auf die Aufgabe optimiert werden. Um dies zu erreichen, stellt *Trist* die Arbeitsgruppe und nicht den einzelnen Stelleninhaber in den Mittelpunkt der Betrachtung und schlägt vor, an die Stelle von Vorschriften (z.B. Stellenbeschreibungen, Pflichtenhefte, Richtlinien, usw.) vereinbarte, konkret festgelegte Entscheidungsspielräume zu setzen und die Mitarbeiter nicht mehr durch deren Vorgesetzte überwachen zu lassen. Die Aufgaben der Vorgesetzten beschränken sich auf die Erfolgskontrolle und auf ein konstruktives Feedback (»Beratung zur Selbststeuerung«). Dadurch sollen relativ unabhängige und sich selbst steuernde organisatorische Einheiten entstehen. Das Organisationsproblem besteht dann vorrangig darin, ein Gleichgewicht zwischen der Selbständigkeit der einzelnen soziotechnischen Subsysteme und dem Koordinationsbedarf im Hinblick auf die Organisationsziele zu finden (vgl. *Alioth, A.* 1995 Sp. 1895 f., *Schulte-Zurhausen, M.* 1995 S. 25 f.).

Würdigung

Die systemtheoretischen Ansätze begreifen **Organisationen als zweckorientierte, offene, dynamische, soziotechnische Systeme**, die mit ihrer Umwelt (oder: dem Übersystem) in materiellen, sozialen und kulturellen Wechselbeziehungen stehen und über die Fähigkeit zur Selbstorganisation verfügen. Dabei entwickeln sie bestimmte Verhaltensnormen oder passen vorhandene Regeln den veränderten Bedingungen an, ohne daß diese bewußt aufgestellt und in Kraft gesetzt worden sein müssen. Organisationsstrukturen sind demnach nicht das Ergebnis eines planmäßigen und rationalen Handelns wie in der Sicht der klassischen Organisationslehre, sondern sie entstehen von selbst. Die Vertreter des Systemansatzes sind sich jedoch bewußt, daß in großen und komplexen Organisationen nicht ganz auf das planmäßige Organisieren durch die Unternehmensführung verzichtet werden kann. Die formalen Strukturen sollen aber auch unter sich verändernden Umweltbedingungen die dauerhafte Selbsterhaltung und eine effiziente Leistungserstellung ermöglichen.

2.7 Ökonomische Ansätze

Die ökonomischen Organisationstheorien sehen in den menschlichen Individuen die Grundelemente der sozialen und wirtschaftlichen Welt (**methodologischer Individualismus**). Die Individuen verfolgen als Akteure das Ziel, ihren jeweiligen Nutzen zu maximieren (**individuelle Nutzenmaximierung**). Dabei nehmen sie zumindest teilweise bewußt die mögliche Schädigung anderer Akteure in Kauf (**Opportunismus**). Zur Zeit lassen sich zwei grundlegende Richtungen der ökonomischen Organisationstheorie unterscheiden (zu den folgenden Ausführungen vgl. *Picot, A./Dietl, H./ Franck, E.* 1997 S. 39 ff., *Schmidt, R. H.* 1992 Sp. 1854 ff., *Schreyögg, G.* 1996 S. 69 ff.).

Die **neoklassischen Ansätze** betrachten die Akteure als rational handelnde Individuen, die jederzeit über vollständige und sichere Informationen verfügen. Damit können sie auf den vollkommenen Märkten stets optimal entscheiden. Die Akteure verfolgen als Konsumenten das Ziel der Nutzenmaximierung und als Produzenten das Ziel der Gewinnmaximierung. Aus der Sicht der Akteure sind Institutionen (Organisationen) nichts anderes als Instrumente, um Marktmacht aufzubauen oder sich dagegen zu verteidigen. **Neoklassik**

Die **neoinstitutionalistischen Ansätze**, die auch als »Neue Institutionenökonomik« (new institutional economics) bezeichnet werden, gehen dagegen von begrenzt rationalen Akteuren aus, deren Wissen, Informationsverarbeitungskapazität und Moral eingeschränkt sind. Bei dem Versuch, ihren individuellen Nutzen zu maximieren, verursachen sie »Schäden«, die sich beispielsweise in entgangenen Produktivitätssteigerungen oder in überhöhten Kosten zeigen. Um ein möglichst hohes Nutzenniveau zu erreichen, versuchen die Akteure diese »Schäden« durch Motivations- und Koordinationsmaßnahmen so gering wie möglich zu halten. Hierzu gestalten sie möglichst effiziente Institutionen als Rationalitätssurrogate (z.B. dienen Erfolgsbeteiligungen als Ersatz für die nicht durchgängige Beobachtbarkeit der Arbeitsleistung). Im wesentlichen haben sich drei Teilansätze entwickelt: **Neoinstitutionalismus**

- Der Betrachtungsgegenstand des im wesentlichen von *Coase* und *Williamson* entwickelten und propagierten **Transaktionskostenansatzes** ist die einzelne Transaktion zwischen den Akteuren (Individuen, Unternehmen, Staat) des arbeitsteiligen **Ansätze des Neoinstitutionalismus**

Wirtschaftssystems. Unter einer »Transaktion« wird die Übertragung von Sach- und Dienstleistungen sowie von Verfügungsrechten verstanden. Organisationen bilden sich immer dann, wenn die interne, hierarchische Koordination der Transaktionen effizienter ist als eine Abstimmung über den externen Markt. Dies ist auch die Ursache für das Entstehen von Unternehmen, Kooperationen oder Netzwerkstrukturen, die dazu dienen, die Koordinations- und Transaktionskosten zu senken und die Produktivität zu steigern.

- Der **verfügungsrechtliche Ansatz** (Property-Rights-Ansatz) stellt die verschiedenen Möglichkeiten zur Gestaltung und Verteilung der Verfügungsrechte (property rights) an Gütern und Ressourcen in den Mittelpunkt seiner Überlegungen. Neben den rechtlichen Aspekten der Vertragsgestaltung werden in diesem Ansatz auch organisatorische Fragestellungen berührt, denn innerhalb von Organisationen werden die Handlungs- und Verfügungsrechte mit Hilfe von organisatorischen Regeln zugeordnet.
- Mit der Theorie der Verfügungsrechte eng verwandt ist der **Principal-Agent-Ansatz**, der das Verhältnis zwischen Auftraggeber (Principal) und Auftragnehmer (Agent) im Rahmen eines Vertragsverhältnisses untersucht. Von besonderem organisationstheoretischen Interesse ist dabei die Relation zwischen dem Nutzen der Aufgabendelegation und den mit ihr verbundenen potentiellen Nachteilen (Kosten).

Die ökonomischen Ansätze verbinden Elemente der Mikroökonomie, der Organisationstheorie und der Rechtswissenschaften miteinander. Sie gehen dabei von einer Reihe von Voraussetzungen aus, die ihre Aussagekraft für die strukturelle Gestaltung von Unternehmen in der Praxis stark einschränken. Hierzu gehören insbesondere die getroffenen Grundannahmen und die Ausklammerung der Vielschichtigkeit der realen Gegebenheiten. Insofern stellen sich die ökonomischen Ansätze »... heute noch mehr als eine Sammlung von Anwendungen der mikroökonomischen Analytik auf ad hoc ausgewählte organisatorische Problemstellungen dar, denn als eine umfassende Organisationstheorie« (*Schreyögg, G.* 1996 S. 79).

2.8 Situativer Ansatz

Die bisher dargestellten Konzepte bieten jeweils Ansatzpunkte zur Erklärung bestimmter Aspekte von Organisationen, wie beispielsweise der formalen Strukturen oder der Beziehungen zwischen

Organisation und Individuum. Die Unterschiede zwischen den realen Organisationsstrukturen und die sie bewirkenden Einflußgrößen erklären sie aber nicht. Aufgrund der Kritik insbesondere an den älteren Ansätzen der Organisationstheorie entstand seit den fünfziger Jahren aus einer ganzen Reihe wissenschaftlicher Arbeiten in Großbritannien und den USA ein Ansatz, der unterschiedliche Organisationsstrukturen auf unterschiedliche Situationen zurückführt, in denen sich die jeweiligen Organisationen befinden.

Unter der »**Situation**« sind grundsätzlich alle unternehmensinternen (z.B. Unternehmensgröße, Produktprogramm, Führungsphilosophie usw.) und unternehmensexternen Einflußgrößen (z.B. Konjunktur, Wettbewerbssituation usw.) zu verstehen, die für die Gestaltung der Organisationsstruktur relevant sind. Die Vertreter des situativen Ansatzes definierten zunächst nur einen einzigen Einflußfaktor, der zur Erklärung von Strukturunterschieden geeignet erschien (z.B. nur die Unternehmensgröße, die eingesetzte Fertigungstechnologie oder die Unternehmensumwelt), und begründeten so die **monokausale** oder **monovariate Richtung**.

> *Begriff der »Situation«*

Nun steht eine Organisation in der Realität aber nicht nur einem Faktor, sondern einer Vielzahl von Einflußgrößen gleichzeitig gegenüber. Insofern ist eine monokausale Charakterisierung der Situation unzureichend. Folgerichtig entstanden Ansätze, die mehrere Einflußgrößen zur Erklärung der Situation heranziehen, die **multikausalen** oder **multivariaten Ansätze**. Die Kernfrage lautet dementsprechend nicht mehr, welcher Faktor die Struktur bestimmt, sondern wie stark der relative Einfluß jedes einzelnen Faktors im Vergleich zu den anderen situativen Einflußgrößen ist (vgl. *Kieser, A./Kubicek, H.* 1992 S. 200 ff., *Staehle, W. H.* 1991 S. 47 ff.).

Das Ziel des situativen Ansatzes, der im englischsprachigen Raum als »Situational Approach« oder »Contingency Approach« bezeichnet wird, ist es nicht, allgemeingültige Organisationsprinzipien aufzustellen, die bestimmten Situationen dogmatisch bestimmte Strukturen gegenüberstellen. Vielmehr sollen die Zusammenhänge zwischen der Situation, der Struktur, dem Verhalten der Organisationsmitglieder und der Organisationseffizienz aufgezeigt werden. Der situative Ansatz baut auf der empirisch-quantitativ vergleichenden Methode auf und gilt als die am weitesten verbreitete organisationstheoretische Forschungs- und Lehrrichtung (vgl. *Kieser, A./Kubicek, H.* 1992 S. 47).

Das **Programm des situativen Ansatzes** läßt sich anhand der folgenden fünf Fragestellungen charakterisieren (vgl. *Kieser, A./Segler, T.* 1981 S. 175 f.):

(1) Durch welche Merkmale sind Organisationen gekennzeichnet, und wie sind diese Merkmale miteinander verbunden?

> *Grundfragen des situativen Ansatzes*

(2) Durch welche situativen Einflußgrößen (Kontextfaktoren) werden Unterschiede zwischen den realen Organisationsstrukturen hervorgerufen, und welche Beziehungen bestehen zwischen diesen Einflußgrößen?

(3) Wie wirken sich die Kontextfaktoren und die Organisationsstrukturen auf das Verhalten der Organisationsmitglieder aus?

(4) Wie ist die Wirkung von Situation, Struktur und Verhaltensvariablen auf die organisatorische Effektivität und Effizienz?

(5) Wie lassen sich die Variablen valide und empirisch exakt erfassen?

Kieser/Segler stellen fest, daß eine vollständige und konsistente Beantwortung der oben angeführten Fragen zu einem empirisch fundierten, theoretischen Modell der Organisation führen würde (vgl. *Kieser, A./Segler, T.* 1981 S. 177). Bisher ist der situative Ansatz allerdings durch **zwei Grundmodelle** gekennzeichnet, die unterschiedliche Zielsetzungen verfolgen: die analytische und die pragmatische Variante (vgl. *Kieser, A./Kubicek, H.* 1992 S. 55 ff.).

Analytische Variante

Die **analytische Variante** des situativen Ansatzes verfolgt ein **theoretisches Wissenschaftsziel**, d.h. sie ist auf die Beantwortung von Warum-Fragen gerichtet: Warum unterscheiden sich die Organisationsstrukturen verschiedener Unternehmen voneinander? Warum verhalten sich Organisationsmitglieder unterschiedlich? Warum sind Organisationen mehr oder weniger effizient hinsichtlich ihrer Ziele? Die Beantwortung derartiger Fragen führt zu **Theorien**, die ein tieferes Verständnis der betrachteten Sachverhalte ermöglichen sollen.

Im analytischen Grundmodell wird die relevante Situation durch unabhängige Variablen beschrieben, die als »**Situationsvariablen**« bezeichnet werden. Die formale Organisationsstruktur, das Verhalten der Organisationsmitglieder und die Effizienz der Organisation sind abhängige Variablen (»**Strukturvariablen**«).

Wie die Abbildung 12 zeigt, beeinflußt die Situation, in der sich eine Organisation befindet, sowohl die formale Organisationsstruktur als auch das Verhalten der Organisationsmitglieder und die organisatorische Effizienz.

Dimensionen der Situation

In empirischen Studien wird nun untersucht, wie sich die Situationsvariablen auf die abhängigen Größen auswirken. Nach dem Grad ihrer Beeinflußbarkeit wird häufig zwischen einer **internen** und einer **externen Dimension** der Organisation unterschieden. Während die internen Variablen von der Organisation selbst beeinflußt werden können, resultieren die externen Variablen auch aus dem Verhalten anderer Organisationen. Es lassen sich die in der Abbildung 13 aufgeführten **Situationsvariablen** unterscheiden (vgl. *Kieser, A./Kubicek, H.* 1992 S. 208 f., *Vahs, D.* 1990 S. 100 ff.).

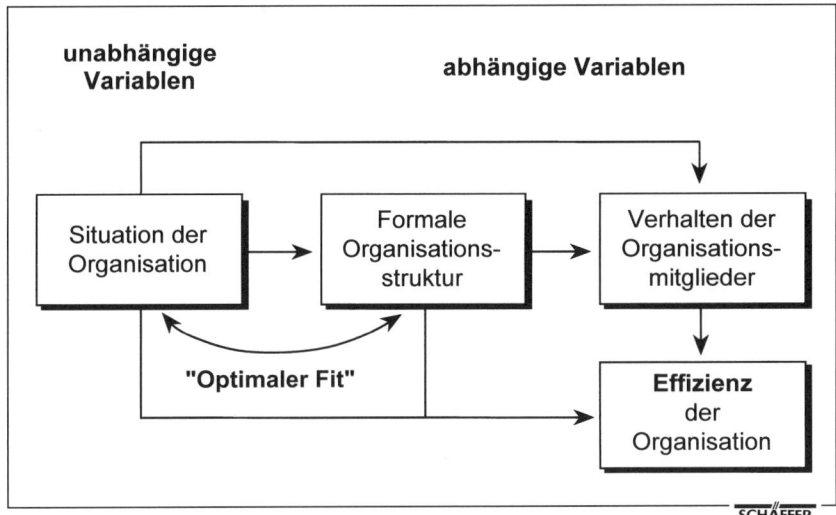

Abb. 12: Erweitertes Grundmodell der analytischen Variante
        des situativen Ansatzes (vgl. *Kieser, A./Kubicek, H.* 1992 S. 57)

Die **pragmatische Variante** des situativen Ansatzes richtet sich im Gegensatz zu der analytischen Variante, die nach dem »Warum?« fragt, auf die Beantwortung von Wie-Fragen, also beispielsweise: Wie läßt sich die Organisation eines Unternehmens gestalten, damit sie den veränderten Anforderungen gerecht wird, die durch einen verschärften Wettbewerb und eine größere Innovationsgeschwindigkeit entstehen? Sie verfolgt demzufolge ein **pragmatisches Wissenschaftsziel**, das zu **Technologien** führen soll, die praktische Gestaltungsempfehlungen beinhalten.

    Die pragmatische, handlungsbezogene Variante geht von einem Organisator aus, der bestimmte Ziele für die Situation verfolgt und dazu die optimale Strukturalternative auswählen möchte. Die Organisationsstruktur ist cin Instrumcnt, um dic gcwünschtc Zielwirkung zu erreichen. Es geht also um die Auswahl derjenigen Organisationsform, die den besten »**Fit**« mit der Situation aufweist (vgl. Abb. 12 und *Kieser, A./Kubicek, H.* 1992 S. 59 ff.).

    Kritisch ist hinsichtlich des situativen Ansatzes festzustellen, daß die Entscheidungsträger, die für die Gestaltung der Organisationsstruktur letztendlich verantwortlich sind, nicht berücksichtigt werden. Ihr Entscheidungsverhalten kann durchaus als eine intervenierende Variable zwischen der Situation der Organisation (unabhängige Variable) und den abhängigen Variablen gesehen werden. Außerdem wird die Tatsache außer acht gelassen, daß die Entscheidungsträger durchaus die Möglichkeit haben, einzelne interne und externe Variablen zu beeinflussen und damit die Situation

Pragmatische Variante

Würdigung

Interne Situationsvariablen	Externe Situationsvariablen
Gegenwartsbezogene Faktoren • Leistungsprogramm • Unternehmensgröße • Fertigungstechnologie • Informationstechnologie • Aufgabenkomplexität • Rechtsform und Eigentumsver- hältnisse • Unternehmensinterne Krisen- situationen	**Aufgabenspezifische Umwelt** • Konkurrenzverhältnisse • Kundenstruktur • Technologische Dynamik
Vergangenheitsbezogene Faktoren • Alter der Organisation • Art der Gründung • Entwicklungsstadium der Organisation	**Globale Umwelt** • Gesellschaftlich-kulturelle Bedingungen • Gesamtwirtschaftliche oder branchenspezifische Krisen- situationen

Abb. 13: Hauptkomponenten der Situation von Organisationen   SCHÄFFER POESCHEL

zu verändern. Trotzdem ist der situative Ansatz zur Erklärung von Strukturunterschieden und zur systematischen Erarbeitung von Organisationsalternativen gut geeignet, weil er es erlaubt, die relevanten Einflußgrößen und deren Auswirkungen auf die Organisationsstruktur zu berücksichtigen.

2.9   Bedeutung der organisationstheoretischen Ansätze für die praktische Organisationsarbeit

Wie wir gesehen haben, weisen die dargestellten organisationstheoretischen Ansätze eine beachtliche Bandbreite an unterschiedlichen Perspektiven des Themas »Organisation« auf. Dies kommt nicht zuletzt daher, weil sie aus verschiedenen wissenschaftlichen Disziplinen stammen, wie beispielsweise den Ingenieur- und den Wirtschaftswissenschaften, der Soziologie und der Psychologie. Einige Ansätze begnügen sich zudem mit der theoretischen Erklärung organisatorischer Sachverhalte während andere von vornherein mit dem Ziel formuliert wurden, möglichst problemadäquate Gestaltungsempfehlungen zu geben (vgl. *Kieser, A.* 1995 S. 25). **Eine geschlossene Organisationstheorie gibt es bis heute nicht** – und ihre Existenz erscheint auch in Zukunft als eher unwahrscheinlich. Insofern bieten die einzelnen Ansätze nur ausschnitthaft und aus der jeweiligen Sichtweise ihrer Vertreter Hilfestellung zum näheren Verständnis von realen Organisationsstrukturen und zur Lösung von organisatorischen Problemstellungen, ohne jedoch einen »one best way« zu weisen.

Für die praktische Organisationsarbeit ist es deshalb nützlich und notwendig, sich nicht auf einen einzelnen Ansatz zu beschränken, sondern die Aussagen, Methoden und Erkenntnisse aller Ansätze so weit wie möglich (und soweit dies sinnvoll ist) in die Überlegungen mit einzubeziehen. Die verschiedenen Gedankengebäude können insbesondere ein **differenziertes Problemverständnis** fördern und **denkbare Lösungsansätze** aufzeigen, die dann in Abhängigkeit von der jeweiligen Gestaltungssituation weiterzuentwickeln sind. Insofern eröffnet die Auseinandersetzung mit der Organisationstheorie neue gedankliche Horizonte, deren Nutzen gerade in einer Zeit weitreichender struktureller Umbrüche gar nicht hoch genug eingeschätzt werden kann.

2.10   Wiederholungsfragen zu Kapitel 2

1. Gibt es **die** Organisationstheorie?
2. Wodurch ist der Bürokratieansatz *Max Weber*s gekennzeichnet?
3. Erläutern Sie die Grundzüge des Scientific Management und gehen Sie insbesondere auf die Begriffe Taylorismus, Industrial Engineering und Fordismus ein.
4. Stellen Sie die Kernaussagen des Ansatzes der Administrations- und Managementlehre und diejenigen der betriebswirtschaftlichen Organisationslehre dar.
5. Diskutieren Sie die Grundgedanken des Human Relation-Ansatzes.
6. Vergleichen Sie den entscheidungsorientierten Ansatz und den Systemansatz miteinander. Wo liegen die jeweiligen Besonderheiten?
7. Stellen Sie die grundlegenden Annahmen und Richtungen der ökonomischen Ansätze dar.
8. Erläutern Sie die Annahmen und die Aussagen des situativen Ansatzes.
9. Welche internen und externen Situationsvariablen kennen Sie?
10. Wie beurteilen Sie die Eignung der verschiedenen organisationstheoretischen Ansätze zur Lösung von Organisationsproblemen im betrieblichen Alltag?

3 Organisatorische Differen- zierung und Integration

3.1 Lernziele

Im dritten Kapitel soll der Leser

- verstehen, warum die systematische organisatorische Ge- staltung von Aufgaben erforderlich ist,
- das Analyse-Synthese-Konzept als Instrument zur orga- nisatorischen Differenzierung und Integration kennen- lernen und
- dessen Einsatz in der praktischen Organisationsarbeit be- werten können.

3.2 Von der Gesamtaufgabe zur formalen Organisations- struktur

Im einleitenden Kapitel wurde festgestellt, daß eine Einzelperson kaum in der Lage wäre, die Gesamtaufgabe (= Marktaufgabe) »Fahrzeugproduktion« der *Speedy GmbH* aufgrund ihrer hohen Komplexität und ihrer vielfältigen Interdependen- zen erfolgreich wahrzunehmen. Die mit der Fahrzeugherstellung verbundenen Leistungsprozesse erfordern einerseits qualifizierte Spezialisten und andererseits eine auf das Leistungsziel gerichtete, ganzheitliche Ordnung und Verknüpfung der Einzelaktivitäten.

Die *Speedy GmbH* hat dieses Problem mit einer Organisationsstruktur ge- löst, in der die Funktionsbereiche Einkauf, Finanzen, Vertrieb/Marketing, Per- sonal, Produktion und Forschung/Entwicklung jeweils bestimmte und klar von- einander abgegrenzte Aufgaben im Hinblick auf die Unternehmensziele erfül- len. Diese formale Organisationsstruktur hat ihren Niederschlag in dem in Ab- bildung 5 dargestellten Organisationsplan gefunden.

Wie kommt ein Unternehmen, wie beispielsweise die *Speedy GmbH*, von der Gesamtaufgabe zu einer formalen Organisations- struktur?

Die Kernaufgabe der organisatorischen Gestaltung ist die Lö- sung eines **Dualproblems** (vgl. Abb. 14):

- Zunächst ist das **Problem der Arbeitsteilung** (organisatorische Differenzierung) zu lösen. Hier stellt sich die Frage nach der

Dualproblem der Organisation

zielwirksamsten art- und mengenmäßigen Zerlegung der Gesamtaufgabe in Teilaufgaben und nach der Bildung leistungsfähiger Organisationseinheiten.

- Die aus der Arbeitsteilung resultierende Aufgabendifferenzierung und die Spezialisierung der Aufgabenträger erzeugt Komplexität und wirft zwangsläufig das Problem auf, die getrennt erledigten Teilaufgaben wieder zielgerichtet zu einer geschlossenen Leistungseinheit zusammenzuführen (**Problem der Arbeitsvereinigung** oder der organisatorischen Integration).

Die Gestaltungsaufgaben der Arbeitsteilung und der Arbeitsvereinigung sind untrennbar miteinander verbunden, denn je stärker eine Gesamtaufgabe differenziert wird, um so mehr Anstrengungen müssen unternommen werden, um die Einzelaktivitäten wieder sinnvoll zusammenzufassen. Nur durch eine gezielte Differenzierung und Integration kann letztendlich die Marktaufgabe als geschlossenes Ganzes erfolgreich bewältigt werden.

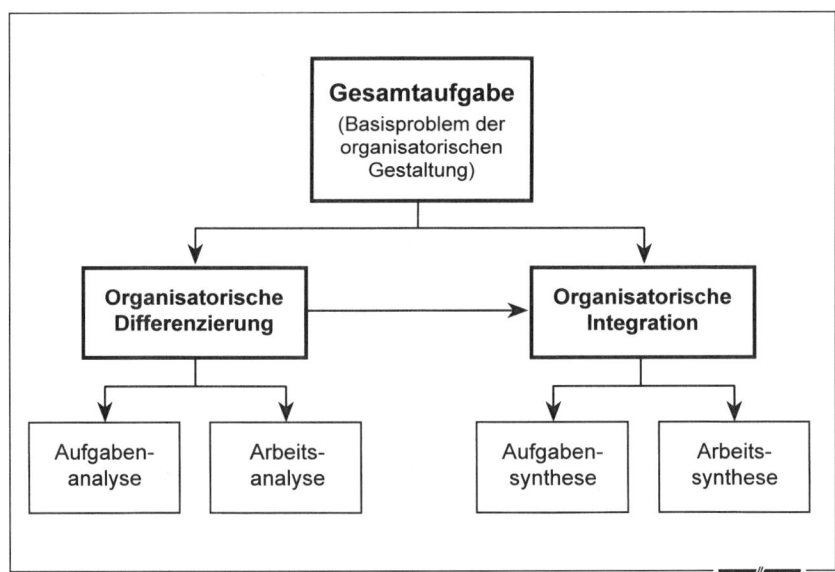

Abb. 14: Dualproblem der Organisationsgestaltung
(vgl. *Steinmann, H./Schreyögg, G.* 1993 S. 382)

Steinmann/Schreyögg formulieren sehr treffend: »Untersucht man den Organisationsvorgang näher, so zeigt sich sehr schnell, daß es im Kern darum geht, **Regelungen** zu schaffen: Regeln zur Festlegung der Aufgabenverteilung, Regeln der Koordination, Verfahrensrichtlinien bei der Bearbeitung von Vorgängen, Beschwerdewege,

Kompetenzabgrenzungen, Weisungsrechte, Unterschriftsbefugnisse usw. Das organisatorische Leben ist von Regeln durchsetzt. Die Ordnung eines Unternehmens ist deshalb nichts anderes als ein Geflecht aus Regeln. Gewöhnlich nennt man eine durch Regeln geschaffene Ordnung eines sozialen Systems **Organisationsstruktur**« (*Steinmann, H./Schreyögg, G.* 1993 S. 379).

3.3 Das Problem der Aufgaben- und Arbeitsteilung

3.3.1 Aufgabenanalyse

Um die Einzelaktivitäten organisatorisch sinnvoll zuordnen zu können, ist eine systematische und vollständige Durchdringung der Gesamtaufgabe erforderlich. Diese Aufgabenanalyse ist die Vorbedingung des Organisierens. Aber zunächst einmal soll geklärt werden, was unter einer »Aufgabe« eigentlich zu verstehen ist (vgl. *Hill, W./Fehlbaum, R./Ulrich, P.* 1994 S. 122 f., *Kosiol, E.* 1976 S. 43).

> **Die dauerhaft wirksame Verpflichtung, bestimmte Tätigkeiten auszuführen, um ein definiertes Ziel zu erreichen (Erbringung einer Soll-Leistung), wird als Aufgabe bezeichnet.**

D

Jede materielle und immaterielle Aufgabe kann durch die in der Abbildung 15 genannten Aufgabenmerkmale Verrichtung, Objekt, Aufgabenträger, Sachmittel, Zeit und Raum sowie die jeweiligen Grundfragen beschrieben werden.

Aufgabenmerkmale

Die **Aufgabenanalyse** umfaßt das systematische Zerlegen der Gesamtaufgabe in ihre Teilaufgaben. Diese Teilaufgaben lassen sich in weitere Teilaufgaben zerlegen, die ihrerseits wiederum zerlegt werden können usw. Schließlich entstehen Teilaufgaben verschiedener Ordnung (**Teilaufgabenhierarchie**), deren Detaillierungsgrad gemäß dem Grundsatz »Vom Groben zum Detail« immer mehr zunimmt. Die im Rahmen der Aufgabenanalyse ermittelten Teilaufgaben niedrigster Ordnung werden auch als **Elementaraufgaben** bezeichnet. Sinnvollerweise liegt die Grenze der Aufgabenanalyse dort, wo ein Aufgabenbereich entsteht, der sich einer (gedachten) Person zuordnen läßt.

Teil- und Elementaraufgaben

Nach *Kosiol* lassen sich Teilaufgaben anhand der folgenden **Gliederungsmerkmale** ableiten, von denen die Merkmale Verrichtung und Objekt als **sachliche** Dimensionen, die Merkmale Rang, Phase und Zweckbeziehung als **formale** Merkmale bezeichnet werden (vgl. *Kosiol, E.* 1976 S. 49 ff.):

Verrichtung	Was ist zu tun? Art der geistigen oder körperlichen Tätigkeit z.B. Planen, Schweißen, Beschaffen
Objekt	Woran ist etwas zu tun? Gegenstand der Tätigkeit z.B. Werkstück, Information
Aufgabenträger	Wer muß etwas tun? Ausführende Person z.B. Geschäftsführer, Lagerarbeiter
Sachmittel	Womit ist etwas zu tun? Hilfsmittel bei der Aufgabenerfüllung z.B. Computer, Drehmaschine
Zeit	Wann ist etwas zu tun? Zeitpunkt, Zeitraum, Zeitablauf z.B. 01.01.1998, vom 01.01. bis 01.02.1998, in chronologischer Reihenfolge erstens ..., zweitens ..., drittens ...
Raum	Wo ist etwas zu tun? Ort, an dem die Tätigkeit ausgeübt wird z.B. Deutschland, Werk Karlsruhe, Halle IV, Zimmer 102

SCHÄFFER
POESCHEL

Abb. 15: Bestimmungsmerkmale einer Aufgabe

**Gliederungsmerk-
male einer Aufgabe**

- **Verrichtung**: Dieses Merkmal beschreibt die Art der Leistung, die zu erbringen ist. So läßt sich die Aufgabe »Belegbuchung« mittels einer Verrichtungsanalyse beispielsweise in die Teilaufgaben »Beleg lesen«, »Daten eingeben« und »Beleg ablegen« zerlegen.
- **Objekt**: Das Objekt beschreibt die Art des Gegenstandes, auf den sich die Verrichtungen beziehen. Das Objekt kann dabei sowohl materieller (z.B. Belege) als auch immaterieller Art (z.B. Daten) sein.
- **Rang**: Die Ranganalyse trennt Entscheidungs- und Ausführungsaufgaben voneinander. Sie ist insbesondere dann wichtig, wenn im Rahmen der Stellenbildung eine personelle Trennung von Entscheidung (Führungskraft) und Ausführung (Mitarbeiter) vorgenommen werden soll. So kann die Aufgabe »Belegbuchung« beispielsweise in eine »Entscheidung, ob ein Beleg gebucht wird«, und in eine »Durchführung der Belegbuchung« differenziert werden.

- **Phase**: Üblicherweise erfolgt die Durchführung einer Gesamtaufgabe in den drei Phasen Planung, Realisation und Kontrolle. Insofern werden bei der Phasenanalyse Planungs-, Realisations- und Kontrollaufgaben unterschieden. Bezogen auf das Beispiel »Belegbuchung« ist eine Unterscheidung in »Planung der Reihenfolge der Belegbuchungen«, »Belegbuchungen durchführen« und »Kontrolle der Buchungsvorgänge« denkbar.
- **Zweckbeziehung**: Dieses Gliederungsmerkmal unterscheidet primäre und sekundäre Teilaufgaben nach ihrem Bezug zur Gesamtaufgabe. Primäre Teilaufgaben ergeben sich unmittelbar aus dem Leistungsprogramm (in einem Industrieunternehmen z.B. Beschaffung, Produktion, Absatz). Sekundäre Teilaufgaben sind zwar zur Erfüllung der Primäraufgaben erforderlich; sie haben aber lediglich eine unterstützende Funktion (z.B. Verwaltungsaufgaben).

Von vorrangiger Bedeutung für die praktische Aufgabenanalyse sind die beiden sachlichen Gliederungsmerkmale Verrichtung und Objekt. Dabei können die Verrichtungs- und Objektkriterien miteinander kombiniert werden. Die Abbildung 16 zeigt die Kombination von allen fünf Gliederungsmerkmalen bei der Zerlegung der Gesamtaufgabe der *Speedy GmbH*, wobei hier aus Gründen der Übersichtlichkeit auf eine vollständige Darstellung der Teilaufgaben verzichtet wird.

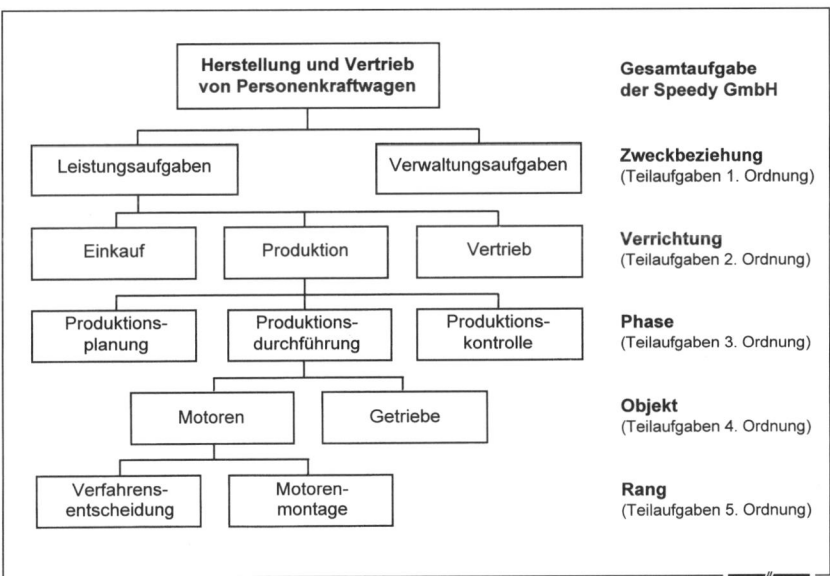

Abb. 16: Aufgabenanalyse mit kombinierten Gliederungsmerkmalen

Aufgabenanalyse in der Praxis

In der Organisationspraxis findet meistens ein **schrittweises Vorgehen** statt, d.h. die einzelnen Aufgabenbereiche (z.B. Beschaffung, Produktion und Absatz) werden nach und nach vollständig analysiert. Dabei stehen drei grundlegende Fragen im Vordergrund (vgl. *Wittlage, H.* 1993a S. 64 ff.):

1. Wie weitgehend sind Gesamtaufgabe und Teilaufgaben zu analysieren (Zahl der Ordnungsstufen der Teilaufgabenhierarchie)?
2. Sind bei der Aufgabenanalyse bereits Gesichtspunkte der Aufgabensynthese zu berücksichtigen?
3. Wie können die fünf Gliederungsmerkmale erfaßt und dargestellt werden?

Zu 1:

Die Tiefe der Aufgabenanalyse hängt von verschiedenen Aspekten ab, wie beispielsweise der Art der organisatorischen Gestaltungsaufgabe, der Zielsetzung des Organisators, der Größe des Analysebereichs oder den angestrebten Organisationsalternativen. Grundsätzlich endet die Aufgabenanalyse dann, wenn die Übertragung einer Teilaufgabe auf einen Aufgabenträger sinnvoll erscheint. Hier setzt die Analyse des Arbeitsprozesses (Arbeitsanalyse) ein. Beispielsweise würde es bei der *Speedy GmbH* keinen Sinn machen, die Teilaufgabe 5. Ordnung »Verfahrensentscheidung« (vgl. Abb. 16) im Rahmen der Aufgabenanalyse weiter zu untergliedern, wenn zukünftig nur eine Person über die Auswahl des geeigneten Produktionsverfahrens für die Motorenherstellung entscheiden soll.

Zu 2:

Während die theoretischen Überlegungen von einer strikten Trennung von Aufgabenanalyse und -synthese ausgehen, um eine Einengung der Aufgabensynthese zu vermeiden, erscheint dies aus praktischen Erwägungen nicht in jedem Fall sinnvoll zu sein. Vielfach beschränkt sich die Aufgabenanalyse von vornherein auf bestimmte organisatorische Untersuchungseinheiten, in denen bestimmte Teilaufgaben zusammengefaßt sind (z.B. den Produktions- oder den Vertriebsbereich); dann ist der Rahmen für die Analyse und die Synthese bereits vorgegeben. Andererseits geht es bei organisatorischen Fragen häufig darum, bestimmten und in der Organisation vorhandenen Personen geeignete Aufgaben zuzuordnen. Der Handlungsrahmen ist dann durch die Leistungsfähigkeit und die Leistungsbereitschaft der Aufgabenträger festgelegt.

Zu 3:

Eine simultane Erfassung der fünf Gliederungsmerkmale ist gedanklich und darstellerisch in der Regel nicht möglich und wird mit zunehmender Organisationsgröße und -komplexität schwieriger. Deshalb ist bei der Aufgabenanalyse zu beachten, daß pro Analyseebene (Teilaufgaben 1., 2., ..., n-ter Ordnung) immer nur ein Kriterium verwendet werden darf, um die Überschneidungsfreiheit der Teilaufgaben sicherzustellen. Die Summe der jeweiligen Teilaufgaben muß den Inhalt der zerlegten Gesamtaufgabe oder der Teilaufgabe nächsthöherer Ordnung möglichst vollständig wiedergeben. Um die Überschaubarkeit zu gewährleisten, sind auf jeder Ordnungsstufe nicht mehr als fünf bis sechs Teilaufgaben zu untergliedern. Eine eindeutige Verfahrensvorschrift hinsichtlich der Reihenfolge der fünf Gliederungsmerkmale besteht jedoch nicht.

Mit der Differenzierung verteilungsfähiger Teilaufgaben (= Elementaraufgaben) ist die Aufgabenanalyse abgeschlossen. Das Ergebnis wird in **Aufgabenstrukturbildern** oder **Aufgabengliederungsplänen** dokumentiert, die einen Überblick über die einzelnen Teilaufgaben geben (zu den Darstellungstechniken vgl. z.B. *Schmidt, G.* 1994 S. 221 ff., *Wittlage, H.* 1993b S. 106 ff.).

3.3.2 Arbeitsanalyse

Die **Arbeitsanalyse** ist eine Fortführung der Aufgabenanalyse unter besonderer Betonung der für die Aufgabenerfüllung erforderlichen **Arbeitsschritte**. Sie ist deshalb erforderlich, weil aus den in der Aufgabenanalyse gewonnenen Teilaufgaben nicht ersichtlich ist, wie sie räumlich, zeitlich oder personal zusammenhängen. Der Übergang von der Aufgaben- zur Arbeitsanalyse ist dabei von dem Untersuchungsziel, den untersuchten Aufgaben und den Detaillierungserfordernissen abhängig. Er ist prinzipiell immer da zu sehen, wo die Frage nach dem Aufgabeninhalt (Was?) in die Frage nach der Aufgabenerfüllung (Wie?) übergeht (vgl. *Wittlage, H.* 1993a S. 203 ff.).

Ausgangspunkt der Arbeitsanalyse sind die Teilaufgaben niedrigster Ordnung, die Elementaraufgaben. Sie stellen als **Arbeitsgänge** die Arbeitsteile höchster Ordnung der Arbeitsanalyse dar. Indem die Arbeitsgänge schrittweise zerlegt werden, entsteht wiederum eine Ordnungshierarchie, deren Endpunkt die **Gangelemente** als Arbeitsteile niedrigster Ordnung bilden. Das können beispielsweise einzelne Handgriffe sein, die im Zuge einer bestimmten Verrichtung auszuführen sind. Als Gliederungsmerkmale dienen auch hier die Kriterien Verrichtung, Objekt, Rang, Phase und Zweckbeziehung, wobei in der Organisationspraxis vor allem Verrichtungen und Objekte als Differenzierungskriterien herangezogen werden.

Arbeitsgänge/ Gangelemente

Wie tiefgehend die Arbeitsanalyse durchgeführt wird, hängt im wesentlichen von den Analysezielen und dem Analysebereich ab. Die Organisationspraxis zeigt, daß im Produktionsbereich im allgemeinen weitaus tiefer gegliedert wird als im Verwaltungsbereich (vgl. *Wittlage, H.* 1993a S. 206).

Die Abbildung 17 stellt den Übergang von der Aufgaben- zur Arbeitsanalyse in Fortsetzung von Abbildung 16 am Beispiel der »Verfahrensentscheidung« dar.

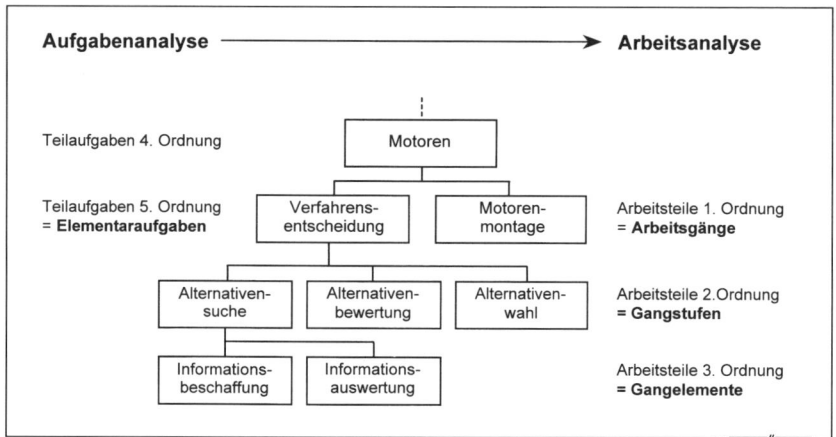

Abb. 17: *Übergang von der Aufgaben- zur Arbeitsanalyse*

3.4   Das Problem der Aufgaben- und Arbeitsvereinigung

3.4.1 Aufgabensynthese

Aus der organisatorischen Differenzierung durch die Aufgaben- und die Arbeitsanalyse ergibt sich das **Problem der organisatorischen Integration**, d.h. der Zusammenfassung der abgeleiteten Teilaufgaben und Arbeitsteile zu sinnvollen Einheiten. Dieses Problem wird mit Hilfe der Aufgaben- und der Arbeitssynthese gelöst.

Die **Aufgabensynthese** faßt die in der Aufgabenanalyse gewonnenen Teilaufgaben zu sinnvollen und verteilungsfähigen Aufgabenkomplexen zusammen, die im Rahmen der Stellen- und Abteilungsbildung bestimmten Organisationseinheiten zugeordnet werden können (vgl. hierzu Kapitel 4).

Kriterien der Aufgabensynthese

Als **Synthesekriterien** werden neben den Gliederungsmerkmalen der Aufgabenanalyse die Merkmale Aufgabenträger, Sachmittel, Zeit und Raum herangezogen. Während Zeit und Raum bei der

Aufgabensynthese selten eine Rolle spielen, steht die **Person des Aufgabenträgers** im Mittelpunkt, wenn die besondere Eignung und die Sachkenntnis von Personen durch eine entsprechende Aufgabenzuordnung optimal genutzt werden sollen. Eine Synthese der Aufgaben nach dem **Sachmittel** ist dagegen sinnvoll, wenn sich bestimmte Teilaufgaben einer Maschine, Vorrichtung, EDV-Anlage usw. zuordnen lassen. Entscheidendes Kriterium für die Vereinigung von Teilaufgaben ist in jedem Fall die **Zweckmäßigkeit** ihrer Zusammenfassung im Hinblick auf die mit der Aufgabe verfolgte Zielsetzung.

Gleichartige Aufgaben können in der Aufgabensynthese nach zwei **Grundprinzipien** behandelt werden:

- **Aufgabenzentralisation**: Hierunter wird die Zusammenfassung von Teilaufgaben verstanden, die hinsichtlich eines Merkmals gleichartig sind. Man spricht deshalb auch von Artenteilung oder funktionaler Arbeitsteilung. So werden beispielsweise Teilaufgaben der Anlagenbuchhaltung und der Betriebsbuchhaltung in eine Organisationseinheit »Buchhaltung« integriert, wenn ein Aufgabenträger in der Lage ist, die gesamte Buchhaltung zu übernehmen.

  Zentralisation und Dezentralisation von Aufgaben

- **Aufgabendezentralisation**: Aufgabendezentralisation bedeutet dagegen die Trennung von Teilaufgaben, die hinsichtlich eines Merkmals gleichartig sind (Mengenteilung oder segmentierende Arbeitsteilung). Hierbei handelt es sich also um einen zusätzlichen Gesichtspunkt, dem eine reine Kapazitätsfrage zugrundeliegt, aber keine eigentliche organisatorische Problemstellung. Im Falle der Buchhaltung würde dies bedeuten, daß entsprechend umfangreiche buchhalterische Aufgaben auf mehrere Aufgabenträger verteilt werden müßten, um ihre effiziente Bewältigung sicherzustellen.

Aufgabenzentralisation und -dezentralisation sind auf die Gestaltung der **Aufbauorganisation** gerichtet, die sich durch die Zusammenfassung von Teilaufgaben als Bildung von organisatorischen Einheiten vollzieht. Im Gegensatz zur Aufgabenanalyse ist die Aufgabensynthese allerdings kaum standardisiert. Sie erfolgt auf der Basis von Erfahrung und Intuition des Organisators und findet ihren konkreten Ausdruck in der Form von Organigrammen.

3.4.2 Arbeitssynthese

Die **Arbeitssynthese** faßt die in der Arbeitsanalyse gewonnenen Arbeitsteile zu Arbeitsprozessen zusammen, die teilweise auch als »Aufgabenerfüllungsprozesse« bezeichnet werden. *Kosiol* schlägt hierfür drei Kriterien vor, die sich gegenseitig beeinflussen (vgl. *Kosiol, E.* 1976 S. 212 ff.):

Kriterien der Arbeitssynthese

- Die **personale Synthese** bildet zunächst aus Arbeitsteilen einen Arbeitsgang oder eine gewisse Anzahl von Arbeitsgängen, die einer (gedachten) Person übertragen werden können. In einem weiteren Schritt wird die Arbeitsmenge (das Arbeitspensum) bestimmt, die bei einem optimalen Leistungsvermögen von Mensch und Sachmittel von einer (gedachten) Person bewältigt werden kann.
- Die **räumliche (lokale) Synthese** gestaltet die optimale räumliche Anordnung und die Ausstattung der Arbeitsplätze, die sogenannte Mikrostruktur. Sie verfolgt vor allem das Ziel einer Minimierung der innerbetrieblichen Transportwege und damit der Durchlaufzeiten nach dem »Prinzip des kürzesten Weges«.
- Um die minimale Durchlaufzeit (bestehend aus Liegezeit, Rüstzeit, Bearbeitungszeit und Transportzeit) für jedes Arbeitsobjekt (Werkstück) zu erreichen, werden die Leistungen der einzelnen Personen durch die **zeitliche (temporale) Synthese** aufeinander abgestimmt. Teilprobleme der temporalen Synthese sind die Zusammenfassung von Arbeitsgängen zu Arbeitsgangfolgen, die Festlegung des Arbeitstakts für jede Gangfolge sowie deren Abstimmung. Zielsetzung ist die Minimierung der Lagerbestände, die nach *Kosiol* als »organisatorische Lagerbestände« zwischen den einzelnen Arbeitsgangfolgen organisationsbedingt entstehen.

Die Arbeitssynthese anhand personaler, lokaler oder temporaler Aspekte führt zur **Ablauforganisation** und zielt auf eine optimale Gestaltung der Arbeitsabläufe unter Berücksichtigung der Arbeitsmenge, des Leistungsvermögens der (gedachten) Arbeitskräfte und der verfügbaren Sachmittel. Obwohl die ihr zugrundeliegenden Kriterien gedanklich getrennt werden, stellt die Arbeitssynthese einen ganzheitlichen Prozeß dar, der auf den Basisdaten der Arbeitsanalyse aufbaut und Arbeitsträger, Raum und Zeit **simultan** (und nicht etwa sukzessiv) berücksichtigt. In der Organisationspraxis werden die Ergebnisse der Arbeitssynthese vor allem in Ablaufdiagrammen und Prozeßbeschreibungen festgehalten.

3.5 Bedeutung des Analyse-Synthese-Konzeptes für die praktische Organisationsarbeit

Die organisatorische Differenzierung und Integration betreffen die Aufbau- und die Ablauforganisation gleichermaßen. Zwar sind Aufgaben- und Arbeitssynthese die beiden Schritte, die in Form von **Strukturen** und **Prozessen** zu sichtbaren Organisationsergebnissen führen, doch hängt die letztendliche Ausprägung einer Organisation ganz wesentlich von der Gestaltung der Analysephase ab. Sie liefert die Basisdaten für das weitere Vorgehen. Die Abbildung 18 stellt den Ablauf und den Bezug von Analyse und Synthese zusammenfassend dar.

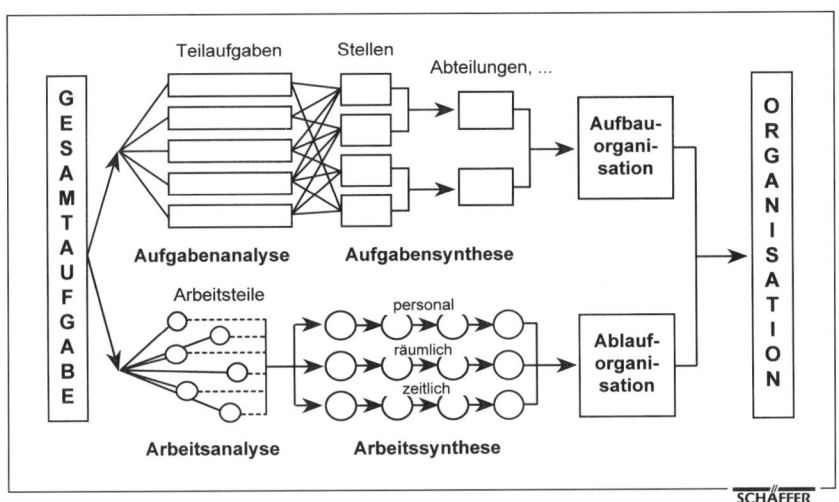

Abb. 18: Von der Gesamtaufgabe zur Organisation
(in Anlehnung an *Bleicher, K.* 1991 S. 49)

Kritisch ist anzumerken, daß die **Trennung von Aufbau- und Ablauforganisation** nicht eindeutig möglich und in der Praxis auch wenig sinnvoll ist. Die Gestaltung der Strukturen muß gleichzeitig auch die Prozesse berücksichtigen, wenn sie effizient sein soll. Wird dies nicht beachtet, entstehen vielfältige Probleme, die Unternehmen zu einer prozeßorientierten Umgestaltung ihrer Organisation veranlassen können (zur Prozeßorganisation vgl. Kapitel 6).

Das klassische Analyse-Synthese-Konzept stellt aber die **Aufgabenanalyse** als Ausgangspunkt für die Bildung von Organisationseinheiten in den Vordergrund. Die **Arbeitsanalyse** wird lediglich als eine »verlängerte erfüllungsbezogene Aufgabenanalyse« gese-

Würdigung

hen (vgl. *Kosiol, E.* 1976 S. 189). Die Ablauforganisation ist sowohl von der Vorgehenssystematik als auch von ihrer Bedeutung für die organisatorische Gestaltung her der Aufbauorganisation nachgelagert. Sie verfolgt die Festlegung von Arbeitsgangfolgen, die optimale Auslastung der Stellen und die Verkürzung der Durchlaufzeiten als Gestaltungsziele. Zur Überwindung der im Zuge der Stellenbildung entstehenden starken Arbeitsteilung trägt sie dagegen nicht bei.

Außerdem ist die **Vorgehensweise** der Analyse und der Synthese nicht verbindlich vorgeschrieben. Beispielsweise können die Analysemerkmale je nach subjektiver Sichtweise des Organisators in beliebiger Reihenfolge kombiniert werden. Dadurch ergeben sich unterschiedliche Gliederungspläne der Teilaufgaben und Arbeitsteile, die auf der untersten Gliederungsebene nicht übereinstimmen müssen.

Trotzdem besitzt das Analyse-Synthese-Konzept für die **Organisationspraxis** große Bedeutung, die vor allem aus seiner weitgehend systematischen Vorgehensweise resultiert. Die gedachten oder vorhandenen Aufgabenkomplexe (Gesamtaufgaben) werden in der Analysephase mittels definierter Kriterien umfassend untersucht, zweckmäßig strukturiert und übersichtlich dargestellt. Dadurch erhält der Organisator Klarheit über die hinter einem Aufgabenkomplex stehenden Teilaufgaben und Arbeitsteile. Die anschließende Synthesephase ermöglicht eine zweckmäßige Aufgaben- und Arbeitszusammenfassung unter simultaner Berücksichtigung verschiedener Kriterien und führt nachvollziehbar (wenn auch subjektiv begründet) zu einer Aufbau- und Ablaufstruktur.

3.6 Wiederholungsfragen zu Kapitel 3

1. Was ist unter dem Dualproblem der Organisationsgestaltung zu verstehen?
2. Welche Kriterien bestimmen eine Aufgabe?
3. Warum ist die Aufgabenanalyse eine Vorbedingung des Organisierens?
4. Anhand welcher Gliederungsmerkmale lassen sich aus einer Gesamtaufgabe Teilaufgaben ableiten?
5. Worin sehen Sie die Besonderheiten der Arbeitsanalyse?
6. Wie gehen Aufgaben- und Arbeitssynthese vor und zu welchen Ergebnissen führen sie?
7. Bewerten Sie das Analyse-Synthese-Konzept hinsichtlich seiner praktischen Bedeutung.

4 Organisationseinheiten als Elemente der Aufbauorganisation

4.1 Lernziele

Im vierten Kapitel soll der Leser

- die besonderen Merkmale von Organisationseinheiten und hier insbesondere von Stellen als den kleinsten organisatorischen Einheiten kennenlernen,
- sich grundlegende Gedanken über die Bildung von Organisationseinheiten machen,
- die Bedeutung der verschiedenen Arten von Organisationseinheiten für die Organisation richtig einschätzen können,
- den Abstimmungsbedarf zwischen den einzelnen Organisationseinheiten erkennen und
- sich mit den formalen und informalen Beziehungen zwischen Organisationseinheiten und deren Auswirkungen auf die organisatorische Gestaltung auseinandersetzen.

4.2 Merkmale von Organisationseinheiten

Wie wir im Kapitel 3 gesehen haben, werden die im Rahmen der Aufgabenanalyse gewonnenen Teilaufgaben in der Aufgabensynthese nach bestimmten Kriterien zu verteilungsfähigen Aufgabenkomplexen zusammengefaßt. Der Begriff **Organisationseinheit** bezeichnet dabei sämtliche organisatorischen Einheiten, die durch eine Zusammenfassung von Teilaufgaben und die Zuordnung zu gedachten Personen entstehen, wobei grundsätzlich **Stellen** und **Gremien** unterschieden werden können. Im folgenden werden die Merkmale und die Bildung von Organisationseinheiten anhand der Stelle als dem Grundelement der Aufbauorganisation erörtert. Die einzelnen Arten von Stellen und Gremien werden dann im Abschnitt 4.4 ausführlich dargestellt.

> **Die Stelle ist die kleinste Organisationseinheit. Sie ist das Grund-element (Basiselement) der Aufbauorganisation und entsteht durch die dauerhafte Zuordnung von Teilaufgaben auf eine oder mehrere gedachte Personen (personale Aufgabensynthese).**

Obwohl Stellen (teilweise auch synonym als »**Positionen**« bezeich-net) unter dem Gesichtspunkt gebildet werden, die in ihnen verei-nigten Teilaufgaben auf Aufgabenträger zu übertragen, sind sie doch (in der Regel) von bestimmten Personen unabhängig. Wenn dies nicht der Fall wäre, müßten sie bei jedem Wechsel des Stellenin-habers umgebildet werden.

Arbeitsplatz

Stellen sind also als abstrakte Einheiten definiert und unterschei-den sich damit von den **Arbeitsplätzen** als reale Orte der Aufga-benerfüllung. Im allgemeinen ist jeder Stelle ein Arbeitsplatz zu-geordnet. Es ist aber durchaus möglich, daß mehrere Stelleninha-ber an einem Arbeitsplatz tätig sind (z.B. an einem Gruppenarbeits-platz) oder eine Stelle mehrere Arbeitsplätze umfaßt (z.B. bei Rei-senden oder Montagearbeitern, die nicht ständig an einem Arbeits-platz beschäftigt sind; vgl. *Bühner, R.* 1996 S. 63 ff., *Thom, N.* 1992 Sp. 2322).

Stellen lassen sich anhand von **vier Merkmalen** charakterisie-ren (vgl. *Krüger, W.* 1993 S. 45 ff., *Schulte-Zurhausen, M.* 1995 S. 127 ff.):

Merkmale von Stellen

Merkmal 1: Dauerhafte Aufgabenbündelung

Stellen werden bestimmte Teilaufgaben dauerhaft zur Ausführung übertragen. Eine Stelle grenzt demzufolge die Zuständigkeit für einen definierten Aufgabenbereich auf längere Sicht von anderen Aufgabenbereichen ab.

Merkmal 2: Versachlichter Personenbezug

Die Zusammenfassung von Teilaufgaben in einer Stelle richtet sich hinsichtlich Umfang und Anspruchsniveau nach dem quantitati-ven und qualitativen Leistungsvermögen mindestens einer gedach-ten Person, die als **Stelleninhaber** bezeichnet wird. Durch die Ori-entierung an einer fiktiven Person mit Normaleignung und Nor-malleistung wird die Organisation vom Personenwechsel unabhän-gig. Dabei ist darauf zu achten, daß sich die Leistungsanforderun-gen der einzelnen Stellen einigermaßen entsprechen.

Hinsichtlich der Anzahl von Personen, die einer Stelle zuge-ordnet sind, lassen sich die folgenden Möglichkeiten unterschei-den:

- Die Stelle ist mit genau **einer** Person besetzt.
- Die Stelle ist mit **mehreren** Personen **gleichzeitig** besetzt, die untereinander austauschbar sind (z.B. bei Gruppenarbeit).
- Die Stelle ist mit **mehreren** Personen besetzt, die **zeitlich nacheinander** tätig werden (z.B. bei Schichtarbeit).

Merkmal 3: Kompetenzen

Die einem Stelleninhaber übertragenen formalen Rechte und Befugnisse werden als Kompetenzen bezeichnet.

Angemessene Kompetenzen sind einerseits die Voraussetzung für eine ordnungsgemäße Bewältigung der Stellenaufgabe; andererseits grenzen sie den Handlungsspielraum des Stelleninhabers ein.

Die in der Abbildung 19 dargestellten **Kompetenzarten** können unterschieden werden (vgl. hierzu auch *Hill, W./Fehlbaum, R./Ulrich, P.* 1994 S. 125 ff.):

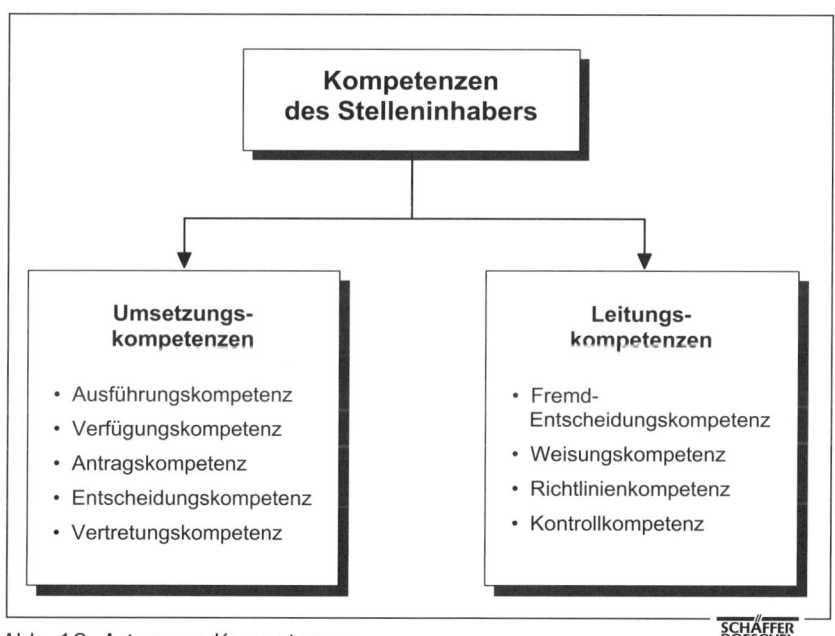

Abb. 19: Arten von Kompetenzen

Die **Umsetzungskompetenzen** berechtigen den Stelleninhaber dazu, die Stellenaufgabe zu bewältigen:

Umsetzungskompetenzen

- Die **Ausführungskompetenz** erlaubt das Tätigwerden im Rahmen der übertragenen Teilaufgaben. Dabei können in einem gewissen Umfang die Arbeitsmethode und der Ausführungsrhythmus selbst gewählt werden.

- Die **Verfügungskompetenz** berechtigt dazu, Arbeitsobjekte, Sach- und Finanzmittel sowie Informationen anzufordern und darüber zu verfügen. Die Verfügungskompetenz über Informationen wird mitunter auch als Informationskompetenz oder **Informationsrecht** bezeichnet.
- Mit der **Antragskompetenz** ist das Recht verbunden, Anträge an andere Stellen zu formulieren, die dann im Rahmen ihrer Kompetenzen über den Sachverhalt entscheiden.
- Die **Entscheidungskompetenz** beinhaltet das Recht zur Willensbildung und Willensdurchsetzung. Der Stelleninhaber kann damit im Innenverhältnis des Unternehmens selbständig zwischen den Handlungsalternativen wählen, die sich auf den eigenen Ausführungsbereich beziehen. Entscheidungen, die das Außenverhältnis des Unternehmens betreffen, wie beispielsweise der Abschluß verbindlicher Rechtsgeschäfte mit Dritten, bedürfen einer **Vertretungskompetenz**, die teilweise auch extern bekanntgegeben wird (Unterschriftenregelung, Prokura).

Leitungs-kompetenzen

Gegenstand der **Leitungskompetenzen** ist der Einfluß einer Stelle auf andere Stellen, d.h. hier geht es um die folgenden Über- und Unterordnungsverhältnisse:

- Die **Fremd-Entscheidungskompetenz** erlaubt es einer Stelle, für andere Stellen verbindliche Entscheidungen zu treffen.
- Die **Weisungskompetenz** umfaßt das Recht zur Anordnung von Aktivitäten, die andere Stellen im Rahmen ihrer jeweiligen Stellenaufgabe auszuführen haben. Sie ist die Konsequenz aus der Fremd-Entscheidungskompetenz, wenn die Entscheidungen in den unterstellten Organisationseinheiten auch durchgesetzt werden sollen. Um die Weisungskompetenzen verschiedener Stellen voneinander abzugrenzen und Kompetenzkonflikte zu vermeiden, muß eindeutig festgelegt werden, wer wem in bezug auf welche Aufgaben Weisungen erteilen darf.
- Das Recht, Richtlinien oder Grundsätze für bestimmte Vorgänge oder Verhaltensweisen zu erlassen, wird als **Richtlinienkompetenz** bezeichnet. Im Rahmen dieser Vorgaben können die untergeordneten Stellen dann selbständig Entscheidungen treffen.
- Die **Kontrollkompetenz** ist mit der Weisungs- und der Richtlinienkompetenz eng verbunden. Sie ermöglicht es, die richtige Ausführung der Anweisungen und die Einhaltung der Richtlinien zu überwachen (Fremd-Kontrolle). Die Kontrolle kann sowohl eine **Ergebniskontrolle** (Kontrolle der Arbeitsergebnisse)

als auch eine **Verfahrenskontrolle** sein (Kontrolle des Arbeitsprozesses).

Bei der Zuweisung von Kompetenzen an bestimmte Stellen ist grundsätzlich darauf zu achten, daß Überschneidungsfreiheit besteht. Dieser **Grundsatz der Ausschließlichkeit** stellt sicher, daß die einer Stelle übertragene Kompetenz nicht auch von anderen Stellen ausgeübt werden kann. Dadurch werden Kompetenzkonflikte zwischen den Stelleninhabern und Störungen im Arbeitsablauf vermieden.

Ausschließlichkeitsgrundsatz

Merkmal 4: Verantwortung

> **Unter Verantwortung wird die Pflicht einer Person verstanden, für die Folgen ihrer Entscheidungen und Handlungen einzustehen.**

Mit der Zuweisung von Aufgaben und Kompetenzen wird der Stelleninhaber verpflichtet, sie richtig wahrzunehmen und für Mißerfolge und Fehler geradezustehen, die in seinem Verantwortungsbereich liegen. Organisatorisch lassen sich die **Handlungsverantwortung** (Rechenschaftspflicht hinsichtlich der Art und Weise der Aufgabenerfüllung), die **Ergebnisverantwortung** (Rechenschaftspflicht hinsichtlich der Zielerreichung) und die **Führungsverantwortung** (Rechenschaftspflicht hinsichtlich der wahrgenommenen Führungsaufgaben) unterscheiden.

Aufgabe, Verantwortung und Kompetenzen müssen möglichst übereinstimmen (kongruent sein). Nur wenn der Stelleninhaber die für die Aufgabenerfüllung notwendigen Durchführungs- und Leitungskompetenzen besitzt, kann er auch für die Ergebnisse seiner Tätigkeit in die Pflicht genommen werden. Die Störung dieses Gleichgewichts kann für die Organisation außerordentlich nachteilige Folgewirkungen haben (vgl. Abb. 20). Als markante Beispiele für die Abweichung vom **organisatorischen Kongruenzprinzip** nennt *Krüger* den »Frühstücksdirektor« (Aufgaben ohne Kompetenzen und Verantwortung), die »Amtsanmaßung« (Kompetenzausübung außerhalb des eigenen Aufgabengebietes) und den »Sündenbock« (Verantwortung ohne Aufgaben und Kompetenzen; vgl. *Krüger, W.* 1993 S. 47 f.). Das Kongruenzprinzip ist einer der bekanntesten und für die Praxis bedeutendsten Organisationsgrundsätze.

Organisatorisches Kongruenzprinzip

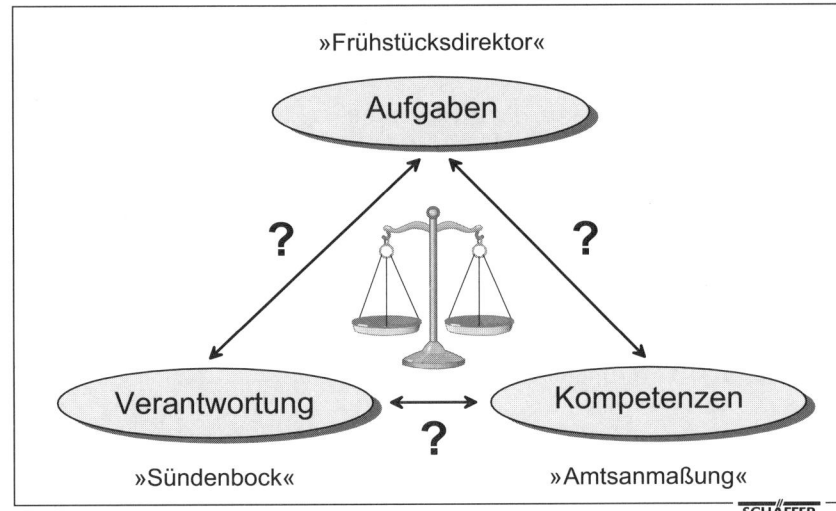

Abb. 20: Das organisatorische Kongruenzprinzip

4.3 Arbeitsteilung: Bildung von Organisationseinheiten

Die Bildung verschiedener organisatorischer Einheiten folgt der Notwendigkeit zur **Arbeitsteilung**, die mit zunehmender Arbeitsmenge, -vielfalt und -komplexität wächst. Grundlage für die Bildung von Organisationseinheiten sind die Ergebnisse der Aufgaben- und der Arbeitssynthese. Die analytisch gewonnenen Teilaufgaben und Arbeitsteile einer Gesamtaufgabe werden so zusammengefaßt, daß sich daraus sinnvolle Aufgaben für die einzelnen organisatorischen Einheiten ergeben. Dabei ist zu entscheiden, welche Arten von Organisationseinheiten gebildet werden sollen und wie viele Stellen erforderlich sind. Durch die personale, temporale und lokale Arbeitssynthese werden die Leistungen der einzelnen Stellen dann im Rahmen der Ablauforganisation aufeinander abgestimmt (vgl. *Wittlage, H.* 1993a S. 102).

Kriterien für die Stellenbildung
Die **Bildung von Stellen** kann schwerpunktmäßig anhand der Sache/Aufgabe (ad rem), einer konkreten Person (ad personam), der Sachmittel (ad instrumentum) oder aufgrund gesetzlicher Vorschriften erfolgen (vgl. *Bühner, R.* 1996 S. 71 ff., *Krüger, W.* 1993 S. 47, *Thom, N.* 1992 Sp. 2325 f.):

ad rem
• Üblicherweise orientiert sich die Bildung von Organisationseinheiten (insbesondere von Stellen) an einer gedachten Person mit einer arbeitswissenschaftlich begründbaren Normalleistung. Im Mittelpunkt steht die Stellenaufgabe und nicht

ein tatsächlich vorhandener Mitarbeiter, dem die Aufgabe übertragen werden soll. Dadurch wird die Stellenbildung versachlicht (**Stellenbildung ad rem**). Der Nachteil einer solchen personenunabhängigen Stellenbildung ist allerdings, daß individuelle Unterschiede in der Leistungsfähigkeit und dem Leistungswillen einzelner Personen unberücksichtigt bleiben. Insofern findet die traditionelle Stellenbildung beim Einsatz hochqualifizierter Spezialisten oder von Führungskräften der oberen Hierarchieebenen ihre Grenzen.

- In solchen Fällen erfolgt zumindest teilweise eine **Stellenbildung ad personam**, d.h. die Stellen werden direkt auf den konkreten zukünftigen Stelleninhaber zugeschnitten, um dessen Qualifikationspotential bestmöglich für die Organisation nutzen zu können. Dies entspricht auch den zunehmenden Bemühungen um eine Individualisierung der Organisation, die das menschliche Potential an Fähigkeiten und Fertigkeiten als die »wertvollste Ressource« in den Mittelpunkt rückt. **ad personam**

- Besitzt die Sachmittelausstattung einer Stelle besondere Bedeutung, dann ist es sinnvoll, sich bei der Stellenbildung nach der technischen Ausstattung zu richten (**Stellenbildung ad instrumentum**). So orientiert sich beispielsweise die Zusammenfassung von Teilaufgaben und deren personale Zuordnung in einer hochgradig automatisierten Fertigung überwiegend an produktionstechnischen Gesichtspunkten. **ad instrumentum**

- Schließlich können **rechtliche Normen** der Grund für die Bildung bestimmter Organisationseinheiten sein, die dann mit geeigneten Personen, den sogenannten »Beauftragten«, zu besetzen sind. Die Wahrnehmung der Stellenaufgabe kann entweder vollzeitlich oder teilzeitlich erfolgen. Beispiele für solche gesetzlich verankerten Stellen sind Datenschutz-, Arbeitssicherheits- und Umweltbeauftragte. Auch der Vorstand einer Aktiengesellschaft und die Geschäftsführung einer GmbH gehören zu den gesetzlich gewollten Stellen. **Rechtsnorm**

Mit der Bildung von Organisationseinheiten geht häufig eine Spezialisierung (Artenteilung oder funktionale Arbeitsteilung) einher.

> **Unter Spezialisierung wird die Form der Arbeitsteilung verstanden, bei der Teilaufgaben unterschiedlicher Art entstehen, deren Ausführung spezialisierten Personen übertragen wird.**

Zu unterscheiden sind die horizontale und die vertikale Spezialisierung (vgl. *Bühner, R.* 1996 S. 103 ff., *Kieser, A./Kubicek, H.* 1992 S. 75 ff., *Reiss, M.* 1992 Sp. 2287 ff., *Schulte-Zurhausen, M.* 1995 S. 117 ff.).

Horizontale Spezialisierung

Die **horizontale Spezialisierung** beschreibt den Umfang der Aufgaben, die eine Person wahrnimmt. Die Bandbreite reicht dabei von einer Vielzahl unterschiedlicher Aufgaben, die einem **Generalisten** übertragen werden, bis zu einer einzigen hochgradig spezialisierten Tätigkeit, die von einem **Spezialisten** ausgeübt wird. Die Grundidee der horizontalen Spezialisierung geht auf *Taylor* zurück, der in einer weitgehenden Arbeitsteilung eine wesentliche Voraussetzung für organisatorische Effizienz sah (vgl. Abschnitt 2.3.2).

Mit einer weitgehenden horizontalen Spezialisierung sind sowohl Vorteile als auch Nachteile verbunden. **Wirtschaftliche Vorteile** ergeben sich vor allem aus dem geringen Aufgabenumfang. Sie resultieren aus den kurzen Anlern- und Einarbeitungszeiten, der Möglichkeit des Einsatzes von Mitarbeitern mit geringer Qualifikation, den Lernkurveneffekten durch die ständige Wiederholung der gleichartigen Aufgaben (höhere Quantität und Qualität der Arbeitsleistung), der durch die Abgrenzung der Aufgaben vereinfachten Kontrolle und den Möglichkeiten einer optimalen Arbeitsplatzgestaltung. **Nachteilig** wirken sich insbesondere die monotonen Arbeitsinhalte und die Entfremdung von der Arbeit aus. Sie führen möglicherweise zu einer sinkenden Leistungsbereitschaft, einer geringeren Arbeitsqualität und einer höheren Fluktuations- und Absentismusquote. Durch eine horizontale Spezialisierung steigen außerdem die Koordinationskosten, weil die Differenzierung der einzelnen Arbeitsschritte eine intensive, laufende Abstimmung erforderlich macht.

Vertikale Spezialisierung

Unter **vertikaler Spezialisierung** wird die qualitative Trennung zwischen der Aufgabenplanung und -kontrolle einerseits und der Durchführung der Aufgaben andererseits verstanden. *Taylor* hat diese Form der Spezialisierung als »Trennung von Hand- und Kopfarbeit« bezeichnet und geht in seinen Überlegungen davon aus, daß nicht die Ausführenden über die Art und Weise der Arbeitsverrichtung entscheiden sollen, sondern die jeweils verantwortliche Führungskraft. Eine Tätigkeit ist demnach umso weniger vertikal spezialisiert, je größer der mit ihr verbundene Entscheidungs- und Kontrollspielraum ist. Als Extrempositionen können die Stelle eines Top Managers und diejenige eines Fließbandarbeiters betrachtet werden: Ersterer besitzt umfassende Entscheidungsspielräume zur Erledigung seiner weitreichenden und komplexen Aufgaben, während letzterer eine überschaubare und relativ einfache Aufgabe zu bewältigen hat, für die er lediglich Ausführungskompetenzen besitzt (vgl. Abb. 21, wobei die Positionierung im Portfolio je nach Aufgabendefinition innerhalb bestimmter Grenzen unterschiedlich sein kann). Der Umfang der vertikalen Spezialisierung ist dabei insbesondere von der **Aufgabenkomplexität** abhängig. Während einfache und repetitive Aufgaben mit einer hohen verti-

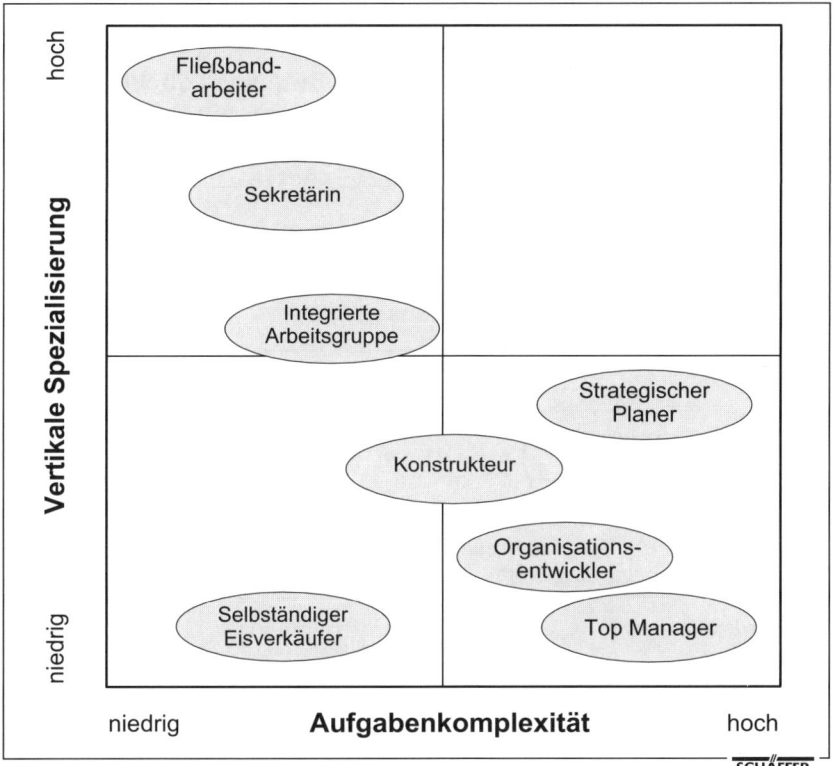

Abb. 21: Zusammenhang zwischen vertikaler Spezialisierung und Aufgabenkomplexität

kalen Spezialisierung verbunden sind, entscheidet die ausführende Person bei komplexen Aufgaben weitgehend selbst über das Wie und das Wann der Aufgabenerfüllung (geringe vertikale Spezialisierung).

Am Anfang dieses Kapitels wurden bereits einige Arten von Organisationseinheiten genannt, die infolge der Aufgabenteilung gebildet werden. Was unterscheidet nun eine Stelle von einer Abteilung oder von einer Arbeitsgruppe? Welche Differenzierungskriterien gibt es, und welche Bedeutung hat die Unterscheidung von verschiedenen organisatorischen Einheiten für die Organisationspraxis?

4.4   Arten von Organisationseinheiten: Stellen und Gremien

Organisationseinheiten können anhand unterschiedlicher Kriterien differenziert werden, auf die im folgenden näher eingegangen wird. Grundsätzlich lassen sich die in der Abbildung 22 dargestellten Stellen- und Gremienarten unterscheiden.

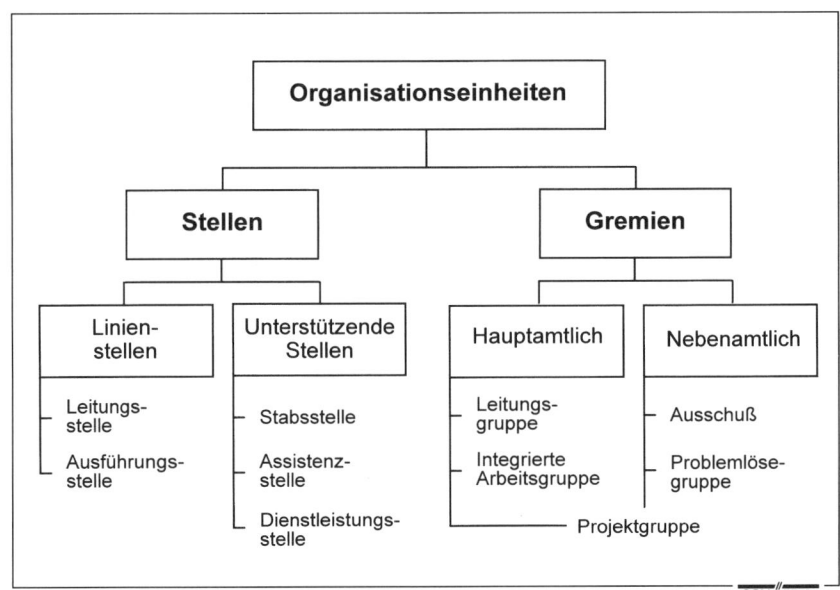

Abb. 22: Arten von Organisationseinheiten

4.4.1 Stellenarten

4.4.1.1 Kriterien zur Unterscheidung von Stellen

Wie im Abschnitt 4.2 dargestellt wurde, sind Stellen die Grundelemente der Aufbauorganisation. Sie sind durch die Merkmale dauerhafte Aufgabenbündelung, Kompetenz, Verantwortung und versachlichter Personenbezug charakterisiert. Organisationstheorie und -praxis kennen verschiedene Stellentypen, die aufgrund bestimmter Kriterien gebildet werden.

Kriterien der Stellen-differenzierung   Die Ansätze für die Differenzierung der unterschiedlichen Stellentypen in der Literatur sind ebenso vielfältig wie unübersichtlich. *Grochla* beispielsweise orientiert sich bei der Kennzeichnung einzelner Stellen am betrieblichen Entscheidungsprozeß, den er in die Phasen Informationsbeschaffung und -umwandlung, Entscheidungsvorbereitung und Entscheidung (als den eigentlichen Wahlakt zwischen mehreren Alternativen) unterteilt. Damit ergeben sich für ihn als Stellen die Instanz (Leitungsstelle), die Stabsstelle und die Dienstleistungsstelle, die jeweils durch einen unterschiedlichen Umfang der Beteiligung am Entscheidungsprozeß gekennzeichnet sind (vgl. Abb. 23 und *Grochla, E.* 1983 S. 63 ff.).

	Informations-beschaffung und -umwand-lung	Entscheidungs-vorbereitung	Entscheidung (Wahlakt)
Instanz	X	X	X
Stabsstelle	X	X	
Dienstleistungs-stelle	X		

Abb. 23: Stellendifferenzierung nach der Art
der Entscheidungsunterstützung

Diese Unterscheidung nach der **Art der Entscheidungsunterstützung** ist in der betrieblichen Praxis allerdings nur schwer nachzuvollziehen, weil die Phasen des Entscheidungsprozesses fließend sind und sich insbesondere die Informationsbeschaffung/-umwandlung und die Entscheidungsvorbereitung in der Realität kaum voneinander trennen lassen. Sie eignen sich damit nicht als Merkmal für eine dauerhafte und eindeutige Aufgabenzuordnung.

Pragmatischer ist eine Differenzierung nach der Art und dem Umfang der einer Stelle zugewiesenen **Aufgaben** und **Kompetenzen**, wie sie andere Autoren vornehmen und der hier gefolgt wird (vgl. Abb. 24 und *Bühner, R.* 1996 S. 65 ff., *Schulte-Zurhausen, M.* 1995 S. 136).

Linienstellen/Unterstützende Stellen

Diese Art der Stellendifferenzierung lehnt sich an die englischsprachige Managementlehre an, in der häufig eine Zweiteilung in Linienstellen (line) und unterstützende Stellen (staff) vorgenommen wird. Kennzeichnend für die **Linienstellen** ist ihre unmittelbare Einbindung in die Abwicklung der betrieblichen Kernaufgaben, wie beispielsweise die Beschaffung der Einsatzgüter, die Leistungserstellung oder den Vertrieb der Produkte und Leistungen. Diese Stellen werden deshalb mitunter auch als »direkter Bereich« tituliert. Demgegenüber dienen die **unterstützenden Stellen** nur mittelbar der Erfüllung der Kernaufgaben (»indirekter Bereich«). Zu ihnen gehören beispielsweise die Rechtsabteilung, die Unternehmensplanung oder der Geschäftsleitungsassistent.

	Aufgaben	**Kompetenzen**
Linienstellen		
Leitungsstelle (Instanz)	Leitung und Durchführung	Vollkompetenz
Ausführungsstelle	Ausführung	Teilkompetenz
Unterstützende Stellen		
Stabsstelle	spezialisierte Leitungshilfe	Teilkompetenz
Assistenzstelle	generelle Leitungshilfe	Teilkompetenz
Dienstleistungsstelle	zentrale Dienstleistung	Teil- oder Vollkompetenz

Abb. 24: Stellendifferenzierung nach der Art und dem Umfang
von Aufgaben und Kompetenzen
(vgl. *Schulte-Zurhausen, M.* 1995 S. 136)

4.4.1.2 Linienstellen

Der Begriff Linienstelle umfaßt die Leitungsstellen (Instanzen) und
die Ausführungsstellen.

Leitungsstellen

Leitungsstellen (Instanzen) treffen für andere Stellen verbindliche Entscheidungen und setzen diese in Weisungen um, die von
den untergeordneten Stellen auszuführen sind. Im Rahmen der ihnen übertragenen Leitungskompetenzen besitzen sie das Recht,
Initiative zu entwickeln, d.h. richtungsweisend tätig zu sein, Maßnahmen anzuordnen, die richtige Ausführung der erteilten Anweisungen zu überwachen und erforderlichenfalls steuernd einzugreifen. Leitungsstellen sind also mit **Vollkompetenz** (Leitungs- und
Durchführungskompetenzen; vgl. Abb. 19) ausgestattete Stellen.
Damit grenzen sie sich gegenüber den Ausführungsstellen ab, denen überwiegend die Ausführung der von den Instanzen getroffenen Entscheidungen obliegt.

Leitungsstellen verfügen über **besondere Befugnisse** gegenüber
anderen Stellen. Im allgemeinen wird zwischen fachlichen und
disziplinarischen Weisungsbefugnissen differenziert:

Fachliche Weisungsbefugnisse

- Die **fachlichen Weisungsbefugnisse** beziehen sich auf die Art
  und Weise der Aufgabenerfüllung. Hierzu gehören beispielsweise Weisungen hinsichtlich der zu bearbeitenden Objekte, der
  Verrichtungsarten und -verfahren, des Sachmitteleinsatzes, des

Ortes, des Zeitpunkts und -raums der Aufgabenerfüllung sowie der einzusetzenden Mitarbeiter.

Beispielsweise kann *Hermann Röthi* als Produktionsleiter der *Speedy GmbH* seine Mitarbeiter im Rahmen seiner Fachkompetenz anweisen, wann und wie sie ein bestimmtes Werkstück zu bearbeiten haben. Er ist demzufolge ihr **Fachvorgesetzter**.

- Die **disziplinarischen Weisungsbefugnisse** umfassen personalpolitische Maßnahmen gegenüber anderen Stellen. Dazu gehören im Tagesgeschäft u.a. die Anwesenheitskontrolle, die Regelung von Abwesenheits- und Urlaubzeiten, die Genehmigung von Dienstreisen und die Aussprache von Lob oder Tadel gegenüber den unterstellten Personen. Langfristig beziehen sich die disziplinarischen Weisungsbefugnisse zum Beispiel auf die Einstellung oder die Entlassung von Mitarbeitern, die Aus- und Weiterbildung oder die Gehaltsfindung.

Disziplinarische Weisungsbefugnisse

Entscheidet sich der Produktionsleiter der *Speedy GmbH* dafür, einige ausgewählte Mitarbeiter des Fertigungsbereichs auf ein Fortbildungsseminar zum Thema Qualitätsmanagement zu schicken, dann trifft er eine Entscheidung im Rahmen seiner Leitungskompetenzen als **Disziplinarvorgesetzter**.

Die fachlichen und disziplinarischen Weisungsbefugnisse leiten sich aus dem **Direktionsrecht** des Arbeitgebers ab, das den Arbeitnehmer dazu verpflichtet, den Anordnungen des Arbeitgebers im Hinblick auf die ihm im Rahmen seines Arbeitsverhältnisses übertragenen Aufgaben Folge zu leisten. Die Rechtsgrundlage hierfür ist der § 121 Gewerbeordnung (vgl. *Bühner, R.* 1996 S. 67). In der Regel sind die Funktionen des Fach- und Disziplinarvorgesetzten in einer Person vereint. Aufgrund besonderer Gegebenheiten kann es jedoch sein, daß ein Mitarbeiter von mehreren Vorgesetzten Weisungen erhält, wie dies beispielsweise im Mehrlinien- oder im Matrixsystem der Fall ist (vgl. Abschnitt 4.6.3.1). Um den sich daraus ergebenden Problemen der Mehrfachunterstellung so weit wie möglich vorzubeugen, treffen viele Unternehmen in der Praxis entsprechende formale Regelungen, wie das folgende Beispiel der *Bayer AG* zeigt:

Das **Verhältnis zwischen den Linien- und den Fachvorgesetzten** ist in den »Grundsätzen für Führung und Zusammenarbeit« geregelt, in denen es u.a. heißt (*Bayer AG* [Hrsg.] 1991 S. 8):

»Vorgesetzter eines Mitarbeiters ist der Linienvorgesetzte. Bedingt das Aufgabengebiet eines Mitarbeiters besondere Fachkenntnisse eines Vorgesetzten oder ist es einem anderen Führungsbereich zugeordnet, so kann für den Mitarbeiter zusätzlich ein Fachvorgesetzter bestimmt werden. Dabei bleibt die personelle und organisatorische Verantwortung für den Mitarbeiter bei dem Linienvorgesetzten, die betreffende Fachverantwortung geht auf den Fachvorgesetzten über.

Die Kompetenzverteilung zwischen Linien- und Fachvorgesetztem soll durch Absprache festgelegt werden. Linien- und Fachvorgesetzter informieren und beraten sich gegenseitig. Dies gilt insbesondere bei Entscheidungen, die von der abgesprochenen Kompetenzverteilung abweichen. Hat einer der beiden Vorgesetzten Bedenken gegen eine solche Entscheidung des anderen und ist eine Einigung nicht zu erreichen, so entscheiden die jeweils vorgesetzten Führungsstellen. Unberührt bleibt das Recht der Zentralbereiche, Werksverwaltungen oder sonstigen Zentralstellen, in fachlichen Angelegenheiten, die für die *Bayer AG* oder ein Werk einheitlich geregelt werden müssen, Richtlinien herauszugeben (z.B. Einstellungsrichtlinien, Inventurrichtlinien). Hierdurch wird kein zusätzliches Unterstellungsverhältnis begründet«.

Leitungsstellen sind verpflichtet, für die Folgen ihrer Entscheidungen und Handlungen einzustehen, oder anders ausgedrückt: die entsprechende **Verantwortung** zu übernehmen. Dabei lassen sich Eigen- und Fremdverantwortung unterscheiden:

Eigenverantwortung

- **Eigenverantwortung** verpflichtet dazu, gegenüber Dritten Rechenschaft für die getroffenen Entscheidungen und das eigene Handeln abzulegen. Damit ist die Eigenverantwortung kein spezifisches Merkmal von Leitungsstellen, denn mit der Übernahme von Aufgaben ist in jedem Fall auch die Verantwortung für deren richtige Ausführung verbunden. Bei der Instanz kommt allerdings hinzu, daß ein Teil der ihr zugeordneten Aufgaben von untergeordneten Organisationseinheiten ausgeführt wird.

Fremdverantwortung

- Aus diesem Sachverhalt ergibt sich die **Fremdverantwortung** von Leitungsstellen. Fremdverantwortung bedeutet, daß der Vorgesetzte im Rahmen einer sachgerechten Auswahl, Anleitung und Überwachung der Mitarbeiter auch für deren Handeln einzustehen hat. Sie ist damit das Ergebnis der Delegation von originären Leitungskompetenzen der obersten Instanz an nachgeordnete Leitungsstellen, die stellvertretend für die Geschäftsleitung derivative Entscheidungs-, Weisungs- und Kontrollbefugnisse wahrnehmen.

Einschränkung der Verantwortung

Allerdings kann von den Stelleninhabern die Übernahme von Verantwortung nur insoweit verlangt werden, als sie tatsächlich auf die Entscheidungssachverhalte Einfluß nehmen können. Insofern könnte der Leiter des Produktionsbereichs der *Speedy GmbH* nicht für Terminverzögerungen durch Kapazitätsengpässe in der Fertigung verantwortlich gemacht werden, wenn er keine Kompetenzen zur Beseitigung dieser Engpässe besitzt. In diesem Fall läge ein Verstoß gegen das organisatorische Kongruenzprinzip vor, das eine möglichst weitgehende Übereinstimmung von Aufgabe, Verantwortung und Kompetenzen vorsieht.

Leitungshierarchie

Entsprechend der hierarchischen Struktur von Unternehmen können obere, mittlere und untere Instanzen unterschieden werden (vgl. z.B. *Bühner, R.* 1996 S. 68 f., *Staehle, W. H.* 1991 S. 82 f.). Die Leitungshierarchie läßt sich als **Managementpyramide** darstellen, deren Form auch in etwa die quantitativen Verhältnisse der mit Leitungsaufgaben betrauten Personen zum Ausdruck bringt (vgl. Abb. 25).

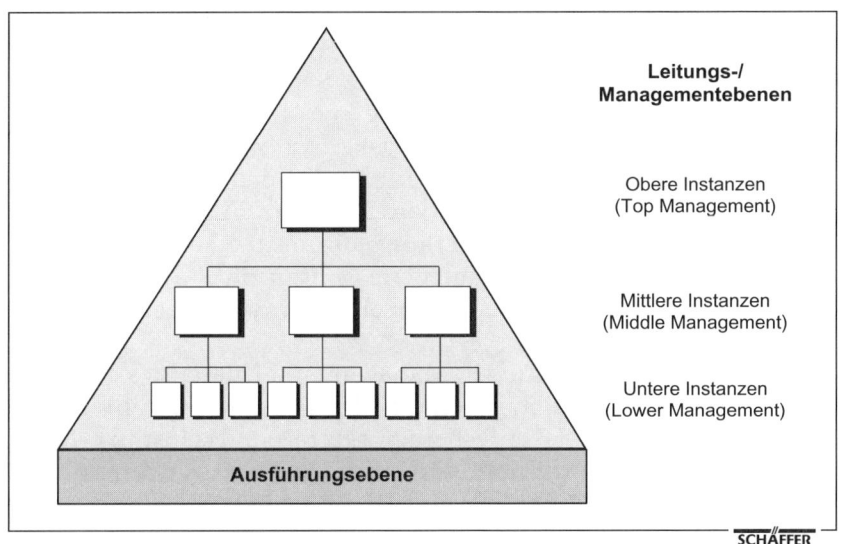

Abb. 25: Managementpyramide

- **Obere Instanzen** (Top Management, Strategisches Management) sind mit originären Leitungsaufgaben befaßt, die das Unternehmen insgesamt betreffen. Sie treffen echte Führungsentscheidungen aus ganzheitlicher Sicht, die für den Bestand und die Zukunft des Unternehmens von großer Bedeutung sind und nicht delegiert werden können. *Gutenberg* kennzeichnet die Entscheidungen der oberen Leitungsebene als **Grundsatzentscheidungen** (vgl. *Gutenberg, E.* 1962 S. 59 ff.). Hierzu gehören beispielsweise die Festlegung der Unternehmensziele und -strategie, die Gestaltung der Unternehmensorganisation, die Koordination der großen betrieblichen Teilbereiche, die Entscheidung über geschäftliche Aktivitäten von außergewöhnlicher Bedeutung (z.B. Standort- oder Kooperationsentscheidungen), die Besetzung von herausragenden Führungspositionen im Unternehmen und die Vertretung des Unternehmens nach außen. Obere Instanzen sind die Geschäftsführung und der Vorstand. Da derartige Leitungsstellen häufig mit mehreren Personen besetzt sind, werden sie auch als **Kollegial-** oder **Pluralinstanz** bezeichnet (im Gegensatz zur **Singularinstanz**, bei der die Lei-

Top Management

tungsaufgaben von einer einzigen Person wahrgenommen werden). Auf die Besonderheiten von Leitungsgruppen wird im Abschnitt 4.4.2.3 näher eingegangen.

Middle Management

- **Mittlere Instanzen** (Middle Management, Taktisches Management) sind einerseits den oberen Instanzen unterstellt und besitzen andererseits Weisungsbefugnisse gegenüber den unteren Instanzen. Sie haben damit eine Mittlerfunktion zwischen den umfassenden Entscheidungen der ersten Leitungsebene und deren praktischer Umsetzung. Der Schwerpunkt ihrer Tätigkeit liegt in der Konkretisierung der Unternehmensziele für ihren jeweiligen Verantwortungsbereich und in der Entscheidung über die Maßnahmen zur Zielerreichung sowie deren Überwachung. Typische mittlere Instanzen sind etwa Bereichs-, Hauptabteilungs- und Abteilungsleitungen oder die Leitungen von Werken und Vertriebsniederlassungen eines Unternehmens (zur näheren begrifflichen Kennzeichnung von Abteilungen vgl. Abschnitt 4.5).

Lower Management

- **Untere Instanzen** (Lower Management, Operatives Management) haben lediglich gegenüber den ihnen unterstellten Ausführungsstellen Weisungsbefugnisse. Sie sind selbst in erheblichem Umfang ausführend tätig. Ihr Tätigkeitsschwerpunkt ist es, die Pläne und Anordnungen der vorgesetzten Stellen zu übermitteln und verständlich zu machen, die operativen Maßnahmen zu planen und die ausführenden Stellen unmittelbar zu unterstützen und zu beaufsichtigen. Beispiele für untere Instanzen sind Gruppenleiter, Meister oder Kolonnenführer.

Die Differenzierung in drei Typen von Leitungsebenen ergibt sich aus der Art der ihnen übertragenen Aufgaben, dem jeweiligen Anteil von Entscheidungs- und Ausführungsaufgaben und der Bedeutung ihrer Entscheidungen für den Bestand und die Entwicklung des Unternehmens. In der betrieblichen Praxis finden sich, inbesondere in großen Unternehmen, regelmäßig weit mehr als nur drei Leitungsebenen (vgl. hierzu Abschnitt 4.5.3).

Ausführungsstellen

Stellen ohne Leitungskompetenzen werden als **Ausführungsstellen** bezeichnet. Sie besitzen lediglich Durchführungsbefugnisse und dürfen keine verbindlichen Weisungen an andere Stellen geben. Ihre Entscheidungskompetenzen beschränken sich ausschließlich auf den eigenen Verantwortungsbereich im Sinne einer Selbstentscheidung (**Teilkompetenz**). Ausführungsstellen bilden demzufolge die unterste Ebene der Hierarchie eines Unternehmens und befassen sich zum Beispiel unmittelbar mit der Herstellung eines Produkts, der Buchung von Kassenbelegen oder dem Produktverkauf. Allerdings ist die Bandbreite der Tätigkeitsmerkmale und der Anforderungen an die Stelleninhaber erheblich. Sie reicht von sich ständig wiederholenden Routinearbeiten am Fließband bis zur Lösung hochkomplexer Probleme in der Entwicklungsabteilung eines Unternehmens.

4.4.1.3 Unterstützende Stellen

Zu den unterstützenden Stellen zählen die Stabs-, die Assistenz- und die Dienstleistungsstellen.

Der Begriff **Stabsstelle** kommt aus dem militärischen Bereich. **Stabsstellen** Der obersten Leitung bestimmter Truppenteile sind Führungs- oder Kommandostäbe zugeordnet (z.B. Generalstab, Divisionsstab, Regimentsstab). Sie sollen die militärischen Führer beraten und bei der Wahrnehmung ihrer Führungsaufgaben unterstützen. Ihnen obliegt u.a. die taktische Einsatzplanung, das Nachrichtenwesen und die Truppenlogistik. Erst gegen Ende des 19. Jahrhunderts wurde der Stabsgedanke im Bereich der Wirtschaft aufgegriffen. Von der Leistungsfähigkeit des preußischen Generalstabs im Deutsch-Französischen Krieg 1870/71 angeregt, untersuchte *Henri Fayol* die Möglichkeiten, Stäbe auch zur Unterstützung der Unternehmensführung einzusetzen.

In der deutschsprachigen Organisationslehre wird die Beratungsfunktion besonders hervorgehoben und eine Stabsstelle allgemein als **spezialisierte Leitungshilfsstelle** definiert, die fachbezogene Aufgaben ohne Fremdentscheidungs- und Weisungskompetenzen wahrnimmt. Stabsstellen sind immer an **eine** Leitungsstelle gebunden und erfüllen Funktionen, die zum Aufgabenbereich der jeweiligen Instanz gehören. Durch die Einrichtung von Stabsstellen sollen die Leitungsstellen quantitativ (bei Ausschöpfung der Arbeitskapazität) und/oder qualitativ (bei Ausschöpfung der Wissenskapazität) entlastet werden. Dazu werden die Stabsstellen sowohl an der Vorbereitung von Entscheidungen als auch an der Kontrolle von deren Realisierung beteiligt. Die eigentliche Entscheidung bleibt jedoch der Instanz, deren Umsetzung den Ausführungsstellen überlassen. Beispiele für klassische Stabsaufgaben sind Unternehmensplanung, Revision, Recht, Organisation, Statistik oder Public Relations (vgl. *Kieser, A./Kubicek, H.* 1992 S. 136 ff., *Schulte-Zurhausen, M.* 1995 S. 139 f., *Staehle, W. H.* 1991 S. 662 ff., *Steinle, C.* 1992 Sp. 2310 ff.).

Wesentliche **Aufgaben von Stabsstellen** sind

- die **Entscheidungsvorbereitung** durch die Beschaffung entscheidungsrelevanter Informationen, deren Verdichtung und Aufbereitung sowie die Bewertung und Präsentation von Entscheidungsalternativen, **Aufgaben von Stabsstellen**

- die **fachliche Beratung** der zugehörigen Leitungsstelle oder fallweise auch von anderen Stellen im Unternehmen, die von dem betreffenden Fachthema berührt werden,
- die Beschaffung, Auswertung und Weiterleitung von Informationen im Sinne einer fachlichen »**Informationsdrehscheibe**« und
- die Unterstützung und Überwachung der Umsetzung von Entscheidungen.

Problematik von Stabsstellen

Aus den oben genannten Aufgabenstellungen wird deutlich, daß eine Stabsstelle auch ohne Weisungs- und Fremdentscheidungskompetenzen einen wesentlichen Einfluß auf die Entscheidungen der betreffenden Instanz hat. Dieser Einfluß ergibt sich aus ihrer maßgeblichen Beteiligung an der Informationsverarbeitung und der Entscheidungsvorbereitung. Dadurch verfügt sie im allgemeinen über ein umfassendes Wissen. Die Verantwortung für die Entscheidungswirkungen liegt jedoch allein bei der Leitungsstelle, auch wenn de facto die Stabsstelle (vor-)entscheidet. Letztere kann sich jedoch im Falle einer Fehlentscheidung der Verantwortung entziehen. Unter anderem aufgrund dieser »illegitimen« **informationellen Macht** der Stäbe, der keine entsprechende Ergebnisverantwortung gegenübersteht, ist die Einrichtung von Stabsstellen in Organisationstheorie und -praxis ein umstrittenes Konzept.

Ein weiterer wesentlicher Kritikpunkt sind die im Stabskonzept angelegten **Motivationsmängel** der Stabsmitarbeiter. Die fehlenden Leitungskompetenzen führen leicht zu einer dauernden Frustration, weil die Stabsstellen keine formale Möglichkeit haben, um sich in Konfliktsituationen gegenüber der Linie durchzusetzen. Beschränkt sich die Anerkennung im Erfolgsfall zudem ausschließlich auf die Linie und bleibt die Arbeit der Stabsstellen im wahrsten Sinne des Wortes im Hintergrund, dann kann dies ein zusätzlicher Grund für die Demotivation der Stabsmitarbeiter sein.

Das **divergente Selbstbild von Stab und Linie** wird mitunter noch durch die Tatsache verstärkt, daß Stäbe oft mit akademisch geschulten Kräften besetzt sind, die mit ihrer Tätigkeit besondere Erwartungen verbinden. Ihre teilweise wissenschaftsgeprägten Wertvorstellungen und Selbstverwirklichungsansprüche stehen in einem Gegensatz zu den Werten der Linienmitarbeiter. Daraus resultiert häufig eine mangelnde Anerkennung der »Stabstheoretiker« durch die »fronterfahrene und produktive« Linie, die in den Stäben lediglich »Wasserköpfe« mit geringem oder gar keinem Wertschöpfungsbeitrag sieht (vgl. *Krüger, W.* 1993 S. 50 f.).

Kritisch ist schließlich zu sehen, daß Stabsstellen in der Praxis sehr wohl **funktionale Autorität** besitzen können, die ihnen durch ihre fachliche Qualifikation zuwächst. Dadurch kann das Verhältnis zur Linie als dem Träger der »Amtsautorität« belastet werden, weil die Fachautorität nicht durch formal festgelegte Kompetenzen abgedeckt ist und im Verhältnis zu anderen Stellen zur Verstärkung der eigenen Machtposition eingesetzt werden kann. Dabei macht es durchaus Sinn, wenn Stabsstellen fachliche Weisungsbefugnisse übertragen werden.

Wenn beispielsweise das **Controlling** der *Speedy GmbH* als Stabsstelle der Geschäftsführung für die Durchführung der Jahresplanung des Unternehmens verantwortlich ist, dann muß es den Linienstellen diesbezüglich fachliche Weisungen erteilen können. Zu denken wäre hier an die verbindliche Festlegung von Planungsterminen und -themen oder an die Vorgabe von Richtlinien, wie bei der Planung von einzelnen Bereichen wie dem Einkauf, der Produktion, dem Vertrieb u.a. vorzugehen ist. Das Controlling der *Speedy GmbH* besitzt deshalb eine sogenannte »**Richtlinienkompetenz**« gegenüber den anderen Funktionsbereichen.

In diesem Fall wäre allerdings die Bezeichnung »Dienstleistungsstelle« treffender, wie im folgenden noch dargelegt wird (vgl. *Bühner, R.* 1996 S. 69 f., *Grochla, E.* 1983 S. 71).

Um die genannten Nachteile der Stabsarbeit zu vermeiden, sollten die folgenden **Voraussetzungen für eine wirkungsvolle Zusammenarbeit zwischen Stab und Linie** geschaffen und in klaren Regeln präzisiert werden (vgl. *Höhn, R.* 1961 S. 103 ff., *Steinle, C.* 1992 Sp. 2318 f.):

- Der Stab darf keine Weisungsbefugnis gegenüber der Linie besitzen.
- Der Stab besitzt ein Informationsrecht gegenüber allen Linienstellen.
- Die Linie hat ein Recht, von den Stabsstellen beraten zu werden, und die Stabsstellen haben die Pflicht, die Linie zu beraten.
- Der Stab hat bei Entscheidungen der Linie, die von seiner Entscheidungsvorlage abweichen, eine Berichtspflicht gegenüber der nächsthöheren Instanz; diese Berichtspflicht setzt voraus, daß die Stabsstelle den zuständigen Linienvorgesetzten informiert, um diesem gegenüber die Vertrauenspflicht zu erfüllen.
- Stabstätigkeiten sollten gezielt in die Laufbahnentwicklungsplanung von Linienmitarbeitern einbezogen werden und umgekehrt, um zwischen Stab und Linie ein gegenseitiges Verständnis und Realitätsbewußtsein zu erzeugen.

Voraussetzungen effizienter Stabsarbeit

In der Praxis wird teilweise versucht, die Voraussetzungen für eine effiziente Stabstätigkeit durch die ausdrückliche Regelung der Aufgaben und der Kompetenzen der Stabsstellen und die Definition ihres Verhältnisses gegenüber den Linienstellen zu schaffen. In den »Grundsätzen für Führung und Zusammenarbeit« der *Bayer AG* findet sich beispielsweise ein Abschnitt über die »**Arbeit der Stabsstellen**«, in dem es heißt (*Bayer AG* [Hrsg.] 1991 S. 8):

»Stabsstellen beraten, planen, koordinieren oder erbringen weitere Dienstleistungen mit dem Ziel, die Linienbereiche bei der Wahrnehmung ihrer Aufgaben zu unterstützen. Die in den Stabsstellen tätigen Mitarbeiter erhalten ihre Aufträge von den Linienstellen, für die sie arbeiten, möglichst unmittelbar. Sie informieren hierüber ihren Vorgesetzten. Die Linienbereiche sind verpflichtet, die Stabsstellen so weitgehend zu informieren und in konstruktiver Zusammenarbeit zu unterstützen, daß diese die ihnen übertragenen Aufgaben erfolgreich erfüllen können.«

Assistenzstellen

Im Gegensatz zu den Stabsstellen als spezialisierten Leitungshilfen sind **Assistenzstellen** generalisierte Leitungshilfsstellen. Sie besitzen keine Fremdentscheidungs- und Weisungskompetenzen und entlasten **eine** bestimmte Instanz rein mengenmäßig. Während Stabsstellen im wesentlichen mit klar definierten Daueraufgaben befaßt sind, erfüllen Assistenten wechselnde Aufgaben, deren Spektrum von Sekretariatstätigkeiten bis zur Lösung komplexer Probleme reichen kann. Assistenzstellen werden nur fallweise und gemäß einem von der Instanz erteilten Auftrag aktiv. Beispiele für generalisierte Stabsstellen sind der Direktions-, der Geschäftsleitungs- oder der Vorstandsassistent.

Dienstleistungs-stellen

Dienstleistungsstellen, die häufig als Zentralstellen, Zentralabteilungen, Servicestellen oder Service Center bezeichnet werden, sind mit Teil- oder Vollkompetenz ausgestattete Stellen. Sie nehmen Unterstützungsaufgaben zentral für **mehrere** Leitungsstellen wahr und können daher als **traversierende Organisationsform** bezeichnet werden (vgl. *Bleicher, K.* 1991 S. 115 ff.). Sie haben in begrenztem Umfang Aufgaben, die ursprünglich von Linienstellen ausgeführt wurden. Häufig handelt es sich bei den Dienstleistungsstellen um frühere Stäbe, deren Funktionen im Laufe der Zeit an Bedeutung gewonnen haben (z.B. Controlling, EDV, Marketing, Personalwesen). Dabei ist der Übergang von der Stabsstelle zur zentralen Dienstleistungsstelle fließend. Dies zeigt sich am Beispiel des Controlling, das Querschnitts- und Koordinationsaufgaben für das gesamte Unternehmen wahrnimmt **und** die Unternehmensführung bei der Ausübung ihrer Steuerungsfunktion direkt unterstützt. Im Unterschied zu reinen Stabsstellen, die lediglich beratende Funktion besitzen, haben Dienstleistungsstellen das Recht, Richtlinien für eine einheitliche und wirtschaftliche Abwicklung bestimmter Aufgaben vorzugeben. Sie besitzen also **Richtlinienkompetenz**, die in der Praxis mitunter aufgabenbezogen durch fachliche Weisungsbefugnisse gegenüber den Linienstellen ergänzt wird (vgl. *Schulte-Zurhausen, M.* 1995 S. 140 f.).

Die Kompetenzen der Zentralabteilungen der *Siemens AG* sind in den »Grundsätzen der Organisation und Zusammenarbeit« geregelt, wobei deutlich wird, daß der Übergang von einer zentralen Stabs- zu einer Dienstleistungsstelle auch hier – zumindest begrifflich – fließend ist (*Siemens AG* [Hrsg.] 1990 S. 17):

»Die Zentralabteilungen – einschließlich Zentralstellen und Zentrale Dienste – sind so organisiert, daß Stabsaufgaben und Dienstleistungsfunktionen weitestgehend voneinander getrennt sind. Dadurch werden Kostentransparenz sowie bedarfsgerechte und kostengünstige Leistungen ermöglicht.

Die Zentralabteilungen sind kleine, qualifizierte und leistungsfähige Stäbe zur Unterstützung der Unternehmensleitung. Sie haben Richtlinienkompetenzen, Kontrollpflichten und Koordinationsfunktionen im Rahmen der ihnen zugewiesenen Aufgaben. Darüber hinaus haben die Zentralabteilungen die Bereiche bei der Verwirklichung ihrer Geschäftspolitik zu unterstützen.

Den Zentralstellen und Zentralen Diensten sind – soweit wirtschaftlich sinnvoll – Aufgaben und Dienstleistungen übertragen, die einheitlich für das Haus mit einem Höchstmaß an Effizienz wahrgenommen werden sollen.«

Aus dem Sachverhalt, daß zentrale Dienstleistungsstellen bereichsübergreifende Querschnittsaufgaben erfüllen und dabei regelmäßig von mehreren Leitungsstellen im Unternehmen beansprucht werden, ergibt sich die Frage ihrer Einordnung in die Unternehmensorganisation. Problematisch ist insbesondere die Zuordnung zu einer bestimmten Instanz, weil dann nicht sichergestellt ist, daß die Anforderungen der übrigen Leitungsstellen gleichwertige Berücksichtigung finden. *Grochla* schlägt deshalb vor, Dienstleistungsstellen möglichst hoch in der Hierarchie einzuordnen, um eine gleichmäßige Nutzung durch alle Leitungsstellen zu ermöglichen (vgl. *Grochla, E.* 1983 S. 72; zur Einrichtung von Querschnittsfunktionen im Rahmen der funktionsorientierten Sekundärorganisation vgl. Abschnitt 5.5.3).

4.4.2 Gremienarten

4.4.2.1 Merkmale von Gremien

Es ist sinnvoll, bestimmte Aufgaben nicht einer einzigen Person zu übertragen, sondern dafür eine Personengruppe vorzusehen. Solche Personenmehrheiten werden mit den Begriffen **Gremium** oder **Gruppe** bezeichnet.

Der Gruppenbegriff wird in der einschlägigen Literatur enger oder weiter definiert. Für organisatorische Sachverhalte erscheint die von *v. Rosenstiel* vorgenommene Beschreibung einer Gruppe als besonders geeignet (vgl. hierzu und zu den Merkmalen von Gremien *Rosenstiel, L. v.* 1992 S. 257 ff., *Hill, W./Fehlbaum, R./Ulrich, P.* 1994 S. 85 ff., *Krüger, W.* 1993 S. 321, *Schulte-Zurhausen, M.* 1995 S. 146 ff., *Weidner, W. u.a.* 1992 S. 97 ff., *Wiswede, G.* 1992 Sp. 735 ff.):

Ein(e) Gremium (Gruppe) ist eine Mehrzahl von Personen, die über einen längeren Zeitraum in direkter Interaktion stehen. Die Gruppenmitglieder sind durch gemeinsame Normen und ein Wir-Gefühl miteinander verbunden und nehmen differenzierte Rollen wahr.

Merkmale von Gremien

Auf die einzelnen **Merkmale von Gremien** ist näher einzugehen:

- **Personenmehrheit:** Gremien setzen sich immer aus mehreren Personen zusammen. Dabei herrscht keine Einigkeit, wie groß eine Gruppe zweckmäßigerweise sein soll. Die vorgeschlagene Gruppengröße schwankt zwischen drei und fünfzehn Personen. Als optimal wird in der Organisationslehre häufig eine Anzahl von drei bis sieben Gruppenmitgliedern gesehen. Dies wird damit begründet, daß erst ab einer Größe von drei Personen gruppendynamische Prozesse ablaufen können (z.B. Bildung von Koalitionen, Treffen von Mehrheitsentscheidungen). Die Obergrenze von sieben Personen ergibt sich aus dem Merkmal der direkten Interaktion, die nur bis zu einer bestimmten Gruppengröße möglich ist. Bei mehr als sieben Personen steigen die Führungs- und Kommunikationsprobleme, weil nicht mehr jeder mit jedem in dem erforderlichen Maß in Kontakt treten kann. Dann werden zusätzliche organisatorische Maßnahmen zur Gruppensteuerung erforderlich.
- **Beständigkeit:** Nur wenn Gremien über einen längeren Zeitraum bestehen, wird eine direkte Kommunikation zwischen ihren Mitgliedern möglich, und erst dann kann sich eine Gruppenkultur mit gemeinsamen Zielen und Normen, einem Wir-Gefühl und differenzierten Rollen entwickeln. Insofern können Gremien generell als relativ langfristig bestehende Organisationseinheiten gesehen werden.
- **Direkte Interaktion:** In einem Gremium muß jedes Mitglied die Möglichkeit haben, mit jedem anderen Mitglied des Gremiums in direkten Kontakt zu treten. Die Kontaktaufnahme erfolgt vor allem durch sprachliche Kommunikation. Dabei ist die Kommunikationsintensität in erster Linie von der Anzahl der Gruppenmitglieder abhängig und nimmt mit steigender Gruppengröße tendenziell ab. Organisationspsychologische Untersuchungen haben gezeigt, daß die Kontakthäufigkeit eine wesentliche Bedingung für die Gruppenbildung und den Zusammenhalt einer Gruppe ist.
- **Gemeinsame Normen:** Die Mitglieder einer Gruppe erwarten in bestimmten Situationen voneinander ein ganz bestimmtes Denken und Handeln. Die Gruppennormen, die diesen Denk- und Handlungsmustern zugrundeliegen, sind gewissermaßen

die »Spielregeln« für die Gruppenaktivitäten. Die Ausrichtung an den gemeinsamen Normen und die daraus resultierende Verhaltensstandardisierung sind um so größer, je stärker der Zusammenhalt innerhalb der Gruppe (die Gruppenkohäsion) ist. Die Beachtung der Gruppennormen ist eine wesentliche Voraussetzung für die Akzeptanz der einzelnen Mitglieder in der Gruppe. Werden Gruppennormen nicht beachtet, kann dies zu Sanktionen bis hin zum Ausschluß der betreffenden Person(en) aus der Gruppe führen.

- **Wir-Gefühl:** Beständigkeit, direkte Interaktion und gemeinsame Normen führen dazu, daß sich die Gruppenmitglieder mit ihrer Gruppe identifizieren. Im Laufe der Zeit entwickelt sich ein Wir-Gefühl. Der Gruppenzusammenhalt hängt in besonderem Maße von der Interaktionshäufigkeit und der Gruppengröße ab. Grundsätzlich wird die Gruppenkohäsion in kleineren Gruppen größer, in größeren Gruppen dagegen kleiner sein. Ab einer gewissen Gruppengröße läßt sich die Bildung von Untergruppen (sog. Cliquen) feststellen, deren Mitglieder zwar innerhalb der Clique eng zusammenhalten, den Zusammenhalt der Gruppe aber als nachrangig einstufen.
- **Rollendifferenzierung:** Die Mitglieder einer Gruppe gewinnen im Laufe der Zeit ihren individuellen Status innerhalb der Gruppe und entwickeln ein entsprechendes Rollenverhalten, d.h. sie verhalten sich so, wie dies von den anderen Gruppenmitgliedern erwartet wird. Mögliche Rollen sind beispielsweise die des Gruppenführers, des Experten, des Außenseiters, des Mitläufers oder des Sündenbocks. Rollenzuweisungen können einerseits zu einer sinnvollen Arbeitsteilung führen, andererseits können sie aber den Zusammenhalt und die Effizienz der Gruppe oder die Kreativität und die Einsatzbereitschaft einzelner Gruppenmitglieder empfindlich stören.

Die Bildung von Gremien bringt eine Reihe möglicher Vor- und Nachteile mit sich. So kann die Bearbeitung einer Aufgabe durch eine Gruppe einerseits zu **besseren Ergebnissen** führen als die Bearbeitung durch eine Einzelperson. Die Akzeptanz von Problemlösungen kann sich erhöhen. Gründe hierfür sind beispielsweise synergetische Effekte durch die unterschiedlichen Erfahrungs- und Wissenshintergründe der Gruppenmitglieder, eine höhere Motivation, eine gesteigerte Kreativität oder ein besseres Arbeitsklima und die stärkere Zielorientierung durch die Integration der Einzelinteressen (vgl. *Wahren, H.-K. E.* 1994 S. 20 ff.). Andererseits kann die Arbeit in einer Gruppe auch durch **dysfunktionale Faktoren** wie persönliche Egoismen, Kommunikationsprobleme, emotionale Spannungen oder Gruppendruck behindert werden. Im Extremfall

Vor- und Nachteile der Gremienarbeit

führen diese negativen Faktoren zu einem Auseinanderbrechen der Gruppe.

4.4.2.2 Kriterien zur Unterscheidung von Gremien

Differenzierungs-kriterien

Um Gremien als **formal gewollte** Organisationseinheiten (im Gegensatz zu den informalen Gruppen; vgl. Abschnitt 4.6.4.1) systematisch zu unterscheiden, können verschiedene Kriterien herangezogen werden (vgl. *Schulte-Zurhausen, M.* 1995 S. 152 f., *Seidel E.* 1992 Sp. 715):

- Ein Merkmal ist der **Umfang der Mitarbeit** von Personen in einer Gruppe, die entweder hauptamtlich (Vollzeit) oder nebenamtlich (Teilzeit) erfolgen kann.
- Die **Art der Gruppenaufgabe** erlaubt eine Unterscheidung in Gruppen mit unbefristeten Daueraufgaben und solche mit befristeten Sonderaufgaben.

	Umfang der Mitarbeit	Art der Gruppenaufgabe	Zeitlicher Aspekt
Hauptamtliche Gremien			
Leitungsgruppe	vollzeitlich	Unternehmens-leitung	unbefristet/ kontinuierlich
Arbeitsgruppe	vollzeitlich	Problemlösung/ Umsetzungs-aufgaben	unbefristet/ kontinuierlich
Nebenamtliche Gremien			
Ausschuß	teilzeitlich	Problemlösung/ Koordination	befristet oder unbefristet/ diskontinuierlich
Problemlöse-gruppe	teilzeitlich	Problemlösung	befristet oder unbefristet/ diskontinuierlich
Haupt- oder nebenamtliche Gremien			
Projektgruppe	vollzeitlich/ teilzeitlich	Lösung komplexer, neuartiger Probleme	befristet/ kontinuierlich

Abb. 26: Arten von Gremien

SCHÄFFER POESCHEL

- Unter dem **zeitlichen Aspekt** können Gruppen ihre Aufgaben kontinuierlich (ohne größere Unterbrechungen) oder diskontinuierlich (etwa wöchentlich, monatlich, quartalsweise oder in unregelmäßigen zeitlichen Abständen) wahrnehmen.

Die Leitungsgruppen und die Arbeitsgruppen gehören als unbefristet und kontinuierlich tätige Organisationseinheiten, deren Mitglieder vollzeitlich Daueraufgaben wahrnehmen, zur **Primärorganisation** des Unternehmens. Demgegenüber werden hierarchieübergreifende Gremien, deren Mitglieder teilzeitlich mit Sonderaufgaben beschäftigt sind, wie der Ausschuß oder die Problemlösegruppe, zur **Sekundärorganisation** gerechnet. Die Projektgruppen können sowohl Bestandteil der Primär- als auch der Sekundärorganisation sein (eine ausführliche Darstellung der Primär- und der Sekundärorganisation findet sich in Abschnitt 5.2).

Primär- und Sekundärorganisation

4.4.2.3 Hauptamtliche Gremien

Zu den hauptamtlichen Gremien gehören die **Leitungs-** und die **Arbeitsgruppe**. Sie nehmen vollzeitlich, unbefristet und kontinuierlich bestimmte Aufgaben wahr.

Leitungsaufgaben können in einem Unternehmen grundsätzlich von einer einzelnen Person oder von einer Personengruppe wahrgenommen werden. Dementsprechend werden Leitungsstellen entweder als **Singularinstanz** (unipersonal) oder als **Kollegial-** bzw. **Pluralinstanz** (multipersonal) bezeichnet. Um ihre Aufgaben effizient erfüllen zu können, müssen in Leitungsgruppen klare Regelungen hinsichtlich der Aufgaben- und Kompetenzverteilung sowie der Beschlußfassung getroffen werden.

Die **Regelung zur Verteilung von Aufgaben und Kompetenzen** innerhalb einer Leitungsgruppe kann Gesamtkollegialität, Ressortkollegialität oder Mischformen vorsehen (vgl. *Bleicher, K.* 1991 S. 375 f., *Seidel E./Redel, W.* 1987 S. 22 f.):

Leitungsgruppe

- Wird auf eine Aufgaben- und Kompetenzverteilung verzichtet, so liegt **Gesamtkollegialität** vor. Alle Mitglieder der Leitungsgruppe besitzen als Einzelpersonen keine Weisungsbefugnisse und können nur gemeinschaftlich handeln. Ein Beispiel für eine gesamtkollegiale Leitungsgruppe ist der Vorstand einer Aktiengesellschaft, der gemäß § 77 f. AktG nur gemeinschaftlich zur Geschäftsführung und Vertretung befugt ist (sofern in der Satzung oder in der Geschäftsordnung keine abweichende Regelung getroffen ist). Gesamtkollegialität bringt zwar einerseits den

Gesamtkollegialität

Vorteil mit sich, daß auf oberster Leitungsebene ein Interessenausgleich zwischen den Gruppenmitgliedern erfolgen kann; andererseits führt die ausschließlich gemeinschaftliche Aufgabenerfüllung aber auch zu einem hohen Abstimmungsbedarf innerhalb der Leitungsgruppe. Dadurch kann in der Regel nicht so schnell reagiert werden wie bei einer Singularinstanz.

Ressortkollegialität

- **Ressortkollegialität** ordnet jedem Mitglied der Leitungsgruppe einen eigenen Verantwortungsbereich zu. Im Rahmen seines zugewiesenen Bereiches ist das Gruppenmitglied dann allein für die Aufgabenerfüllung zuständig und besitzt auch die hierzu erforderlichen Kompetenzen. Ressortkollegialität ist in der Praxis häufig anzutreffen. Beispielsweise kann die Verantwortung eines Gesamtvorstandes satzungsgemäß nach Funktionsbereichen und/oder Sparten aufgeteilt werden (Vorstandsressort Finanzen, Produktion, Personal usw. und/oder Vorstandsressort Pharmazeutika, Düngemittel, Kunststoffe usw.). Ressortübergreifende Entscheidungen sind allerdings von der Leitungsgruppe gemeinsam zu treffen. Dies bringt die Gefahr von Konflikten mit sich, etwa dann, wenn sich Ressort- und Gesamtinteressen widersprechen. Außerdem können Entscheidungen durch Bereichsegoismen verzögert werden oder in unbefriedigenden Kompromissen enden.

Mischformen

- In der Praxis finden sich deshalb häufig **Mischformen** bei der Zuweisung von Aufgaben und Kompetenzen. So wird der Vorsitzende der Leitungsgruppe (bei Aktiengesellschaften beispielsweise der Vorstandsvorsitzende) in der Regel von einer operativen Funktional- oder Spartenverantwortung freigestellt. Dadurch kann er als ressortfreies, »neutrales« Mitglied im Konfliktfall ausgleichen und das Gesamtinteresse des Unternehmens gegenüber den Bereichsinteressen seiner Kollegen vertreten.

Um die **Probleme einer gemeinsamen Willensbildung und Beschlußfassung** innerhalb der Leitungsgruppe zu begrenzen, können entsprechende organisatorische Regelungen getroffen werden. Zu unterscheiden sind das Direktorialprinzip und das Kollegialprinzip (vgl. *Bleicher, K.* 1991 S. 374 f., *Seidel, E./Redel, W.* 1987 S. 23):

Direktorialprinzip

- Das **Direktorialprinzip** sieht vor, dem Vorsitzenden der Leitungsgruppe (Geschäftsführungs- oder Vorstandsvorsitzender, Chief Executive Officer [CEO]) das alleinige Entscheidungs- und Leitungsrecht zu übertragen. Beim **reinen** Direktorialprinzip kann er gegen den Willen aller übrigen Mitglieder entscheiden und Weisungen erteilen. Der Vorsitzende ist aber verpflichtet, vor seiner Entscheidung die Argumente der anderen Gruppenmitglieder zur Kenntnis zu nehmen und deren Anträge zu behandeln. In der **abgeschwächten Form** des Direktorialprinzips wird den Gruppenmitgliedern ein Vetorecht eingeräumt, das es beispielsweise dem Vorstandsvorsitzenden einer Aktiengesellschaft nicht erlaubt, Entscheidungen gegen die Mehrheit seiner Vorstandskollegen durchzusetzen (§ 77 Abs. 1 AktG).

- Beim **Kollegialprinzip** entscheiden alle Mitglieder der Leitungsgruppe in gemeinsamer Verantwortung, wobei unterschiedliche Regelungen der Stimmrechte möglich sind. Es lassen sich die drei Ausprägungen der Primatkollegialität, der Abstimmungskollegialität und der Kassationskollegialität unterscheiden. Im Falle der **Primatkollegialität** hat die Stimme des Vorsitzenden als »primus inter pares« bei Stimmengleichheit ein höheres Gewicht. Es ist sogar möglich, daß der Vorsitzende der Leitungsgruppe eine Entscheidung gegen den Willen der übrigen Gruppenmitglieder treffen kann. Bei der **Abstimmungskollegialität** werden die Beschlüsse der Leitungsgruppe mit einfacher oder mit qualifizierter Mehrheit gefaßt, wobei jedes Mitglied eine Stimme hat. Die **Kassationskollegialität** verlangt Einstimmigkeit bei der Beschlußfassung, d.h. jedes einzelne Mitglied der Pluralinstanz kann eine Entscheidung verhindern. Wird kein Konsens erzielt, kommt kein gültiger Beschluß zustande.

Kollegialprinzip

Leitungsgruppen werden vor allem auf der Ebene der Unternehmensleitung gebildet, um dort Führungsaufgaben für das gesamte Unternehmen wahrzunehmen. Die Einrichtung von Leitungsgruppen bringt Vor- und Nachteile mit sich. So soll durch die Verteilung der Aufgaben und der Verantwortung auf mehrere Personen die Qualität der Leitung verbessert werden. Probleme der Nachfolge und der Stellvertretung lassen sich leichter lösen. Schließlich ist die Wahrscheinlichkeit einer funktionierenden Selbstkontrolle bei einer Leitungsgruppe aufgrund der unterschiedlichen Interessen ihrer Mitglieder grundsätzlich größer als bei einer Singularinstanz (»Mehr-Augen-Prinzip«). Nachteilig kann sich die Einrichtung einer Pluralinstanz allerdings auf die Entscheidungsgeschwindigkeit auswirken; gegensätzliche Interessen müssen erst ausgeglichen werden, und unterschiedliche Standpunkte können dazu führen, daß die getroffenen Entscheidungen de facto nicht mehr einheitlich verantwortet und durchgesetzt werden.

Vor- und Nachteile von Leitungsgruppen

Neben der Leitungsgruppe ist die **Arbeitsgruppe** das zweite hauptamtliche Gremium (zu den folgenden Ausführungen vgl. *Bartölke, K.* 1992 Sp. 2385 ff., *Bleicher, K.* 1991 S. 113 ff., *Krüger, W.* 1993 S. 54 f., *Scholz, C.* 1994 S. 348 f., *Staehle, W. H.* 1991 S. 677 ff.). Erste Ansätze der Gruppenarbeit finden sich Anfang der siebziger Jahre im Werk Kalmar des schwedischen Fahrzeugher-

Arbeitsgruppe

stellers *Volvo*. Aus etwa 600 Einzelarbeitsplätzen wurden Teams mit jeweils 15 bis 25 Mitgliedern gebildet, denen in sich geschlossene Aufgabenbereiche (z.B. Radmontage, Bremsanlage) übertragen wurden. Zielsetzung war damals primär die Arbeitshumanisierung durch den Abbau von Monotonie und die Stärkung der Eigenverantwortung. In Deutschland wurde das Konzept der Arbeitsgruppen nach einigen Versuchen unter der Überschrift »Humanisierung der Arbeit« (HdA) in den siebziger Jahren erst Anfang der neunziger Jahre im Zuge der Auseinandersetzung mit japanischen Produktionsmethoden wieder verstärkt diskutiert. Dabei stand vor allem der Produktivitätsaspekt im Vordergrund.

Die *BMW AG* versucht beide Aspekte, die Erhöhung der Arbeitszufriedenheit und die Produktivitätssteigerung, miteinander zu verbinden. Bereits 1991 wurde eine Vereinbarung über eine »Pilotphase Arbeitsstrukturen der Zukunft« geschlossen, der 1995 eine Betriebsvereinbarung **»Neue Arbeitsstrukturen«** folgte. Die neue Form der Arbeitsorganisation im Produktionsbereich wird wie folgt beschrieben (*BMW AG* [Hrsg.] 1996 S. 2 f.):

»Unter ›Neuen Arbeitsstrukturen‹ versteht man bei *BMW* die Abkehr von den klassischen Methoden der Arbeitsteilung und die Einführung von integrierten Arbeitsstrukturen. Selbständige Arbeitsgruppen mit klar definierten Aufgaben bilden dabei den Kern. Die Gruppen werden mit der notwendigen Kompetenz und Eigenverantwortung ausgestattet. ... Die Mitarbeiter werden stärker an Entscheidungsprozessen beteiligt und Entscheidungen vor Ort – in der Gruppe – getroffen. ... Die Hauptaufgaben der Gruppenmitglieder werden durch sinnvolle Sekundärfunktionen angereichert. So werden im Sinne der Prozeßorientierung beispielsweise Instandhaltung, Qualitätssicherung und Logistik in die Gruppenarbeit einbezogen. Dadurch werden unnötige Schnittstellen abgebaut und die Abläufe effizienter gestaltet. Für den Mitarbeiter bedeutet die Übernahme von Aufgaben aus den Sekundärbereichen in Verbindung mit Jobrotation mehr Abwechslung und den Abbau einseitiger Belastungen. Mit der Integration von Aufgaben und durch den höheren Anteil an selbststeuernden Organisationseinheiten steigt die Fach- und Sozialkompetenz und wächst die Flexibilität der Mitarbeiter. Dies bietet für jeden einzelnen persönliche Entwicklungsmöglichkeiten. ...
   Eine Gruppe umfaßt in der Regel 8 bis 15 Mitarbeiter. Die Gruppenstärke ist abhängig von den fertigungstechnischen und arbeitsorganisatorischen Gegebenheiten.«

Merkmale
von Arbeitsgruppen

Die Arbeitsgruppen sind ein fester Bestandteil der Primärorganisation. Sie setzen sich nicht nur mit Einzelproblemen auseinander, sondern bearbeiten vor allem Daueraufgaben. Wie das Beispiel *BMW* zeigt, sind für die Arbeitsgruppen ihre Autonomie hinsichtlich der Aufgabenverteilung, die Möglichkeit zum Arbeitsplatzwechsel innerhalb der Gruppe (job rotation) und die Mitgestaltung von Arbeitsinhalten, Arbeitsbedingungen und Arbeitsplätzen kennzeichnend. Deshalb wird diese Form eines hauptamtlichen Gremiums auch als »integrierte«, »teilautonome« oder »selbststeuernde« Arbeitsgruppe bezeichnet. Weitere Merkmale neben dem Aspekt der Selbstorganisation sind die Problemlöse- und Qualifikationsfunktionen, d.h. von den Gruppenmitgliedern wird eine weitgehend selbständige Lösung von Problemen im Arbeitsablauf und dessen permanente Verbesserung im Sinne des Kaizen-Prinzips ebenso erwartet wie die laufende Erweiterung und Verbesserung ihrer individuellen Kenntnisse, Fähigkeiten und Fertigkeiten. Jede Gruppe wählt einen Gruppensprecher, der nach innen eine Koordinations- und nach außen eine Vertretungsfunktion hat. Er arbeitet als gleichrangiges Gruppenmitglied mit und besitzt keine Weisungsbefugnis. Die Entscheidungen über Gruppenangelegenheiten werden in regelmäßigen Sitzungen von den gleichberechtigten Gruppenmitgliedern getroffen.

Arbeitsgruppen können durch die stärkere Beteiligung der Mitarbeiter an der Gestaltung ihrer Arbeitsinhalte beispielsweise eine erhöhte Motivation zur Zielerreichung, effizientere Arbeitsabläufe, geringere Instandhaltungskosten und eine höhere Produktqualität bewirken. Die Möglichkeit zu einer autonomen Gestaltung des Innenverhältnisses der Arbeitsgruppe erhöht die Flexibilität und verbessert die Transparenz der Arbeitsinhalte und -zusammenhänge. Allerdings besteht die Gefahr, daß die Gruppenmitglieder durch zu hohe Anforderungen an ihre Kreativität und den Zeitdruck bei der selbständigen Lösung von Problemen überfordert werden. Die Vielzahl der sozialen Kontakte bei der Aufgabenbewältigung und eine Leistungsbewertung der Gruppe als Ganzes erzeugen darüber hinaus einen erheblichen Druck auf die Gruppenmitglieder. Das kann dazu führen, daß einzelne, leistungsschwächere Personen aus der Arbeitsgruppe ausgegrenzt werden, um ein insgesamt hohes Leistungsniveau zu erreichen oder zu halten.

Vor- und Nachteile von Arbeitsgruppen

4.4.2.4 Nebenamtliche Gremien

Zu den nebenamtlichen Gremien gehören der **Ausschuß** und die **Problemlösegruppe**. Sie nehmen ihre Aufgaben teilzeitlich, befristet oder unbefristet und diskontinuierlich wahr.

Ausschuß

In der Literatur finden sich neben dem Begriff Ausschuß teilweise auch die Begriffe **Kommission**, **Komitee** oder **Kollegium**, wobei unter Kollegium eine Gruppe verstanden wird, die »vornehmlich sporadisch für Sonderaufgaben eingesetzt« wird, während der Ausschuß als eine unbefristete Einrichtung gesehen wird (*Grochla, E.* 1983 S. 72). Differenzierungskriterium ist damit allein das zeitliche Merkmal. Dieser Unterscheidung wird hier nicht gefolgt, zumal der Begriff Kollegium in der Unternehmenspraxis nicht sehr gebräuchlich ist, sondern eher im Bildungsbereich Verwendung findet (z.B. Lehrer-, Schulkollegium o.ä.).

Ausschüsse sind Teil der Sekundärorganisation. Ihre Mitglieder kommen aus verschiedenen ständigen Organisationseinheiten der Primärorganisation und nehmen Problemlösungs- und Koordinationsaufgaben teilzeitlich wahr. Die Arbeitsform des Ausschusses ist die **Konferenz** (Sitzung, Besprechung, Tagung, Workshop), in der die Ausschußmitglieder ihre Erfahrungen, Ideen und Meinungen zu einem gemeinsamen Problem mündlich austauschen und diskutieren. Im Vordergrund der Ausschußarbeit steht nicht die arbeitsteilige Aufgabenbewältigung, sondern die ganzheitliche und gemeinsame Bearbeitung der Ausschußthemen.

In der *Würth-Gruppe* finden sich mit der »**Führungskonferenz**«, dem »**Beirat**« und der »**Koordinationskonferenz**« drei Beispiele für nebenamtliche Gremien, die als Ausschüsse koordinierende und übergreifende Aufgaben für den gesamten Konzern wahrnehmen (*Würth-Gruppe* [Hrsg.] 1997 S. 5):

- »Die Führungskonferenz ist die operative Konzern-Geschäftsleitung. Zu den wichtigsten Führungsaufgaben gehören die strategische Unternehmensplanung sowie die Auswahl von Führungskräften.

- Der Beirat ist das oberste Überwachungs- und Kontrollorgan der *Würth*-Gruppe. Er genehmigt die Unternehmensplanung, steuert die Verwendung der Finanzmittel und bestellt die Sprecher und Mitglieder der Konzern-Geschäftsleitung.

- Die Beziehungen zwischen der Konzern-Geschäftsleitung und den weltweiten *Würth*-Gesellschaften und Allied Companies werden durch einen intensiven Dialog geprägt. Die Koordinationskonferenz ist beratendes Gremium bei der Abstimmung mit den regionalen, divisionalen und funktionalen Geschäftseinheiten.«

Kennzeichnend für den Ausschuß ist zum einen die **diskontinuierliche Zusammenarbeit** seiner Mitglieder, die sich nur zu bestimmten Terminen treffen und für diese Zeit von ihren hauptamtlichen Tätigkeiten befreit sind. Ein zweites (idealtypisches) Merkmal ist die **fehlende hierarchische Struktur** des Ausschusses, die eine gleichberechtigte Zusammenarbeit gewährleisten soll, in der Praxis jedoch häufig nicht gegeben ist. Vielmehr finden sich in Ausschüssen, deren Mitglieder nicht alle der gleichen Hierarchieebene angehören, in der Regel die typischen Eigenarten hierarchischer Strukturen wieder, die eine offene Kommunikation behindern. Schließlich kann ein Ausschuß sowohl **unbefristet** zur Bewältigung von Daueraufgaben (z.B. Investitionsausschuß, Planungsausschuß) als auch **auf Zeit** zur Bearbeitung von Sonderaufgaben (z.B. Untersuchungsausschuß) eingerichtet werden (vgl. *Bleicher, K.* 1991 S. 126, *Mag, W.* 1992 Sp. 252 ff.).

Kosiol unterscheidet nach der Art ihrer Aufgaben die folgenden vier Arten von Ausschüssen (vgl. *Kosiol, E.* 1976 S. 161 ff.):

- **Informationsausschüsse** dienen lediglich der Weitergabe und dem Austausch von Informationen zwischen ihren Mitgliedern. In den Konferenzen sollen Informationsbedürfnisse geäußert und Informationsdefizite beseitigt werden, um alle Ausschußmitglieder auf den gleichen Informationsstand zu bringen. Dies kann zum Beispiel im Rahmen vierteljährlich stattfindender Informationstagungen für Führungskräfte geschehen, auf denen die Unternehmensleitung über die Geschäftslage und wichtige Einzelereignisse berichtet. Eine Beratung oder Entscheidung von Sachverhalten erfolgt jedoch nicht.
- Dagegen finden in **Beratungsausschüssen** eine Verarbeitung der Informationen und eine Meinungsbildung statt. Ihre Mitglieder beraten die ihnen übertragenen Themen ausführlich und erarbeiten Hinweise, Empfehlungen und Entscheidungsvorlagen für die Entscheidungsgremien (z.B. die Leitungsgruppe oder den Entscheidungsausschuß).
- **Entscheidungsausschüsse** diskutieren und bewerten die Lösungsalternativen und treffen für ihre Mitglieder und die zugeordneten organisatorischen Einheiten verbindliche Entscheidungen.
- **Ausführungsausschüsse** initiieren die Umsetzung der beschlossenen Maßnahmen und überwachen deren ordnungsgemäße Durchführung.

Arten von Ausschüssen

In der betrieblichen Praxis ist eine eindeutige Zuordnung zu einer der vier Ausschußarten nicht immer möglich. So können beispielsweise im Rahmen von Führungskräftetagungen sehr wohl auch bestimmte Sachverhalte beraten und sogar entschieden werden. Außerdem kann die Arbeit von Ausschüssen in einem zeitlichen oder sachlichen Wirkungszusammenhang stehen, insbesondere dann, wenn sie unmittelbar mit derselben Aufgabe beauftragt sind. So ist sowohl eine zeitliche Stufung der Ausschußarbeit als auch eine schrittweise Einengung der Anzahl der Ausschußmitglieder auf die für die Entscheidung letztendlich relevanten Personen denkbar (vgl. Abb. 27). Treten in einem Unternehmen außergewöhnliche Probleme auf, die unmittelbar gelöst werden sollen, dann kann zu diesem Zweck eine als **Problemlösegruppe** bezeichnete Arbeitsgruppe gebildet werden. Der Begriff der Problemlösegruppe ist ein Oberbegriff für eine Vielzahl von Bezeichnungen für die Kleingruppenarbeit in der betrieblichen Praxis, wie beispielsweise Werkstattkreis, Lernstatt, Qualitätszirkel und Produktivitätskomitee. Im Mittelpunkt der Aktivitäten von Problemlösegruppen stehen in der Regel Fragen der Qualitäts- und der Produktivitätsverbesserung. Weitere, in diese Richtung wirkende Zielsetzungen können die Verbesserung der Arbeitsabläufe, der Mitarbeitermotivation und -qualifikation und des

Problemlösegruppe

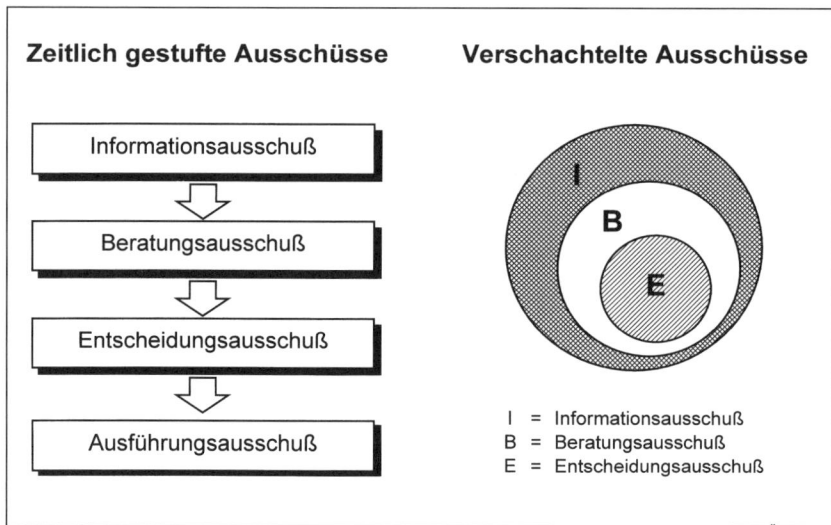

Abb. 27: Zeitliche Stufung und Verschachtelung
          von Ausschüssen

Task Force

Informationsaustausches sein (vgl. *Schanz, G.* 1994 S. 423 f., *Scholz, C.* 1994 S. 349 ff., *Schulte-Zurhausen, M.* 1995 S. 156).

Zu den Problemlösegruppen gehören auch die **Task Forces**. Sie werden nach dem Auftreten eines Problems als vorläufiges Gremium zusammengestellt und mit den für die Aufgabenerfüllung erforderlichen Kompetenzen ausgestattet. Die Task Force entscheidet auf ihrer ersten Sitzung, ob das identifizierte Problem dringlich und wichtig ist oder nicht. Nur wenn entschieden wird, daß das Problem bearbeitet werden soll, bleibt die Task Force bestehen und arbeitet eine Lösung aus. Mit der Entscheidung für ein bestimmtes Vorgehen zur Problemlösung wird festgelegt, welche Leitungsstelle für die Realisierung zuständig ist. Danach löst sich die Task Force wieder auf (vgl. *Hill, W./Fehlbaum, R./Ulrich, P.* 1994 S. 203 ff., *Krüger, W.* 1993 S. 398, *Schanz, G.* 1994 S. 186 f., *Schulte-Zurhausen, M.* 1995 S. 164).

4.4.2.5 Projektgruppen

Projektgruppen können sowohl als hauptamtliches wie auch als nebenamtliches Gremium installiert werden. Zunächst ist jedoch zu klären, was unter einem Projekt zu verstehen ist.

Kennzeichen von Projekten

Projekte sind durch die nachfolgenden Merkmale gekennzeichnet (vgl. DIN 69 901 1980, *Litke, H.-D.* 1995 S. 16 ff., *Madauss, B. J.* 1994 S. 9):

- **Zielorientierung**: Projekte sind stets auf ein bestimmtes Ziel gerichtet, das in der Projektdefinition als zu erreichendes Resultat der Projektarbeit vorgegeben wird. Ein Projektziel kann beispielsweise die Entwicklung eines neuen Produkts sein (Produktentwicklungsprojekt).
- **Neuartigkeit**: Die Projektaufgabe (z.B. eine Marktneuheit zu entwickeln) liegt außerhalb der Routinetätigkeiten. Sie ist für das betreffende Unternehmen relativ neu und birgt damit nicht vorhersehbare und teilweise erhebliche Risiken in sich.
- **Begrenzung**: Projekte sind zeitlich begrenzt, d.h. es liegen definierte Anfangs- und Endzeitpunkte vor. Sie sind gegenüber anderen Vorhaben inhaltlich abgrenzbar. Für die Projektarbeit stehen im allgemeinen nur beschränkte finanzielle, sachliche und personelle Ressourcen zur Verfügung. So werden beispielsweise für ein Produktentwicklungsprojekt ein begrenztes Finanzbudget und eine beschränkte Anzahl an Arbeitstagen zur Verfügung stehen.
- **Komplexität**: Projekte sind durch einen hohen Schwierigkeitsgrad gekennzeichnet, der eine Unterteilung des Projekts in besser überschaubare Teilprojekte und Arbeitspakete erforderlich machen kann. Die vorhandenen vielfältigen Wechselbeziehungen sind wegen ihrer Neuartigkeit nicht standardisierbar und erfordern deshalb eine laufende Abstimmung der einzelnen Vorgänge.
- **Interdisziplinäre Zusammenarbeit**: Projekte erfordern das Fachwissen von Spezialisten der verschiedensten Bereiche. In einem Produktentwicklungsprojekt werden sinnvollerweise sowohl Angehörige des Forschungs- und Entwicklungsbereichs als auch Marketing-, Produktions-, Einkaufs-, Controlling- und Patentrechtsexperten sowie eventuell externe Lieferanten und Schlüsselkunden vertreten sein.

Damit läßt sich ein Projekt als ein zeitlich befristetes, zielorientiertes und neuartiges Vorhaben beschreiben, das eine besonders hohe Komplexität aufweist und eine interdisziplinäre Zusammenarbeit der betroffenen Bereiche erfordert.

Projektgruppe

Die personelle Zusammensetzung einer **Projektgruppe** (synonym wird in der Praxis häufig der Begriff **Projektteam** verwendet) hängt im wesentlichen von der Art und dem Umfang der Projektaufgabe ab. Die Gruppenmitglieder werden üblicherweise entsprechend ihrer fachlichen, teilweise auch aufgrund ihrer sozialen Kompetenz ausgewählt und in die Projektgruppe entsandt. Dabei ist sowohl eine vollzeitliche Tätigkeit als auch eine teilzeitliche Mitarbeit im Projekt denkbar, wobei sich die Konfiguration im Laufe der Projektabwicklung ändern kann. So können je nach Projektstand weitere Experten hinzugezogen oder Teilprojektgruppen gebildet werden (vgl. *Litke, H.-D.* 1995 S. 170 ff.). Auf die Besonderheiten der Projektorganisation wird im Abschnitt 5.5.4 ausführlich eingegangen.

Projektleiter

Projektgruppen erfordern eine interne Strukturierung, um die Projektaufgabe zielgerichtet und koordiniert bearbeiten zu können. Deshalb wird regelmäßig ein **Projektleiter** (**Projektmanager**) eingesetzt, der die Verantwortung für die Durchführung des Projekts trägt und mit aufgabenbezogenen Kompetenzen ausgestattet wird. Obwohl in der Praxis häufig eine projektinterne Hierarchie entsteht (z.B. Projektleiter – Teilprojektleiter – Projektmitarbeiter), sollte die Kommunikation im Projektteam möglichst offen und hierarchiefrei gestaltet werden, um die Vorteile einer direkten und zeitnahen Kommunikation zwischen den Teammitgliedern zu nutzen (vgl. Abb. 28).

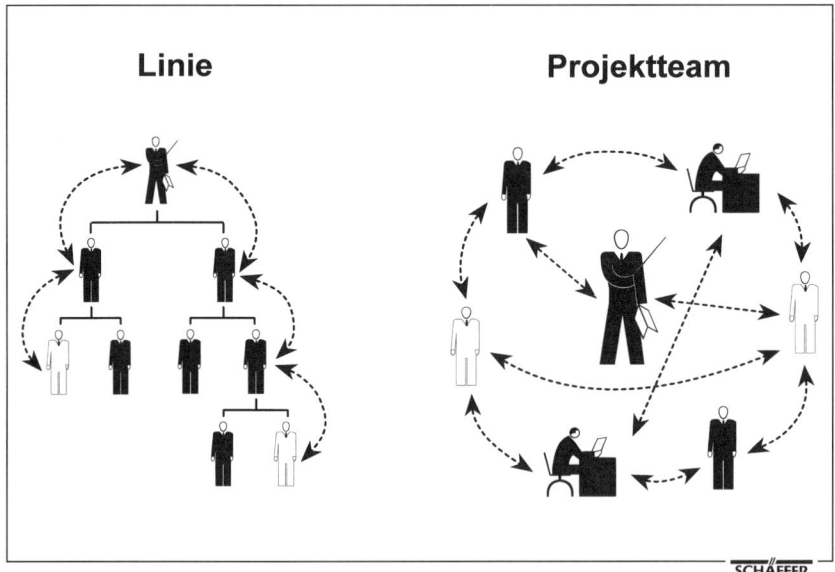

Abb. 28: Kommunikationsfluß in der Linie und im Projektteam

4.5 Konfiguration: Zusammenfassung von Organisationseinheiten

4.5.1 Gründe für die Konfiguration

Die verschiedenen Organisationseinheiten stehen in der Unternehmenswirklichkeit sinnvollerweise nicht »zusammenhanglos im Raum«, sondern werden anhand bestimmter Kriterien geordnet und gegebenenfalls im Zuge der sogenannten **Abteilungsbildung** zu übergeordneten Organisationseinheiten zusammengefaßt. Das Ergebnis dieser Zusammenfassung von Stellen und Gremien kommt dann häufig in einem Organisationsschaubild, dem **Organigramm**, zum Ausdruck, das die Struktur des betreffenden Unternehmens graphisch darstellt. Diese äußere Form des Stellengefüges wird auch als **Konfiguration** bezeichnet und bildet die Rahmenstruktur für alle Unternehmensaktivitäten.

Warum werden Organisationseinheiten zusammengefaßt? Hierfür sind zwei Gründe maßgeblich, die in der Organisationspraxis nicht voneinander zu trennen sind (vgl. *Bleicher, K.* 1991 S. 111 f., *Kieser, A./Kubicek, H.* 1992 S. 84 ff.):

- **Entlastung der Unternehmensführung**

Delegationsmodell

Mit zunehmender Unternehmensgröße reicht die Kapazität der Unternehmensführung als alleinige Leitungsstelle nicht mehr aus, um alle Aktivitäten detailliert planen, koordinieren und kontrollieren zu können. Die oberste Instanz muß das (zunächst) unstrukturierte Aufgabengesamt differenzieren und sich durch die Delegation eines Teils ihrer Entscheidungs-, Weisungs- und Kontrollkompetenzen auf weitere, ihr nachgeordnete Leitungsstellen entlasten (vgl. Abb. 29). Im Zuge dieses **Delegationsprozesses** entstehen zwischen der Unternehmensführung und der Ausführungsebene zusätzliche, mit Leitungskompetenzen ausgestattete Einheiten, die **Abteilungen** (**Delegationsmodell** oder **top-down-approach**). Sie übernehmen definierte Aufgaben- und Verantwortungsbereiche. Die oberste Instanz behält die Gesamtverantwortung und ist für die Lösung von umfassenden Problemen zuständig. Die Lösung von Teilproblemen wird hingegen an die ihr unterstellten Instanzen delegiert. Damit trägt die Abteilungsbildung zur Komplexitätsbewältigung bei, die sich aus der arbeitsteiligen Erfüllung von Aufgaben ergibt.

- **Bildung geschlossener Verantwortungsbereiche**

Kombinationsmodell

Werden sämtliche Ausführungsstellen eines Unternehmens der Leitung direkt unterstellt, so ist deren Führung u.U. schon allein aufgrund ihrer Anzahl schwierig. Die Zusammenfassung mehrerer

Stellen unter eine gemeinsame Leitungsstelle und die Bildung relativ geschlossener, abgegrenzter Verantwortungsbereiche in Form von Abteilungen erleichtert die Koordination der einzelnen Stellen erheblich (**Kombinationsmodell** oder **bottom-up-approach**; vgl. Abb. 29). Abstimmungsprobleme innerhalb einer Abteilung können unmittelbar durch die verantwortliche Instanz gelöst werden, ohne daß sich die oberste Leitung damit zu befassen braucht. Koordinationsprobleme zwischen den Stellen verschiedener Abteilungen können durch die jeweiligen Instanzen beseitigt werden. Außerdem führt die Zuordnung von Stellen zu einer bestimmten Leitungsstelle für die betreffenden Stelleninhaber zu einem überschaubaren Bezugssystem und entsprechenden Identifikationsmöglichkeiten mit den Abteilungszielen und -aufgaben.

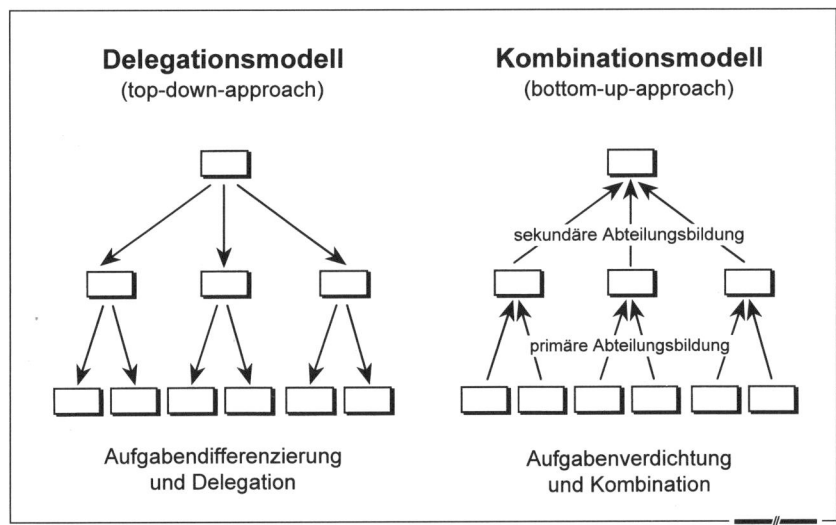

Abb. 29: Delegations- und Kombinationsmodell
der Abteilungsbildung

In den vorhergehenden Ausführungen wurde der Abteilungsbegriff nun schon mehrfach verwendet. Was ist unter einer Abteilung zu verstehen?

Eine Abteilung entsteht durch die unbefristete Unterstellung von einer oder mehreren Ausführungsstellen unter eine gemeinsame Leitungsstelle.

Hierarchische Abteilungsstruktur

Die Zusammenfassung mehrerer Ausführungsstellen unter einer Instanz wird auch als **primäre Abteilungsbildung**, die Unterstellung mehrerer Abteilungen unter eine Instanz als **sekundäre Ab-**

teilungsbildung bezeichnet (vgl. *Kosiol, E.* 1976 S. 175 und das Kombinationsmodell in Abb. 29). Gerade größere Organisationen neigen zur Bildung einer Vielzahl von Abteilungsebenen. Es entstehen Abteilungen, Hauptabteilungen, Bereiche, Direktionen o.ä. und damit eine **Hierarchie** der Organisationseinheiten. Die jeweilige Leitungsstelle wird in der Regel auf Dauer mit einer Person (Abteilungsleiter, Hauptabteilungsleiter, Bereichsleiter, Direktor) besetzt, die in ihrem Aufgabenbereich Führungsaufgaben wahrnimmt und für die Erreichung der Abteilungsziele verantwortlich ist. Eine befristete Besetzung der Leitungsstelle ist jedoch ebenso möglich wie die Übertragung der Leitungsaufgabe auf mehrere Personen, die diese gemeinsam oder abwechselnd wahrnehmen. Auf die mit einer mehrstufigen hierarchischen Gliederung des Stellengefüges verbundenen Probleme wird im Abschnitt 4.5.3 ausführlicher eingegangen. Die Abbildung 30 zeigt beispielhaft eine hierarchische Abteilungsstruktur.

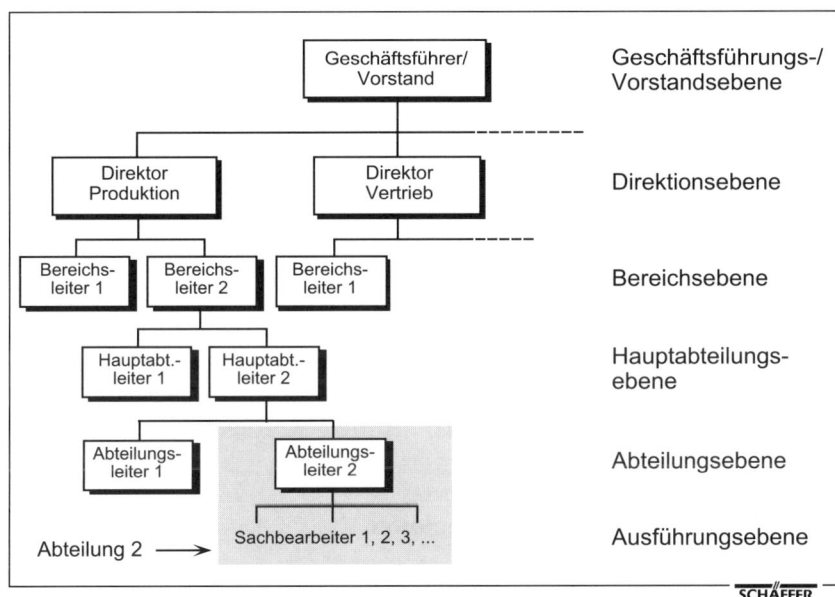

Abb. 30: Hierarchische Abteilungsstruktur

4.5.2 Kriterien für die Konfiguration

Sinnvollerweise werden Stellen nicht wahllos sondern aufgrund bestimmter Merkmale zusammengefaßt. Die Abteilungsbildung kann nach verschiedenen **Gruppierungskriterien** erfolgen (vgl. *Kieser, A./Kubicek, H.* 1992 S. 86 ff.):

Gruppierungskriterien für die Abteilungsbildung

- **Abteilungsbildung nach Verrichtungen**

Ein Merkmal für die Abteilungsbildung sind gleichartige oder verwandte Verrichtungen oder Funktionen, die einer Leitungsstelle zugeordnet werden. Die Abteilung ist dann tätigkeitsspezialisiert. Häufig führt diese Form der Spezialisierung zu einer Konzentration gleichartiger Personalqualifikationen, Methoden und Sachmittel innerhalb einer Abteilung. Beispielsweise finden sich in der Dreherei eines Fertigungsbereichs ausschließlich Mitarbeiter mit einer entsprechenden Qualifikation und Drehmaschinen (vgl. Abb. 31).

- **Abteilungsbildung nach Objekten**

Bei der Abteilungsbildung nach Objekten, Produkten oder Dienstleistungen werden diejenigen Stellen unter einer Instanz zusammengefaßt, die sich mit denselben Objekten usw. auseinandersetzen (Objektzentralisierung). Abbildung 31 zeigt dies am Beispiel eines Automobilherstellers, der innerhalb des Nutzfahrzeugbereichs Transporter, leichte Lastkraftwagen, schwere Lastkraftwagen und Spezialfahrzeuge produziert und vertreibt. Innerhalb dieser nach Produktgruppen gebildeten Abteilungen kann es wiederum Unterabteilungen geben, die nach Verrichtungen, Objekten, Kundengruppen oder Regionen gegliedert sind.

- **Abteilungsbildung nach Kundengruppen**

Die Stellengruppierung nach Kundenmerkmalen ist dann zweckmäßig, wenn ein Unternehmen bestimmte Kundengruppen gezielt bearbeiten möchte. Beispielsweise kann eine Bank ihre Kunden in Privatkunden, Firmenkunden und Körperschaften segmentieren, deren Betreuung jeweils einer Abteilung übertragen wird (vgl. Abb. 31).

- **Abteilungsbildung nach Regionen**

Schließlich ist eine Stellenzuordnung nach geographischen Betätigungsfeldern möglich. Die Abteilungsbildung nach Regionen bietet sich an, wenn die Aktivitäten »vor Ort« entfaltet werden sollen. So werden primär vertriebsorientierte Organisationen, wie zum Beispiel Bausparkassen, ihren Außendienst zweckmäßigerweise nach regionalen Gesichtspunkten strukturieren (vgl. Abb. 31).

Unabhängig davon, welches der vier Kriterien bei der Abteilungsbildung zugrunde gelegt wird, sind zwei **Organisationsprinzipien** zu beachten:

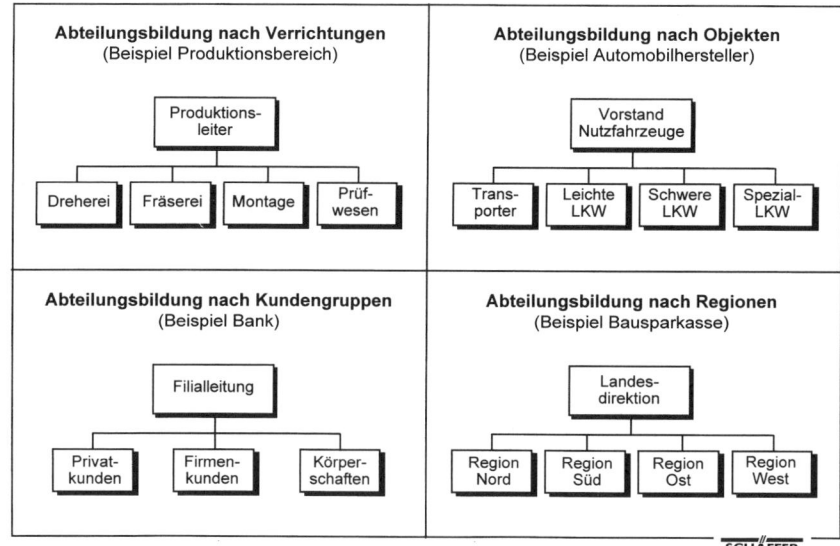

Abb. 31: Kriterien für die Zusammenfassung
von Organisationseinheiten

- Zum einen sind in einer Abteilung solche Aufgaben zusammenzufassen, die artgleich oder in hohem Maße interdependent sind (**Homogenitätsprinzip**). Die Abteilungen sollen ihre Aufgaben möglichst autonom, d.h. weitgehend unabhängig von der Aufgabenerfüllung anderer Abteilungen, wahrnehmen können. Nur so wird der Aufwand für eine abteilungsübergreifende Koordination minimiert. **Homogenitätsprinzip**

- Zum anderen muß der Abteilungsleiter die ihm übertragenen Aufgaben auch erfüllen können. Deshalb dürfen nur so viele Stellen unter einer Instanz zusammengefaßt werden, daß der Abteilungsleiter nicht permanent überlastet wird (**Beherrschbarkeitsprinzip**). Zu den Aspekten, die hierbei zu berücksichtigen sind, gehören der Aufgabeninhalt und der Aufgabenumfang der Abteilung, die Leistungsfähigkeit des gedachten oder tatsächlichen Stelleninhabers und die räumliche Überschaubarkeit des Verantwortungsbereiches. **Beherrschbarkeitsprinzip**

Die beiden Organisationsprinzipien führen zu der Frage, welche weiteren Merkmale bei der Gestaltung des Stellengefüges zu berücksichtigen sind.

4.5.3 Leitungsspanne, Leitungstiefe und Leitungsintensität

In den letzten Jahren hat die Auseinandersetzung über die Anzahl der Hierarchieebenen unter Schlagworten wie »Lean Management«, »Flache Hierarchie«, »Intrapreneurship« o.ä. wieder an Bedeutung gewonnen, nachdem angesichts der Verbreitung der EDV bereits in den siebziger Jahren intensiv über die Notwendigkeit des mittleren Managements diskutiert wurde. Eng mit dieser Diskussion verbunden ist die Frage nach der »optimalen« Leitungsspanne, -tiefe und -intensität.

Leitungsspanne

Unter der **Leitungsspanne** (synonym: Leitungsbreite, Kontrollspanne, span of control [wobei »control« im Englischen Leitung, Steuerung, Regelung bedeutet], Subordinationsquote) ist die Anzahl der einer Instanz direkt unterstellten Mitarbeiter zu verstehen. Sie nimmt in der Hierarchie im allgemeinen von oben nach unten zu, d.h. Leitungsstellen der untersten Hierarchieebene, denen ausschließlich Ausführungsstellen zugeordnet sind, haben tendenziell die größte Leitungsspanne, während der Unternehmensführung in der Regel nur wenige Personen direkt unterstellt sind.

Welche Leitungsspanne kann als optimal angesehen werden? Diese Frage, die in der Literatur und in der Praxis immer wieder gestellt wird, läßt sich nicht allgemeingültig beantworten. Eine einheitliche optimale oder maximale Leitungsspanne gibt es nicht. Die »klassische« Organisationstheorie war sich überwiegend einig, daß die Leitungsspanne recht klein sein müsse, und empfahl zwischen drei und sechs Untergebene pro Vorgesetzten. Als wesentlicher Vorteil wurde die unmittelbare Führung durch Weisung und Kontrolle gesehen. Demgegenüber hat eine große Leitungsspanne jedoch den Vorteil, daß sie kommunikations- und kreativitätsfördernd ist, weil sie eher mit einer Selbstkontrolle der Mitarbeiter einhergeht. Erst empirische Studien in den sechziger Jahren zeigten, daß **die** optimale Leitungsspanne nicht existiert. So schwankt die Leitungsspanne in der betrieblichen Praxis zwischen einer und über 100 Personen (vgl. *Bleicher, K.* 1991 S. 47, *Kieser, A./Kubicek, H.* 1992 S. 151, *Schanz, G.* 1994 S. 125 f.).

Offensichtlich hängt die Leitungsspanne von verschiedenen **Einflußgrößen** ab. Grundsätzlich darf sie nur so groß sein, daß ein Vorgesetzter die ihm unterstellten Organisationseinheiten zufriedenstellend steuern und überwachen kann. Eine zu große Anzahl direkt unterstellter Personen und/oder eine zu häufige und zu lange Nutzung der Leitungsbeziehungen (z.B. durch eine hohe Weisungs- und Kontrollintensität oder durch ständige Rückfragen) führt zu einer Überlastung der Führungskapazität des Vorgesetzten, wenn ausschließlich mittels persönlicher Weisungen geführt wird. Werden dagegen strukturelle Koordinationsinstrumente eingesetzt, kann die Leitungsspanne durchaus größer sein. In der praktischen Organisationsarbeit sind deshalb die Determinanten der Leitungsspanne fallweise zu identifizieren und zu gewichten.

In der Abbildung 32 ist die situative Abhängigkeit der Leitungsspanne von verschiedenen **Aufgabenmerkmalen, Führungsprinzipien** sowie **organisatorischen und personellen Maßnahmen** exemplarisch dargestellt (vgl. *Schanz, G.* 1994 S. 126 f., *Schulte-Zurhausen, M.* 1995 S. 175).

Determinanten der Leitungsspanne	Wirkung auf die Leitungsspanne
Aufgabenmerkmale	
• steigende Komplexität	↓
• zunehmende Gleichartigkeit	↑
• hohe Änderungshäufigkeit	↓
• gute Überwachbarkeit	↑
• hohe Interdependenzen zwischen den Stellenaufgaben	↓
Führungsprinzip	
• demokratische Führung (eher Selbstkontrolle)	↑
• autoritäre Führung (eher Weisung und Kontrolle)	↓
Organisatorische und personelle Maßnahmen	
• umfassende Delegation von Aufgaben, Verantwortung und Kompetenzen	↑
• Selbstabstimmung in Arbeitsgruppen	↑
• Einrichtung von unterstützenden Stellen	↑
• größere räumliche Nähe der Arbeitsplätze	↑
• überwiegend mündliche Kommunikation	↓
• Einsatz von Management-Informationssystemen	↑
• hohe Fachkompetenz der Mitarbeiter	↑
• hohe Führungskompetenz des Vorgesetzten	↑
↑ = tendenziell größere Leitungsspanne ↓ = tendenziell kleinere Leitungsspanne	

Abb. 32: Determinanten der Leitungsspanne

SCHÄFFER POESCHEL

• Eine wesentliche Bestimmungsgröße der Leitungsspanne sind die **Merkmale der Aufgaben**, die von den unterstellten Mitarbeitern auszuführen sind. Während zum Beispiel einfache, gleichartige und sich ständig wiederholende Tätigkeiten eine relativ große Leitungsspanne zulassen, bewirken schwer kontrollierbare Aufgaben oder eine große Abhängigkeit von ande-

Determinanten der Leitungsspanne

ren Stellen bei der Aufgabenbewältigung eine vergleichsweise geringe Leitungsspanne.

- Auch das angewandte **Führungsprinzip** hat einen erheblichen Einfluß auf die Gestaltung der Leitungsspanne. Beim **demokratischen** Führungsstil entscheiden und handeln die unterstellten Personen weitgehend autonom; der Vorgesetzte hat im wesentlichen eine Koordinationsfunktion. Er braucht nicht ständig Entscheidungen zu treffen und deren Ausführung zu kontrollieren. Der hohe Partizipationsgrad der Mitarbeiter entlastet den Vorgesetzten zudem von zeitaufwendigen Rückfragen. Demgegenüber ist der **autoritäre** Führungsstil durch die alleinige Entscheidungskompetenz des Vorgesetzten gekennzeichnet; die Mitarbeiter werden nur auf Anweisung »von oben« tätig. Die geringe Mitarbeiterbeteiligung erfordert die ständige Auseinandersetzung des Vorgesetzten mit allen seinen Verantwortungsbereich betreffenden Sachverhalten und eine ständige, zeitintensive Rückkopplung mit den unterstellten Personen. Entsprechend führt ein autoritärer Führungsstil zu einer eher geringen Leitungsspanne, ein demokratischer Führungsstil zu einer eher großen Leitungsspanne.
- Schließlich haben bestimmte **organisatorische** und **personelle Maßnahmen** einen Einfluß auf die Anzahl der einer Instanz direkt unterstellten Mitarbeiter. Einerseits entlasten Maßnahmen wie beispielsweise die Delegation von Aufgaben, Verantwortung und Kompetenzen an die unterstellten Organisationseinheiten, der Einsatz von Management-Informationssystemen oder die Standardisierung durch Pläne und Programme die Leitungsstelle und ermöglichen so eine größere Leitungsspanne. Andererseits kann eine ausschließlich mündliche und damit sehr zeitaufwendige persönliche Kommunikation zwischen den Stelleninhabern die sinnvolle Leitungsspanne schon aufgrund der damit verbundenen quantitativen Belastung verringern.

Umfang der Leitungsspanne

Die Annahme einer über alle Hierarchieebenen hinweg konstanten Leitungsspanne entspricht allerdings meist nicht der betrieblichen Realität. In der Unternehmenswirklichkeit finden sich durchaus **unterschiedliche Leitungsspannen**, die von Leitungsebene zu Leitungsebene und von Abteilung zu Abteilung erheblich schwanken können. So ist es ohne weiteres möglich, daß in ein und demselben Unternehmen im Fertigungsbereich wegen der vorwiegend repetitiven Routinetätigkeiten eine Leitungsspanne von 1:50 besteht, während im Entwicklungsbereich aufgrund der komplexen und innovativen Aufgaben eine Leitungsspanne von 1:2 als geeignet erachtet wird.

Tendenziell verfolgen die Unternehmen heute eher die Realisierung größerer Leitungsspannen, wie auch das folgende Beispiel der *Henkel KGaA* zeigt (vgl. *Schweiker, K. F.* et al. 1994 S. 63 ff.):

Aufgrund einer Analyse der geänderten externen Rahmenbedingungen und einer ersten weltweiten Führungskräftebefragung u.a. zu den Themen Information, Führung, Zusammenarbeit und Personalentwicklung wurde bei *Henkel* 1991 mit einem Veränderungsprogramm begonnen, das u.a. die Hierarchieverflachung und die Verbreiterung der Leitungsspannen vorsah. Mittelfristig sollte aufgaben- und ressortspezifisch eine durchschnittliche Erweiterung der Leitungsspanne, die 1993 je nach Leitungsebene zwischen 4,8 und 6,8 lag, um 50% angestrebt werden. Wesentliche Zielsetzungen dieser Maßnahmen waren die stärkere Delegation von Verantwortung und Kompetenzen und die Flexibilisierung der Aufgabenstrukturen.

Die Leitungsspanne ist also offenbar ein wesentlicher Faktor, wenn es um die Anzahl der Hierarchieebenen einer Organisation und damit um die äußere Form der Organisationsstruktur geht.

Die **Leitungstiefe** (synonym: Gliederungstiefe, vertikale Spanne) ist die Anzahl der Hierarchieebenen unterhalb der obersten Leitung in einem Unternehmen. Sie ergibt sich infolge der stufenweisen Abteilungsbildung und wird durch die Leitungsspanne determiniert. Leitungsspanne und Leitungstiefe bestimmen damit die äußere Gestalt (**Konfiguration**) der Organisationsstruktur eines Unternehmens. Bei gegebener Stellenzahl entstehen um so mehr (weniger) Hierarchieebenen, je geringer (größer) die Leitungsspannen sind. Dadurch wird die Konfiguration des Stellengefüges in Abhängigkeit von der Leitungstiefe steiler oder flacher. **[Leitungstiefe]**

Steile Konfigurationen bringen insbesondere das Problem langer und durch die Hierarchieebenen unterbrochener vertikaler Informationswege mit sich. Die Leitungsstufen können sich dabei als Informationsfilter auswirken, die eine Weitergabe der Informationen von oben nach unten oder umgekehrt behindern oder die Informationen verfälschen. Demgegenüber ermöglichen **flache Konfigurationen** einen schnellen und unverfälschten Informationsaustausch und tragen dadurch grundsätzlich zu einer Beschleunigung der betrieblichen Entscheidungsprozesse bei. **[Steile und flache Konfiguration]**

Die Leitungstiefe spielt insbesondere in der Diskussion um »**schlankes Management**« (Lean Management) eine wichtige Rolle. Die intensive Auseinandersetzung mit Fragen der Hierarchie und kleinerer, eigenverantwortlicher Organisationseinheiten wurde Anfang der neunziger Jahre durch eine Untersuchung amerikanischer Wissenschaftler in der Automobilindustrie ausgelöst (vgl. *Womack, J. P./Jones, D. T./Ross, D.* 1991). Allerdings ging es dabei nicht nur um die Hierarchieverflachung, insbesondere im mittleren Management, als strukturelle Maßnahme, sondern auch um die sich daraus ergebenden veränderten Anforderungen an die Pro- **[Lean Management]** zeßgestaltung, die Mitarbeiterführung, die Kommunikation und die Kundenorientierung.

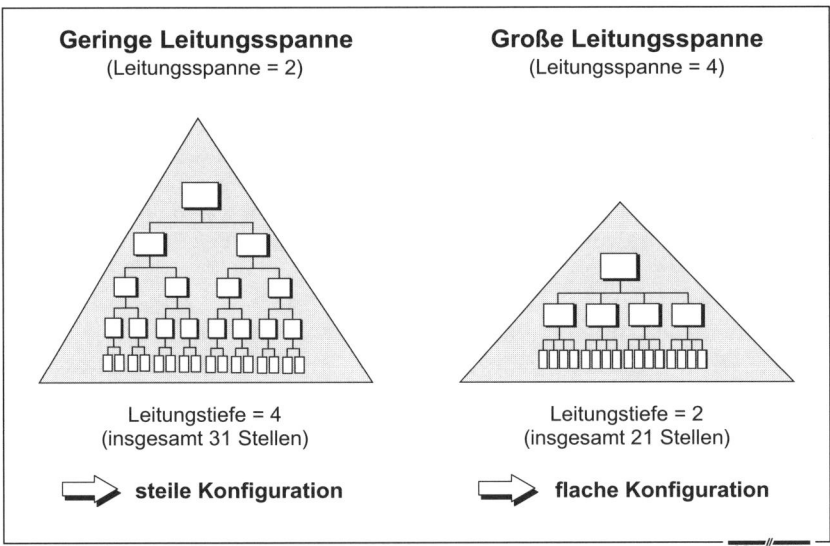

Abb. 33: Zusammenhang zwischen Leitungsspanne
und Leitungstiefe

Leitungsintensität

Die Abbildung 33 verdeutlicht die Auswirkung der Leitungsspanne auf die Konfiguration der Organisationsstruktur: Bei einer durchgängigen Leitungsspanne von 2 ergibt sich eine Leitungstiefe von 4 und damit eine relativ steile Managementpyramide. Bei einer Verdoppelung der Leitungsspanne auf 4 weist das Stellengefüge dagegen nur eine Leitungstiefe von 2 und eine relativ flache Form auf. Die Zahl der Ausführungsstellen ist mit 16 in beiden Fällen gleich. Allerdings weist die steile Pyramide 15 Leitungsstellen, die flache dagegen nur 5 Leitungsstellen auf. Diese Relation zwischen Leitungs- und Ausführungsstellen wird als **Leitungsintensität** bezeichnet und ist ein weiteres wichtiges Merkmal für Organisationsvergleiche (vgl. *Kieser, A./Kubicek, H.* 1992 S. 153). Sie beträgt in diesem Beispiel demnach 0,94 bzw. 0,31.

Parkinsons Gesetz

Im Zusammenhang mit den zuvor erörterten Fragen hat das »*Parkinsonsche Gesetz*« eine große Popularität erlangt (vgl. *Parkinson, N. C.* 1966 S. 12 ff.):

Der englische Historiker *Northcote C. Parkinson* studierte als Zivilbeamter der Admiralität das Wachstum der britischen Bürokratie und kam dabei zu dem Ergebnis, daß die Zahl der Beamten und Angestellten ständig wächst, »... gleich ob die Arbeit zunimmt, abnimmt oder ganz verschwindet«. Dabei stehe deren Anzahl in gar keiner Beziehung zu der Menge der vorhandenen Arbeit. Dieses »Gesetz« begründet *Parkinson* anhand statistischer Untersuchungen und formuliert es in zwei Axiomen: »1. Jeder Beamte oder Angestellte wünscht die Zahl seiner Untergebenen, nicht aber die Zahl seiner Rivalen, zu vergrößern« und »2. Beamte oder Angestellte schaffen sich gegenseitig Arbeit«. Als Beweis für seine Thesen legt *Parkinson* eine Statistik der britischen Admiralität vor: Während die Royal Navy im Jahre 1914 insgesamt 62 Großkampfschiffe, 146.000 Seeoffiziere und Matrosen umfaßte, waren es vierzehn Jahre später nur noch zwanzig Großkampfschiffe und 100.000 Offiziere und Mannschaften. Die Zahl der Beamten und Angestellten war jedoch in demselben Zeitraum von 5.249 auf 8.127 angewachsen. Ähnliche Feststellungen hinsichtlich der Relation von Verwaltungs- und Ausführungsstellen konnte *Parkinson* auch im Kolonialministerium machen: Im Jahr 1935 reichten 327 Beamte aus, um das britische Kolonialreich zu verwalten. 1957 waren hierzu 1991 Beamte erforderlich, obwohl die Zahl der Kolonien stark zurückgegangen war.

4.6 Koordination: Gestaltung der Beziehungen zwischen Organisationseinheiten

4.6.1 Notwendigkeit der Koordination

Eine zunehmende Arbeitsteilung führt zwangsläufig zu einem erhöhten **Koordinationsbedarf**. Die Aufteilung aller zur Leistungserstellung notwendigen Aktivitäten auf eine Vielzahl von Stellen und Gremien führt dazu, daß arbeitsbezogene Abhängigkeiten (**Interdependenzen**) und Berührungspunkte (**Schnittstellen**) entstehen. Der einzelne ist nicht mehr in der Lage, alle Maßnahmen und Vorgänge zu überblicken.

Drei **Arten von Interdependenzen** sind zu unterscheiden (vgl. *Kieser, A./Kubicek, H.* 1992 S. 93 f.):   **Interdependenzarten**

- **Gepoolte Interdependenzen** entstehen, wenn mehrere Organisationseinheiten auf eine begrenzte Ressourcenmenge angewiesen sind. Dies kann beispielsweise bei einer kollektiven Inanspruchnahme von Produktionseinrichtungen, Arbeitskräften oder Finanzmitteln der Fall sein. Damit ist abzustimmen, welche Einheit wann und in welchem Umfang über die betreffende Ressource verfügen kann.   **gepoolt**
- **Sequentielle Interdependenzen** sind gegeben, wenn organisatorische Einheiten im Prozeß der Leistungserstellung hinter-   **sequentiell**

einander geschaltet sind. Der Output der vorhergehenden Einheit bildet dann den Input der nachfolgenden Einheit. Ein geradezu klassisches Beispiel für diese Form der Leistungsverflechtung ist der betriebliche Transformationsprozeß mit seinen Schritten der Materialbeschaffung, der Produktion und des Absatzes.

reziprok
- **Reziproke Interdependenzen** liegen vor, wenn zwischen zwei oder mehreren Organisationseinheiten Leistungen gegenseitig ausgetauscht werden. Dies ist zum Beispiel bei der Neuproduktentwicklung der Fall, bei der ständig ein wechselseitiger Austausch zwischen dem Forschungs- und Entwicklungsbereich, dem Marketing, der Produktion, dem Controlling und gegebenenfalls weiteren Bereichen stattfindet.

Schnittstellen
Die unterschiedlichen Tätigkeits- und Entscheidungsfelder eines Unternehmens weisen vielfältige Berührungspunkte auf, die als **Schnittstellen** (Interfaces) bezeichnet werden. Sie sind eine Folge der Spezialisierung von Organisationseinheiten und der sich daraus ergebenden Übergänge zwischen den einzelnen Aufgaben- und Verantwortungsbereichen. Schnittstellen bringen typische Probleme mit sich, wie beispielsweise einen ungenügenden Informationsfluß, eine unterbrochene Prozeßabwicklung mit zeitlichen Verzögerungen oder unklar geregelte Verantwortlichkeiten und Kompetenzen. Sie sind auch Punkte, an denen sich emotionale Barrieren aufbauen können und Informationen bewußt oder unbewußt zurückgehalten oder gefiltert werden (vgl. *Brockhoff, K./Hauschildt, J.* 1993 S. 396 ff., *Krüger, W.* 1993 S. 127). Dazu folgt ein Beispiel aus der *Speedy GmbH*:

Nachdem die Herstellkosten für den Speedster family in der Vorperiode unplanmäßig um 5% gestiegen sind, versucht die Stabsstelle Controlling im Rahmen einer Abweichungsanalyse detaillierte Informationen über die Hintergründe der aktuellen Kostensituation vom Produktionsleiter *Röthi* zu erhalten. Trotz intensiver Bemühungen gelingt es dem Controller zunächst nicht, die erforderlichen Daten zu beschaffen, weil der Produktionsbereich »mauert«, d.h. die erforderlichen Informationen zurückhält bzw. nur unvollständige Informationen weiterleitet. Dadurch kommt es zu erheblichen Spannungen zwischen dem Produktionsleiter und dem Controller der *Speedy GmbH*. Erst ein von *Dr. Scharrenbacher* anberaumtes gemeinsames Gespräch mit den Verantwortlichen, in dem klar wird, daß es hier nicht um Bereichsegoismen sondern um das Gesamtunternehmen geht, beseitigt die Informationsbarrieren.

Würden die aus der Spezialisierung resultierenden arbeitsbezogenen Interdependenzen und Schnittstellen nicht laufend aufeinander abgestimmt, stünde am Ende wohl kaum eine marktfähige Unternehmensleistung. Die Aktivitäten der einzelnen Organisationseinheiten sind also auf die gemeinsamen Zielsetzungen auszurichten – sie sind zu koordinieren.

> **Unter Koordination ist die Abstimmung von Einzelaktivitäten im Hinblick auf ein übergeordnetes Gesamtziel zu verstehen.**

Koordination kann zum einen durch die vorausschauende Abstimmung von geplanten Aktivitäten (Feed-forward- oder Vorauskoordination) und zum anderen als Reaktion auf Störungen des Betriebsablaufs (Feed-back- oder Ad-hoc-Koordination) erfolgen:

Koordinationsarten

- **Feed-forward-Koordination** bedeutet, daß koordinierende Entscheidungen und Maßnahmen längerfristig im voraus getroffen werden. Instrumente der Vorauskoordination sind die Planung und die Standardisierung. Im Rahmen der Koordination mit **Plänen** werden die globalen Unternehmensziele in einem schrittweisen Prozeß konkretisiert, bis verbindliche und aufeinander abgestimmte Maßnahmen vorliegen. Die **Standardisierung** legt die sich häufig wiederholenden, gleichen oder ähnlichen Sachverhalte durch organisatorische Regelungen dauerhaft fest, zum Beispiel in Richtlinien oder Handbüchern. Unter der Prämisse, daß keine Störungen auftreten, reicht die Vorauskoordination zur Abstimmung aller Aktivitäten aus. Dies ist in der Praxis allerdings nur selten der Fall.

Feed-forward

- Wenn Störungen auftreten, für die kein geeignetes standardisiertes Verfahren vorliegt, müssen die Probleme mit Hilfe der **Feed-back-Koordination** situationsgerecht bewältigt werden. Im Gegensatz zur Vorauskoordination verläuft der Feed-back-Koordinationsprozeß tendenziell von unten nach oben. Es müssen kurzfristig Entscheidungen getroffen werden, die eine Abstimmung der Einzelleistungen trotz aufgetretener Störung sicherstellen. Störungen mit weitreichenden Konsequenzen für ein Unternehmen gelangen damit automatisch bis zur Unternehmensführung. Beispielsweise wird der zuständige Meister einer Dreherei den Ausfall einer von zehn Drehmaschinen durch entsprechende Maßnahmen selbständig ausgleichen können. Fallen dagegen durch die plötzliche Verzögerung von baulichen Maßnahmen die gesamten Drehmaschinen für zwei Wochen aus, dann wird sehr wahrscheinlich zumindest der Werkleiter, wenn nicht sogar die Geschäftsleitung eingeschaltet.

Feed-back

Die formale Feed-forward- und Feed-back-Koordination arbeitsteiliger Prozesse erfolgt einerseits über die Gestaltung der Kommunikations- und Weisungsbeziehungen des Leitungssystems und andererseits über den Einsatz von Koordinationsinstrumenten. In beiden Fällen besteht die Möglichkeit zu einer gezielten Gestaltung der Koordinationsbeziehungen. Neben den formalen, von der Unternehmensführung gewollten und geförderten Beziehungen bestehen informale Beziehungen zwischen den einzelnen Organisationsmitgliedern, die nicht oder nur schwer gestaltbar sind.

4.6.2 Der »Beziehungs-Eisberg«

Der »Beziehungs-Eisberg« bildet die formalen und die informalen Aspekte einer Organisation ab. Während die **formalen** Aspekte direkt beobachtbar sind (z.B. in Form von Organigrammen, Stellenbeschreibungen, Richtlinien, Handbüchern, Plänen), lassen sich die **informalen** Beziehungen nicht unmittelbar erkennen (z.B. persönliche Beziehungen, Rollenverhalten, Machtverteilung, Unternehmenskultur). Für die Organisation und ihre Funktionalität sind aber gerade die informalen Beziehungen, die sich »unter der Oberfläche« befinden, häufig von größerer Bedeutung als die formalen Beziehungen, die wie die Spitze eines Eisbergs sofort sichtbar sind (vgl. Abb. 34 und *Probst, G. J. B.* 1993 S. 45).

Für die Gestaltung von Organisationsstrukturen ist die Kenntnis und die Berücksichtigung von beiden Ebenen des Beziehungsgefüges von Bedeutung. Deshalb werden in den folgenden Abschnitten die formalen und die informalen Beziehungen in Organisationen näher betrachtet und hinsichtlich der möglichen Ansatzpunkte für ihre praktische Gestaltung untersucht.

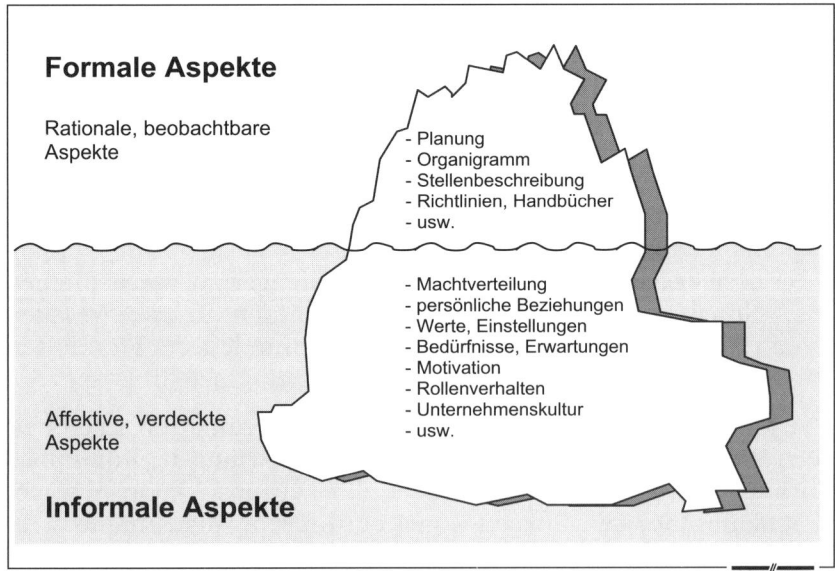

Abb. 34: Formale und informale Aspekte
          des »Beziehungs-Eisbergs«

4.6.3 Formale Beziehungen

4.6.3.1 Gestaltung der Leitungsbeziehungen

Um ein koordiniertes Handeln der einzelnen Organisationseinheiten im Hinblick auf die Unternehmensziele sicherzustellen, müssen zwischen den über- und untergeordneten Stellen dauerhafte Kommunikations- und Weisungsbeziehungen festgelegt werden. Das so entstehende **Leitungssystem**, das auch als **Leitungsorganisation** bezeichnet wird, umfaßt die Struktur aller Leitungsbeziehungen in einem Unternehmen. Es verbindet die arbeitsteilig gebildeten Stellen mit den jeweils übergeordneten Leitungsstellen mittels sogenannter **Linien**, die von oben nach unten den Anordnungsweg und von unten nach oben den Mitteilungs- oder Meldeweg bilden, oder anders ausgedrückt: Eine »höhere« Stelle kann einer »niedrigeren« Stelle Weisungen erteilen. Das Leitungssystem kann grundsätzlich als Einlinien-, Mehrlinien-, Stablinien- oder Matrixsystem gestaltet werden (vgl. Abb. 35 und 38). Diese Gestaltungsalternativen werden auch als **Organisationstypen** bezeichnet (zu den folgenden Ausführungen vgl. *Bühner, R.* 1996 S. 108 ff., *Hill, W./Fehlbaum, R./Ulrich, P.* 1994 S. 209 ff., *Kieser, A./Kubicek, H.* 1992 S. 127 ff., *Schanz, G.* 1994 S. 28 ff., *Staerkle, R.* 1992 Sp. 1232 ff., *Wittlage, H.* 1993a S. 136 ff.).

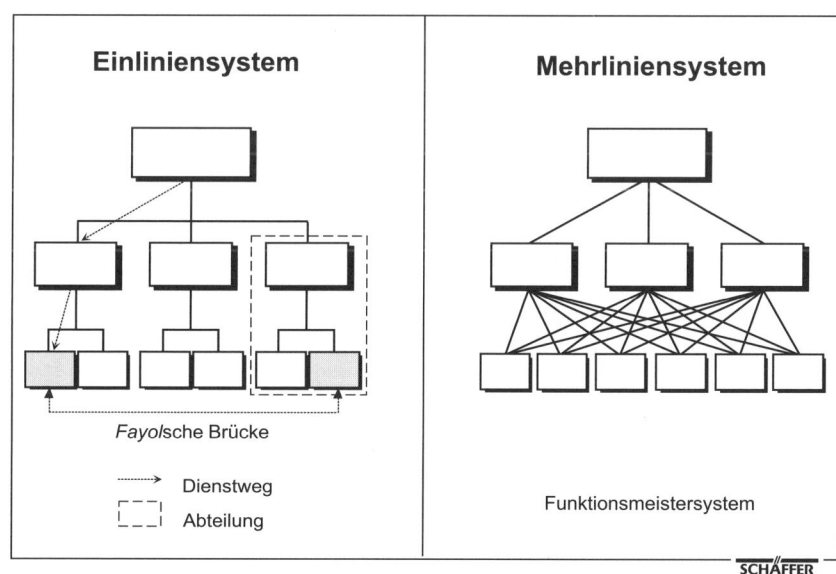

Abb. 35: Einlinien- und Mehrliniensystem

Einliniensystem

Dem **Einliniensystem**, das teilweise auch als »Liniensystem« bezeichnet wird, liegt das von *Fayol* formulierte **Prinzip der Einheit der Auftragserteilung** zugrunde. Eine nachgeordnete Stelle erhält nach diesem Prinzip ausschließlich von der ihr direkt vorgesetzten Leitungsstelle Anweisungen. Die Linie ist mit Ausnahme der sogenannten »*Fayol*schen Brücke« der einzige zulässige formale Kommunikationsweg, wobei über die einzelnen Hierarchieebenen hinweg keine Instanz übersprungen werden darf (Instanzenzug, Dienstweg; vgl. Abschnitt 2.3.3). Die Spezialisierung der Leitungsstellen ist gering, da jede Leitungsstelle den gesamten ihr unterstellten Aufgabenbereich überblicken muß, um entsprechende Arbeitsanweisungen erteilen zu können. Das Einliniensystem ist damit stark positions- und hierarchieorientiert. Jede Stelle ist zwar in den Informationsweg eingebunden, eine Selbstabstimmung zwischen zwei Stelleninhabern unter Umgehung ihrer Vorgesetzten ist aber im strengen Einliniensystem nicht möglich. Dadurch werden die Informations- und Abstimmungsprozesse verzögert. Direkte Kommunikationsbeziehungen zwischen Stellen der gleichen Hierarchieebene (*Fayol*sche Brücke) sind nur ausnahmsweise und mit anschließender Unterrichtung der jeweils übergeordneten Instanzen erlaubt. Als explizite Ausnahme kann die Selbstabstimmung über die *Fayol*sche Brücke demzufolge nicht wesentlich zur Entlastung der Instanzen beitragen.

Einliniensystem	
Vorteile	**Nachteile**
• eindeutige Regelung der Unterstellungsverhältnisse • klare Zuordnung von Aufgaben, Verantwortung und Kompetenzen; dadurch geringes Risiko von Konflikten • überschaubares und einfaches Leitungssystem (Einheit der Leitung und der Auftragserteilung) • lückenloser Informationsfluß top-down und bottom-up über alle Hierarchieebenen • gute Kontrollmöglichkeiten	• starke quantitative und qualitative Belastung (eventuell Überlastung) der Leitungsstellen und insbesondere der Leitungsspitze • lange Kommunikations- und Weisungswege mit der Gefahr von Informationsfilterungen und Zeitverlusten • Betonung von Hierarchiedenkens und Positionsmacht • ausgeprägte Abhängigkeit der nachgeordneten von den vorgesetzten Stellen • Gefahr der Überorganisation (Bürokratisierungstendenz)

Abb. 36: Vor- und Nachteile des Einliniensystems

SCHÄFFER POESCHEL

Beim **Mehrliniensystem** erhalten in Anlehnung an das Funktionsmeistersystem von *Taylor* die nachgeordneten Stellen von mehreren vorgesetzten Leitungsstellen Anweisungen (vgl. Abschnitt 2.3.2). Durch diese Mehrfachunterstellung sollen eine höchstmögliche Spezialisierung der Instanzen und kürzeste Kommunikationswege realisiert werden. Bei der Anwendung des Mehrliniensystems können sich die Mitarbeiter mit ihren Problemen direkt an die jeweiligen Spezialisten wenden. Deshalb wird das Mehrliniensystem auch als **Prinzip des kürzesten Weges** bezeichnet. Im Vordergrund steht die Fachkompetenz des Vorgesetzten und nicht dessen Positionsmacht. Allerdings können sich aufgrund der sich überschneidenden Kommunikationsbeziehungen Weisungskonflikte ergeben. Zudem ist bei Vorliegen eines schlechten Arbeitsergebnisses nicht immer eindeutig zu klären, welche Instanz hierfür verantwortlich ist.

Mehrliniensystem	
Vorteile	**Nachteile**
• Spezialisierung der Leitung durch Verteilung einzelner Funktionen auf mehrere Instanzen • Entlastung der Leitungsspitze • Verkürzung der Informations- und Weisungswege • direkte und schnelle Kommunikation • Betonung der fachlichen Autorität der Vorgesetzten; geringere hierarchische Distanz • Mehrfachunterstellung fördert produktive Konflikte; dadurch hohe Problemlösungskapazität	• problematische Abgrenzung von Aufgaben, Verantwortung und Kompetenzen • Gefahr von widersprüchlichen Weisungen (Kompetenzkonflikten) und zu vieler Kompromisse • umfangreicher Abstimmungsbedarf mit Zeitverlusten • großer Bedarf an Führungskräften • problematische Zurechnung von Fehlern • Ressortdenken der Vorgesetzten verhindert eine ganzheitliche Sicht

SCHÄFFER POESCHEL

Abb. 37: Vor- und Nachteile des Mehrliniensystems

Das in der Abbildung 35 dargestellte Einlinien- und das Mehrliniensystem können als die beiden idealtypischen **Grundmodelle hierarchischer Koordination** betrachtet werden. Ihre Vor- und Nachteile sind einander in den Abbildung 36 und 37 gegenübergestellt.

Das Einliniensystem wird zum **Stabliniensystem**, wenn der Unternehmensleitung ein Stab als Leitungshilfsstelle zugeordnet wird. Diese als **Führungs-** oder **Leitungsstab** zu bezeichnende Stelle unterstützt die oberste Instanz bei der Erfüllung ihrer Aufgaben. Nimmt diese Stabsstelle auch Funktionen für nachgeordnete Instanzen wahr, spricht man von einem **Zentralstab** (oder von einer Zentralstelle; vgl. Abschnitt 4.4.1.3). Generell können Stäbe allen Leitungsstellen einer Organisation zugeordnet werden. Derartige dezentrale Stabsstellen werden auch als **Abteilungsstäbe** bezeichnet (vgl. Abb. 38).

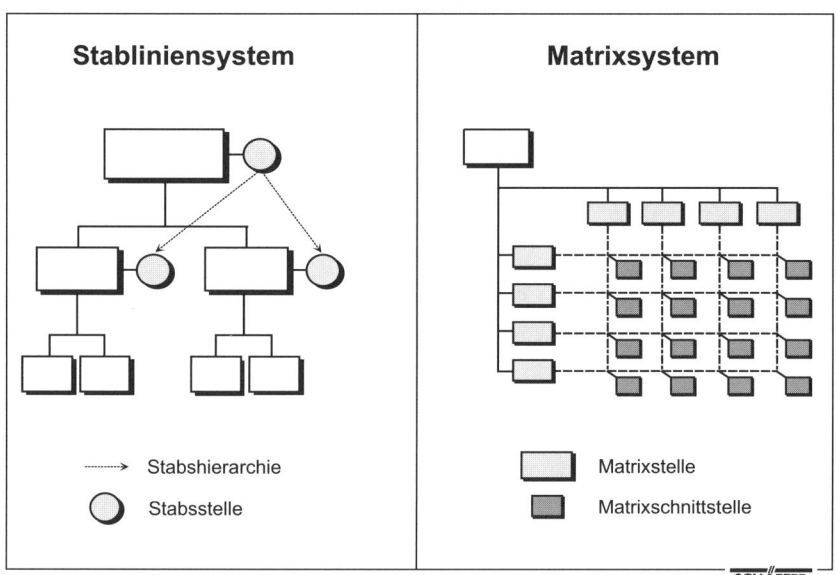

Abb. 38: Stablinien- und Matrixsystem

Das Stabliniensystem versucht, die Vorteile des Einlinien- und des Mehrliniensystems miteinander zu kombinieren. Das Prinzip der einheitlichen Auftragserteilung wird zwar beibehalten, durch die Zuordnung von Stabsstellen zu den Instanzen soll aber gleichzeitig eine stärkere Spezialisierung der Leitung erreicht und so eine fachliche Überforderung des Vorgesetzten in speziellen Fragen vermieden werden. Dabei sind die Stäbe als Leitungshilfsstellen gegenüber den Linienstellen nicht weisungsbefugt (vgl. auch die entsprechende Kennzeichnung der Stabsstelle in Abschnitt 4.4.1.3). Bei Stäben auf mehreren Hierarchieebenen ist es allerdings möglich, den Stäben der höheren Instanzen ein funktionales (und u.U. sogar disziplinarisches) Weisungsrecht gegenüber den Stäben nachgeordneter Instanzen einzuräumen. Denkbar ist beispielsweise, daß ein Zentralstab der Unternehmensleitung den Abteilungsstäben Weisungen erteilt. Dadurch entsteht parallel zur Hierarchie der Linienstellen ein hierarchisch strukturiertes Subsystem, die **Stabs-**

hierarchie oder **Stabsorganisation**. Eine ausführliche Darstellung der einzelnen Ausprägungen der Stabshierarchie findet sich bei *Grochla* (vgl. *Grochla, E.* 1983 S. 182 ff.). Die Vor- und Nachteile des Stabliniensystems sind in der Abbildung 39 dargestellt.

Stabliniensystem	
Vorteile	**Nachteile**
• einfaches Leitungssystem mit eindeutigen Kommunikations- und Weisungswegen • Spezialisierung der Leitung durch die Zuordnung von Stäben; dadurch fachliche und quantitative Entlastung der Instanzen und erhöhte Koordinationsfähigkeit • besserer Informationsstand der Leitungsstellen	• allgemeine Nachteile von Stabsstellen, insbesondere informationelle Macht, nicht formalisierte funktionale Autorität, fehlende Akzeptanz (vgl. Abschnitt 4.4.1.3) • allgemeine Nachteile des Einliniensystems (vgl. Abb. 36) • problematische Unterstellung von Stäben unter die Linie und von nachgeordneten Stabsstellen unter vorgesetzte Stabsstellen im Falle einer Stabshierarchie

Abb. 39: Vor- und Nachteile des Stabliniensystems

SCHÄFFER
POESCHEL

Kennzeichnend für das **Matrixsystem** ist die Aufteilung der Leitungsfunktionen, d.h. eine untergeordnete Stelle (**Matrixschnittstelle**) erhält von zwei übergeordneten Leitungsstellen (**Matrixstellen**) Anweisungen (vgl. Abb. 38). Es handelt sich also um eine besondere Form des Mehrliniensystems. Häufig ist die eine Leitungsstelle funktionsorientiert (z.B. Produktion, Vertrieb, Controlling) und die andere Leitungsstelle objektorientiert (z.B. Produkt- oder Regionalmanager). Sämtliche Matrixstellen sind direkt der obersten Instanz unterstellt, die als **Matrixleitung** bezeichnet wird. Vorrangige Aufgaben der Matrixleitung sind die Koordination der Matrixstellen und die Schlichtung im Konfliktfall. Insbesondere in der Überschneidung der Kommunikations- und Weisungswege liegt die besondere Problematik des Matrixsystems. Vorteilhaft sind hingegen die verkürzten Kommunikationsbeziehungen, vor allem bei der Lösung komplexer Probleme (vgl. Abb. 40).

Matrixsystem

Matrixsystem	
Vorteile	**Nachteile**
• Entlastung der Leitungsspitze • direkte Kommunikations- und Weisungswege mit der Möglichkeit der mehrdimensionalen Koordination • Nutzung von Spezialisierungsvorteilen • produktive Konflikte fördern die Problembewältigung; ständiger Anreiz der Leitungsstellen zur Teamarbeit • kaum ausgeprägtes Hierarchiedenken	• keine einheitliche Leitung • großer Bedarf an Führungskräften • umfangreicher Kommunikations- und Abstimmungsbedarf; dadurch Zeitverluste • Gefahr von Kompetenzkonflikten und zu vieler Kompromisse • Zwang zur Kompetenzregelung an den Schnittstellen der Matrix; Gefahr der Überorganisation und Bürokratisierung • hohe Anforderungen an die Kooperations- und Teamfähigkeit der Dimensionsleiter

Abb. 40: Vor- und Nachteile des Matrixsystems   SCHÄFFER POESCHEL

Gruppenorientierte Leitungsbeziehungen

Die vier oben beschriebenen Organisationstypen gehen von formalen Leitungsbeziehungen zwischen verschiedenen Stellen aus. Nun können Entscheidungsbefugnisse nicht nur an Einzelpersonen, sondern auch an Gruppen delegiert werden, die durch formale Kommunikations- und Weisungswege miteinander verbunden sind. Durch diesen Wandel von Singular- zu Pluralinstanzen entstehen **teamorientierte Leitungsstrukturen** (vgl. *Grochla, E.* 1983 S. 214 ff.).

Überlappende Gruppen

Ein in der Literatur häufig zitiertes Modell ist der Ansatz von *Likert* (vgl. *Likert, R.* 1975 S. 184 ff., *Gomez, P./Zimmermann, T.* 1993 S. 94 ff.). Im Mittelpunkt seines **Systems der überlappenden Gruppen** steht der Teamgedanke. Die gesamte Organisation eines Unternehmens wird als ein Team von Gruppen interpretiert, die durch sogenannte »**linking pins**« (Bindeglieder) miteinander verbunden sind. Alle Mitarbeiter einer Abteilung bilden zusammen mit ihrem Vorgesetzten eine Gruppe, wobei der Gruppenleiter auf der nächsthöheren Hierarchieebene einfaches Mitglied der übergeordneten Gruppe ist. Der Vorgesetzte wird damit zum Bindeglied zwischen zwei Gruppen unterschiedlicher Hierarchiezugehörigkeit und verliert so seine traditionelle Vorgesetztenrolle. Er hat für den Informationsaustausch innerhalb seiner Gruppe zu sorgen und die Gruppe auf der übergeordneten Hierarchieebene zu vertreten. Die Abbildung 41 zeigt dieses System in einer schematischen Darstellung.

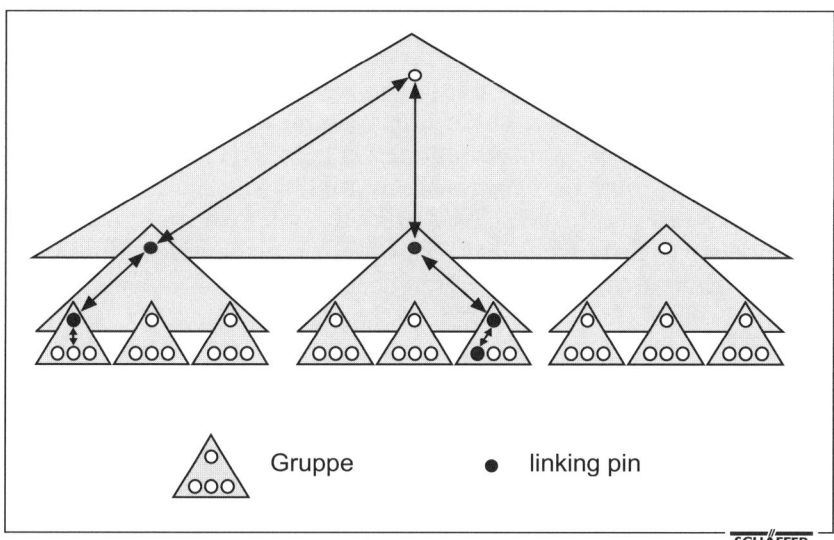

Abb. 41: *Likert*s System sich überlappender Gruppen

Jede Gruppe verfolgt ein gemeinsames Gruppenziel, für dessen Erreichung die Gruppenmitglieder gemeinsam verantwortlich sind. Die Entscheidungsfindung in *Likert*s Modell erfolgt grundsätzlich kollektiv durch alle Gruppenmitglieder; der Führungsstil ist partizipativ. Es werden nur Lösungen gesucht und umgesetzt, die im Interesse der Gruppenmitglieder liegen. Durch die gemeinsamen Ziele und die kollektiven Entscheidungsprozesse soll die Motivation zu einer ständigen Zusammenarbeit gestärkt und die Identifikation mit der Gruppe unterstützt werden. Der Gruppenleiter besitzt jedoch besondere Entscheidungsrechte: Er kann sich über Entscheidungen der Gruppe hinwegsetzen, wenn er sie für falsch hält, und er kann selbständig entscheiden, falls sich die Gruppe nicht einigen kann. In einer Erweiterung seines Modells sieht *Likert* auch horizontale Überlappungen vor, um Arbeitsgruppen einer Ebene besser koordinieren zu können.

Zielsetzung des Modells sich überlappender Gruppen als Alternative zur Linienorganisation ist zum einen die Abflachung der Hierarchie und zum anderen die Bildung von polyzentrischen vertikalen und horizontalen **Netzwerken**, die allerdings nach wie vor in einer hierarchischen Beziehung zueinander stehen. Insgesamt sollen auf diese Weise die Kommunikationsbeziehungen in der Organisation intensiviert und eine effizientere Zusammenarbeit aller Gruppen gewährleistet werden. Kritisch an *Likert*s Konzept ist die Position des Gruppenleiters zu sehen, der seine Funktion als linking pin zur Manipulation der Informationen nutzen und somit eine systemseitig nicht gewollte Machtposition aufbauen kann.

4.6.3.2 Einsatz formaler Koordinationsinstrumente

Das Leitungssystem bildet die Grundlage für die Bewältigung der zwischen den einzelnen Organisationseinheiten bestehenden Interdependenzen und Schnittstellen. Der gezielte Einsatz geeigneter formaler Koordinationsinstrumente im Rahmen des Leitungssystems trägt mit zu einer effektiven und effizienten Abstimmung der interdependenten Aktivitäten bei. Die folgenden **formalen Koordinationsinstrumente** lassen sich unterscheiden (zum folgenden vgl. *Kieser, A./Kubicek, H.* 1992 S. 103 ff., *Schanz, G.* 1994 S. 71 ff., *Schulte-Zurhausen, M.* 1995 S. 194 ff., *Staehle, W. H.* 1991 S. 698 ff.):

- Koordination durch persönliche Weisungen,
- Koordination durch Selbstabstimmung und
- Koordination durch Standardisierung.

Persönliche Weisungen

Die **Koordination durch persönliche Weisungen** ist durch einen **vertikalen (hierarchischen) Kommunikationsfluß** gekennzeichnet (hierarchische Koordination, coordination by hierarchy). Voraussetzung sind formale Über- und Unterordnungsbeziehungen zwischen den Organisationseinheiten, die durch das Leitungssystem festgelegt werden (vgl. Abschnitt 4.6.3.1). Als Vorauskoordination werden Entscheidungen der Organisationsspitze durch Weisungen an die nächste Ebene weitergegeben. Für diese zweite Ebene bilden die übergeordneten Entscheidungen Prämissen für eine weitere Konkretisierung in Form von Weisungen an die dritte Ebene. Der Prozeß wird so lange fortgesetzt, bis die Ausführungsebene erreicht ist. Wenn im Arbeitsablauf Störungen auftreten, die nicht von der betreffenden Ebene beseitigt werden können, erhält die vorgesetzte Instanz entsprechende Informationen. Im Zuge der Feed-back-Koordination trifft der Vorgesetzte dann eine Entscheidung über die erforderlichen Maßnahmen und gibt Weisungen an die nachgeordneten Stellen.

Die Koordination durch persönliche Weisungen bringt Vor- und Nachteile mit sich: Sie führt einerseits zu einer starken Beanspruchung der Instanzen und der »Dienstwege«. Die Folge sind Koordinationsmängel durch die Überlastung der vertikalen Kommunikationskanäle. Andererseits ist dieses Koordinationsinstrument leicht zu gestalten, weil lediglich die Entscheidungskompetenzen vorzugeben sind, während die Inhalte einzelner Koordinationsentscheidungen nicht näher definiert zu werden brauchen. Dadurch ist die Koordination durch persönliche Weisungen sehr flexibel. Sie verlangt aber von den Entscheidungsträgern eine entsprechend hohe Qualifikation, um jederzeit die erforderlichen Entscheidungen treffen zu können.

In der Praxis verläßt sich kaum eine Organisation ausschließlich auf persönliche Weisungen als Koordinationsinstrument. Vielmehr werden zusätzliche Mechanismen eingesetzt, um die beschriebenen Nachteile zu vermeiden.

Die **Selbstabstimmung** (Selbstkoordination, self coordination) ist das historisch älteste und einfachste Instrument zur Koordination arbeitsteiliger Aktivitäten. Sie beruht ebenfalls auf einer unmittelbaren persönlichen Kommunikation zwischen den Organisationsmitgliedern, wobei der **Kommunikationsfluß horizontal (nichthierarchisch)** verläuft. Die Abstimmung erfolgt ohne weitere Aufforderung und insbesondere ohne Einschaltung eines Vorgesetzten. Die Abstimmungsentscheidungen sind Gruppenentscheidungen, an denen alle von dem Entscheidungsproblem betroffenen Mitarbeiter beteiligt sind. Auf Koordinationsaufgaben spezialisierte Personen (Führungskräfte) gibt es nicht. Die Unternehmensführung besteht in diesem Gedankenmodell aus allen Mitgliedern der Organisation (Mitgliederversammlung als oberste Instanz). Neben einer Entlastung der vertikalen Kommunikationswege kann die Selbstabstimmung auch die Motivation der Organisationsmitglieder erhöhen.

Sehr kleine, nur wenige Mitglieder zählende Organisationen können auf diese Weise vielleicht ihren Koordinationsbedarf decken. In der betrieblichen Realität scheitert dieses Modell aber in aller Regel an der Organisationsgröße sowie an Zeit- und Qualifikationsrestriktionen. Die Organisationsmitglieder müßten in einem System reiner Selbstkoordination so viele Entscheidungsaufgaben wahrnehmen, daß sie u.U. nicht mehr zu ihren Ausführungsaufgaben kämen. Außerdem würden kaum alle Mitglieder gleichermaßen die erforderliche Qualifikation für Entscheidungs- und Ausführungsaufgaben aufweisen. Trotzdem werden die einzelnen Aktivitäten in jeder Organisation zumindest teilweise durch Selbstabstimmung koordiniert. Dieses Vorgehen ermöglicht eine direkte Kommunikation zwischen den von einem bestimmten Problem betroffenen Organisationseinheiten und entlastet die Führungskräfte. Die Arbeitsgruppen in der Fertigung sind ein Beispiel für die institutionalisierte Selbstabstimmung innerhalb eines abgegrenzten Bereiches.

Selbstabstimmung

Die **Koordination durch Standardisierung** ist der historisch jüngste und in sich weiter differenzierte Koordinationsmechanismus. Er beruht im Gegensatz zu den beiden oben dargestellten Instrumenten nicht auf Personen, sondern auf bestimmten Verhaltensvorschriften, deren Urheber nicht unmittelbar identifiziert werden können. Dieses Koordinationsinstrument, zu denen **Programme** und **Pläne** gehören, kann deshalb als unpersönlich oder technokratisch bezeichnet werden. Durch seine Ausrichtung auf zu-

Standardisierung

künftige Handlungen kann es nur zur Vorauskoordination eingesetzt werden.

Programme

Programme enthalten Handlungsmuster, die verbindlich festlegen, in welcher Art und Weise bestimmte Aktivitäten auszuführen sind. Sie können mündlich oder schriftlich vorgegeben werden, wobei komplexe oder mehrere Stellen umfassende Programme in der Regel schriftlich in Form von **Verfahrensrichtlinien** oder **Handbüchern** fixiert werden. Programme beinhalten also generelle Vorschriften, die den Koordinationsaufwand durch persönliche Weisungen oder durch Selbstabstimmung reduzieren. Die Vorgesetzten werden dadurch unmittelbar entlastet. Allerdings ist die Formulierung von Programmen nur dann sinnvoll, wenn die zu erfüllenden Aufgaben einen hohen Grad an Gleichartigkeit aufweisen und sich häufig wiederholen. Dies ist in der Regel nur unter statischen Umfeldbedingungen der Fall.

Genau hier liegt aber die besondere Problematik von Programmen als Koordinationsinstrument: Das Umfeld jeder Organisation ändert sich im Zeitablauf. Dadurch können sich neue, bisher unbekannte Problemstellungen ergeben, für die keine Programme verfügbar sind. Insofern sind die Programme entweder anzupassen oder durch den Einsatz anderer Instrumente zu ergänzen. Eine Möglichkeit, die Koordination durch Programme anpassungsfähiger zu machen, sind flexible Programme. Im Gegensatz zu **starren Programmen**, die nur eine feste Abfolge von Aktivitäten angeben, enthalten **flexible Programme** konditionale Verzweigungen, die in Abhängigkeit von den Umfeldbedingungen zu wählen sind. Programme, die aufgrund veränderter Anforderungen nicht mehr benötigt werden, können außer Kraft gesetzt werden.

Pläne

Pläne enthalten verbindliche Zielvorgaben und Umsetzungsschritte für eine bestimmte Periode, den Planungszeitraum. Diese Vorgaben werden nach einem festgelegten Verfahren im Rahmen eines institutionalisierten Planungsprozesses erarbeitet. Insofern können Programme, beispielsweise Planungshandbücher, die Grundlage für die Erarbeitung von Plänen sein. Die Koordination durch Pläne macht nachträgliche Vergleiche von Plan- und Istwerten erforderlich. Im Rahmen der **Kontrolle** werden Abweichungen festgestellt, analysiert und in Steuerungsmaßnahmen umgesetzt. Nur durch Planung **und** Kontrolle können Pläne ihren Koordinationszweck erfüllen.

Analog zu den mit Programmen verbundenen Problemen hängt auch die Koordinationswirkung von Plänen davon ab, wie zuverlässig zukünftige Entwicklungen prognostiziert werden können. Die Prognosegenauigkeit nimmt aber mit einer zunehmenden Länge des Prognosezeitraums und einer steigenden Veränderungshäufigkeit der internen und externen Situation der Organisation ab. In dynamischen Umwelten sind Störungen demnach unvermeidlich. Somit ist eine ergänzende Feed-back-Koordination durch persönliche Weisungen oder durch Maßnahmen der Selbstabstimmung in jedem Fall erforderlich.

Werden die in Plänen und Programmen enthaltenen Regeln, Verfahren und Anweisungen schriftlich festgehalten, spricht man von **Formalisierung**. Sie ist ein typisches Merkmal der Bürokratisierung von Organisationen. Nach *Pugh* et al. (*Pugh, D. S.* et al. 1968 S. 65 ff.) lassen sich **drei Teilbereiche der Formalisierung** unterscheiden:

Formalisierung

Teilbereich 1: Strukturformalisierung

Die Strukturformalisierung umfaßt das schriftliche Fixieren von organisatorischen Regeln vor allem in Form von Organigrammen, Stellenbeschreibungen und Richtlinien:

- **Organigramme**, wie beispielsweise das der *Speedy GmbH* (vgl. Abb. 5), zeigen bildhaft die Spezialisierung der Organisationseinheiten nach Funktionen, Produkten, Regionen usw., die Zusammenfassung von Stellen zu Abteilungen und Bereichen, die Rangordnung der verschiedenen Instanzen sowie die Zuordnung von Stabsstellen und institutionalisierten Gremien. Organigramme sind damit eine wichtige Informationsquelle über vorhandene oder geplante organisatorische Lösungen.

  Instrumente der Strukturformalisierung

- **Stellenbeschreibungen** werden auch als Arbeitsplatz-, Tätigkeits-, Aufgaben- oder Positionsbeschreibungen bezeichnet. Sie fixieren den Aufgaben- und Verantwortungsbereich sowie den Umfang der Leitungskompetenzen, nennen die über- und nachgeordneten Stellen und enthalten genaue Aussagen über die einzelnen Rechte und Pflichten des Stelleninhabers. Darüber hinaus können sie die gewünschten Anforderungen an den Stelleninhaber beinhalten (im Kapitel 8 findet sich als Beispiel die Stellenbeschreibung eines Organisators). Stellenbeschreibungen erfordern eine ständige Aktualisierung ihrer Inhalte, da sie andernfalls schon nach wenigen Jahren überholt sind. Der zunehmende Zwang zur Anpassung der Stellenbeschreibungen an die sich rasch wandelnden Umstände und die vermehrte Delegation von Aufgaben an Arbeitsgruppen, die ihre Aufgabenverteilung selbst vornehmen und bei Bedarf auch anpassen, hat dazu geführt, daß die Bedeutung der Stellenbeschreibung in den letzten Jahren deutlich zurückgegangen ist (vgl. *Schmidt, G.* 1994 S. 319 ff.).

- **Richtlinien** sind schriftlich fixierte Programme und regeln bestimmte Aktivitätsfolgen. Ein Beispiel sind Verfahrensrichtlinien für Investitionsanträge, die festhalten, für welche Investitionsarten ein Antrag zu formulieren ist, welche Sachverhalte

in diesem Antrag dargestellt werden müssen und wie die Beschlußfassung über den Antrag zu erfolgen hat.

Teilbereich 2: Informationsflußformalisierung

Das Ausmaß der auf den Einzelfall bezogenen schriftlichen Weisungen (Dienstanweisungen, Mitteilungen, Protokolle, Aktennotizen) kennzeichnet den Grad der Formalisierung des Informati-
onsflusses. *Weber* hat diesen Aspekt als Aktenmäßigkeit bezeichnet (vgl. Abschnitt 2.3.1). Dabei handelt es sich nicht um generelle
organisatorische Regelungen, wie sie in Programmen erfolgt, sondern um einzelfallspezifische Weisungen einer Instanz.

Teilbereich 3: Leistungsdokumentation

Unter der Leistungsdokumentation sind alle Regelungen zu verstehen, die eine schriftliche Leistungserfassung und -beurteilung
vorschreiben. Zu den dabei angewendeten Instrumenten gehören
zum Beispiel Personalbeurteilungsbögen, Arbeits- und Lohnzettel
in der Produktion, Arbeitszeitkarten in Verbindung mit Zeiterfas-
sungsgeräten oder Fragebögen für periodische Mitarbeitergespräche.

**Vor- und Nachteile
der Formalisierung**

Die **Formalisierung** ist somit ein Instrument, mit dem sich das
Verhalten der Organisationsmitglieder besser steuern und kontrollieren läßt. Die Festlegung von Aufgaben- und Kompetenzberei-
chen wird transparenter. Interdependenzen und Schnittstellen lassen sich effizienter bewältigen. Das schriftliche Festhalten von Ar-
beitsvorgängen erleichtert außerdem einen Wechsel der Stelleninhaber. Durch das Aufdecken von Doppelarbeiten und Aufgaben-
und Kompetenzüberschneidungen werden Rationalisierungspotentiale erschlossen.

Formalisierung kann jedoch durch die schriftliche Erfassung und
laufende Aktualisierung der Regelungen erhebliche Kosten verursachen. Mit der Bürokratisierung entsteht außerdem die Gefahr
der Überorganisation. Zu starre Regelungen verhindern oftmals eine
schnelle Reaktion auf veränderte Rahmenbedingungen. Die in der
Praxis mit der Formalisierung von Vorgängen häufig verbundene
»Papierflut« wirkt sich negativ auf die Motivation der Mitarbeiter
zu eigenverantwortlichem Handeln aus. Insofern ist darauf zu achten, daß der Grad der Formalisierung den situativen Rahmenbedingungen gerecht wird. Grundsätzlich gilt: Je planbarer und gleich-
förmiger Arbeitsabläufe sind, desto zweckmäßiger ist ihre Formalisierung. Bezogen auf die Organisationshierarchie bedeutet dies,
daß das Ausmaß der Formalisierung mit aufsteigender Hierarchie
abnimmt (vgl. hierzu auch die Ausführungen zum Substitutionsprinzip der Organisation in Abschnitt 1.4.3).

4.6.4 Informale Beziehungen

4.6.4.1 Arten informaler Beziehungen

Sowohl die Leitungsbeziehungen als auch die personenorientierten und technokratischen Koordinationsinstrumente beruhen auf formalen, »offiziellen« organisatorischen Regelungen. Sie werden bewußt und personenunabhängig gestaltet und dienen dazu, das Verhalten der Organisationsmitglieder auf die Organisationsziele hin auszurichten. Daneben gibt es Beziehungen, die kein Bestandteil der formalen Organisationsstruktur sind und nicht oder nur zu einem geringen Teil auf organisatorischen Regeln beruhen. Derartige Erscheinungen werden als **informale Beziehungen** (von einigen Autoren auch als informelle Beziehungen) bezeichnet.

Informale Beziehungen beruhen auf den **persönlichen Zielen, Wünschen, Einstellungen und Verhaltensmustern der Organisationsmitglieder.** Sie sind nicht Gegenstand geplanter organisatorischer Gestaltung und ergänzen die formalen Regelungen oder ersetzen sie sogar teilweise. Weder die Organisationstheorie noch die organisatorische Praxis können die informalen Aspekte einer Organisation unberücksichtigt lassen, denn schließlich sind die Menschen und ihr Verhalten für die Effizienz einer Organisation von größter Bedeutung. *(Kennzeichen informaler Beziehungen)*

Die folgenden **Erscheinungsformen informaler Beziehungen** werden näher betrachtet:

- informale Kommunikation,
- informale Gruppen,
- informale Führer,
- informale Normen und
- sozialer Status.

Unter den Begriff der **informalen Kommunikation** fällt die Weitergabe von solchen Informationen, die nichts mit dem betrieblichen Leistungsprozeß zu tun haben (z.B. Gespräche über persönliche Belange) oder die Weitergabe von geschäftlichen Informationen über den sogenannten »kleinen Dienstweg«, d.h. außerhalb der formalen Kommunikationswege. Die Voraussetzung für das Funktionieren des kleinen Dienstwegs sind in der Regel enge persönliche Beziehungen zwischen den betreffenden Organisationsmitgliedern oder gleichlaufende Interessen. Die Bedeutung von derartigen informalen Netzwerken wird vielfach unterschätzt, vermutlich deshalb, weil sie in keinem Organisationsschaubild erfaßt werden. Dabei können gerade in informalen Kommunikationsnetzen Dinge außerordentlich schnell vorangebracht werden, die auf forma- *(Informale Kommunikation)* len Informationswegen viel Zeit beanspruchen würden. Allerdings können sie aber auch dazu benutzt werden, den Informationsfluß zu stören und die Entscheidungsgeschwindigkeit erheblich zu verlangsamen (vgl. *Schanz, G.* 1994 S. 36 f.).

Informale Gruppen

Informale Gruppen sind im Gegensatz zu den gezielt eingerichteten und im Organigramm verzeichneten Gremien (vgl. Abb. 26) nicht geplant und damit kein Bestandteil der formalen Organisationsstruktur. Sie entstehen spontan und sind nicht unmittelbar zu identifizieren. Während bei der Bildung von formalen Gruppen Effizienzüberlegungen der Organisation im Vordergrund stehen, werden informale Gruppen aufgrund der individuellen Bedürfnisse ihrer Mitglieder nach sozialen Kontakten, Nähe, Sicherheit, Anerkennung, Prestige o.ä. begründet. An die Stelle eines formalen hierarchischen Verhältnisses zwischen dem Vorgesetzten und seinen Mitarbeitern treten informale Beziehungen zwischen den Gruppenmitgliedern. Dabei können einzelne Organisationsmitglieder mehreren informalen Gruppen gleichzeitig angehören. Innerhalb der informalen Gruppen besteht oft eine ausgeprägte Gruppenkohäsion, die sich positiv auf das Leistungsverhalten der Gruppenmitglieder auswirken kann. In der Abbildung 42 findet sich eine vergleichende Betrachtung der Merkmale von formalen und informalen Gruppen (vgl. *Staehle, W. H.* 1991 S. 244 f.).

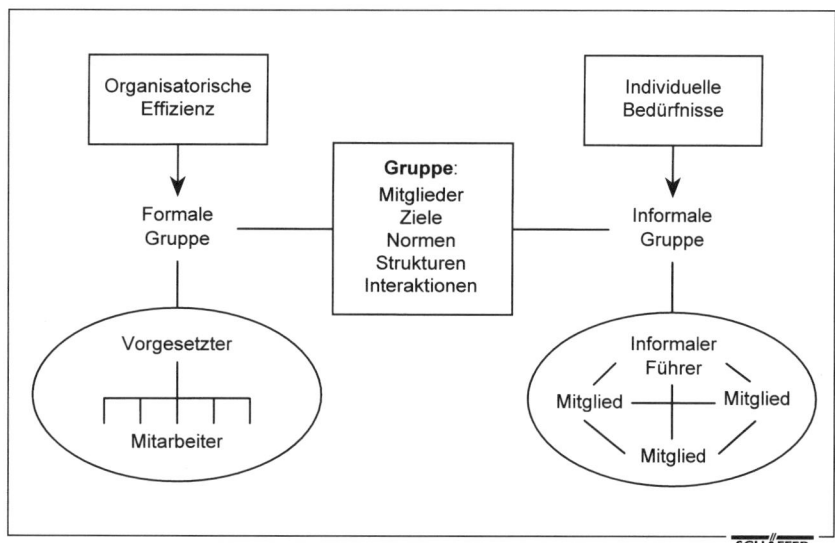

Abb. 42: Formale und informale Gruppen

Informale Führer

Personen, die aufgrund ihrer Persönlichkeit und ihrer fachlichen Kompetenz eine anerkannte Autorität in bezug auf die betriebliche Leistungserstellung und/oder in bezug auf die persönlichen Beziehungen ausüben, werden als **informale Führer** bezeichnet. Versuchen die informalen Führer, Einfluß auf das betriebliche Geschehen zu nehmen, ohne dafür die erforderliche formale Befugnis zu besitzen, sind Konflikte mit den »Amtsinhabern« vorprogrammiert (vgl. auch *Grochla, E.* 1983 S. 103 f.).

Informale Normen geben die Verhaltenserwartungen der Mitglieder einer informalen Gruppe aufgrund von deren Werten und Einstellungen wieder. Sie regulieren sowohl das Verhalten der Gruppenmitglieder untereinander als auch gegenüber den gruppenexternen Personen und den formal vorgegebenen Normen. Weichen die informalen und die formalen Normen voneinander ab, können Normenkonflikte auftreten.

Informale Normen

Jede Organisation besitzt ein Statussystem, das von allgemeinen gesellschaftlichen Werten und organisationsspezifischen Faktoren geprägt ist. Dabei wird der **soziale Status** eines Organisationsmitglieds nicht nur von formalen Kriterien, wie hierarchischem Rang oder Einkommen, sondern auch von informalen Größen wie Alter, Ausbildung, sozialer Herkunft oder persönlichen Beziehungen beeinflußt. Der soziale Status ist häufig ein entscheidender Faktor bei der Positionierung eines Gruppenmitgliedes in der Gruppe.

Sozialer Status

Die besondere Problematik informaler Beziehungen liegt zum einen in ihrer **schlechten Erfaßbarkeit**: Im Gegensatz zu den direkt beobachtbaren formalen Aspekten einer Organisation sind die informalen Gesichtspunkte nicht ohne weiteres zu erkennen. Mit Hilfe sozialwissenschaftlicher Methoden wie Beobachtung, Interview oder Gruppendiskussion wird deshalb versucht, eine empirische Basis für die Abbildung der informalen Beziehungen zu schaffen. Dies ist in der Regel jedoch schwierig, weil hierbei stets in die Individualsphäre der Organisationsmitglieder eingedrungen werden muß und die erforderlichen Informationen von den betreffenden Personen gar nicht, unvollständig oder verfälscht zur Verfügung gestellt werden (vgl. *Rosenstiel, L. v.* 1992 S. 283 f.).

Problematik informaler Beziehungen

Zum anderen können sich informale Beziehungen zu einer Art »Nebenhierarchie« entwickeln, in der sich die eigentliche Macht konzentriert. Sie sind dann unerwünscht und in ihren Auswirkungen **dysfunktional** für eine Organisation, wenn sie die formalen Regelungen unterlaufen oder sogar außer Kraft setzen. Erfolgt beispielsweise die Informationsweitergabe nicht über die festgelegten Kommunikationswege, können an bestimmten Stellen in der Organisation Informationsdefizite auftreten, die zu Fehlentscheidungen und -handlungen führen. Letztendlich besteht in solchen Fällen die Gefahr, daß die Organisationsziele nicht oder nur eingeschränkt erreicht werden. Allerdings können informale Beziehungen auch **funktional** für eine Organisation sein. Das gilt insbesondere dann, wenn unvorhersehbare Ereignisse eintreten, die in starren formalen Regelungen nicht erfaßbar sind. In solchen Fällen erhöhen informale Beziehungen die organisatorische Reaktions- und Anpassungsfähigkeit (vgl. *Schanz, G.* 1994 S. 37 f.).

4.6.4.2 Organisationskultur als Instrument zur Beeinflussung informaler Beziehungen

Mit den informalen Beziehungen sind möglicherweise Organisationsprobleme verbunden. Deshalb ist der Frage nachzugehen, **ob und wie die informalen Aspekte einer Organisation beeinflußt werden können**. Ein Ansatzpunkt zur gezielten Beeinflussung der informalen Beziehungen ist die Gestaltung der Organisationskultur (organizational culture). Dabei handelt es sich um eine Thematik, die keineswegs neu ist, wenn man an die in vielen Unternehmen gebräuchliche Rede vom »Stil des Hauses« denkt. Ein breiteres Interesse in Theorie und Praxis fanden die kulturellen Aspekte der Organisation allerdings erst in den achtziger Jahren, als man die Organisationskultur als Erfolgsfaktor »entdeckte«. Seitdem ist sie ein faszinierendes und zugleich schwer greifbares Phänomen, mit dem sich die Wissenschaft und die Unternehmen in einem zunehmendem Maße auseinandersetzen.

Unter Organisationskultur (synonym wird vielfach der Begriff Unternehmenskultur [corporate culture] verwendet) **ist die Gesamtheit der im Laufe der Zeit in einer Organisation entstandenen und zu einem bestimmten Zeitpunkt wirksamen Wertvorstellungen, Verhaltensvorschriften (Normen) und Einstellungen zu verstehen.**

Die Organisationskultur prägt nach innen das Denken, die Entscheidungen, die Handlungen und das Verhalten der Organisationsmitglieder und bestimmt nach außen die Art und Weise der Interaktion zwischen Organisation und Umwelt. Sie ist folglich ein **kollektives Phänomen**, das den »Geist« einer Organisation beschreibt und sie in Charakter und Stil unverwechselbar und von anderen Organisationen unterscheidbar macht (vgl. *Bea, F. X./Haas, J.* 1997 S. 465 ff., *Bleicher, K.* 1996 S. 183 ff., *Dill, P.* 1987 S. 100, *Greipel, P.* 1988 S. 47 f., *Probst, G. J. B.* 1992 S. 194 ff., *Sackmann, S.* 1983 S. 394 ff., *Schanz, G.* 1994 S. 270 ff., *Schreyögg, G.* 1992 Sp. 1525 ff., *Wunderer, R.* 1997 S. 114 ff.).

Die »verinnerlichten« Überzeugungen bewirken eine **Koordination** der Aktivitäten und können formale Koordinationsmechanismen zumindest teilweise ersetzen; dies gilt um so mehr, je stärker die Organisationsmitglieder in ihren Überzeugungen übereinstimmen. Organisationskultur führt sozusagen zu einer kollektiven Programmierung menschlichen Denkens. *Peters* und *Waterman* haben die erfolgsfördernde Wirkung einer wirksamen Organisationskultur im Rahmen ihres 7-S-Modells besonders hervorgehoben (vgl. Abb. 4 und *Peters, T. J./Waterman, R. H.* 1991 S. 102 ff.).

Voraussetzung für die Wirksamkeit der Organisationskultur sind eine **Vision** und damit verbundene **Leitbilder**, **Normen**, **Symbole** und **Helden**, die von möglichst allen Organisationsmitgliedern akzeptiert werden:

Kulturelemente

- Eine **Vision** ist ein realistisches, glaubwürdiges und attraktives Zukunftsbild mit szenarischem Charakter, das eine bestimmte Richtung weist, ohne den Rahmen genau und verbindlich festzulegen. Visionen beantworten die Frage: Wo wollen wir langfristig hin? Sie sind in wenige Worte zu fassen und dementsprechend leicht zu kommunizieren. Eine Vision kann insofern mit dem Polarstern verglichen werden, als sie nicht das Ziel einer Reise ist, aber die Richtung angibt, in die das Denken, Fühlen und Handeln der Organisationsmitglieder gelenkt werden soll. Visionen sollen die Leistungsbereitschaft fördern und der Arbeit neuen Sinn geben. Sie besitzen eine erhebliche motivierende Wirkung, wenn sie von den Organisationsmitgliedern akzeptiert werden (vgl. *Burt, N.* 1994 S. 21 ff., *Hinterhuber, H. H.* 1992 S. 25 f.).

Vision

Die *Vorwerk & Co. Elektrowerke KG* verfolgt die »**Vision einer partnerschaftlichen Leistungsgemeinschaft**« im Bereich Führung und Zusammenarbeit. Die Zielsetzung dieser Vision ist es, die Mitarbeiterinteressen einerseits und die Unternehmensziele andererseits erfolgreich miteinander zu verbinden (vgl. *Bromann, P./Piwinger, M.* 1992 S. 92).

- **Leitbilder** (Unternehmensleitbilder, -grundsätze, -leitsätze) setzen die Vision in allgemeine und damit relativ abstrakte Aussagen über die anzustrebenden Ziele, Werte, Normen und Aktivitäten des Unternehmens um. Hierzu gehört die Einstellung beispielsweise zum Kunden, zur Gestaltung der zwischenmenschlichen Beziehungen in der Organisation, zum Wettbewerb oder zur Umwelt. Leitbilder weisen im Unterschied zu einer Vision einen deutlichen Gegenwartsbezug auf: Wie wollen wir uns verhalten, um unsere Ziele zu erreichen? Damit übernehmen sie als Handlungsrahmen und Verhaltenskodex eine integrierende und steuernde Funktion innerhalb der Orga-

Leitbilder

nisation – vorausgesetzt, sie werden organisationsweit akzeptiert und bringen nicht nur die Werte und Normen der obersten Hierarchieebene zum Ausdruck (vgl. *Schanz, G.* 1994 S. 304 f., 413 f.). Wie empirische Untersuchungen zeigen, wächst mit dem schnellen Wandel des gesellschaftlichen Umfelds aus der Sicht vieler Unternehmen die Notwendigkeit, Leitbilder (neu) zu formulieren (vgl. *Dierkes, M./Hähner, K.* 1991).

Die aus der »Vision einer partnerschaftlichen Leistungsgemeinschaft« abgeleiteten Leitbilder sind in den »**Unternehmensgrundsätzen der *Vorwerk*-Gruppe für die 90er Jahre**« schriftlich niedergelegt. Die Unternehmensgrundsätze beziehen sich ausschließlich auf die **Führungsphilosophie** des Unternehmens und lauten wie folgt (zitiert nach *Bromann, P./Piwinger, M.* 1992 S. 91 f.):

»Zusammenarbeit und Führung in unserem Unternehmen orientieren sich am Leitbild einer Leistungsgemeinschaft qualifizierter, motivierter und engagierter Mitarbeiter.

Diese Leistungsgemeinschaft, die durch Partnerschaft und Vertrauen geprägt ist, soll unsere Wettbewerbsfähigkeit auch zukünftig sichern.

Innerhalb dieses Rahmens soll jeder bei Vorwerk

- seine Fähigkeiten zur gemeinsamen Leistung entwickeln und seine individuellen Stärken entfalten können;
- Freude an den Aufgaben haben und die Arbeit als sinnvoll empfinden;
- sich für seinen Arbeitsbereich und für das gesamte Unternehmen mitverantwortlich fühlen können;
- soviel Handlungs- und Gestaltungsspielraum wie möglich erhalten;
- gut informiert sein;
- für seine Arbeit und sein Engagement als fair empfundene Gegenleistungen erhalten;
- entsprechend seinen Fähigkeiten und Leistungen eingesetzt, gefördert und anerkannt werden.«

Das **Leitbild der *Siemens AG*** ist dagegen wesentlich weiter gefaßt. Es beinhaltet die ganze Bandbreite möglicher Bezugsbereiche von der Kundenorientierung bis zur gesellschaftlichen Verantwortung und »... prägt unser Denken und Handeln. Es ist für uns alle verbindlich. Wir richten unsere Organisation und alle Systeme – insbesondere das Führungssystem – daran aus. Durch unmittelbare Rückkoppelung bei positivem und bei negativem Verhalten sorgen wir für die Umsetzung in der Praxis. Unser Leitbild entfesselt die Kraft, die wir brauchen, um zu gewinnen. Wir leben es täglich vor« (*Siemens AG* [Hrsg.] 1998b). Diese einleitenden Sätze zeigen, welche Bedeutung und welche Wirkungen dem Leitbild zugemessen werden. Im folgenden sind die einzelnen Aussagen des Leitbildes im Wortlaut wiedergegeben. Sie sind das Ergebnis einer weltweiten Befragung von mehr als 4.000 Mitarbeitern (*Siemens AG* [Hrsg.] 1998b):

- »**Der Kunde bestimmt unser Handeln** – Herausragender Kundennutzen ist das oberste Ziel. Unser Erfolg hängt von der Zufriedenheit der Kunden ab. Mit unseren Lösungen erreichen sie ihre Ziele schneller, besser und einfacher.

- **Unsere Innovationen gestalten die Zukunft** – Mit neuen Ideen schaffen wir für unsere Kunden neue Produkte, neue Dienstleistungen, mehr Nutzen. Wir sind experimentierfreudig und ermutigen phantasievolles Denken. Mit Kreativität und Risikofreude sorgen wir für ein Umfeld, in dem gute Ideen schnell umgesetzt werden können. Dabei fördern wir auch die Ideen anderer.
- **Erfolgreich wirtschaften heißt: Wir gewinnen durch Gewinn** – Unser Maßstab ist der internationale Wettbewerb. Wir arbeiten ergebnisorientiert und streben nach herausragendem Erfolg und dauerhafter Wertsteigerung. Das sichert uns die nötige Handlungsfreiheit und schafft Vertrauen. Wir ergreifen die Maßnahmen, die für den wirtschaftlichen Erfolg notwendig sind und optimieren sie nach Zeit, Qualität und Kosten.
- **Spitzenleistungen erreichen wir durch exzellente Führung** – Unsere Führungskräfte setzen klare, ehrgeizige und begeisternde Ziele. Wir wollen uns immer wieder selbst übertreffen, sonst tun es die anderen. Wir führen durch Vertrauen und geben unseren Mitarbeiterinnen und Mitarbeitern einen möglichst großen Entscheidungsspielraum. Bei allem, was unsere Führungskräfte tun, handeln sie als Vorbild.
- **Durch Lernen werden wir immer besser** – Wir messen uns an den Besten der Welt. Jeder von uns arbeitet daran, ständig zu lernen. Wir suchen und geben offenes Feedback und lernen auch aus Fehlern. Schneller als andere erkennen wir neue Chancen und richten Lösungen, Organisation und Verhalten daran aus. Wir schaffen ein internationales Netzwerk von Wissen, in dem jeder gibt und nimmt.
- **Unsere Zusammenarbeit kennt keine Grenzen** – Wir sind ein globales Unternehmen und nutzen unsere weltweiten Fähigkeiten. Damit werden wir das beste Team im Wettbewerb. Unser Denken und Handeln ist von Verantwortung für das gemeinsame Ziel geprägt. Unsere Zusammenarbeit zeichnet sich aus durch Vertrauen, persönliche Integrität, gegenseitigen Respekt und offene Kommunikation.
- **Wir tragen gesellschaftliche Verantwortung** – Mit unserem Wissen und unseren Lösungen leisten wir einen Beitrag für eine bessere Welt. Wir bekennen uns zum Umweltschutz. Wir sind ein anerkanntes Mitglied der Gesellschaft in allen Ländern, in denen wir uns unternehmerisch betätigen. Qualifizierung durch Wissen sichert die Zukunft unserer Mitarbeiter. Integrität prägt den Umgang mit unseren Geschäftspartnern, Mitarbeitern, Aktionären und der Öffentlichkeit. Kulturelle Unterschiede bereichern unser Unternehmen.«

- Leitbilder finden ihre Konkretisierung zum einen in **formalen Normen** (Verhaltensstandards), die angeben, was von den Organisationsmitgliedern unter bestimmten Umständen an Denk- und Verhaltensweisen erwartet wird (Wertvorstellungen) oder die ein bestimmtes Verhalten konkret vorschreiben (Standards, Rituale). So herrscht beispielsweise in vielen Organisationen Einigkeit darüber, was für »gut« oder »schlecht« zu halten ist und was sich »ziemt« oder als »unschicklich« gilt. Besprechungen oder Betriebsfeiern haben häufig den Charakter von rituellen Handlungen, in denen jede Phase des Ablaufs genauen und immer wiederkehrenden Mustern folgt.

Normen

B

In ihren »**Geschäftsgrundsätzen**« hat die *Hewlett-Packard GmbH (HP)* genau festgeschrieben, wie sich die Mitarbeiter in bestimmten Situationen zu verhalten haben. Diese Geschäftsgrundsätze beruhen auf den fünf Grundwerten des Unternehmens. Zu den Regelungsbereichen gehören das »Verhalten gegenüber *HP*«, das »Verhalten gegenüber Mitbewerbern«, das »Verhalten gegenüber Kunden« und das »Verhalten gegenüber Lieferanten«. Beispielsweise finden sich in den Regelungen des Verhaltens gegenüber *HP* genaue Aussagen über die Begründung externer Arbeitsverhältnisse, Zuwendungen durch Dritte, den Umgang mit vertraulichen Informationen oder den Umgang mit Firmeneigentum. Hinsichtlich des Umgangs mit Firmeneigentum heißt es einleitend: »Jeder Mitarbeiter ist gehalten, im Umgang mit *HP*-Eigentum Sorgfalt walten zu lassen. Dazu zählt auch der Schutz vor unbefugter Benutzung. Die Verwendung von *HP*-Eigentum für ungesetzliche und unsachgemäße Zwecke ist strengstens untersagt« (*Hewlett-Packard GmbH* [Hrsg.] 1993 S. 8).

Im folgenden wird dann auf ganz konkrete Fragen und Probleme eingegangen, wie zum Beispiel die Frage, ob *HP*-Kunden, *HP*-Lieferanten oder deren Mitarbeitern Geschenke übergeben werden dürfen (vgl. *Hewlett-Packard GmbH* [Hrsg.] 1993 S. 8 f.).

Hier drängt sich allerdings die Frage auf, ob dieser Detaillierungsgrad an schriftlichen Verhaltensstandards nicht bereits als »Überorganisation« i.S. einer zu weitreichenden und zu umfassenden Kodifizierung zu bezeichnen ist.

Symbole

- Zum anderen schlagen sich die Leitbilder über bestimmte Normen und Verhaltensstandards hinaus auch in spezifischen **Symbolen** nieder, die nur im Zusammenhang mit den dahinterstehenden Wertvorstellungen verstanden werden können. Beispiele für solche Symbole sind die Kleidung, das Vorhanden- oder Nichtvorhandensein von Statussymbolen, der Kommunikationsstil (bei *HP* z.B. die Anrede mit dem Vornamen, gleichgültig ob es sich um einen Geschäftsführer oder um einen Sachbearbeiter handelt, oder die sogenannte »Open Door Policy«), die Büroraumgestaltung, Slogans, Logos usw. Symbole werden von den Organisationsmitgliedern als verbindlich anerkannt. Wer sich nicht anpaßt, hat häufig mehr als nur ein Identifikationsproblem.

Helden

- Als weiteres Kulturelement werden in der Literatur **Helden** genannt. Helden sind tatsächliche oder erfundene herausragende Persönlichkeiten, die innerhalb einer Kultur anerkannt werden (sollen). In Organisationen sind es oftmals die Unternehmensgründer, die im Laufe der Zeit zu Helden hochstilisiert wurden und über die Geschichten, Sagen oder **Legenden** verbreitet werden. Legenden o.ä. verstärken und übermitteln strukturelle Kulturaspekte und tragen zur Legitimation und Aufrechterhaltung des Wertesystems einer Organisation bei. Beispiele für Helden im deutschsprachigen Raum sind *Robert Bosch*, *Werner von Siemens* oder *Alfred Krupp*, im nordamerikanischen Raum *Henry Ford*, *John D. Rockefeller* oder *Howard*

Hughes. Neben diesen »dauerhaften« Helden gibt es auch »Situationshelden«, wie den »Verkäufer des Monats« oder den »Mitarbeiter der Woche«. *Schanz* bemerkt zu Recht, daß der Übergang »zum Trivialen auf nahtlose Weise erfolgt« (*Schanz, G.* 1994 S. 281; vgl. auch *Bleicher, K.* 1996 S. 98 ff., *Hofstede, G.* 1992 S. 304).

Es gibt eine ganze Reihe von Gründen für die derzeitige Aktualität der Auseinandersetzung mit Fragen der Organisationskultur, die in einem engen Zusammenhang mit der Lage vieler Unternehmen und ihrer Führungskräfte seit dem Beginn der achtziger Jahre stehen (vgl. *Jacobsen, N.* 1996 S. 11 f., *Rosenstiel, L. v.* 1992 S. 354, *Schanz, G.* 1994 S. 274 ff., 376 ff.): **Kulturdiskussion**

- Eine in fast allen Branchen verschärfte nationale und internationale **Wettbewerbssituation** zwang die Unternehmen in den achtziger Jahren zur Aktivierung der Motivationsreserven ihrer Mitarbeiter. Erfolgreiche und durch ihre Kultur geprägte Unternehmen wurden als nachahmenswerte Vorbilder gesehen.

- Insbesondere die »**japanische Herausforderung**«, also das scheinbar unaufhaltsame Vordringen von japanischen Produkten auf den Weltmärkten, veranlaßte viele US-amerikanische und westeuropäische Unternehmen, sich mit den Besonderheiten des fernöstlichen Managements und seiner Rahmenbedingungen auseinanderzusetzen. Dabei wurden die außerordentlich starke Identifikation japanischer Arbeitnehmer mit »ihrem« Unternehmen, das dahinterstehende ausgeprägte emotionale Engagement und das System kollektiver Beschlußfassung und Verantwortung als wesentliche kulturelle Erfolgsfaktoren identifiziert.

- Durch den anhaltenden **Wertewandel**, der grob einen Trend weg von Pflicht- und Akzeptanzwerten und hin zu Selbstentfaltungswerten beinhaltet, müssen sich die Verantwortlichen in den Unternehmen Gedanken machen, wie auch zukünftig eine hohe Identifikation der Mitarbeiter mit den Unternehmenszielen gewährleistet werden kann. Als eine mögliche Antwort auf die zunehmenden Individualisierungstendenzen wird die Entwicklung einer Organisationskultur gesehen, die das einzelne Organisationsmitglied auch emotional stärker in die betriebliche Gemeinschaft einbindet.

- Die **rationale und technokratische Unternehmens- und Mitarbeiterführung** stößt zunehmend an ihre Grenzen. Gegenüber den »harten« Faktoren, wie der Unternehmensstrategie, der Organisation und den Führungssystemen, werden »irrationale« Themen und »qualitative« Methoden, wie die Mitarbeiterführung oder eben die Unternehmenskultur, als immer wichtiger angesehen.

Kulturwirkung

»Starke«, d.h. eindeutige, unverwechselbare und von vielen Organisationsmitgliedern verinnerlichte Kulturen sind in ihrer Wirkung **ambivalent**. Sie können sowohl zum Erfolg einer Organisation beitragen als auch ihren Niedergang bewirken, was insbesondere dann der Fall sein kann, wenn durch die herrschende Kultur notwendige Veränderungen behindert oder sogar unmöglich gemacht werden. Daher ist zwischen **positiven (funktionalen)** und **negativen (dysfunktionalen) Wirkungen** von Organisationskulturen zu unterscheiden (vgl. Abb. 43 sowie *Föhr, S./Lenz, H.* 1992 S. 128 ff., *Jacobsen, N.* 1996 S. 54 ff., *Sackmann, S.* 1983 S. 404 f., *Schanz, G.* 1994 S. 293 ff., *Schreyögg, G.* 1992 Sp. 1531 ff., *Steinmann, H./Schreyögg, G.* 1993 S. 597 f.):

Funktionalität

- Eine »gelebte« Organisationskultur setzt eine weitgehende Übereinstimmung der Wertvorstellungen und Präferenzen der Organisationsmitglieder voraus. Dann kann sie eine **koordinierende** und **integrierende Wirkung** entfalten, die dazu beiträgt, einen allgemeinen Grundkonsens (»Wir-Gefühl«) herzustellen und die Leistungsbeiträge der Organisationsmitglieder auf ein gemeinsames Ziel hin auszurichten. Dadurch wird auch die **Kommunikation** erleichtert und die **Entscheidungsfindung und -umsetzung** werden beschleunigt. Der formale Regelungsbedarf verringert sich. Die **motivationsfördernde Wirkung** der Organisationskultur wird durch einzelne Kulturelemente unterstützt, die den sozialen Bedürfnissen der Organisationsmitglieder entgegenkommen oder Antwort auf die Frage nach dem »Sinn« der Arbeit geben. Eine funktionale Organisationskultur ermöglicht es einer Organisation, auftretende Probleme frühzeitig zu erkennen und zu lösen, bevor aus ihnen eine Krisensituation entsteht. Sie setzt breite Glaubens- und Wertvorstellungen voraus, die einen umfassenden Denk- und Verhaltensspielraum gewährleisten.

Dysfunktionalität

- Vor allem in kritischen Situationen kann sich die Organisationskultur aber auch negativ auswirken. Starke Kulturen können durch ihre Stabilisierungswirkung tendenziell zur **Abschließung** und zur **Trägheit** führen. Warnsignale der Umwelt, neue Herausforderungen oder neue Chancen, die mit der bestehenden Kultur unvereinbar sind, werden dann nicht rechtzeitig erkannt, bewußt übersehen oder verdrängt. Notwendige Anpassungsmaßnahmen werden als Bedrohung der kulturellen Identität erlebt und deshalb abgewehrt. Schließlich können **emotionale Barrieren** der Umsetzung neuer Ideen im Wege stehen, wenn diese Ideen als kulturschädigend empfunden werden. Insofern behindert eine starke Kultur unter Umständen die organisatorische Flexibilität.

Positive Effekte	Negative Effekte
• Koordinationswirkung • hohe Motivation und Loyalität • Stabilität und Zuverlässigkeit • effiziente Kommunikation • rasche Entscheidungsfindung • antizipative Problemlösung	• Tendenz zur Abschließung • Blockierung neuer Orientierungen • kollektive Abwehrhaltung • Aufbau emotionaler Barrieren • Mangel an Flexibilität

Abb. 43: Wirkungen von Organisationskulturen   SCHÄFFER POESCHEL

Die Organisationskultur bietet grundsätzlich die Möglichkeit einer Einflußnahme auf die informalen Beziehungen in einer Organisation, weil sie explizit auf die Einstellungen und die Verhaltensmuster der Organisationsmitglieder zugreift. Diese Beeinflussung ist insbesondere dann möglich, wenn die Mitglieder der Organisation in Form von hierarchieübergreifenden Arbeitsgruppen in den Prozeß der Kulturentwicklung mit einbezogen werden und so ihre unterschiedlichen Sichtweisen einbringen können. Allerdings hängt die Wirkung der Kultur im Einzelfall von der konkreten **Situation** ab, in der sich die Organisation befindet. Kulturelle »Stärke« und kulturelle »Funktionalität« stehen gelegentlich im Widerspruch zueinander, wie *Schanz* zutreffend feststellt (vgl. *Schanz, G.* 1994 S. 295).

4.7   Wiederholungsfragen zu Kapitel 4

1. Was ist unter einer Organisationseinheit bzw. einer Stelle zu verstehen?
2. Erläutern Sie die wesentlichen Aussagen des organisatorischen Kongruenzprinzips.
3. Welche Arten von Kompetenzen kennen Sie?
4. Woran kann sich der Organisator bei der Bildung von Stellen orientieren?
5. Mit der Bildung von Organisationseinheiten ist häufig eine Spezialisierung verbunden. Was ist unter Spezialisierung zu verstehen, und welche Spezialisierungsarten kennen Sie?

6. Organisationstheorie und -praxis kennen verschiedene Arten von Stellen. Nennen Sie Kriterien, die zur Stellendifferenzierung herangezogen werden können.

7. Erörtern Sie die grundsätzlichen Unterschiede zwischen Linienstellen und unterstützenden Stellen.

8. Leitungsstellen (Instanzen) besitzen besondere Befugnisse gegenüber anderen Organisationseinheiten. Stellen Sie diese Befugnisse und die mit ihnen zusammenhängende Verantwortung der Inhaber von Leitungsstellen dar.

9. Häufig werden obere, mittlere und untere Instanzen unterschieden. Erläutern Sie die Besonderheiten der verschiedenen Managementebenen. Wo ordnen Sie die Ausführungsstellen ein, und was sind deren besondere Merkmale?

10. Stabs-, Assistenz- und Dienstleistungsstellen sind unterstützende Stellen. Wodurch unterscheiden sie sich?

11. Stabsstellen sind spezialisierte Hilfsstellen der Leitung. Stellen Sie deren wesentliche Aufgaben dar, und erläutern Sie die Probleme, die in der Praxis oftmals mit der Einrichtung von Stäben verbunden sind.

12. Was ist unter einem Gremium bzw. einer Gruppe zu verstehen?

13. Welche Arten von Gremien kennen Sie?

14. Was ist unter einer Kollegialinstanz zu verstehen?

15. Wie kann in einer Leitungsgruppe die Verteilung von Aufgaben und Kompetenzen geregelt werden?

16. Worin sehen Sie die Vor- und Nachteile der Einrichtung von Leitungsgruppen?

17. Nennen Sie die besonderen Merkmale von Arbeitsgruppen.

18. Ausschüsse gehören zu den nebenamtlichen Gremien. Welche Ausschußarten kennen Sie, und wodurch unterscheiden sich die verschiedenen Ausschüsse?

19. Wo ordnen Sie innerhalb der Gremienarten die Projektgruppe ein? Begründen Sie die von Ihnen getroffene Zuordnung.

20. Aus welchen Gründen werden Organisationseinheiten zusammengefaßt?

21. Was ist unter einer Abteilung zu verstehen?

22. Wie könnte eine typische Abteilungshierarchie in der betrieblichen Praxis aussehen?

23. Welche Gruppierungskriterien können für die Abteilungsbildung herangezogen werden? Erläutern Sie die einzelnen Kriterien jeweils anhand eines konkreten Beispiels.

24. Bei der Abteilungsbildung sind grundsätzlich zwei Organisationsprinzipien zu beachten. Nennen Sie diese Prinzipi-

en und begründen Sie deren Bedeutung für die Bildung von Abteilungen in der Praxis.

25. Erläutern Sie die Begriffe Leitungsspanne, Leitungstiefe und Leitungsintensität.

26. Von welchen Einflußgrößen hängt der Umfang der Leitungsspanne ab, und wie wirken sich diese Faktoren auf die Anzahl der einer Instanz direkt unterstellten Mitarbeiter aus?

27. Welche Beziehungen bestehen zwischen der Leitungsspanne und der Leitungstiefe?

28. Was ist unter Koordination zu verstehen?

29. Woraus ergibt sich in Organisationen ein Koordinationsbedarf?

30. Welche Arten von Interdependenzen kennen Sie?

31. Was ist unter einer organisatorischen Schnittstelle zu verstehen?

32. Erläutern Sie die beiden grundsätzlichen Koordinationsformen.

33. Warum kann man von einem »Beziehungs-Eisberg« sprechen?

34. Welche Alternativen zur Gestaltung des Leitungssystems kennen Sie?

35. Vergleichen Sie das Einliniensystem mit dem Mehrliniensystem anhand der jeweiligen Vor- und Nachteile.

36. Worin sind die Besonderheiten des Stabliniensystems und des Matrixsystems zu sehen?

37. Diskutieren Sie die Grundgedanken des Systems sich überlappender Gruppen.

38. Erläutern Sie die Koordinationsinstrumente persönliche Weisungen, Selbstabstimmung und Standardisierung, und stellen Sie die jeweiligen Vor- und Nachteile dar.

39. Welche Teilbereiche der Formalisierung lassen sich unterscheiden?

40. Inwieweit ist die Formalisierung von organisatorischen Regelungen sinnvoll, und inwieweit kann sie sich nachteilig für eine Organisation auswirken?

41. Worin sehen Sie die Besonderheit informaler Beziehungen in einer Organisation?

42. Welche Arten informaler Beziehungen kennen Sie?

43. Wie lassen sich die informalen Organisationsaspekte erfassen?

44. Welche Ansätze zur Beeinflussung informaler Beziehungen kennen Sie?

45. Was ist unter der Organisations- oder Unternehmenskultur zu verstehen?

46. Inwieweit kann die Organisationskultur die informalen Beziehungen in einer Organisation beeinflussen?
47. Erläutern Sie die positiven und die negativen Wirkungen einer »starken« Organisationskultur.
48. Warum gewinnen Kulturaspekte bei der Lösung von organisatorischen Problemen eine zunehmende Bedeutung?

5 Organisationskonzepte der Praxis

5.1   Lernziele

Im fünften Kapitel soll der Leser

- einen Überblick über die verschiedenen organisatorischen Gestaltungsalternativen erhalten,
- die praxisrelevanten Formen der Primär- und der Sekundärorganisation kennenlernen und
- die einzelnen Organisationskonzepte hinsichtlich ihrer Vor- und Nachteile bewerten können.

5.2   Gestaltungsalternativen: Primär- und Sekundärorganisation

Organisationsstrukturen in Unternehmen sind grundsätzlich durch die Über- und Unterordnung von Organisationseinheiten gekennzeichnet. Die Verbindung aller dauerhaften Stellen und Gremien schafft eine hierarchische Struktur, die als **Primärorganisation** (Maintenance Organization) bezeichnet wird. Die Primärorganisation stellt gewissermaßen das »Grundgerüst« der Aufbauorganisation eines Unternehmens dar. Sie hat vor allem dafür zu sorgen, daß das Kerngeschäft (core business) effektiv bewältigt wird und die Kernkompetenzen (core competencies) des Unternehmens erhalten bleiben. Anhand der Aufgabenspezialisierung auf der **zweiten** Hierarchieebene, also der Ebene direkt unterhalb der Unternehmensführung, lassen sich die in der Abbildung 44 dargestellten Formen der Primärorganisation unterscheiden.

Die Primärorganisation ist durch ihren hierarchischen Aufbau in erster Linie für die Abwicklung von Routineaufgaben geeignet. Sie ist dagegen nicht in der Lage, bestimmte Aufgabenstellungen, wie Schnittstellenprobleme oder innovative, komplexe Probleme, effizient zu lösen, weil nicht alle Interdependenzen zwischen den Organisationseinheiten ausreichend berücksichtigt werden können. Deshalb wird die Primärorganisation oft durch hierarchieübergreifende, flexible Strukturen ergänzt, die unter dem Begriff der **Se-**

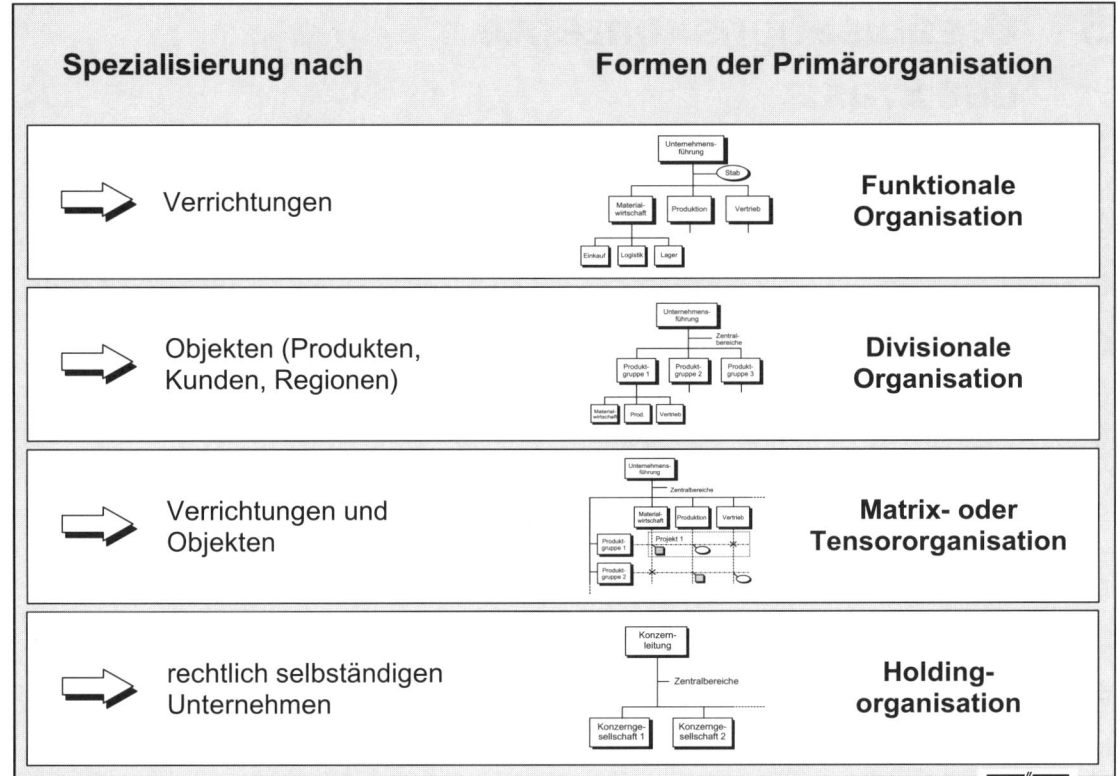

Abb. 44: Formen der Primärorganisation

kundärorganisation zusammengefaßt werden (vgl. Abb. 45). Andere Bezeichnungen sind beispielsweise »Duale Organisation«, »Parallelorganisation«, »Kollaterale Organisation«, »Adhocratie«, »Zeltorganisation« oder »Netzwerkorganisation« (vgl. *Krüger, W.* 1993 S. 41 ff., *Schulte-Zurhausen, M.* 1995 S. 247 f., *Seidel, E./Redel, W.* 1987 S. 130, 170, *Staehle, W. H.* 1991 S. 714 f.).

In der betrieblichen Praxis werden die Organisationseinheiten in vielfältiger Art und Weise miteinander kombiniert. Die bestehende und häufig historisch gewachsene Primärorganisation wird dabei durch Formen der Sekundärorganisation überlagert. In der Folge ergibt sich eine **Vielzahl sehr unterschiedlicher Organisationsstrukturen**, die den jeweiligen situativen Rahmenbedingungen optimal entsprechen sollen. Um die verschiedenen Formen der Primärorganisation und der Sekundärorganisation übersichtlich und verständlich darzustellen, beschränken sich die Ausführungen in den Abschnitten 5.4 und 5.5 auf die praxisrelevanten Grundformen. Auf das Prozeßmanagement als eine neuere Form der Sekundärorganisation wird im Kapitel 6 (Prozeßmanagement als bereichs-

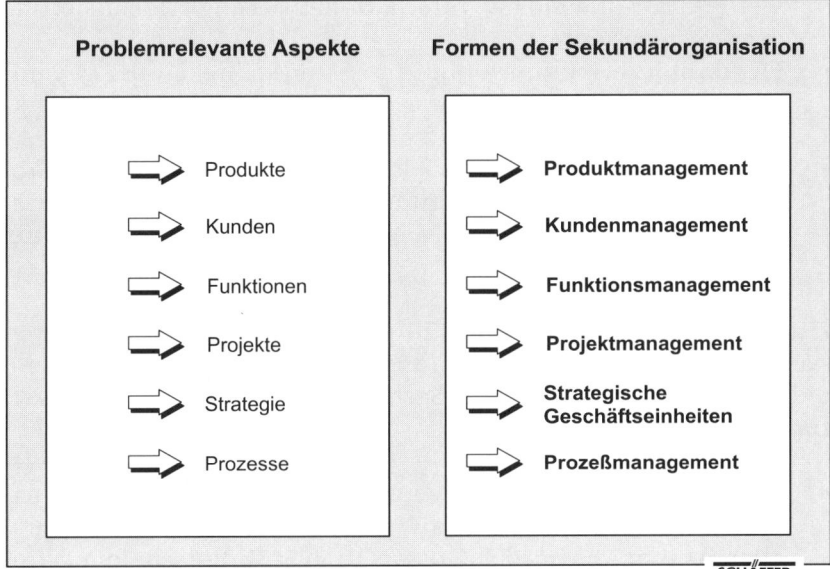

Abb. 45: Formen der Sekundärorganisation

übergreifendes Organisationskonzept) besonders ausführlich eingegangen, weil sie zunehmend an Bedeutung gewinnt und in einigen Unternehmen bereits teilweise die Funktion der Primärorganisation übernommen hat.

5.3   Anforderungen an die Organisationskonzepte

Um die organisatorischen Gestaltungsalternativen miteinander
vergleichen und im Hinblick auf ihre Praxistauglichkeit bewerten
zu können, bedarf es entsprechender **Beurteilungskriterien**. Eine
Grundlage für die kritische Würdigung der verschiedenen Organisationsformen bietet die Zusammenstellung verschiedener unter-
nehmensinterner und -externer Anforderungen von *Krüger* (vgl.
Krüger, W. 1993 S. 13 ff.).

Als Anforderungen, denen die Organisation im Hinblick auf ihre
Umwelt gerecht werden muß, lassen sich die Markt- und Wettbewerbsorientierung, die Flexibilität und die Innovationsfähigkeit
nennen:

- **Markt- und Wettbewerbsorientierung**: Ausrichtung der Organisation auf die Anforderungen des Markts und des Wettbe-   **Externe**
Anforderungen

werbs (z.B. Kundennähe, Internationalisierung/Globalisierung der Organisation);

- **Flexibilität**: Handlungs- und Anpassungsfähigkeit der Organisation (z.B. Reaktion auf Marktereignisse, Anpassung der Strukturen an eine veränderte externe Umwelt);
- **Innovationsfähigkeit**: Entwicklung und Umsetzung von Produkt-, Prozeß- und Strukturinnovationen durch die Organisation (z.B. Gestaltung und Markteinführung neuer Produkte, Dienste und Verfahren).

Hinsichtlich der Effizienz der **internen** Leistungserstellung und -verwertung lassen sich die Führungsprozeß-, die Leistungsprozeß-, die Humanressourcen- und die Sachressourcen-Effizienz als Bewertungskriterien heranziehen:

Interne Anforderungen

- **Führungsprozeß-Effizienz**: Zielgerichtete, zeitnahe und wirtschaftliche Planung, Steuerung, Kontrolle und Koordination aller Aktivitäten in der Organisation (z.B. Entscheidungsfindung, Informationsfluß);
- **Leistungsprozeß-Effizienz**: Flexible, fehlerfreie und schnelle Durchführung der Prozesse zur Leistungserstellung und -verwertung (z.B. Abwicklung von Produktions- und Vertriebsaufgaben);
- **Humanressourcen-Effizienz**: Optimale Nutzung und Weiterentwicklung von Qualifikation und Motivation der Organisationsmitglieder (z.B. Spielraum für selbständiges unternehmerisches Denken und Handeln);
- **Sachressourcen-Effizienz**: Optimale Ausschöpfung der finanziellen und materiellen Ressourcen (z.B. Verteilung der finanziellen Mittel, Nutzung von Rohstoffen, Maschinen und Technologien).

Die Beurteilungskriterien können im praktischen Einzelfall allerdings nicht mehr als eine **Orientierungshilfe** für den Organisator sein. Sie sind im Hinblick auf die konkreten Organisationsziele zu operationalisieren, auf gegenseitige Abhängigkeiten zu überprüfen und nach Prioritäten zu ordnen. Erst dann ist unter Berücksichtigung der internen und der externen Situation eine Bewertung der verschiedenen Organisationsformen im Hinblick auf ihre Zweckmäßigkeit möglich. Im folgenden dienen die genannten Anforderungen dazu, die möglichen Vor- und Nachteile der alternativen Strukturkonzepte herauszuarbeiten.

5.4 Formen der Primärorganisation

5.4.1 Funktionale Organisation

Die funktionale Organisation, die auch als **Verrichtungsorganisation** bezeichnet wird, ist durch die Gliederung der zweiten Hierarchieebene nach **Funktionsbereichen** wie Materialwirtschaft, Produktion, Vertrieb, Forschung und Entwicklung, Verwaltung usw. gekennzeichnet. Diese Funktionsbereiche sind der Unternehmensführung gemäß dem **Einlinienprinzip** direkt unterstellt. Es besteht die Tendenz zur **Entscheidungszentralisation** (vgl. Abb. 46).

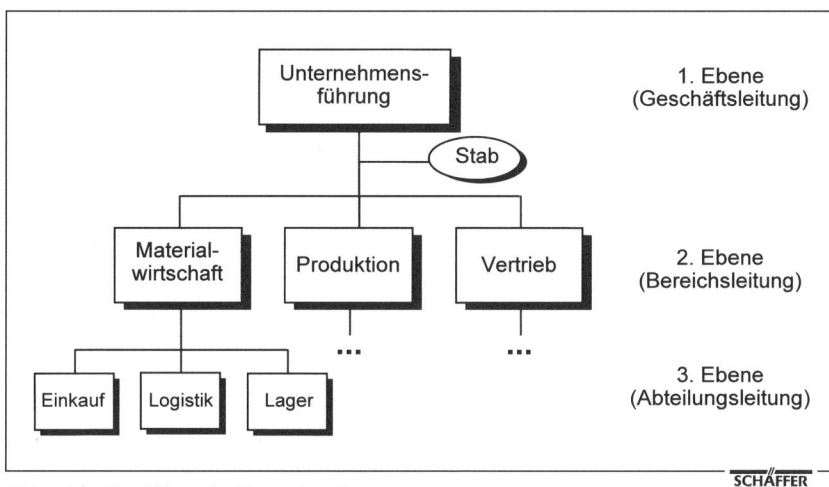

Abb. 46: Funktionale Organisation

Die funktionale Organisation ist die älteste Organisationsform des Industriebetriebs. Sie ist in der Praxis insbesondere in kleinen und mittleren Betrieben sehr häufig anzutreffen. Die Funktionalorganisation entsteht im Verlauf des betrieblichen Wachstums, wenn die Leitungsaufgaben mit der Zunahme des Geschäftsvolumens und der zu regelnden Tatbestände auf mehrere Personen verteilt werden müssen. Ausgangspunkt ist dabei oft die Trennung eines **kaufmännischen** und eines **technischen Funktionsbereichs**. Mit zunehmender Unternehmensgröße erfolgt dann eine stärkere Differenzierung der Verrichtungen (vgl. *Braun, G. E./Beckert, J.* 1992 Sp. 640 ff., *Frese, E.* 1995 S. 337 ff.).

Die **operativen Funktionsbereiche** fassen gleichartige Aufgaben zusammen. Die Bildung von Funktionsbereichen erlaubt daher in erster Linie die Nutzung von Spezialisierungsvorteilen. Grundsätzlich lassen sich zwei Gruppen von operativen Funktionsbereichen unterscheiden:

Arten operativer Funktionsbereiche

- Die **ressourcenorientierten Funktionsbereiche** (Personalwirtschaft, Finanzwirtschaft, Informationswirtschaft, Materialwirtschaft, Anlagenwirtschaft) sorgen für die Beschaffung und die Verwaltung der für den Leistungsprozeß erforderlichen Ressourcen. Sie haben demzufolge nur indirekt mit der betrieblichen Leistungserstellung und -verwertung zu tun und werden deshalb auch unter dem Begriff »indirekte Bereiche« zusammengefaßt.

- Demgegenüber sind die **leistungsorientierten Funktionsbereiche** Forschung und Entwicklung, Produktion und Vertrieb unmittelbar am betrieblichen Transformationsprozeß beteiligt (»direkte Bereiche«). Sie planen die Produkte und Leistungen des Unternehmens, wandeln die von den indirekten Bereichen bereitgestellten Inputgüter in marktfähige Outputgüter um und sorgen für den Absatz der Erzeugnisse.

Die Funktionsbereiche selbst können auf der **dritten Ebene** wiederum nach Verrichtungen oder nach Objekten gegliedert werden. Eine **funktionale** Gliederung bringt das Prinzip der Aufgabenspezialisierung durchgängig zur Anwendung, wie die Untergliederung der Materialwirtschaft in Einkauf, Logistik und Lager in Abbildung 46 zeigt. Eine **objektbezogene** Gliederung ist beispielsweise mit zunehmender Breite des Produktprogramms in der Fertigung denkbar, wenn nach bestimmten Produkten oder Produktgruppen differenziert wird (z.B. Produktion Elektromotoren und Produktion Beleuchtungsartikel). Auch der Vertriebsbereich kann in sich nach Objektgesichtspunkten gegliedert werden, wie beispielsweise in einen Inlands- und einen Auslandsvertrieb. Gleiches gilt auch für die anderen Funktionsbereiche.

Die Steuerung der operativen Funktionsbereiche erfolgt im wesentlichen über die Festlegung von Kostenzielen anhand der ihnen zurechenbaren **Personal-** und **Sachkosten**. Mit Ausnahme des Vertriebsbereichs können den Funktionsbereichen nämlich die Erlöse nicht direkt zugerechnet werden. Die Spezialisierung entspricht im übrigen den traditionellen Kostenrechnungssystemen, die im Rahmen der Kostenstellenbildung des Betriebsabrechnungsbogens (BAB) nach Fertigungs-, Material-, Verwaltungs- und Vertriebskostenstellen unterscheiden. In manchen Unternehmen werden die Funktionsbereiche wegen ihrer Kostenbezogenheit auch als »Cost Center« bezeichnet (näheres hierzu im Abschnitt 5.4.2).

Unternehmensführung

Die operativen Funktionsbereiche werden durch die Unternehmensführung als **strategischer Funktionsbereich** ergänzt. Die Aufgabe der Geschäftsleitung oder des Vorstands ist es, das Zusammenwirken der einzelnen Funktionsbereiche zu koordinieren und das Unternehmen als Ganzes zu steuern. Das oberste Leitungsgremium gibt die Leistungs- und Erfolgsziele vor, entscheidet über die Verteilung der Ressourcen und überwacht die Zielerreichung. Auch die operativen, das laufende Geschäft betreffenden Entscheidungen werden eher zentral auf der obersten Hierarchieebene getroffen. Die Umsetzungsverantwortung liegt bei den operativen Einheiten.

In der Praxis werden die Aufgaben der Unternehmensführung häufig in Personalunion von den Leitern der wichtigsten funktionalen Ressorts wahrgenommen. So sind zum Beispiel in der *Speedy GmbH* der Leiter des Finanzbereichs, der Vertriebs- und Marketingleiter und der Produktionsleiter Mitglieder der Geschäftsleitung (vgl. Abb. 5). Dadurch sind diese operativen Bereiche auch an strategischen Aufgaben beteiligt. Darüber hinaus gibt es einen ressortlosen Vorsitzenden der Geschäftsleitung, dem die beiden Stabsabteilungen Controlling und Recht unterstellt sind. Da *Dr. Scharrenbacher* selbst kein funktionales Ressort leitet, kann er die gesamtunternehmerische Sicht vertreten, ohne in Konflikt mit den funktionalen Ressortinteressen zu geraten. Das Controlling ist für ihn das Instrument, um die Planung, Steuerung, Kontrolle und Koordination der Aktivitäten der *Speedy GmbH* im Hinblick auf das Gesamtziel sicherzustellen.

Vorteile

Die funktionale Organisation nutzt die **Spezialisierungsvorteile** optimal. Durch die Zusammenfassung von gleichen oder ähnlichen Aktivitäten lassen sich Verfahrensinnovationen leichter umsetzen und Kostendegressionseffekte (economies of scale) erzielen. Beispielsweise können die ressourcenorientierten Funktionsbereiche die Ressourcen für das gesamte Unternehmen rationeller beschaffen und verwalten. In der Produktion lassen sich **Losgrößenvorteile** und die **Fixkostendegression** ausnutzen. Im Vertriebsbereich ist eine effektive und effiziente Gestaltung der Vertriebswege möglich. Dadurch ergibt sich insgesamt eine hohe Effizienz der Leistungsprozesse innerhalb eines Funktionsbereichs. Eine Anpassung an quantitative Umweltveränderungen (z.B. Anpassung der Produktionsmenge) ist im Rahmen der vorhandenen Kapazitäten vergleichsweise problemlos möglich. Der hohe Grad an Arbeitsteilung bewirkt positive **Lern- und Erfahrungskurveneffekte** und führt zu einem begrenzten Bedarf an spezialisierten Führungskräften.

Nachteile

Den Vorteilen der Spezialisierung steht eine Reihe von Nachteilen gegenüber. Nachteilig wirken sich zunächst einmal die **Schnittstellen** und **Interdependenzen** zwischen den einzelnen Funktionsbereichen aus, die keine autonomen und ergebnisverantwortlichen Teilbereiche sind. Es ergeben sich umfassende **Koordinationsprobleme**, die mit zunehmender Breite und Komplexität des Produktprogramms immer größer werden. Darunter leidet die Effizienz der Führungs- und der Leistungsprozesse. Der wachsende Koordinationsbedarf kann die Unternehmensspitze überlasten, bei der sich alle Entscheidungen aus dem Tagesgeschäft konzentrieren (sog. »**Kamineffekt**«), und zu einer Vernachlässigung der strategischen Aufgaben führen. Durch die starke Arbeitsteilung ist es zudem schwierig, unternehmerisches Denken und ganzheitliche Kreativität zu fördern. Enge Entscheidungs- und Handlungsspielräume wirken sich negativ auf die Mitarbeitermotivation aus und behindern die Entwicklung von Generalisten für Führungspositionen. Die funktionsbereichsübergreifenden Leistungs- und Innovationsprozesse sind häufig nur schwer in Gang zu setzen. Sie verlaufen dann im »Zickzack-Kurs« und stoßen immer wieder an »Abteilungsmauern«. **Ressortdenken** und **Bereichsegoismen** bergen die **Gefahr der Suboptimierung**, weil die Funktionsbereiche versuchen, ihre (Kosten-)Ziele ohne Rücksicht auf die Ziele und Interessen der Nachbarbereiche zu realisieren getreu dem Motto: »Wir Produktionsleute lassen uns doch von den Vertrieblern keine Vorschriften machen!« (und natürlich auch umgekehrt). Sie erschweren darüber hinaus eine einheitliche Markt- und Wettbewerbsorientierung. Kunden und Konkurrenten finden außerhalb des Vertriebsbereichs kaum Beachtung. In der Folge werden schnelle Reaktionen der gesamten Organisation auf Marktveränderungen be- oder sogar verhindert (zu den Vor- und Nachteilen der Funktionalorganisation vgl. auch die zusammenfassende Darstellung in Abb. 47).

Um die drohende Überlastung der Unternehmensführung zu verhindern, werden verschiedene **Maßnahmen zur Verbesserung der Koordination** vorgeschlagen (vgl. *Bühner, R.* 1996 S. 114, *Krüger, W.* 1993 S. 97 ff., *Schulte-Zurhausen, M.* 1995 S. 225):

Koordinations-verbessernde Maßnahmen

- **Erhöhung der Leitungskapazität**: Damit die Unternehmensführung quantitativ und qualitativ entlastet wird, werden neue Funktionalressorts eingerichtet, deren Leiter der obersten Hierarchieebene angehören. Mit einer wachsenden Zahl an Geschäftsleitungsmitgliedern verlangsamen sich jedoch in der Regel die Willensbildungs- und Entscheidungsprozesse.
- **Einrichtung von Stabsstellen mit Koordinationsaufgaben**: Stabsstellen, wie das Controlling oder die Unternehmensplanung, können v.a. Aufgaben der Informationsbeschaffung, -auswertung und -aufbereitung übernehmen, Entscheidungen vorbereiten und deren Ausführung überwachen. Dadurch läßt sich die Führungsprozeßeffizienz der funktionalen Organisation verbessern. Auf die Probleme, die mit der Einrichtung von Stabsstellen verbunden sind, wurde bereits im Abschnitt 4.4.1.3 hingewiesen.
- **Bildung von bereichsübergreifenden Ausschüssen**: Hier ist v.a. an die Bildung von Beratungs- und Entscheidungsausschüssen zu denken, die einerseits zur Entlastung der Unternehmensführung beitragen und andererseits Schnittstellenprobleme reduzieren können (zu den verschiedenen Ausschußarten vgl.

Abschnitt 4.4.2.4 und Abb. 27). Allerdings binden sie zeitliche Ressourcen und können nur dann wirksam ihre Koordinationsaufgaben wahrnehmen, wenn ihnen konsequent die erforderlichen Befugnisse übertragen werden.

- **Etablierung von Entkoppelungsmechanismen**: Diese Maßnahme zur Verringerung von Koordinationsproblemen greift v.a. im Fertigungsbereich, indem Zwischenläger eingerichtet und so Interdependenzprobleme verringert werden. Dadurch wird die Beschaffung von der Produktion und die Produktion wiederum vom Absatz unabhängiger. Allerdings entstehen zusätzliche Lagerhaltungs- und Kapitalbindungskosten.

Funktionale Organisation	
Vorteile	**Nachteile**
<ul><li>einfache und überschaubare Struktur</li><li>Nutzung von Spezialisierungseffekten (economies of scale, Erfahrungskurve)</li><li>in sich geschlossene, klar abgegrenzte und damit gut kontrollierbare Funktionsbereiche</li></ul>	<ul><li>Vielzahl an Schnittstellen und Interdependenzen; dadurch erhebliche Koordinationsprobleme</li><li>Gefahr von Bereichsegoismen und Suboptimierungen</li><li>Überlastung der Unternehmensführung (Kamineffekt)</li><li>Überbetonung des Spezialistentums</li><li>eingeschränkte Möglichkeiten der Personalentwicklung</li></ul>
 geeignet v. a. für kleine und mittlere Unternehmen mit einem überschaubaren und homogenen Leistungsprogramm, die sich in einer relativ stabilen Unternehmensumwelt befinden	

Abb. 47: Zusammenfassende Bewertung der funktionalen Organisation

Mit einer zunehmenden Erweiterung des Produkt- und Leistungsprogramms nehmen die Koordinationsprobleme in der funktionalen Organisation zu, während die Spezialisierungsvorteile an Bedeutung verlieren. Die Transparenz der Strukturen und Abläufe nimmt ab. Die Steuerung und Kontrolle des Unternehmens wird schwieriger. Steigen durch äußere Einflüsse, wie beispielsweise eine sich ständig verändernde Markt- und Wettbewerbssituation, gleichzeitig die Anforderungen an die Flexibilität der Organisationsstruktur, dann bietet sich der Übergang von einer funktionalen zu einer objektorientierten Organisationsform an.

B

Das Beispiel der *Allianz Lebensversicherungs-AG* zeigt, daß auch große Unternehmen funktional gegliedert sein können (vgl. Abb. 48). So beschäftigte die Versicherungsgesellschaft im Jahr 1998 rund 5.500 Mitarbeiter und erzielte ein Beitragsvolumen von ca. 14,3 Mrd. DM bei einer Versicherungssumme von insgesamt rund 354 Mrd. DM. Der Vorstand gliedert sich ab Anfang 1999 in sieben Funktionsbereiche (Vorstandsvorsitz, Informationssysteme, Finanzen, Personal- und Sozialwesen, Vertrieb, Versicherungsbetrieb sowie Mathematik, Organisation und Rechnungswesen), wobei dem Vorstandsvorsitzenden fünf zentrale Stabsbereiche mit übergreifenden Aufgaben unterstellt sind.

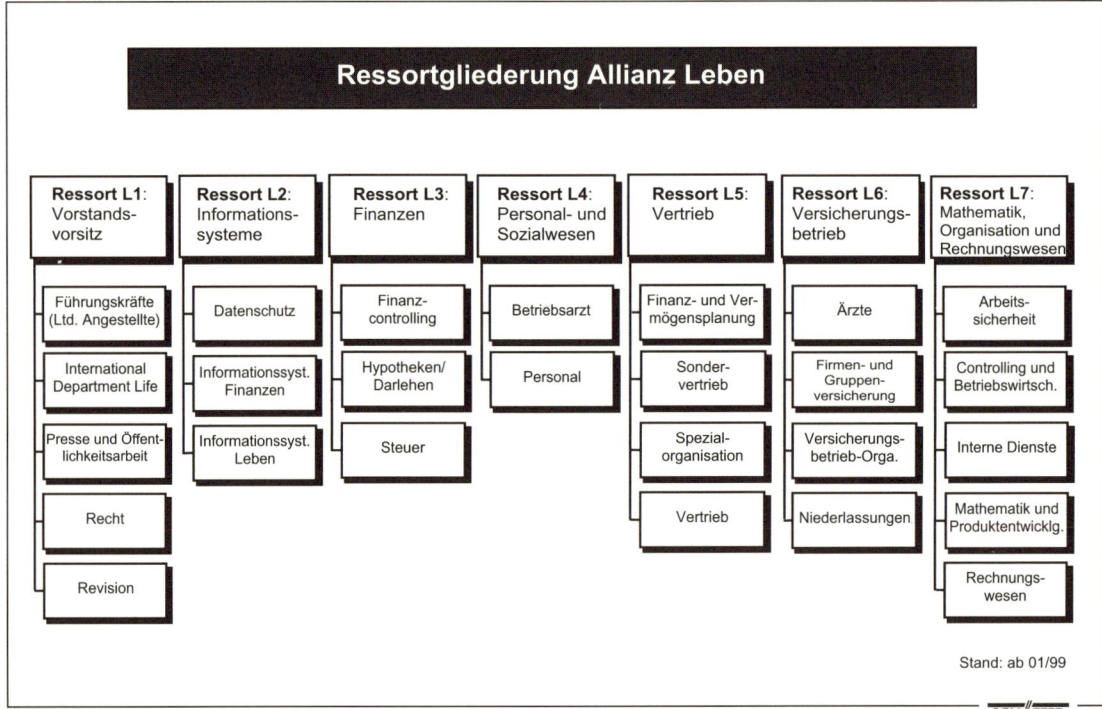

Abb. 48: Funktionale Ressortgliederung der *Allianz Lebensversicherungs-AG*

5.4.2 Divisionale Organisation

Erste Ansätze der divisionalen Organisation (Sparten-, Geschäftsbereichsorganisation) finden sich bereits zu Beginn der zwanziger Jahre in den USA und am Ende der zwanziger Jahre in Deutschland:

B

Das US-amerikanische Chemieunternehmen *DuPont* hatte seine Geschäftstätigkeit ursprünglich als Hersteller von Sprengstoffen begonnen und nach und nach Produkte in das Fertigungsprogramm aufgenommen, die auf verwandten chemischen Herstellungsprozessen beruhen (z.B. Lacke und Düngemittel). Als Folge dieser **Diversifikation** traten bald erhebliche Koordinationsprobleme auf, die 1921 zur Einrichtung von fünf **produktbezogenen Divisions** führten. Der amerikanische Organisationswissenschaftler *Alfred D. Chandler*, der sich in seinen empirischen Untersuchungen insbesondere mit dem Zusammenhang von Strategie und Organisation auseinandersetzt, schildert die damalige Situation sehr anschaulich:

»Für die verschiedenen funktionalen Aktivitäten mußten generelle Ziele und Politiken entwickelt werden, und zwar nicht nur für eine Branche, sondern für mehrere. Die Erfolgsbeurteilung von Abteilungen, die in verschiedenen Produktlinien operierten, war außerordentlich problematisch. Die abteilungsübergreifende Koordination bereitete noch größere Schwierigkeiten. Der Kontakt zwischen den Mitarbeitern der Fertigung und denen des Marketing wurde immer schlechter, und so war es nicht mehr möglich, Produktverbesserungen und Produktmodifikationen auszuarbeiten, die der sich ändernden Nachfrage und den Herausforderungen der Konkurrenz gerecht wurden. Produktionsabläufe und Einkauf unter Berücksichtigung der Nachfrage aufeinander abzustimmen, erwies sich für mehrere Produktlinien schwieriger als für eine einzelne, vor allem weil die Statistikabteilung von *DuPont* noch keine Erfahrung mit der Einschätzung von Märkten außer dem Sprengstoffmarkt hatte« (zitiert nach *Kieser, A./Kubicek, H.* 1992 S. 238 ff., vgl. auch *Chandler, A. D.* 1962 S. 91 f.).

Ein zur Untersuchung der Probleme eingesetzter Ausschuß kam zu dem Ergebnis, daß die Lösung nicht in der Entwicklung von Absatzstrategien lag, sondern in der Neugestaltung der Organisation. Nachdem die Einführung von Produktausschüssen im Jahr 1920 nur kurzfristig zu einer Ertragsverbesserung geführt hatte, entschloß man sich zur Einrichtung selbständiger Divisions: Sprengstoffe, Farben, Beschichtungsmaterialien (Pyralin), Lacke/Chemikalien und Folien. Ergänzt wurden diese fünf Divisions durch die Zentralabteilungen Recht, Einkauf, Entwicklung, Ingenieurtechnik, Chemische Forschung, Soziales, Verkehr und Werbung. Die Reorganisation war ein großer Erfolg und brachte alle Geschäfte wieder in die Gewinnzone. Andere diversifizierte Unternehmen in den USA, deren funktionale Strukturen ebenfalls erhebliche Probleme bereiteten, folgten dem Beispiel der Firma *DuPont* (u.a. der Automobilhersteller *General Motors*).

In Deutschland kam es infolge der sich durch den Ausgang des Ersten Weltkriegs ergebenden Probleme (Reparationsforderungen der Siegermächte, hohe Zolltarife, galoppierende Inflation, Enteignung deutscher Auslandspatente, Besetzung des Ruhrgebiets durch französische Truppen) und unter dem zunehmenden Druck des internationalen Wettbewerbs im Jahr 1925 zur Gründung des damals größten chemischen Konzerns der Welt, der *I.G. Farbenindustrie Aktiengesellschaft*:

Die Aktivitäten der fusionierenden Unternehmen (u.a. *Agfa*, *BASF*, *Bayer* und *Farbwerke Höchst*) wurden ab 1929 in drei **produktbezogenen Sparten** zusammengefaßt, die jeweils Produktions- und Vertriebsaufgaben übernahmen und von Vorstandsmitgliedern geleitet wurden. Ergänzt wurden diese Sparten durch eine Vielzahl von Leitungsgremien und Koordinationsorganen: So gab es beispielsweise Zentralstellen wie die Zentralbuchhaltung und die Zentralsteuerabteilung und Kommissionen wie den Technischen Ausschuß und den Kauf-

B

männischen Ausschuß, die Steuerungs- und Abwicklungsaufgaben für den gesamten Konzern ausübten. Die Organisationsstruktur der *I.G. Farbenindustrie AG* folgte damit dem von *Carl Duisberg* so bezeichneten »Prinzip der zentralisierten Dezentralisation«, das den chemischen Werken zwar ein relativ hohes Maß an Selbständigkeit zugestand (insbesondere auf dem technischen Gebiet), gleichzeitig aber der zentralen Konzernführung jederzeit die Möglichkeit zur Einflußnahme gab. Im Laufe der Zeit verlagerte sich die Entscheidungsfindung aber immer mehr auf die Ebene der Sparten (vgl. *Vahs, D.* 1990 S. 139 ff.).

Die divisionale Organisation entwickelte sich nach dem Zweiten Weltkrieg zu der wichtigsten Organisationsform diversifizierter Großunternehmen. In Deutschland findet sie sich vermehrt seit Mitte der sechziger Jahre, als große Unternehmen, wie beispielsweise die *Siemens AG*, von einer funktionalen zu einer divisionalen Struktur übergingen. Mittlerweile ist sie in allen Wirtschaftszweigen weit verbreitet. Während im Jahr 1960 noch über 80% der 78 größten in deutschem Besitz befindlichen Unternehmen funktional organisiert waren, sank dieser Anteil bis 1970 auf unter 40% (vgl. *Picot, A./Dietl, H./Franck, E.* 1997 S. 236). *Bleicher* bezeichnet die divisionale Organisation sogar als »das Organisationsmodell der zweiten Hälfte des zwanzigsten Jahrhunderts« (*Bleicher, K.* 1991 S. 436; zum folgenden vgl. auch *Bühner, R.* 1996 S. 124 ff., *Frese, E.* 1995 S. 354, *Hill, W./Fehlbaum, R./Ulrich, P.* 1994 S. 178 ff., *Kieser, A./Kubicek, H.* 1992 S. 225 ff., *Krüger, W.* 1993 S. 100 ff., *Picot, A./Dietl, H./Franck, E.* 1997 S. 236 ff.).

Die Schilderung der beiden historischen Beispiele weist bereits auf das wichtigste Strukturmerkmal der divisionalen Organisation hin, die auch als **Geschäftsbereichs-** oder **Spartenorganisation** bezeichnet wird: Die Organisationseinheiten der zweiten Hierarchieebene werden nach **Objekten** (Produkten/Produktgruppen/Produktlinien, Regionen/Märkten, Kunden/Kundengruppen) gebildet. Wie bei der funktionalen Organisation beruht das Leitungssystem auf dem **Einliniensystem**, d.h. die nachgeordneten Organisationseinheiten erhalten auch in der divisionalen Organisation jeweils nur von einer vorgesetzten Leitungsstelle Anweisungen (vgl. Abb. 49).

Divisions/Unternehmensbereiche

Durch die Zentralisation nach Objekten entstehen Organisationseinheiten, die **Divisions**, Geschäftsbereiche oder Sparten genannt werden und für ihren jeweiligen Objektbereich unternehmerisch verantwortlich sind. Die Divisions selbst sind auf der dritten Ebene in der Regel funktional gegliedert und mit Linienkompetenzen ausgestattet. In sehr großen Unternehmen oder Konzernen wird mitunter auch eine mehrstufige Divisionalstruktur realisiert, indem mehrere Divisions mit ähnlicher Ausrichtung zu **Unternehmensbereichen** unter einheitlicher Leitung zusammengefaßt werden (vgl. Abb. 69). Der heutige Trend zu relativ kleinen »busi-

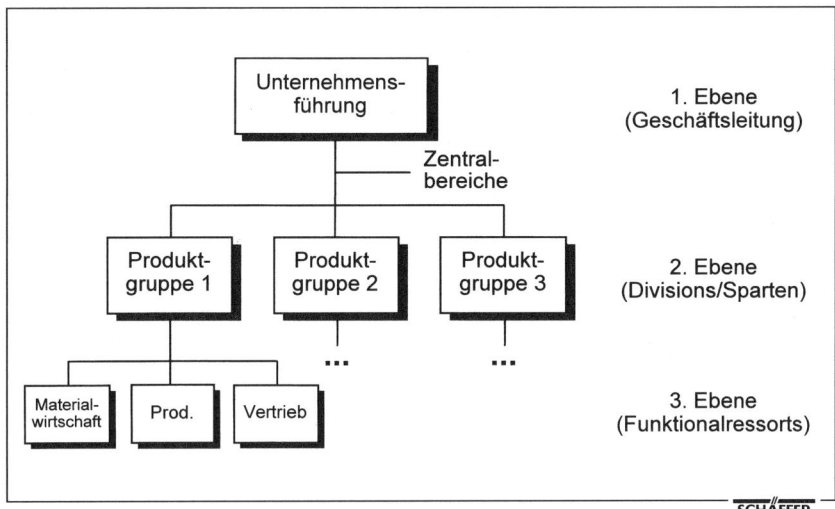

Abb. 49: Divisionale Organisation

ness units« fördert die Mehrstufigkeit. Durch die Bildung von Unternehmensbereichen sollen **Verbundeffekte** (sog. Synergieeffekte oder 2 + 2 = 5-Effekte) zwischen den zugehörigen-Divisions genutzt werden. Synergieeffekte bewirken durch die Zusammenfassung von Einzelaktivitäten eine Gesamtwirkung, die größer ist als die Summe der Einzelwirkungen. Sie ergeben sich beispielsweise dann, wenn unteilbare Ressourcen (z.B. Fertigungskapazitäten) durch eine einzige Division nicht voll ausgelastet werden können oder wenn die Divisions wechselseitig von ihren Kenntnissen und Erfahrungen in den Bereichen Forschung und Entwicklung, Produktion, Marketing und Vertrieb usw. profitieren.

Die Bildung von Divisions kann sich an Produkt-, Regional- und Kundengesichtspunkten orientieren:

- **Produktorientierte Divisions**, die häufig auch als Sparten bezeichnet werden, sind in der Geschäftsbereichsorganisation die Regel. In ihnen werden entweder technologisch ähnliche Produkte oder Produkte für die gleichen Marktsegmente zusammengefaßt. Die Divisions verfügen über die erforderlichen leistungsorientierten Funktionsbereiche (insbesondere Produktion und Vertrieb) und umfassen je nach Autonomiegrad auch ressourcenorientierte Bereiche (beispielsweise Personal, Materialwirtschaft/Logistik). **Arten von Divisions**

Die produktorientierten Divisions werden in der *Siemens AG* als »Bereiche« bezeichnet und wie folgt beschrieben (*Siemens AG* [Hrsg.] 1990 S. 15):

B

B

»Die Bereiche – einschließlich Bereiche mit eigener Rechtsform und selbständige Geschäftsgebiete – sind auf ihren jeweiligen Arbeitsgebieten Träger des weltweiten Geschäftes und verantwortlich für die Entwicklungs-, Fertigungs- und Vertriebsaktivitäten sowie für den Ertrag. Sie bilden unternehmerische Einheiten mit einem klaren Profil am Markt und im Wettbewerb und verfügen über die zur Führung des Geschäftes notwendigen Ressourcen. Jeder Bereich ist damit so beweglich und schlagkräftig wie ein leistungsfähiges eigenständiges Unternehmen.«

- Vor allem international tätige Unternehmen divisionalisieren teilweise auch nach **regionalen** Merkmalen. Das macht Sinn, wenn wichtige Aufgaben »vor Ort« wahrgenommen werden sollen oder die unmittelbare Marktnähe von Vorteil für ein Unternehmen ist (z.B. durch die Nutzung von Standortvorteilen oder die Umgehung von Handelshemmnissen). Die regionalen Divisions sind in diesem Fall oft rechtlich selbständige, regionale Tochtergesellschaften, die einen unmittelbaren Bezug zu einer oder zu mehreren produktorientierten Divisions haben, wie das folgende Beispiel der *Siemens AG* zeigt (*Siemens AG* [Hrsg.] 1990 S. 16):

B

»Die Regionalen Einheiten verwirklichen grundsätzlich die geschäftlichen Ziele der Bereiche, die ihnen ein Höchstmaß an unternehmerischer Verantwortung und Handlungsfreiheit vor Ort übertragen. Im Inland wird das Geschäft unter dem Dach der Zweigniederlassungen durch den zuständigen Bereich geführt. In allen anderen Ländern gilt der Grundsatz der einheitlichen Vertretung des Unternehmens in einem Land. Die Landesgesellschaften sind unsere Regionalunternehmer vor Ort. Sie verwirklichen die Ziele der Bereiche im Rahmen ihrer eigenen Ergebnisverantwortung.«

- Um besser auf die Bedürfnisse der Kunden eingehen zu können, werden Divisions **kundenorientiert** gebildet. Dies ist allerdings nur möglich, wenn sich unterschiedliche Kundengruppen differenzieren lassen. Die einzelnen Produkte können derjenigen Division zugeordnet werden, deren Kunden den größten Anteil am Produktumsatz haben. Der Vorteil einer derartigen Struktur ist insbesondere darin zu sehen, daß ein Kunde nur eine Division als Ansprechpartner hat, wenn es um die gesamte Produktpalette des Unternehmens geht (»one face to the customer-Philosophie«).

Center-Konzepte und Intrapreneuring

Grundsätzlich sollen die Divisions so **autonom** wie möglich sein, d.h. sie müssen über alle für ihr Tagesgeschäft erforderlichen Funktionen verfügen. In der Praxis werden sie mit unterschiedlichen Verantwortlichkeiten und Kompetenzen ausgestattet. Die Bandbreite reicht dabei von der Beschränkung auf eine reine Kostenverantwortung (Cost Center) bis zur (Mit-)Entscheidung über die Gewinnverwendung (Investment Center). In jedem Fall entstehen mehr oder weniger umfassende Freiräume, die den Unternehmergeist der Center-Leiter fördern sollen. In diesem Zusammenhang ist häufig von »Intrapreneuring« oder »Intrapreneurship« die Rede.

Der Begriff des **Intrapreneuring** geht auf *Giffort Pinchot* zurück, der dieses Kunstwort aus den Begiffen »**Intra**-Corporate« und »**Ent-re-Preneuring**« gebildet hat. Intrapreneuring soll vor allem die Innovationen in Großunternehmen durch die Einbeziehung des unternehmerischen Talents und des Erfindungsreichtums der Mitarbeiter beschleunigen. Der **Intrapreneur** ist diejenige Person, die das interne Unternehmertum im Großunternehmen durch eigeninitiiertes und innovatives Denken und Handeln fördern soll, so wie es auch die Aufgabe des selbständigen Unternehmers (des Entrepreneurs) ist. Durch den starken Innovationsdruck, unter dem die Unternehmen stehen, besitzt das Intrapreneuring eine zunehmende Bedeutung. Insbesondere in Großunternehmen können die im folgenden dargestellten Center-Konzepte einen strukturellen Beitrag leisten, um durch die Delegation von Aufgaben, Verantwortung und Kompetenzen mehr unternehmerische Entscheidungs- und Handlungsspielräume zu schaffen und so die Reaktionsfähigkeit und die Flexibilität des Gesamtunternehmens zu verbessern (vgl. *Frey, D./ Kleinmann, M./Barth, S.* 1995 Sp. 1272 ff., *Pinchot, G.* 1985, *Vahs, D./Burmester, R.* 1999 S. 324 ff.).

Als **Cost Center** (wegen der Betrachtung der Ausgabenseite teilweise auch als »Expense Center« bezeichnet) besitzen die Divisions lediglich im Rahmen der vorgegebenen **Kostenbudgets** Entscheidungskompetenzen. Sie sind damit prinzipiell nichts anderes als große Kostenstellen (vgl. *Hill, W./Fehlbaum, R./Ulrich, P.* 1994 S. 180). Mögliche Zielsetzungen sind die Einhaltung der Plankosten oder die Kostenminimierung bei einem bestimmten Umsatzvolumen. Teilweise können die Divisions selbständig entscheiden, ob sie die zur Leistungserstellung notwendigen Einsatzgüter von anderen Divisions oder von unternehmensexternen Lieferanten beziehen. Im ersten Fall ist die interne Leistungsverrechnung durch die Bildung von Transferpreisen zu regeln. Im zweiten Fall kann es zu einer ungewollten Wettbewerbssituation zwischen den Organisationseinheiten des eigenen Unternehmens und den externen Konkurrenten kommen. Dies führt in der Praxis häufig dazu, daß die Entscheidungsfreiheit der Divisions zumindest in bezug auf den Zukauf einiger Vorprodukte oder Leistungen eingeschränkt wird. Reine Cost Center sind deshalb nur in einer funktionalen Organisation oder bei Produktionsstätten ohne einen direkten Zugang zum Absatzmarkt sinnvoll.

Cost Center

Profit Center sind für das ihnen zurechenbare wirtschaftliche Ergebnis verantwortlich. Der Erfolg einer Division wird am Ge-

Profit Center

winn oder an der **Rentabilität** des eingesetzten Kapitals (return on investment) gemessen. Die Geschäftsbereichsleiter sind Quasi-Unternehmer mit weitreichenden Entscheidungskompetenzen. Ihre Autonomie unterliegt jedoch gewissen Restriktionen. So können sie in der Regel nicht selbständig über die qualitative und quantitative Zusammensetzung des Produktionsprogramms und über das Investitionsvolumen entscheiden, sondern müssen die Zustimmung der Unternehmensführung einholen.

Investment Center

Als **Investment Center** haben die Divisions den Charakter von »Unternehmen im Unternehmen«. Die Leiter der Investment Center können im Vergleich zu den Profit Center-Leitern zusätzlich über die **Gewinnverwendung** im Rahmen reinvestiver Maßnahmen bestimmen. Dabei wird sich die Unternehmensführung aber regelmäßig ein Mitspracherecht vorbehalten, um so die Gesamtkoordination der Mittelverwendung sicherzustellen.

Zentralbereiche/ -abteilungen

Die weitgehende Selbständigkeit der Divisions beinhaltet die Gefahr einer Freisetzung von starken zentrifugalen Kräften, die erhebliche Koordinationsprobleme aufwerfen. Deshalb kann es sinnvoll sein, einem übertriebenen Autonomiestreben durch **Zentralbereiche/-abteilungen** entgegenzuwirken (z.B. Strategische Unternehmensplanung, Zentralcontrolling, Finanzen, Personal, Recht, Organisation, Logistik, Grundlagenforschung; zu typischen Zentralbereichen vgl. *Kreikebaum, H.* 1992 Sp. 2604 f.). Zentralbereiche sind funktional orientierte Dienstleistungsstellen, die koordinierende und unterstützende Querschnittsaufgaben wahrnehmen. Dadurch entsteht zumindest ansatzweise eine Matrixstruktur (vgl. auch die Kennzeichnung von Dienstleistungsstellen im Abschnitt 4.4.1.3 und des Funktionsmanagements in Abschnitt 5.5.3):

- Als spartenübergreifende Organisationseinheiten üben die Zentralbereiche für die oberste Leitung **unternehmensweite Koordinations-** und **Kontrollfunktionen** aus. Wenn sie gegenüber den mit Linienkompetenz ausgestatteten Divisions fachliche Richtlinienkompetenz besitzen, ergeben sich Formen eines eingeschränkten Matrixsystems. Dadurch soll sichergestellt werden, daß die einzelnen Divisions im Interesse des Gesamtunternehmens handeln.
- Die Zentralbereiche erbringen gleichartige Dienstleistungen für mehrere Divisions. Auf diese Weise lassen sich **Spezialisierungsvorteile** nutzen sowie **Größendegressions-** und **Synergieeffekte** erzielen. Typische Beispiele hierfür sind die zentrale Materialwirtschaft, die durch den zentralen Einkauf von unternehmensweit eingesetzten Vorprodukten und -leistungen entsprechend günstige Liefer- und Leistungsbedingungen aushandeln kann (z.B. Mengenrabatte und langfristige Zahlungsziele), oder das Personalwesen, dessen spezialisiertes fachliches Know-how

nicht mehrfach verfügbar sein muß (z.B. bei der externen Personalbeschaffung).

- Gewisse Aufgaben brauchen nur aus der **Sicht des Gesamtunternehmens** erbracht zu werden. Hierzu gehören beispielsweise Funktionen wie Recht, Patente, Steuern, Versicherungen oder Öffentlichkeitsarbeit. In mitbestimmungspflichtigen Unternehmen (MitbestG von 1976 und MontanMitbestG von 1951) ist ein Arbeitsdirektor zwingend vorgeschrieben und damit die Einrichtung eines Zentralbereichs Personal auch aus diesem Grund erforderlich.

Bei der Bildung von Zentralbereichen ist darauf zu achten, daß keine Funktionen zentralisiert werden, die für den Erfolg der Geschäftsbereiche wesentlich sind. Ansonsten würde die mit der divisionalen Struktur gewollte Autonomie der dezentralen Geschäftseinheiten zu sehr eingeschränkt. Die Leiter der Divisions könnten bei negativen wirtschaftlichen Ergebnissen zu Recht darauf verweisen, daß wesentliche Aufgabenbereiche ihrer Verantwortung entzogen wurden und sie so nicht ausreichend handlungsfähig waren.

Die zentralen Aufgaben der Unternehmensführung sind die **strategische Führung und Kontrolle** der Divisions (vgl. *Schulte-Zurhausen, M.* 1995 S. 231). Dazu gehören insbesondere

- die Formulierung der Unternehmenspolitik und -strategie,
- die Finanz- und Ergebnisplanung und die laufende Überwachung der Geschäftsergebnisse mit Hilfe von Planungs- und Kontrollsystemen,
- die personelle Besetzung der obersten Leitungsfunktionen in den Divisions und
- die Entscheidung über die Verteilung der finanziellen Ressourcen (v.a. Forschung und Entwicklung sowie Sachinvestitionen).

Aufgaben der Unternehmensführung

Die **Organisation der Unternehmensführung** kann in einer divisionalen Organisation nach verschiedenen Konzepten erfolgen (vgl. *Bühner, R.* 1996 S. 128 f.):

- Die oberste Unternehmensführung kann **ressortlos** sein, d.h. keine operative Verantwortung für die Divisions oder die Zentralbereiche besitzen. Sie hat ausschließlich strategische Leitungsaufgaben und ist somit eine gegenüber dem Verlauf des Tagesgeschäfts unabhängige Instanz. Diese Variante entspricht der klassischen amerikanischen Philosophie der divisionalen Organisation. Sie birgt jedoch die Gefahr, daß sich die Unternehmensführung von der Realität »abkoppelt« und strategisch verselbständigt.

Organisation der Unternehmensführung

- In den meisten deutschen Unternehmen sind die Mitglieder der Geschäftsführung oder des Vorstands gleichzeitig die **Leiter von operativen Geschäftsbereichen** und damit sowohl für das Ergebnis ihrer Division als auch für das Ergebnis des Gesamtunternehmens verantwortlich. Der Vorteil dieses Konzepts ist es, daß zum einen der lückenlose Informationsfluß bis in die Unternehmensspitze sichergestellt ist und zum anderen die Belange der Divisions bei der Leitung des gesamten Unternehmens ausreichend berücksichtigt werden. Nachteilig wirken sich Bereichsegoismen aus, die bis in die Unternehmensspitze hinein wirksam werden und hier zu Konflikten führen können. Außerdem sind die Mitglieder der Unternehmensführung stark durch operative Aufgaben belastet; für strategische Aufgaben bleibt entsprechend wenig Zeit. Schließlich kann es zu einer unvertretbar großen Zahl von Mitgliedern in dem obersten Leitungsgremium kommen. Beispielsweise gehörten dem Vorstand von *Siemens* nach der Divisionalisierung im Jahr 1969 nicht weniger als dreißig Mitglieder und ein ressortloser Vorsitzender an. Um diesen Nachteilen entgegenzuwirken, wurde die Organisation Ende der achtziger Jahre gestrafft und die Zahl der Vorstandsmitglieder drastisch reduziert (vgl. *Vahs, D.* 1990 S. 205).
- Eine weitere Variante ist die **Leitung der Zentralbereiche** durch die Mitglieder der Unternehmensführung. Die Geschäftsbereiche sind zwar der Unternehmensführung unterstellt, ihre Leiter gehören aber nicht dem obersten Führungsgremium an. Einerseits ist dadurch eine ganzheitliche Steuerung des Unternehmens möglich, die grundsätzlich von den Interessen einzelner Divisions unabhängig ist; andererseits können die geschäftstragenden Divisions jedoch tatsächlich oder vermeintlich vernachlässigt werden, weil sich die Unternehmensführung und die Zentralbereiche nur noch »abgehoben« mit strategischen Fragen auseinandersetzen.
- Schließlich kann die Unternehmensführung die **Leitung der Geschäfts- und der Zentralbereiche** übernehmen. Bei der Realisierung dieser Variante sind sowohl die Interessen der operativen Bereiche als auch diejenigen der übergreifenden Funktionsbereiche in der Leitungsspitze vertreten, die damit für den unmittelbaren Interessenausgleich verantwortlich ist. Nachteilig an dieser Lösung sind die vermehrten Interessenkonflikte auf der obersten Leitungsebene und möglicherweise auch der personelle Umfang des Vorstands oder der Geschäftsleitung.

Vorteile

Der entscheidende Vorteil der divisionalen Struktur ist die bessere Ausrichtung des Unternehmens auf die spezifischen **Markt- und**

Wettbewerbserfordernisse. Die Organisationseinheiten sind unmittelbar für ihre Märkte, Kunden oder Regionen zuständig und können sich so flexibel auf Veränderungen einstellen. Durch die weitgehend autonomen Divisions wird der **Koordinations- und Kommunikationsbedarf** auf der zweiten Hierarchieebene verringert. Die Funktionen innerhalb der Divisions werden von der jeweiligen Bereichsleitung koordiniert. Eine Abstimmung der Divisions untereinander ist nur noch im Hinblick auf die Gesamtzielsetzungen des Unternehmens erforderlich. Dadurch können die operativen Entscheidungen schneller, sachkundiger (weil marktnäher) und flexibler getroffen und umgesetzt werden. Die **Ressourcentrennung** und die **Entscheidungsdezentralisation** ermöglichen die Erfolgszurechnung zu den einzelnen Divisions, deren Leiter als »Quasi-Unternehmer« an der Erreichung ihrer (zumeist Gewinn-)Ziele gemessen werden. In Abhängigkeit von der gewählten Organisationsvariante kann die Unternehmensführung völlig vom Tagesgeschäft entlastet werden und sich auf die Gesamtkoordination und die strategischen Fragestellungen konzentrieren. Die Übertragung der Gewinnverantwortung auf die zweite Hierarchieebene ermöglicht eine bessere **Personalentwicklung**, weil geeignete Führungskräfte früher an unternehmerische Aufgaben herangeführt werden können. Schließlich ist die divisionale Organisation im Hinblick auf **Umstrukturierungen** äußerst anpassungsfähig. Divisions können ohne eine grundlegende Reorganisation eingegliedert, rechtlich verselbständigt, zusammengefaßt oder abgestoßen werden.

Das Kernproblem der divisionalen Organisation ergibt sich aus dem **Autonomiestreben** der Divisions einerseits und dem **zentralen Koordinationsbedarf** andererseits. Wird die Struktur zu sehr zentralisiert, verbleiben den Divisions nur enge Entscheidungs- und Handlungsspielräume. Ihre Markt- und Kundennähe kann nicht effizient genutzt werden. Liegt dagegen eine stark dezentralisierte Struktur vor, besteht die Gefahr einer **Suboptimierung** aus der Gesamtsicht des Unternehmens. Dazu trägt auch das Erfordernis bei, gewisse Funktionsbereiche (z.B. Produktion und Vertrieb) in jeder Division einzurichten; dies führt zumindest teilweise zu **Doppelarbeiten** und behindert die Ausschöpfung von Kostendegressionseffekten (economies of scale). Ungünstige Entwicklungen in den Divisions können ebenso zu spät entdeckt werden wie Abweichungen von der festgelegten Unternehmensstrategie. Unter Umständen bestimmen **Bereichsegoismen** und eine **kurzfristige Gewinnorientierung** das Denken und Handeln der Spartenverantwortlichen, die gemeinsam um die knappen Unternehmensressourcen konkurrieren. Mögliche Synergieeffekte werden nicht genutzt. Stattdessen kommt es innerhalb der Organisation zu **unproduktiven Konflikten**. Schließlich erfordert eine divisionale Struktur

Nachteile

durch die Dezentralisierung von Leitungsaufgaben prinzipiell mehr
Leitungsstellen als die Funktionalorganisation.

Divisionale Organisation	
Vorteile	**Nachteile**
• Entlastung der Unternehmens-führung; dadurch stärkere Konzentration auf strategische Fragen • ganzheitliche Delegation von Aufgaben, Verantwortung und Kompetenzen ist möglich • bessere Koordination und schnellere Entscheidungsfindung innerhalb der Divisions • Divisions können auf Umweltänderungen flexibel reagieren • weitgehende unternehmerische Selbständigkeit der Spartenleiter erhöht die Motivation und ermöglicht eine bessere Erfolgsbeurteilung • vielfältige Möglichkeiten der Personalentwicklung	• Gefahr des Spartenegoismus' und einer kurzfristigen Gewinnorientierung • suboptimale Ressourcenallokationen und Doppelarbeiten sind möglich • Mehrbedarf an Leitungsstellen • Zentralfunktionen zur übergreifenden Koordination der Divisions erforderlich • Gefahr von unproduktiven Konflikten zwischen den Divisions und zwischen den Divisions und den Zentralfunktionen
geeignet v.a. für mittlere und große Mehrproduktunternehmen, die sich in einer dynamischen Unternehmensumwelt befinden	

Abb. 50: Zusammenfassende Bewertung
der divisionalen Organisation

Voraussetzungen

Die Einrichtung einer divisionalen Organisationsstruktur setzt
demzufolge sowohl eine **ausreichende Unternehmensgröße** als auch
ein **heterogenes Leistungsprogramm** voraus. Nur in einem ausreichend großen Unternehmen ist es auch unter Kostengesichtspunk-
ten zweckmäßig, gleichartige Funktionsbereiche in verschiedenen
Divisions zu schaffen. Je unterschiedlicher die Leistungen und Produkte und je differenzierter die Absatzmärkte und Kunden sind,
desto eher bietet sich für ein Unternehmen die Divisionalstruktur
zur Lösung der Koordinationsprobleme an, weil diese Organisationsform eine Ausrichtung des Unternehmens auf relativ eigenständige Produkt-Markt-Beziehungen ermöglicht. Sie schafft Transparenz und trägt mit dazu bei, die unternehmerische Handlungsfä-
higkeit zu erhalten (vgl. *Bühner, R.* 1996 S. 131 f., *Grochla, E.* 1993
S. 188, *Kieser, A./Kubicek, H.* 1992 S. 229 f., *Krüger, W.* 1993 S. 102).

Eine einzige richtige Lösung bei der Gestaltung der zentralen und dezentralen Bereiche gibt es nicht. Die Ausprägung der divisionalen Organisation hängt im Einzelfall stark von den **situativen Rahmenbedingungen** und den **handelnden Personen** ab. Die Lösungsvarianten bewegen sich dabei in Abhängigkeit von den organisatorischen Gestaltungszielen zwischen den beiden Extremen einer zentralisierten und einer dezentralisierten Divisionalstruktur. Schematisch lassen sich die unterschiedlichen Gestaltungsalternativen durch **Divisionalisierungsprofile** darstellen (vgl. *Gälweiler, A.* 1971 S. 59 f.).

Ausprägungen

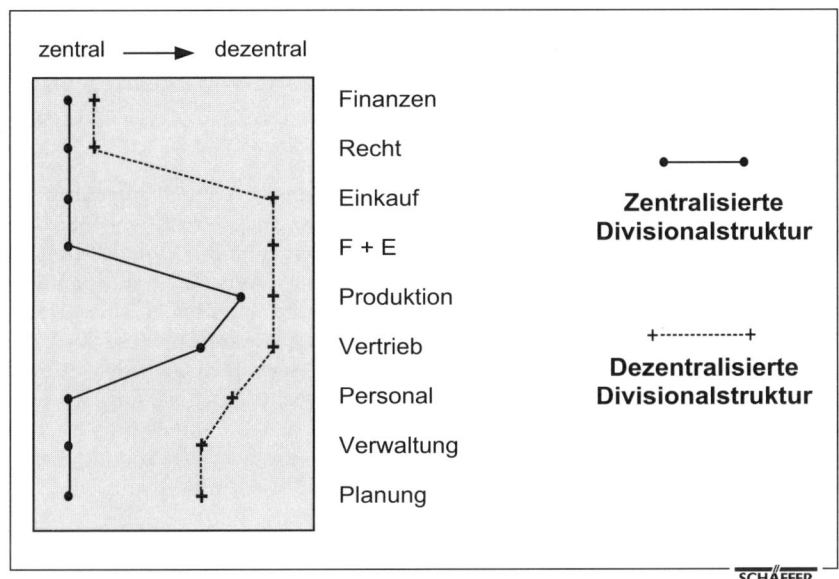

Abb. 51: Divisionalisierungsprofil

Um die divisionale Struktur bei ihrer praktischen Umsetzung zu **optimieren**, sollten die folgenden Möglichkeiten einzelfallbezogen auf ihre Zweckmäßigkeit hin geprüft werden (weiterentwickelt in Anlehnung an *Krüger, W.* 1993 S. 109 und *Roever, M.* 1992 S. 130 ff.):

- Die Divisions sollten so autonom wie möglich sein, d.h. alle geschäftsbezogenen Aufgaben sollten dezentralisiert werden, um eine größtmögliche Marktnähe und Flexibilität zu gewährleisten und unnötige Interdependenzen und Schnittstellen zu vermeiden.
- Alle nicht geschäftsspezifischen Funktionen sind zu zentralisieren. Die Zentralbereiche sind eindeutig nach Steuerungs- und nach Dienstleistungsfunktionen zu trennen.

Optimierungs-möglichkeiten

- Für zentrale Dienstleistungsfunktionen empfiehlt es sich, sogenannte Service Center einzurichten (auch als Kompetenzcenter oder Dienstleistungscenter bezeichnet), die ihre Leistungen für die Divisions zu marktgerechten Preisen anbieten und ggf. sogar für den externen Markt arbeiten. Ein Beispiel sind die in letzter Zeit in größeren Unternehmen entstandenen Beratungsbereiche (z.B. das »Inhouse Consulting« des Zentralbereiches Unternehmensplanung und -entwicklung der *Siemens AG* oder das »Management Consulting« im zentralen Personalressort der *DaimlerChrysler AG*), die ihr Beratungs-Know-how nicht nur den unternehmensinternen Bereichen sondern teilweise auch externen Klienten zur Verfügung stellen.
- Hinsichtlich der Erstellung von Vorprodukten oder Leistungen ist der Fremdbezug oder die Ausgründung von Tochtergesellschaften zu prüfen; nur unverzichtbare Leistungen (Kernkompetenzen) sollten integriert bleiben.

Die Struktur der *Siemens AG* ist ein Beispiel für eine divisionale Organisation (vgl. Abb. 52). Das Unternehmen, das im Geschäftsjahr 1996/97 mit 386.000 Mitarbeitern rund 107 Mrd. DM umgesetzt hat, ist in sechs Produktbereiche gegliedert. Diese Bereiche sind jeweils für die Entwicklung, die Produktion und den Vertrieb ihrer Leistungen zuständig und tragen die operative Verantwortung für ihre Geschäftätigkeit. Mehrere funktional ausgerichtete Zentralabteilungen übernehmen Koordinations-, Kontroll- und Querschnittsaufgaben für das Gesamtunternehmen. Daneben existieren weitere rechtlich selbständige Gesellschaften und regionale Einheiten, die das Unternehmen und seine Produktbereiche weltweit einheitlich repräsentieren sollen. Insofern wird die Produktverantwortung durch eine vertriebsbezogene regionale Verantwortung ergänzt (vgl. *Siemens AG* (Hrsg.) 1998a S. 80 f.).

5.4.3 Matrix- und Tensororganisation

Im Gegensatz zur funktionalen und divisionalen Organisation werden bei der **Matrixorganisation** die Organisationseinheiten der zweiten Hierarchieebene unter gleichzeitiger Anwendung **zweier Gestaltungsdimensionen** gebildet. Bei der **Tensororganisation** kommt noch mindestens eine weitere Dimension hinzu; die Organisationsform wird dann **drei-** oder **n-dimensional**. Die Matrix- und die Tensororganisation sind damit **mehrdimensionale Mehrlinienorganisationen**. Als Gliederungskriterien dienen Funktionen und Objekte (Produkte, Märkte, Kunden, Regionen, Projekte; zum Matrixsystem vgl. auch Abschnitt 4.6.3.1 und Abb. 38). Die folgenden Ausführungen beziehen sich auf die Matrixorganisation und sind sinngemäß auf die Tensororganisation zu übertragen (vgl. hierzu z.B. *Bleicher, K.* 1991 S. 566 ff., *Bühner, R.* 1996 S. 146 ff., *Kieser,*

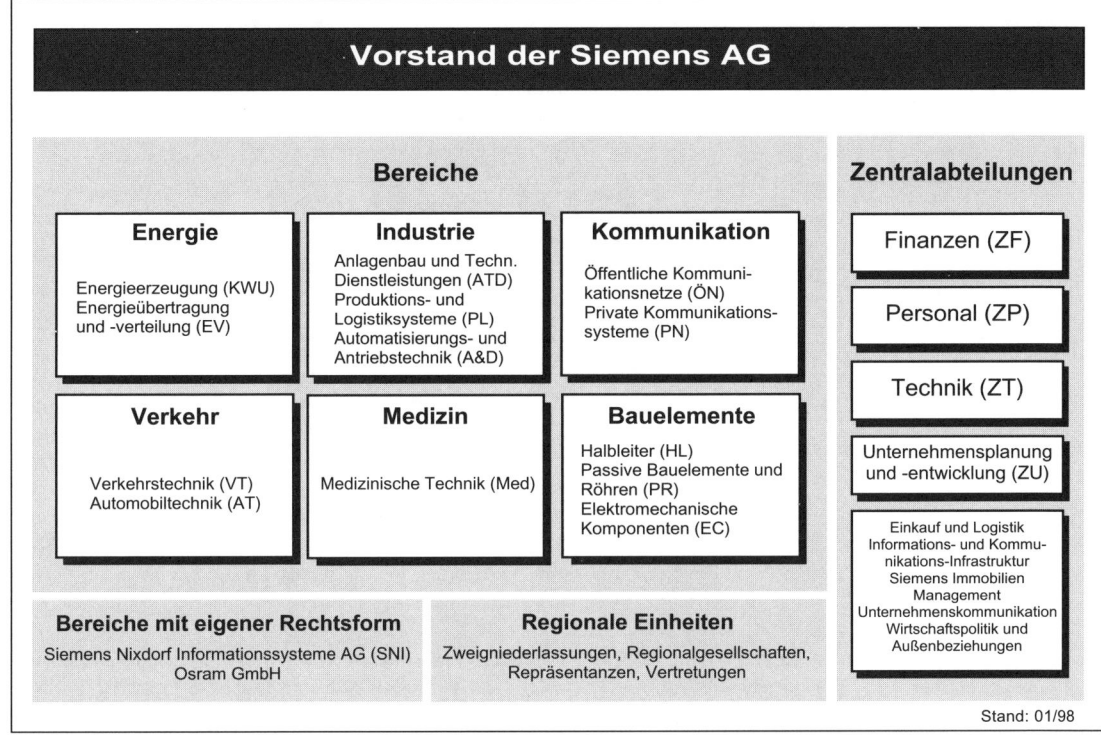

Abb. 52: Divisionale Struktur der *Siemens AG*

A./Kubicek, H. 1992 S. 270 ff., *Schanz, G.* 1994 S. 121 ff., *Scholz, C.* 1992 Sp. 1302 ff., *Staehle, W. H.* 1991 S. 665 ff.)..

Wie aus der Abbildung 53 hervorgeht, werden die **Matrixstellen** vertikal typischerweise funktional und horizontal typischerweise objektorientiert gebildet, wobei allerdings auch andere Gruppierungsmuster möglich sind. Die Matrixstellen sind der Unternehmensführung unmittelbar unterstellt und gegenüber den institutionalisierten **Matrixschnittstellen** weisungsbefugt. Die Matrixschnittstellen sind als organisatorische Einheiten für die eigentliche Aufgabenerfüllung zuständig. Bei ihnen handelt es sich entweder um reine Ausführungsstellen oder um Leitungsstellen, denen weitere Organisationseinheiten zugeordnet sind. Jeder Matrixschnittstelle sind zwei Matrixstellen übergeordnet. Daraus ergeben sich Kompetenzüberschneidungen, weshalb eine gleichzeitige und annähernd gleichberechtigte Koordination angestrebt wird.

Die Schnittpunkte der Matrix brauchen nicht aus Organisationseinheiten zu bestehen. Hierbei kann es sich auch um gemeinsam zu bewältigende **Problembereiche** handeln, über die sich die

Matrixstellen und Matrixschnittstellen

Matrixschnittpunkte als Problembereiche

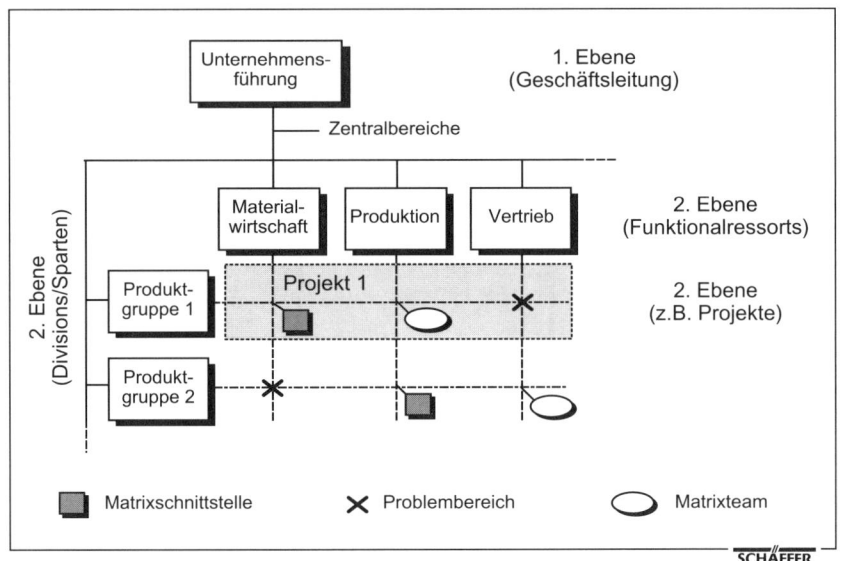

Abb. 53: Matrix-/Tensororganisation

beiden Dimensionen der Matrix abstimmen müssen. Die Aktivitäten zur Problemlösung werden von den Matrixstellen getragen. Derartige Abstimmungsprobleme treten aber in jeder Organisation auf, weshalb fraglich ist, inwieweit von einer eigenständigen Organisationsform gesprochen werden kann. *Bühner* bezeichnet diesen Fall wegen der fehlenden Matrixschnittstellen auch als »unvollständige Matrixorganisation« (vgl. *Bühner, R.* 1996 S. 149 f.); Andere Autoren rechnen ihn der Sekundärorganisation zu (vgl. *Schulte-Zurhausen, M.* 1995 S. 252 f.).

Matrixteams

Ein Vorschlag zur Lösung der Integrations- und Koordinationsprobleme an den Matrixschnittpunkten ist die Einrichtung von problembezogenen Arbeitsgruppen (sogenannte **Matrixteams**). Die Matrixteams setzen sich aus Vertretern der betroffenen Matrixstellen zusammen. Sie können das jeweilige Expertenwissen nutzen, wirken durch die partizipative Berücksichtigung der unterschiedlichen Problemperspektiven kreativitätsfördernd, bauen Ressortegoismen ab und tragen durch kürzere Kommunikationswege zu einer besseren Koordination bei (vgl. *Bleicher, K.* 1991 S. 569 f.).

Institutionalisierte Konflikte

Es wird deutlich, daß das zentrale Problem der Matrixorganisation ihre Konfliktanfälligkeit ist. Sie ergibt sich aus der Verteilung der Kompetenzen zwischen den beiden Gestaltungsdimensionen. Konzeptionsbedingt werden die Konflikte **gezielt** herbeigeführt. Man spricht deshalb auch von »**institutionalisierten Konflikten**« (deliberated conflicts) als einem beabsichtigten Effekt der Matrix. Durch eine offene Handhabung sollen die Konflikte zu innovativen Problemlösungen führen, die für die Aufgabenerfüllung nutzbar gemacht werden können. Die Voraussetzungen hierfür sind allerdings ein entsprechendes Konfliktmanagement und ein Machtgleichgewicht zwischen den Leitungsstellen der Matrix (vgl. *Schanz, G.* 1994 S. 123).

Als eine allgemeine **Regel zur Kompetenzverteilung** in der Matrixorganisation gilt, daß die objektorientierten Matrixstellen für das Was und Wann und die funktionsorientierten Matrixstellen für das Wer, Wie und Womit zuständig sind. Wird beispielsweise über die Aufnahme eines neuen Produkts in das Produktionsprogramm entschieden, so beschließt der Produktgruppenverantwortliche über die Art des Produkts und den Zeitpunkt des Fertigungsbeginns, während der Produktionsleiter festlegt, welche Mitarbeiter das Neuprodukt mit welchen Methoden und Sachmitteln herstellen sollen. *Bühner* weist jedoch darauf hin, daß eine derartige Kompetenzaufteilung wegen der gegenseitigen Interdependenzen der Zuständigkeitsbereiche praktisch allerdings fragwürdig ist. Um bei dem obigen Beispiel zu bleiben: Die Art des Produkts determiniert in der Regel die einzusetzenden Fertigungsmethoden und Maschinen. Sinnvoller ist es darum, eine Kompetenzverteilung entsprechend den jeweiligen Erfordernissen der Aufgabenstellung vorzunehmen oder einem der beiden im folgenden vorgestellten **Ansätze für die Kompetenzverteilung in der Matrixorganisation** zu folgen (vgl. *Bühner, R.* 1996 S. 147 ff., *Krüger, W.* 1993 S. 113, *Leumann, P.* 1979 S. 58 ff., *Schulte-Zurhausen, M.* 1995 S. 235 f., 238, *Thom, N.* 1990 S. 240):

Kompetenzverteilung

- Die einer Matrixschnittstelle gleichzeitig vorgesetzten Matrixstellen sind hinsichtlich ihrer Kompetenzen **gleichberechtigt** (balance of powers). In diesem Fall dürfen sie nur gemeinsam entscheiden; es besteht ein Zwang zur Konsensfindung. In der Praxis bestehen aber sehr wohl unterschiedliche Informations- und Beratungsrechte sowie unterschiedliche und wechselnde Kompetenzverteilungen zwischen den beiden Matrixstellen. Insofern läßt sich das Gleichgewichtigkeitspostulat nur auf die Gesamtheit aller Kompetenzen und nicht auf jede Einzelbefugnis beziehen. Ein Vetorecht für beide Matrixdimensionen kann dazu beitragen, die insgesamt gleichgewichtige Kompetenzverteilung dauerhaft sicherzustellen.

Gleiche Kompetenzen

- Die einer Matrixschnittstelle gleichzeitig vorgesetzten Matrixstellen sind hinsichtlich ihrer Kompetenzen **nicht gleichberechtigt**, d.h. der Einfluß der einen Dimension auf die Schnittstelle ist gewolltermaßen geringer als derjenige der anderen Dimension. Insofern kann eine Matrixstelle als verantwortlich für die Leitung der Matrixschnittstelle bezeichnet werden. Der Vor-

Ungleiche Kompetenzen

teil dieser Variante ist darin zu sehen, daß die Weisungskonflikte zwischen den jeweiligen Matrixstellen reduziert werden. Deshalb wird ihr in der Praxis häufig der Vorzug gegeben.

Zentralbereiche

Die geschilderten Kompetenzkonflikte an den Schnittstellen und die dezentralisierte Verantwortung erfordern analog zur divisionalen Organisation zentrale Organisationseinheiten. Die **Zentralbereiche** haben deshalb auch in der Matrixorganisation im wesentlichen Koordinations- und Steuerungsaufgaben und unterstützen die Matrixleitung bei ihren Aufgaben.

Unternehmensführung

Die Unternehmensführung übernimmt die Funktion der **Matrixleitung**. Sie hat neben der strategischen Führung und Kontrolle des Gesamtunternehmens die Aktivitäten der Matrixstellen zu koordinieren und im Konfliktfall schlichtend einzugreifen. *Bleicher* weist der Matrixleitung eine weitere wesentliche Rolle zu: Sie soll das Klima der Zusammenarbeit fördern, Hilfestellung bei der Suche nach Problemlösungen bieten und dafür Sorge tragen, daß Schwierigkeiten tatsächlich an den Schnittstellen und nicht durch Intervention einer übergeordneten Matrixstelle gelöst werden (vgl. *Bleicher, K.* 1991 S. 572).

Vorteile

Der wesentliche Vorteil der Matrixorganisation ist darin zu sehen, daß sie durch ihre Mehrdimensionalität die Chance zu **ganzheitlichen und innovativen Problemlösungen** bietet, bei denen die spezifischen Sichtweisen der verschiedenen Dimensionen berücksichtigt werden. Durch das zugrundeliegende Mehrlinienprinzip werden die **Kommunikationswege verkürzt**. Entscheidungen werden tendenziell auf die spezialisierten Instanzen der zweiten Hierarchieebene übertragen (**Entscheidungsdezentralisation**); dies entlastet die Unternehmensführung (wobei dieser Aspekt durch den erheblichen Koordinationsaufwand infolge der Schnittstellenprobleme u.U. überkompensiert wird). Die Matrix- und die Tensororganisation bieten wie die divisionale Organisation die Möglichkeit, eine Dimension gezielt auf die **Markt- und Wettbewerbserfordernisse** auszurichten. **Strukturelle Veränderungen**, bedingt beispielsweise durch die Aufnahme neuer Produkte oder die Bearbeitung neuer Märkte, sind dabei relativ problemlos möglich und erfordern keine Neugestaltung der gesamten Unternehmensorganisation. Schließlich können für die Matrixmanager im Rahmen der **Personalentwicklung** vielfältige Perspektiven aufgezeigt werden.

Nachteile

Problematisch ist in der Matrixorganisation insbesondere die Abgrenzung der funktionalen und der objektorientierten Kompetenzen. **Schnittstellenkonflikte** sind (bewußt) vorprogrammiert. Wenn damit auch die Hoffnung auf »produktive Konflikte« durch einen konstruktiven Interessenausgleich zwischen den Dimensionen verbunden wird, sind die Konflikte in der betrieblichen Praxis durch den erheblichen Zeitaufwand und die Probleme bei der Konsensfindung häufig unproduktiv. Diese Konfliktträchtigkeit kann eine **erhöhte Organisationsprogrammierung** bewirken. Die Informationswege und -umfänge sowie die Kompetenzen der Matrixstellen müssen detailliert geregelt werden, um das Konfliktpotential zu beschränken. Dadurch wird die **Entscheidungsfindung schwerfälliger** und führt unter Umständen zu unbefriedigenden, weil durch Vorschriften erzwungenen Kompromissen. Ein weiterer Nachteil der Matrix- und insbesondere der Tensororganisation ist das Erfordernis, die gemeinsamen Aufgaben und Probleme möglichst simultan aus unterschiedlichen Perspektiven zu betrachten. Daraus ergeben sich Schwierigkeiten, die in der **beschränkten Informationsverarbeitungskapazität** der handelnden Personen begründet sind (lack of cognitive capacity). Dem kann auch durch fachlich hochqualifizierte Führungskräfte und eine **hohe Leistungsintensität** nur zum Teil entgegengewirkt werden (zu den Vor- und Nachteilen von Matrix- und Tensororganisation vgl. auch Abb. 54).

Matrix-/Tensororganisation	
Vorteile	**Nachteile**
• ganzheitliche, innovative Problemlösungen unter Berücksichtigung von unterschiedlichen Standpunkten sind möglich • Entlastung der Unternehmensführung durch spezialisierte Leitungsfunktionen innerhalb der verschiedenen Dimensionen • kurze Kommunikationswege • flexible Anpassung der Organisation an die Markt- und Wettbewerbserfordernisse • Hierarchie steht nicht im Vordergrund • vielfältige Möglichkeiten der Personalentwicklung durch unternehmerische Perspektiven der Matrixmanager	• problematische Kompetenzabgrenzung durch die Mehrfachunterstellung der Ausführungsstellen; dadurch können Kompetenzkonflikte und Machtkämpfe entstehen • u.U. schwierige und zeitintensive Koordinations- und Entscheidungsprozesse • Gefahr zu vieler Kompromisse • hohe Informationsverarbeitungskapazität erforderlich • Bürokratisierungstendenzen durch aufwendige Kommunikations- und Kompetenzregelungen • großer Bedarf an qualifizierten Führungskräften
 geeignet v.a. für große Mehrproduktunternehmen, die sich in einer dynamischen Unternehmensumwelt befinden	

Abb. 54: Zusammenfassende Bewertung der Matrix-/Tensororganisation

Die Matrix- und die Tensororganisation können zu Recht als sehr **komplexe** und wegen der hohen fachlichen und sozialen Anforderungen, die sie an die Führungskräfte und deren Mitarbeiter stellen, auch als **komplizierte Organisationsformen** bezeichnet werden. Sie sind strukturell und verhaltensseitig außerordentlich anspruchsvoll.

B

PricewaterhouseCoopers ist ein weltweit tätiges Unternehmen, das im Jahr 1998 in über 150 Ländern einen Umsatz von insgesamt ca. US-$ 15 Mrd. erzielte. Es beschäftigt rund 140.000 Mitarbeiter und bietet Kunden jeder Größenordnung und Branche national und international Leistungen auf sämtlichen Gebieten der Prüfung und Beratung.

Um eine konsequente Fokussierung auf die von den Kunden nachgefragten Leistungen, auf die jeweilige Branche, auf die Größe der Kunden und auf die Besonderheiten ihrer Aufgabenstellung zu ermöglichen, hat sich *Pricewaterhouse-Coopers* für eine **Tensororganisation** entschieden. Auf globaler Ebene bestehen die **drei Dimensionen** Industries, Services und Geographies. Diese Dimensionen werden durch die internen Funktionsbereiche Operations, Human Capital und Risk Management unterstützt (vgl. Abb. 55):

- Die Dimension »**Industries**« untergliedert die Kunden in die **fünf Branchen** Finanzdienstleistungen (FS = Financial Services), Konsumgüter- und Industrieprodukte (CIP = Consumer and Industrial Products), Information, Telekommunikation und Medien (ICE = Information, Communication, Entertainment) sowie Energiewirtschaft (Energy and Mining) und Dienstleistungen (Services). In der Dimension »Industries« werden die Kunden nach ihrer Größe und nach dem Umfang ihrer Internationalisierung in **zwei Gruppen** unterteilt (»Market Segments«). Zu dem Segment PwC 2000 gehören die großen globalen, multinationalen und nationalen Unternehmen. Dem Segment Middle Market werden die großen und leistungsfähigen Mittelstandsunternehmen zugerechnet.
- Die Strukturdimension »**Services**« (nicht zu verwechseln mit der gleichnamigen Branche) umfaßt weltweit die **fünf Leistungsbereiche** Wirtschaftsprüfung und prüfungsnahe Dienstleistungen (ABAS = Assurance and Business Advisory Services), Steuer- und Rechtsberatung (TLS = Tax and Legal Services), Unternehmensberatung (MCS = Management Consultancy Services), Corporate Finance-Beratung (FAS = Financial Advisory Services) und Human Resource-Beratung (GHRS = Global Human Resource Services). Der Marktauftritt erfolgt über das gesamte Leistungsspektrum hinweg allerdings in erster Linie branchenbezogen.
- Die dritte Dimension bilden die **geographischen Einheiten** (»**Geographies**«). Innerhalb dieser Dimension wird zwischen Global, Theatres und Territories unterschieden. Es gibt vier Theatres: The Americas (Nord- und Südamerika), EMEA (Europe, Middle East and Africa), Asia und Eastern Europe/Former Soviet Union. Innerhalb der geographischen Großräume werden die Territories als organisatorische Einheiten geführt.

Den Kern des beschriebenen dreidimensionalen Tensors bildet das sogenannte »**Prisma**«. Für jeden Servicebereich (ABAS, TLS, MCS usw.) besteht eine eigene Version. Das in der Abbildung 55 dargestellte Prisma zeigt auf der Frontseite das Leistungsspektrum des **Servicebereichs Unternehmensberatung (MCS)**. Dieser Bereich bietet die Leistungen Strategieberatung (SC = Strategic Change), Prozeß-

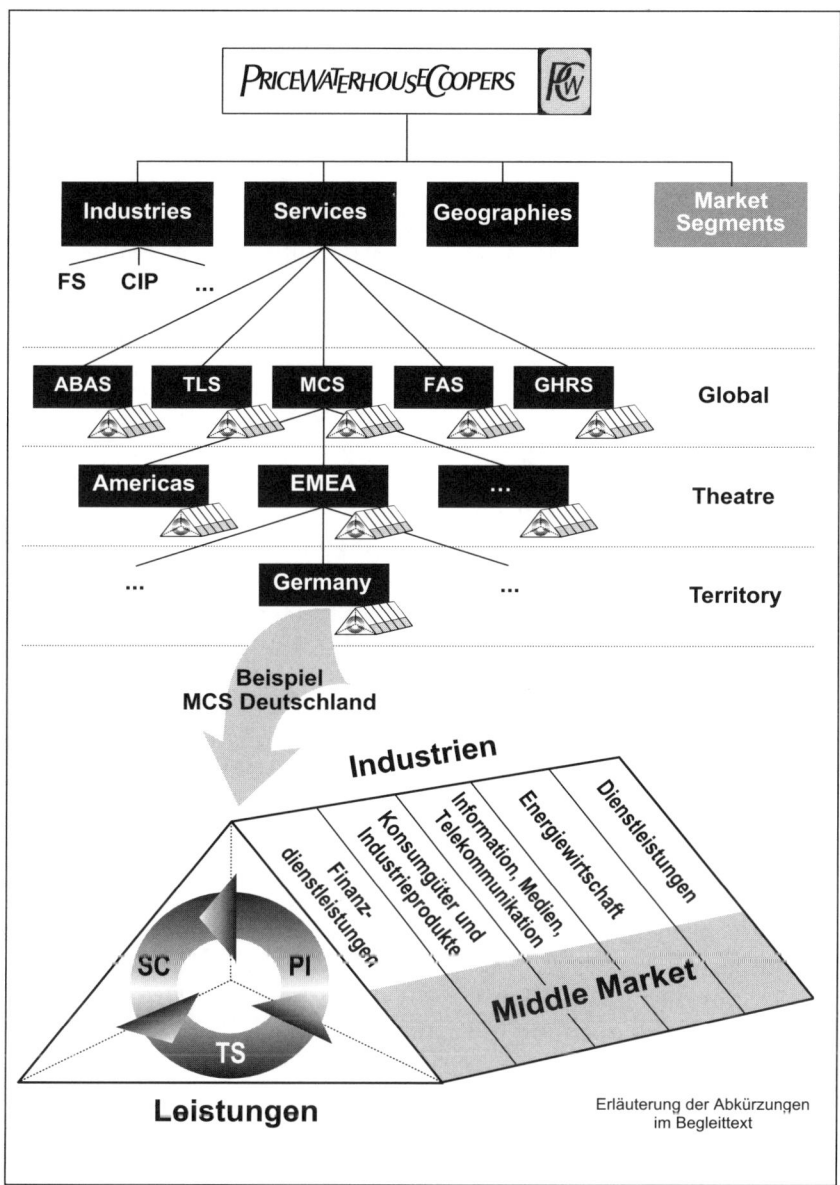

Abb. 55: Tensororganisation der *PricewaterhouseCoopers*
        Unternehmensberatung

beratung (PI = Process Improvement) und Technologieberatung (TS = Technology Solutions) an. Auf der Seite des Prismas werden die fünf Industriegruppen
und die Marktsegmente dargestellt (in der Abb. 55 ist das Segment »Middle
Market« hervorgehoben). Die einzelnen Bereiche innerhalb des Prismas werden
von den zugeordneten Partnern und deren Mitarbeitern vertreten. In dem deutschen MCS-Bereich wurden zu diesem Zweck Industry- und Service-Practice

B

Units (IPU´s und SPU´s) gebildet. Die Angehörigen dieser Practice-Units konzentrieren sich auf ihre jeweilige Kernkompetenz, also auf eine bestimmte Branche oder auf einen bestimmten Leistungsbereich bzw. auf eines der Marktsegmente. Bei der Durchführung von Kundenprojekten werden je nach Aufgabenstellung, Branchenzugehörigkeit und Marktsegment des Kunden projektbezogen Teams aus mehreren Practice-Units zusammengestellt. Soweit es sich um übergreifende Aufgabenstellungen handelt, können auch Spezialisten aus anderen geographischen Einheiten und aus anderen globalen Leistungsbereichen in das Projektteam eingebunden werden. Dadurch stellt *PricewaterhouseCoopers* sicher, daß das für eine bestimmte Aufgabenstellung erforderliche Know-how in jedem Fall »vor Ort« beim Kunden zur Verfügung steht. Mehrere internationale Wissenszentren (Centers of Excellence) unterstützen die Berater mit ihrem Expertenwissen und aktuellen Markt- und Branchenanalysen (vgl. *Pricewaterhouse-Coopers* [Hrsg.] 1998).

5.4.4 Holdingorganisation

Die zunehmende Globalisierung und Intensität des Wettbewerbs veranlassen immer mehr Unternehmen dazu, sich rechtlich zusammenzuschließen. Gleichzeitig wollen die einzelnen Unternehmen ihre Entscheidungsfreiheit hinsichtlich wichtiger Erfolgsparameter wie zum Beispiel der Strategie, des Produktprogramms oder der Organisationsform jedoch weitgehend behalten. Die Zielsetzung derartiger Zusammenschlüsse ist die Erzielung von Rationalisierungs- und Synergieeffekten durch die gemeinsame Nutzung des Know-how, der Infrastruktur in Forschung und Entwicklung, Beschaffung, Produktion, Logistik und Vertrieb sowie der personellen, finanziellen und materiellen Ressourcen. Als geeignete Gestaltungsform bietet sich die **Konzernstruktur** an (vgl. *Bleicher, K.* 1992 S. 69 f.).

Konzern

Der **Konzern** ist die wichtigste Form verbundener Unternehmen. Er entsteht, wenn mehrere rechtlich selbständige Unternehmen unter der einheitlichen Leitung eines herrschenden Unternehmens zusammengefaßt werden (§ 18 AktG). Trotz ihrer rechtlichen Selbständigkeit sind die einzelnen Konzernunternehmen einer gemeinsamen Geschäftspolitik unterworfen. Sie bilden zwar keine rechtliche, wohl aber eine wirtschaftliche Einheit. Die Leitung übernimmt eine Obergesellschaft (Muttergesellschaft). Nach ökonomischen und juristischen Kriterien läßt sich eine Vielzahl von Konzerntypen unterscheiden. Ein wesentliches Differenzierungskriterium ist der Aufgabenumfang der Muttergesellschaft: In einem **Stammhauskonzern** ist die konzernleitende Obergesellschaft zugleich der wirtschaftlich dominante Produktionsbetrieb des Konzerns. In einem **Holdingkonzern** nimmt die Obergesellschaft dagegen keine Produktionsaufgaben wahr. Sie konzentriert sich stattdessen auf die Verwaltung der Kapitalbeteiligungen an den übrigen Konzerngesellschaften.

Die Muttergesellschaft (Dachgesellschaft, Konzernleitung, Konzernzentrale, Konzernhauptverwaltung) des Holdingkonzerns wird als **Holding** bezeichnet. Sie bildet die Spitzeneinheit und führt die Tochtergesellschaften des Konzerns, die für die konkrete Leistungserstellung verantwortlich sind. Durch diesen Verbund mehrerer rechtlich selbständiger Unternehmen entsteht eine Konzern- oder **Holdingorganisation**.

Holding

Für die Bildung einer Holdingorganisation können folgende drei Gründe maßgeblich sein (vgl. *Gomez, P.* 1992 S. 169 ff., *Probst, G. J. B.* 1992 S. 75 f.):

- Ein **bestehendes Unternehmen** soll in verschiedene, rechtlich selbständige Gesellschaften aufgegliedert werden, um für bestimmte Marktsegmente eigenständige Verantwortungsbereiche mit dezentralen Entscheidungskompetenzen zu schaffen. Wesentliche Zielsetzungen sind die Ausrichtung des Unternehmens auf lokale Märkte (»close to the customer«) und die Fähigkeit zu einer flexiblen Reaktion auf potentielle Veränderungen von Markt und Wettbewerb.

Gründe für die Holdingorganisation

- Die Holding ist das Ergebnis der **Übernahme von Firmen**, die als rechtlich selbständige Gesellschaften in den Unternehmensverbund eingebunden werden sollen. Zentrale Zielsetzung ist die Realisierung von Rationalisierungs- und Synergieeffekten in den Bereichen Forschung und Entwicklung (z.B. durch eine gemeinsame Grundlagenforschung), Produktion (z.B. durch economies of scale) und Vertrieb (z.B. durch die gemeinsame Nutzung vorhandener Vertriebskanäle). Die Erzielung von derartigen Effekten ist in der Praxis allerdings schwierig: Die rechtlich selbständigen Bereiche wehren sich im Rahmen ihrer Entscheidungsautonomie in der Regel dagegen, Aufgaben und Kompetenzen zu teilen oder abzugeben, weil sie befürchten, ihre Möglichkeiten der Einflußnahme und damit letztendlich ihre Unabhängigkeit zu verlieren.
- Die Holding wird ausschließlich aus **finanziellen Gründen** errichtet. Ihre Bildung zielt im Schwerpunkt auf eine Ertrags- und Wertsteigerung des Konzerns ab. Neben einigen Kernunternehmen existieren weitere Unternehmen, die je nach Marktwert zugekauft oder verkauft werden.

Je nach Interessenlage von Konzernführung und/oder Gesellschaftern kann der Umfang der wirtschaftlichen Selbständigkeit der Tochterunternehmen konzernintern festgelegt werden. Die Verteilung der Aufgaben und Kompetenzen stellt dabei ein Kernpro-

Formen der Holdingorganisation

blem dar. Nach dem Aufgabenumfang und den Entscheidungskompetenzen der Konzernzentrale werden die folgenden drei **Formen der Holdingorganisation** unterschieden (vgl. Abb. 57):

Operative Holding

- Die **operative Holding** (Stammhaus) ist ein direkt am Markt tätiges Unternehmen, das auch die strategischen und die operativen Leitungsfunktionen im Konzern ausübt. Die Tochtergesellschaften sind nicht mehr als **rechtlich selbständige Teilbereiche**, die regelmäßig detailliert über ihre operative Zielerreichung (z.B. Absatzmengen, Kostenarten, Bestände) berichten müssen. In der Regel sind sie wesentlich kleiner als das Stammhaus und üben meistens eine ergänzende oder unterstützende Funktion aus.

Managementholding

- Die **Managementholding** (strategische Holding, geschäftsführende Holding) ist durch die Trennung konzernstrategischer und operativer Aufgaben gekennzeichnet. Sie leitet den Konzern strategisch, greift aber in die operative Leitung nur ausnahmsweise ein. Ihre Zentralbereiche (z.B. Finanzwirtschaft, Forschung, Strategische Planung, Recht, Öffentlichkeitsarbeit) arbeiten der Konzernleitung unmittelbar zu und unterstützen die Konzerntöchter beratend. Die operativen Leitungsfunktionen liegen ansonsten bei den Tochtergesellschaften, die mindestens über eigene Produktions- und Absatzbereiche verfügen und als **Profit Center** ergebnisverantwortlich sind. Sie formulieren ihre eigenen Geschäftsbereichsstrategien (in Abstimmung mit der Konzernzentrale) und berichten regelmäßig über ihre Ergebnisse (z.B. Gewinne, Umsätze, Kosten). Zusatzinformationen erhält die Zentrale dagegen nur auf Anforderung. Insofern sind die Freiheitsgrade in einer Managementholding deutlich größer als in einer operativen Holding. Die Konzerntöchter sind mit den Geschäftsbereichen der divisionalen Struktur vergleichbar, wobei als charakteristisches Merkmal die rechtliche Selbständigkeit hinzukommt.

  Für Konzerne, deren Geschäftsfelder gemeinsame Elemente oder gleiche Kernkompetenzen aufweisen, ist die Managementholding eine geeignete Organisationsform. Die Unternehmensfunktionen, die langfristig die Markt- und Wettbewerbsfähigkeit des Konzerns sichern sollen, verbleiben in der Konzernzentrale, während die operativen Funktionen in den Zuständigkeitsbereich der Tochterunternehmen fallen. Um eine einheitliche Leitung sicherzustellen, nehmen die Mitglieder des Konzernvorstands häufig ein **Doppelmandat** wahr, indem sie auch Funktionen (z.B. als Vorstands- oder Aufsichtsratsmitglied) in den obersten Leitungsgremien der Töchter ausüben.

Die Managementholding bringt eine Reihe von **Vorteilen** mit sich, indem die Manager der Töchter als »Unternehmer im Unternehmen« (Intrapreneure) handeln und Marktchancen unmittelbar nutzen. Außerdem können zukunftsträchtige Geschäftsfelder schnell aufgebaut und mit einer großen Selbständigkeit versehen werden. Defizitäre Bereiche lassen sich ebenso problemlos identifizieren und abstoßen. **Nachteilig** sind die möglicherweise auftretenden Kompetenzstreitigkeiten zwischen der Konzernzentrale und den weitgehend autonomen Tochterunternehmen. Die zentralen Konzernfunktionen werden oft als »Wasserkopf« ohne Mehrwert für die operativen Einheiten erlebt und demzufolge wird vielfach versucht, ihre koordinierenden und kontrollierenden Maßnahmen zu umgehen.

In Anlehnung an *Bleicher* sind in der Abbildung 56 die Aufgaben und Kompetenzen einer Managementholding von denjenigen der zugehörigen Tochtergesellschaften abgegrenzt (vgl. *Bleicher, K.* 1991 S. 655 f.).

Aufgaben und Kompetenzen der Managementholding

- Definition der Ziele und der Strategien des Gesamtkonzerns
- eventuell Genehmigung und Überwachung der operativen Bereichspläne und -budgets
- Bündelung von Ressourcen für die Bewältigung wesentlicher Zukunftsaufgaben wie
  > die Schaffung einer zukunftstragenden neuen Technologiebasis
  > die Erschließung neuer Geschäftsfelder
  > die Synthese von Teilgeschäften zu einem umfassenden Systemangebot
- konzernweite Kapital-, Liquiditäts- und Erfolgsplanung
- Festlegung der Diversifikationspolitik in bezug auf Produktgruppen, Technologien und regionale Märkte
- Kauf und Verkauf von Unternehmen oder Unternehmensbeteiligungen
- Entscheidung über Forschungs- und Investitionsschwerpunkte
- Koordination der Personalentwicklungsmaßnahmen einschließlich der Berufung und der Abberufung der obersten Führungskräfte der Tochtergesellschaften

Aufgaben und Kompetenzen der Tochtergesellschaften

- Formulierung der Bereichsziele und -strategien (zusammen mit der Konzernzentrale)
- Erarbeitung und Überwachung der operativen Pläne und Budgets
- Operative Geschäftsführung mit Ergebnisverantwortung

SCHÄFFER
POESCHEL

Abb. 56: Aufgaben von Managementholding
und Tochtergesellschaften

Finanzholding

- Die **Finanzholding** ist das extreme Gegenstück zur operativen Holding. Die Untereinheiten besitzen die größtmögliche Selbständigkeit. Die Zentrale gibt nur die finanziellen Ziele vor (z.B. Gewinn, Rendite, Cash flow), teilt die finanziellen Ressourcen zu und nimmt durch die Besetzung der obersten Führungspositionen Einfluß auf die Konzerntöchter. Die operative und die strategische Leitung liegt dagegen bei den Tochtergesellschaften, die nur über die Erreichung ihrer finanziellen Ziele berichten. Im Extremfall kann die Konzernmutter eine Verwaltungsgesellschaft für ein Finanzbeteiligungs-Portfolio sein, die durch die Realisierung von Größen-, Spezialisierungs- und Steuervorteilen eine Ertrags- und Wertoptimierung des Konzerns verfolgt. Je nach Zielsetzung können dabei einzelne Tochtergesellschaften verkauft oder es können neue Unternehmen in die Holding eingegliedert werden.

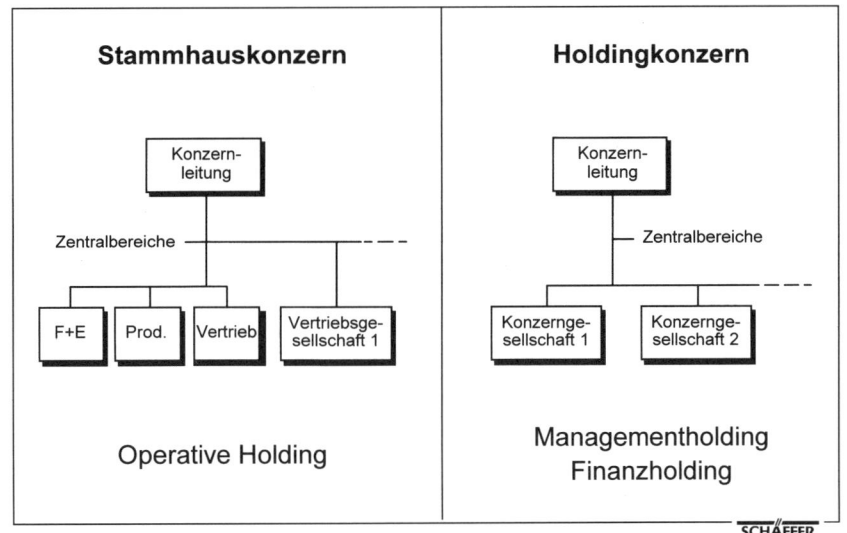

Abb. 57: Formen der Holdingorganisation

Vor- und Nachteile

Der entscheidende **Vorteil** der Holdingorganisation ist ihre Anpassungsfähigkeit: Zum einen bietet die Holding eine große **strategische Flexibilität**, indem sie es ermöglicht, bereits bestehenden Geschäftsfeldern durch Beteiligungen, Zukäufe oder Kooperationen neue aussichtsreiche Geschäftsfelder anzugliedern. Weniger attraktive Bereiche lassen sich dagegen in Beteiligungsgesellschaften umwandeln, ausgliedern oder verkaufen. Zum anderen bewirkt das hohe Maß an Dezentralisation eine größere **strukturelle Flexibilität** der Gesamtorganisation. Die Integration und die Desintegration der Konzerntöchter erfolgen durch ein relativ einfaches »An-

oder Abhängen«, ohne das organisatorische Grundmodell wesentlich zu verändern. Bei Gefährdungen und Störungen aus dem Unternehmensumfeld wird so die Anpassungszeit deutlich verkürzt. Durch die Möglichkeit, die Ergebnisverantwortung auf die Untereinheiten zu delegieren, läßt sich in der Holdingstruktur eine flachere Hierarchie mit verkürzten Informations- und Entscheidungswegen einrichten. **Nachteilig** können sich Widerstände der weitgehend selbständigen Tochtergesellschaften gegen die Maßnahmen der Holding auswirken. Daraus entsteht möglicherweise die Tendenz zu einer vermehrten Steuerung und Kontrolle der Töchter durch die Konzernleitung. In der Folge können die Flexibilitätsvorteile wieder verlorengehen (vgl. *Bleicher, K.* 1992 S. 74 ff., *Bühner, R.* 1993 S. 9 ff., *Kieser, A./Kubicek, H.* 1992 S. 246).

Die *Metro AG* ist als ein international ausgerichteter Handels- und Dienstleistungskonzern in Form einer **Managementholding** organisiert (vgl. Abb. 58). Im Jahr 1997 wurde ein Konzernumsatz von 64,1 Mrd. DM erzielt. Als Konzernleitung erarbeitet die *Metro AG* die Strategien und die Zielvorgaben für die Konzerngesellschaften und entscheidet im Rahmen ihrer Verantwortung über die Ressourcenallokation, die Internationalisierung und die Wege zur Erzielung von Synergien. Sie koordiniert die 13 Sparten mit den zugehörigen rechtlich selbständigen Gesellschaften (in der Sparte »Waren-Kaufhäuser« sind dies beispielsweise die *Kaufhof Warenhaus AG* und die *Kaufhalle AG*) und die Vertriebslinien und sichert die Auswahl und die Entwicklung von qualifizierten Führungskräften im Konzern. Die Sparten betreiben das operative Geschäft selbständig und sind für ihre Geschäftsergebnisse verantwortlich. Die der Managementholding direkt zugeordneten Dienstleistungsgesellschaften sind Know-how-Träger für den gesamten Konzern und übernehmen zentrale Querschnittsfunktionen (vgl. *Metro AG* 1998).

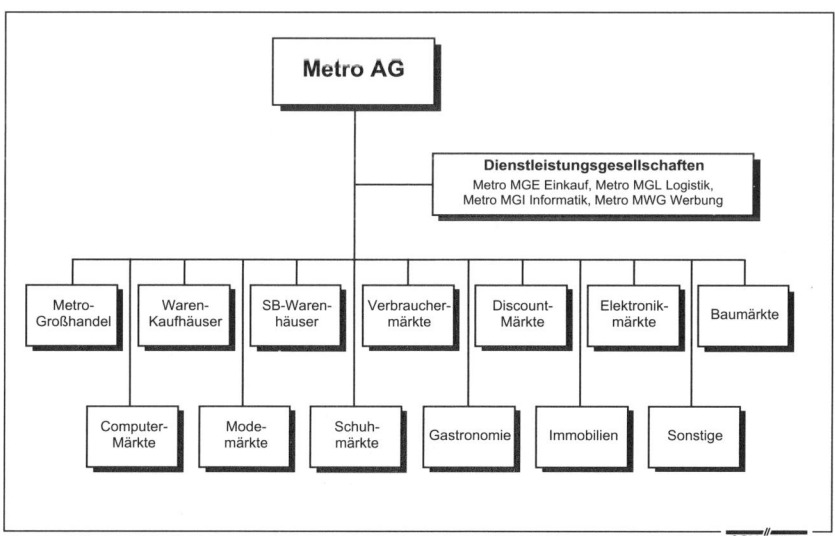

Abb. 58: Holdingstruktur der *Metro AG*

5.5   Formen der Sekundärorganisation

5.5.1 Produktmanagement

Das Produktmanagement wurde 1927 bei *Procter & Gamble* entwickelt und eingeführt, um die sich infolge der Weltwirtschaftskrise abzeichnenden Absatzschwierigkeiten bei **Konsumartikeln** zu überwinden. Verstärkte Anwendung fand es in den USA nach dem Zweiten Weltkrieg und in Deutschland seit den sechziger Jahren. Heute wird das Konzept v.a. in der Konsum- und in der Investitionsgüterindustrie eingesetzt (vgl. *Buro, H. F.* 1989 S. 344, *Tietz, B.* 1992 Sp. 2067).

Ziele und Voraussetzungen

Das Produktmanagement soll die **Anpassungsfähigkeit** an sich ändernde Märkte oder Marktsegmente verbessern und so die Wettbewerbsposition und die Überlebensfähigkeit des Unternehmens stärken. Seine Kernaufgabe ist die permanente Entwicklung von Produktneuerungen und deren Durchsetzung in den relevanten Zielmärkten. Der **Einsatz des Produktmanagements** als sekundäre Organisationsform ist vor allem unter zwei Voraussetzungen sinnvoll:

- Es liegt ein **vielfältiges und heterogenes Produktprogramm** vor, dem unterschiedliche Marktbedingungen gegenüberstehen. Wegen der Vielzahl divergierender Produkt-Markt-Beziehungen sind die Leitungsstellen der Primärorganisation nicht mehr in der Lage, eine produktbezogene Koordination der Unternehmensaktivitäten vorzunehmen.
- Die relevanten Märkte zeichnen sich durch eine **hohe Komplexität und Dynamik** aus. Diese Bedingungen erfordern Stellen, die sich auf die einzelnen Märkte konzentrieren und damit die Flexibilität und die Reaktionsfähigkeit des Unternehmens verbessern.

Konzept des Produktmanagements

Das Produktmanagement überlagert die Primärorganisation durch eine **produktbezogene Sekundärstruktur**. Dies ist bei Vorliegen der genannten Produkt- und Markt-Voraussetzungen vor allem in einem funktional organisierten Unternehmen zweckmäßig, kann aber auch innerhalb der Geschäftsbereiche einer divisionalen Struktur erforderlich sein, wenn dort viele unterschiedliche Produkte oder Produktgruppen eine individuelle Betreuung erfordern. Das Produktmanagement übernimmt als Einprodukt- oder als Mehrproduktmanagement die Koordination der Unternehmensaktivitäten im Hinblick auf die verschiedenen Absatzmärkte und unterstützt die Umsetzung einer marktorientierten Unternehmensführung. In wachsenden, funktional organisierten Unternehmen ist die Etablierung eines Produktmanagements oft die Vorstufe zur Divisionalisierung.

Getragen wird das Produktmanagement-Konzept von den **Produktmanagern**, die teilweise auch als Markenmanager (brand manager) bezeichnet werden. Sie sind Produktspezialisten und Funktionsgeneralisten in einer Person und nehmen insbesondere die folgenden Aufgaben wahr (vgl. *Tietz, B.* 1992 Sp. 2068):

Produktmanager

- Entwicklung, Realisation und Kontrolle von produktspezifischen Marketingkonzepten,
- Pflege des Produktimages innerhalb und außerhalb des Unternehmens,
- Gewinnung und Aufbereitung aller internen und externen Produktinformationen, insbesondere durch Beobachtung des Konsumenten- und Konkurrentenverhaltens,
- Erstellung produkt- oder produktgruppenspezifischer Umsatz-, Kosten- und Ergebnispläne,
- Unterstützung der technischen Bereiche bei der Produktentwicklung und Koordination der entsprechenden Aktivitäten.

In funktional organisierten Unternehmen (und damit auch in funktional organisierten Sparten) kann das Produktmanagement entweder in den Vertriebsbereich (und hier in das Marketing und nicht in den operativen Verkauf) integriert oder funktionsübergreifend eingerichtet werden. Bei einer **Einordnung in das Marketing** dient es vorrangig der Koordination aller absatzwirtschaftlichen Aktivitäten. Als **funktionsübergreifende Einrichtung** erhält es zusätzlich eine verstärkte Koordinationsfunktion für die Bereiche Entwicklung und Produktion. In der betrieblichen Praxis sind vier verschiedene Organisationsformen anzutreffen (vgl. Abb. 53):

- Beim **Stabs-Produktmanagement** ist der Produktmanager der Unternehmensführung, der Spartenleitung oder der Vertriebsleitung in Stabsfunktion direkt zugeordnet. Dabei beschränkt er sich in der Praxis nur selten auf die reine Informationssammlung und Entscheidungsvorbereitung; vielmehr üben die Produktmanager häufig einen starken Einfluß auf alle produktpolitischen Entscheidungen aus.
- In vielen Fällen findet sich auch eine Einordnung der Produktmanager als Linienstellen innerhalb des Vertriebsbereiches, wobei hier zumeist eine Zuordnung zum Marketing erfolgt. Dieses **Linien-Produktmanagement** ist dann zweckmäßig, wenn die Produktmärkte so heterogen und zugleich so umsatzträchtig sind, daß die Aufgabendifferenzierung nach Produkten oder Produktgruppen wirtschaftlich gerechtfertigt ist (vgl. *Kieser, A./Kubicek, H.* 1992 S. 146).
- Werden den Produktmanagern auch formal fachliche Weisungsbefugnisse gegenüber den Funktionsbereichen eingeräumt, liegt

Organisationsformen

ein **Matrix-Produktmanagement** vor. Damit kommt es zu Kompetenzüberschneidungen, die einzelfallbezogen oder durch Standardisierung zu regeln sind. Im allgemeinen werden den Produktmanagern jedoch keine Entscheidungs- und Weisungsbefugnisse gegenüber dem Entwicklungs- und dem Produktionsbereich eingeräumt, um deren Verantwortung nicht einzuschränken.

- Als produktbezogene Form der Selbstabstimmung ist die Einrichtung eines **Produktausschusses** möglich, der sich aus den Vertretern der Funktionsbereiche zusammensetzt und die Aufgaben des Produktmanagers übernimmt. Der Produktausschuß dient damit einerseits der Zusammenführung des fachlichen Sachverstands und stellt andererseits sicher, daß die Umsetzung der gemeinsamen Beschlüsse nicht durch Akzeptanzprobleme in den Linienabteilungen blockiert wird.

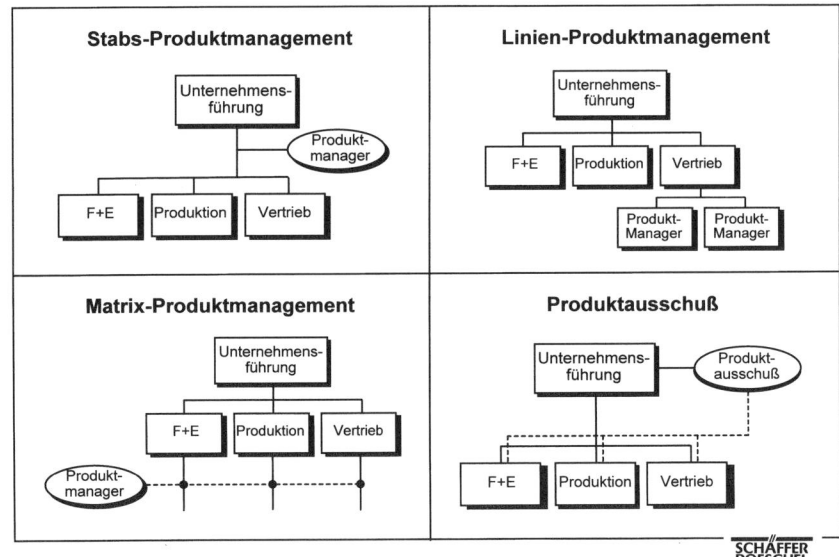

Abb. 59: Organisationsformen des Produktmanagements

Der britisch-niederländische *Unilever*-Konzern besteht weltweit aus 12 Geschäftsbereichen (Business Groups) und setzte 1997 rund 95 Mrd. Gulden um. Die Geschäftsbereiche sind nach regionalen Gesichtspunkten gegliedert (z.B. Europa, Nordamerika, Lateinamerika usw.) und tragen die Verantwortung für das operative Geschäft. Diese primäre Struktur wird von **globalen Produktgruppen** (categories) überlagert. Hierzu heißt es in der Beschreibung der Managementstrukturen von *Unilever* (vgl. *Deutsche Unilever* [Hrsg.] 1997a, *Jensen, S.* 1997 S. 116 ff.):

»*Unilever* hat 13 wichtige Gruppen von Verbrauchsgütern identifiziert (z.B. Tiefkühlkost, Feinkost, Waschmittel, Deodorants usw.; Anmerkung des Verfassers), die jeweils in mehreren Geschäftsbereichen vertreten sind und die daher von einer zentralen Führung profitieren können. ...

B

Jede der globalen Produktgruppen wird von einem **Produktgruppen-Team** betreut, an dessen Spitze ein Senior Vice President steht. Dem Team gehören u.a. Manager aus den Bereichen Marketing und Technologie an. Es hält den Kontakt zur Forschung und Entwicklung und ist einem der beiden Produktgruppen-Direktoren in *Unilever*s oberstem Führungsgremium, dem ›Executive Committee‹, unterstellt. In den Aufgabenbereich dieser Direktoren fallen Strategieentwicklung und Ausbau strategischer Marken, Innovationen und der Aufbau erstklassiger Fachkenntnisse in ihrer jeweiligen Produktgruppe.

Die Zusammenarbeit von Produktgruppen-Teams und Geschäftsbereichen erfolgt über internationale **Produktgruppen-Netzwerke** und hat den Charakter einer Mischung aus formellen und informellen Kontakten. Mag auch die konkrete Ausgestaltung der Netzwerke von Produktgruppe zu Produktgruppe unterschiedlich sein, so bildet doch die Beziehung zwischen Geschäftsbereichen und Produktgruppen-Teams den Grundpfeiler der neuen Organisation« (*Deutsche Unilever* [Hrsg.] 1997b S. 4; Hervorhebungen durch den Verfasser).

5.5.2 Kundenmanagement

Die Ausrichtung der Organisation auf bestimmte Kundengruppen und Großkunden (Key Accounts) ist in der Investitionsgüterindustrie (z.B. im Anlagenbau oder in der Werftindustrie) schon seit langem üblich, weil die Individualität der Problemlösungen eine möglichst enge Zusammenarbeit zwischen dem Hersteller und dem Abnehmer erfordert. Seit dem Ende der siebziger Jahre gibt es den Großkundenmanager (Key Account Manager) in der Konsumgüterindustrie. Er sollte den mächtigen Einkäufern von Handelsketten wie *Aldi*, *Rewe* oder *Metro* als spezialisierter Gesprächspartner entgegentreten. Mittlerweile ist der Trend zur gezielten (Groß-)Kundenbetreuung auch in anderen Branchen spürbar. Ob Automobilzulieferer, Banken oder Dienstleister im Telekommunikationsbereich – viele Unternehmen haben den Kunden und damit das Kundenmanagement für sich »entdeckt« und versuchen nun auf diesem Weg die Neukundengewinnung und die Kundenbindung zu verbessern (vgl. *Meffert, H.* 1992 Sp. 1215 ff., *Schulte-Zurhausen, M.* 1995 S. 259 f.).

B

Die **Kundennähe** und die **Kundenzufriedenheit** gelten heute als wichtige Erfolgsfaktoren von Unternehmen. Weil viele Unternehmen die Produktqualität und die Umweltverträglichkeit ihrer Erzeugnisse in den letzten Jahren wesentlich verbessert haben, bietet vor allem die Art und Weise der Kundenbetreuung noch Differenzierungsmöglichkeiten gegenüber den Wettbewerbern. Angesichts der anhaltenden Entwicklung von Produkt- zu Systemgeschäften gewinnt die Dimension Kunde zusätzlich an Bedeutung. Die angestrebte Kundenorientierung wird jedoch häufig durch die

Ziele und Voraussetzungen

starren Strukturen der Primärorganisation behindert. Die **Zielsetzung** eines institutionalisierten Kundenmanagements ist es deshalb, die Bedürfnisse einzelner Kunden und bestimmter, in sich homogener Kundengruppen stärker zu berücksichtigen und den Kundenbedarf möglichst schnell, preiswert und flexibel zu befriedigen.

Die Realisierung eines Kundenmanagements ist immer dann sinnvoll, wenn dem Unternehmen eine überschaubare Zahl von Kunden gegenübersteht, die eine differenzierte Bearbeitung erfordern. Die **Funktionsfähigkeit und der Erfolg des Kundenmanagements** hängen im wesentlichen von drei Voraussetzungen ab (vgl. *Gaitanides, M./Westphal, J./Wiegels, I.* 1991 S. 20):

- Der Kundenmanager muß in jeder Hinsicht über das notwendige Wissen über die eigenen Produkte/Leistungen und diejenigen der Wettbewerber verfügen, um den Kunden ganzheitlich betreuen zu können.
- Der Kundenmanager muß auf alle kundenrelevanten Informationen unmittelbar zugreifen können.
- Der Kundenmanager kann im Hinblick auf die von ihm betreuten Kunden innerhalb des ihm vorgegebenen Rahmens autonom entscheiden.

Konzept des Kundenmanagements

Das Kundenmanagement überlagert die Primärorganisation durch eine **kundenorientierte Sekundärstruktur.** Sie orientiert sich sinnvollerweise an den auf den Kunden gerichteten Abläufen. Es ist durchaus üblich, daß ein Unternehmen sowohl ein Produkt- als auch ein Kundenmanagement einrichtet. Die Produktmanager sind dann meist dem Marketing und die Kundenmanager dem operativen Vertrieb zugeordnet. Das Produktmanagement konzentriert sich auf die Erstellung der Angebotsleistung, während sich das Kundenmanagement im Rahmen des Auftragsabwicklungsprozesses mit dem Abnehmer dieser Leistung befaßt. Es übernimmt die Koordination der Unternehmensaktivitäten im Hinblick auf den jeweiligen Kunden und unterstützt die Umsetzung einer kundenorientierten Unternehmensführung. Bei der Erarbeitung von Marketingkonzepten sollen die Produkt- und die Kundenmanager zusammenwirken.

Kundenmanager

Das Kundenmanagement geht von dem Grundsatz aus, daß **jeder Kunde nur einen Ansprechpartner** für das gesamte Produkt- und Leistungsprogramm hat: den Kundenmanager, Kundengruppenmanager, Marktmanager, Handelskontaktmanager, Key Account Manager. Der **Kundenmanager** ist ein Spezialist für die ihm zugeordneten Kunden und nimmt im wesentlichen die folgenden Aufgaben wahr (vgl. *Meffert, H.* 1998 S. 991 f., *Schulte-Zurhausen, M.* 1995 S. 259):

- Erarbeitung, Koordination und Kontrolle von kundenspezifischen Marketingkonzepten,
- Führung von Verhandlungen und Kontaktpflege mit den Kunden,
- individuelle Betreuung der Kunden bei Anfragen und Problemen.

Das Kundenmanagement kann auf vier Arten in die Primärstruktur integriert werden (vgl. hierzu analog die Abb. 59):

- Als Stabsstelle wird das Kundenmanagement in der Regel dem Vertrieb zugeordnet (**Stabs-Kundenmanagement**). Zu seinen Aufgaben gehört insbesondere die Informationssammlung und -aufbereitung sowie die Entscheidungsvorbereitung. Durch die fehlenden Entscheidungsbefugnisse besteht die Gefahr, daß der Kundenmanager von den Kunden nicht als vollwertiger Verhandlungspartner akzeptiert wird. Deshalb finden sich kundenorientierte Stabsstellen in erster Linie im Investitionsgüterbereich, weil hier der Aufgabenschwerpunkt des Kundenmanagers im Bereich der Planung liegt.
- Den Nachteilen des Stabs-Kundenmanagements begegnet das **Linien-Kundenmanagement** mit der direkten Einordnung der Kundenmanager in den Vertriebsbereich. Das macht insbesondere dann Sinn, wenn die Kundenmanager berechtigt sein müssen, selbständig Entscheidungen zu treffen und Abschlüsse zu tätigen (vgl. das folgende Beispiel der *Deutsche Telekom AG*).
- Beim **Matrix-Kundenmanagement** erhält der Kundenmanager eingeschränkte Entscheidungs- und Weisungsbefugnisse. Er hat vor allem darauf zu achten, daß das kunden- oder kundengruppenspezifische Marketingkonzept in allen Funktionsbereichen wirksam umgesetzt wird.
- Ergänzend zum Produkt- und Kundenmanagement kann ein **Koordinationsausschuß** eingerichtet werden. Er unterstützt die Abstimmung zwischen den Produkt-, den Kunden- und den Linienmanagern und trägt so zur Vermeidung und Lösung von Kompetenzkonflikten bei.

Die *Deutsche Telekom AG* setzte im Jahr 1997 mit ca. 190.000 Mitarbeitern rund 68 Mrd. DM um. Sie hat ihre Organisationsstruktur den veränderten Markt- und Wettbewerbsbedingungen angepaßt und sieht sich heute als ein »**kundenorientiertes Unternehmen**« (vgl. *Deutsche Telekom AG* [Hrsg.] 1997, *Deutsche Telekom AG* [Hrsg.] 1998a).

Seit Anfang des Jahres 1998 sind die Geschäfts- und Privatkundenbereiche im Vorstandsressort Vertrieb zusammengefaßt. Hier bestehen auf der ersten Ebene unterhalb des Vorstandes die Geschäftsbereiche »Vertrieb Privatkunden (PK1)«, »Service Privatkunden (PK6)« und »Geschäftskundenvertrieb/Service (GK1)«. Um den Bedarf insbesondere der Geschäftskunden an weltweiter Kommunikation zu befriedigen, wurde darüber hinaus ein eigenständiges Vorstandsressort »Globales Systemgeschäft« gebildet. Durch das **Linien-Kundenmanagement** sollen die Entscheidungsprozesse innerhalb der Vertriebs- und Servicestruktur vereinheitlicht und Synergieeffekte erzielt werden. Die Kunden »vor Ort« werden auch weiterhin durch die Kundenmanager der eigenständig handelnden, ergebnisverantwortlichen Privatkunden- und Geschäftskunden-Niederlassungen in bundesweit 39 Regionen betreut: »Wie nah wir heute bereits am Kunden arbeiten, zeigt unter anderem die Verteilung der Beschäftigten auf die einzelnen Organisationsebenen: 93 Prozent unserer Mitarbeiter sind an den direkten Schnittstellen zu den Kunden in den Niederlassungen tätig. Wir können damit differenziert und individuell auf die Bedürfnisse unserer Kunden eingehen« (*Deutsche Telekom AG* [Hrsg.] 1998b S. 22).

5.5.3 Funktionsmanagement

Ziele und Voraussetzungen

Das Funktionsmanagement verfolgt die Zielsetzung, eine **bereichsübergreifende Koordination** der Teilfunktionen eines Unternehmens sicherzustellen. Insofern ist es eine Voraussetzung für den Einsatz des Funktionsmanagements, daß zwischen den Funktionsbereichen eines nach dem Verrichtungsprinzip gegliederten Unternehmens oder Geschäftsbereichs enge Interdependenzen bestehen; dies ist in der Praxis regelmäßig der Fall. Die Problematik liegt hier insbesondere im Ressortdenken und der daraus resultierenden Gefahr einer Bildung von Suboptima, ohne daß ein Gesamtoptimum erreicht wird (vgl. *Frese, E.* 1992b Sp. 1678 f., *Schulte-Zurhausen, M.* 1995 S. 261 ff.; zur besonderen Problematik der funktionalen Organisation vgl. auch Abschnitt 5.4.1).

Konzept des Funktionsmanagements

Das Funktionsmanagement ergänzt die Primärorganisation um handlungsorientierte **Querschnittsfunktionen**, die bereichsübergreifende Planungs-, Realisations- und Kontrollaufgaben wahrnehmen und so zur Harmonisierung der zum Teil divergierenden Zielsetzungen der Funktionsbereiche beitragen. Häufig anzutreffende Querschnittsfunktionen sind die Logistik, die Qualitätssicherung, der Umweltschutz und das Controlling. Das Konzept des Funktionsmanagements wird hier am Beispiel des **Controlling** erläutert.

Der Begriff Controlling leitet sich sprachlich von dem englischen Verb »to control« ab und meint das »Lenken, Steuern, Regeln« und nicht nur das »Kontrollieren« von Unternehmensaktivitäten. Zielsetzung des Controlling ist es demzufolge, die Unternehmensführung durch die Übernahme spezifischer Informations-, Planungs-, Kontroll- und Koordinationsaufgaben zu unterstützen (vgl. *Serfling, K.* 1992 S. 81 ff., *Vahs, D.* 1990 S. 7 ff., 81 ff.).

So gehört es zu den Aufgaben des Controller, ein unternehmensweites ergebnisorientiertes Informations-, Planungs- und Kontrollsystem zu installieren und kontinuierlich weiterzuentwickeln. Er bietet den anderen Organisationseinheiten damit »Hilfe zur Selbsthilfe« an und unterstützt deren eigenverantwortliche Steuerung im Hinblick auf die Unternehmensziele. Im Rahmen der Unterneh-

B

mensplanung übernimmt der Controller die Koordination der Gesamtplanung und überprüft in der Realisierungsphase die Zielerreichung. Bei Auftreten von Planabweichungen ermittelt und analysiert er deren Ursachen und erarbeitet Vorschläge für Gegensteuerungsmaßnahmen.

Während in kleinen und mittleren Unternehmen häufig das Rechnungswesen die Funktion des Controlling übernimmt, wird es in großen Unternehmen in der Regel von einer eigenständigen Organisationseinheit wahrgenommen. Dies ist insbesondere dann sinnvoll, wenn das betreffende Unternehmen eine divisionale Struktur oder eine Matrixstruktur aufweist und die Gesamtkoordination der Divisions oder Matrixstellen unter betriebswirtschaftlichen Gesichtspunkten sichergestellt werden soll. In solchen Fällen wird das zentrale Unternehmens-Controlling durch dezentrale Controllingeinheiten ergänzt, die »vor Ort« ihre Aufgaben erfüllen. Hinsichtlich der organisatorischen Zuordnung sowie der fachlichen und disziplinarischen Unterstellung der Controllingstellen gibt es verschiedene Ansätze, die spezifische Vor- und Nachteile aufweisen. In der Praxis wird das Zentralcontrolling in der Regel direkt der Unternehmensführung unterstellt, um seine Unabhängigkeit gegenüber den anderen Bereichen sicherzustellen. Die dezentralen Controllingeinheiten werden den Funktionsbereichen oder Divisions meist disziplinarisch und dem zentralen Controlling fachlich zugeordnet (»Dotted line-Prinzip«).

Die Abbildung 60 zeigt beispielhaft die Einordnung des zentralen Unternehmenscontrolling und des dezentralen Bereichscontrolling in einer divisionalen Organisation. Die fachliche Anbindung der dezentralen Controllingstellen ist durch eine gestrichelte Linie dargestellt, die sogenannte »dotted line«.

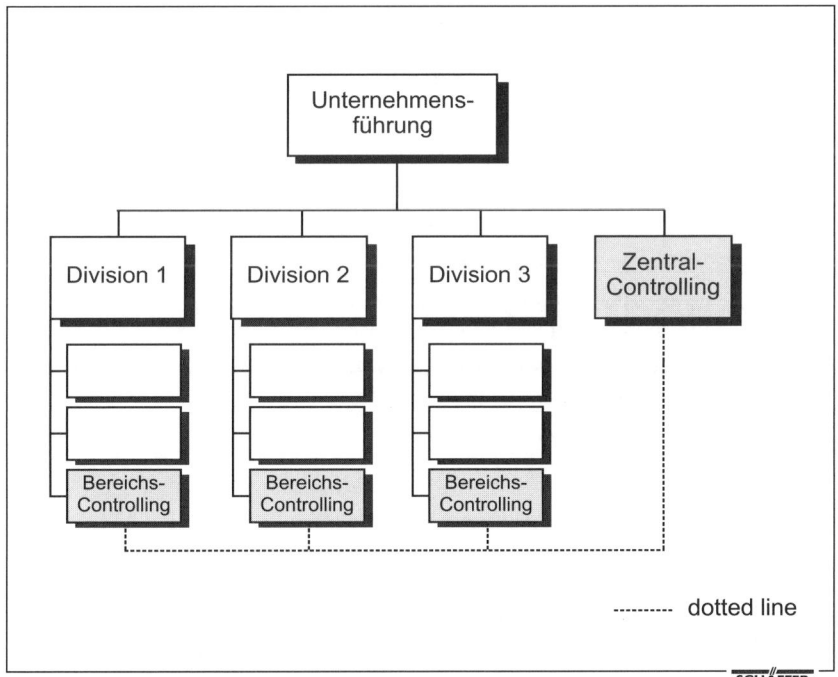

Abb. 60: Controlling als Beispiel für Funktionsmanagement

5.5.4 Projektmanagement

B

Der Grundgedanke des Projektmanagements geht auf die großen Vorhaben der USA während des Zweiten Weltkriegs zurück. Vor allem das 1941 begonnene »Manhattan Engineering District Project«, die Entwicklung der ersten Atombombe, erforderte wegen der enormen Verflechtung von Universitäten, Industrie, Militär und Regierung völlig neue Organisationsstrukturen. Nach dem Ende des Zweiten Weltkriegs erfuhr das Projektmanagement in der Realisierung des Polaris-Nuklearwaffen-Programms, der Luftwaffenprogramme im Langstreckenbomber-Bereich und des Apollo-Programms der *NASA* eine Weiterentwicklung. Auch in Europa erkannte man die Vorteile der in den USA neu entwickelten Management-Konzepte und setzte sie zunehmend bei großen industriellen Vorhaben ein (vgl. *Madauss, B. J.* 1994 S. 12 ff.).

Ein **Projekt** wurde in Abschnitt 4.4.2.5 als zeitlich befristetes, zielorientiertes, neuartiges und komplexes Vorhaben definiert, das eine interdisziplinäre Zusammenarbeit erfordert. Dementsprechend ist unter **Projektmanagement** die zielgerichtete Planung, Steuerung und Kontrolle von Projekten zu verstehen.

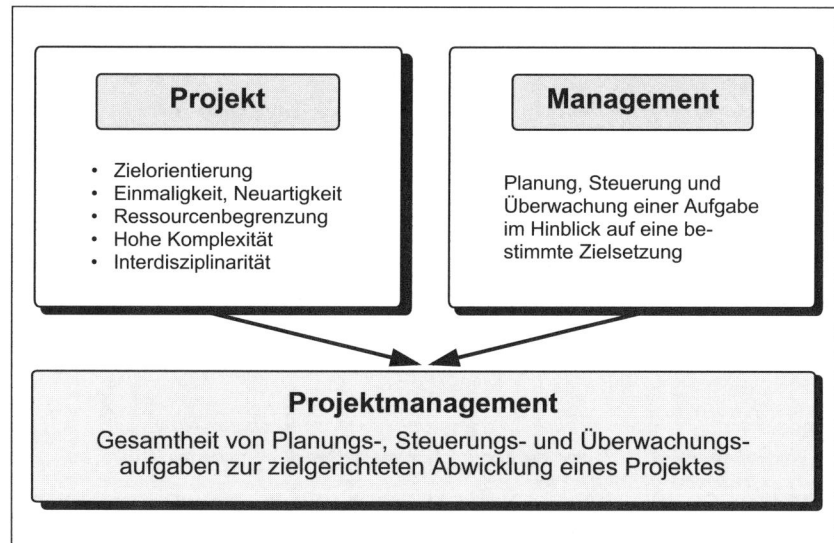

Abb. 61: Projektmanagement

Ziele und Voraussetzungen

Die Zielsetzung des Projektmanagements ist es, eine ganzheitliche Projektsicht gegenüber der Primärorganisation zu vertreten und so für eine **effiziente Projektdurchführung** zu sorgen. Eine wesentliche Voraussetzung hierfür ist, daß das Projekt **eindeutig definiert** und **offiziell gestartet** wird, d.h. die Mitglieder der von dem Projekt betroffenen Organisationseinheiten müssen rechtzeitig über die Projektziele und -inhalte informiert oder besser an deren Festlegung beteiligt werden. Die Teilaufgaben und Arbeitspakete eines Projekts sind im Rahmen seiner **hierarchischen Aufbaustruktur** zu differenzieren, um das Projekt leichter überschaubar zu machen und delegierbare Aufgabenumfänge zu erhalten. Durch die Gestaltung einer **zeitlich-logischen Ablaufstruktur** können sowohl die Projektdauer als auch der Koordinationsaufwand verringert werden (vgl. Abb. 62).

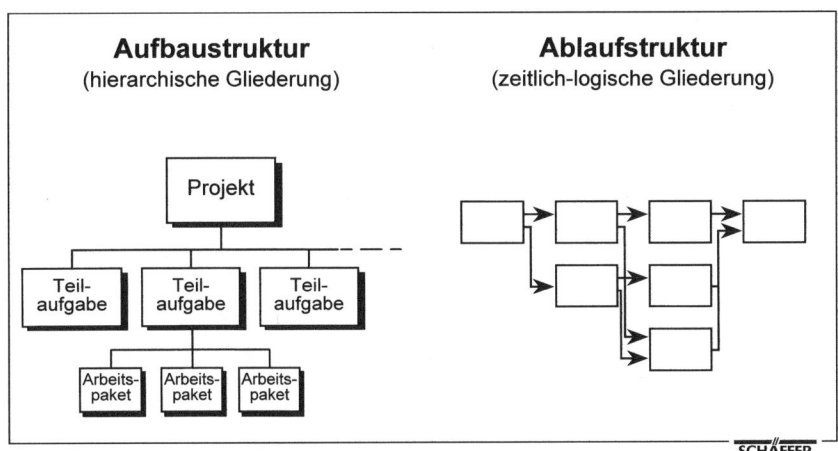

Abb. 62: Aufbau- und Ablaufstruktur von Projekten

Konzept des Projektmanagements

Insbesondere wegen ihres befristeten und interdisziplinären Charakters lassen sich Projekte einerseits nur schlecht in die Primärorganisation integrieren. Andererseits erfordert gerade die Projektdurchführung ständige Abstimmungen zwischen den betroffenen Organisationseinheiten. Das Projektmanagement bietet die Lösung dieses Problems: Zur Koordination der Projektaufgaben wird eine **zentrale Organisationseinheit** eingerichtet. Sie kann mit einem Projektleiter besetzt werden, dessen einzige Aufgabe in der Leitung des Projekts und der Koordination aller notwendigen Aktivitäten besteht. Nach dem Abschluß des Projekts wird diese Stelle wieder aufgelöst.

Projektmanager/ Projekthierarchie

Wird ein **Projektmanager** (Projektleiter) benannt, so ist er für die zielgerichtete und ordnungsgemäße Abwicklung des Projekts und für die laufende Berichterstattung gegenüber dem Auftraggeber verantwortlich. Grundsätzlich sollte der Projektmanager im Rahmen seines Projekts über den Einsatz der finanziellen Projektmittel frei entscheiden können. Er sollte darüber hinaus mindestens projektbezogen fachliche Weisungsbefugnisse gegenüber den anderen Stellen und ein umfassendes Informationsrecht in allen Belangen seines Projekts besitzen. In Abhängigkeit von der Art und dem Umfang des Projekts können die Kompetenzen des Projektmanagers erweitert oder Aufgaben, Verantwortung und Kompetenzen an Projektmitarbeiter delegiert werden. Auf diese Weise entsteht eine **Projekthierarchie**, bestehend aus dem Projektmanager, den Teilprojektmanagern (Teilaufgabenleitern) und den für die Arbeitspakete verantwortlichen Projektmitarbeitern (vgl. Abb. 63).

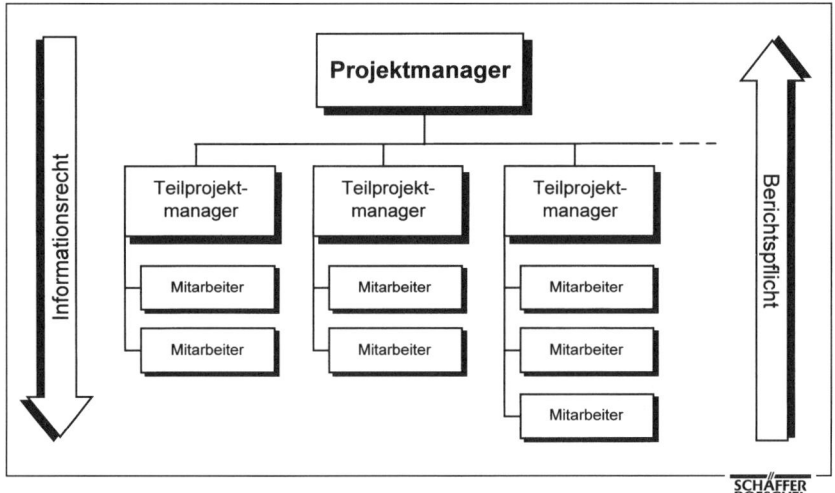

Abb. 63: Projekthierarchie

In der Praxis wird die Projektarbeit häufig in einem Projektmanagement-Handbuch oder in Projektmanagement-Richtlinien detailliert geregelt. Teilweise findet sich auch eine grundsätzliche Regelung der wichtigsten Fragen in den Führungsgrundsätzen, wie beispielsweise in dem Chemiekonzern *Bayer*. Hier heißt es (*Bayer AG* [Hrsg.] 1991 S. 8 f.):

»In zunehmendem Maße fallen in unserem Unternehmen Aufgaben (Projekte) an, die die zeitlich begrenzte Zusammenarbeit von Mitarbeitern verschiedener Fachdisziplinen oder Bereiche in einer Projektgruppe erfordern. Der Auftraggeber, d.h. die für den Start eines Projektes verantwortliche Stelle (z.B. Unternehmensleitung, Bereichsleiter, Kommissionen etc.), legt die Projektziele fest, bestimmt den Projektleiter und vereinbart mit dem Projektleiter und den betroffenen Linienbereichen die Zusammensetzung der Projektgruppe und die zeitliche Inanspruchnahme der einzusetzenden Projektmitarbeiter. Auftraggeber und Linienvorgesetzte der an dem Projekt beteiligten Bereiche sind verpflichtet, die Voraussetzungen für einen reibungslosen Ablauf des Projektes zu schaffen und in ständiger gegenseitiger Abstimmung während der Laufzeit des Projektes aufrechtzuerhalten. Der Projektleiter ist dem Auftraggeber für die Durchführung des Projektes verantwortlich. Er besitzt gegenüber den Mitgliedern der Projektgruppe ein projektbezogenes Weisungsrecht. Wenn Arbeiten der Projektgruppe Aufgaben von Linienbereichen berühren, muß der Projektleiter die betroffenen Bereiche rechtzeitig informieren und für eine Abstimmung zwischen der Projektgruppe und diesen Bereichen sorgen. Kann der Projektleiter Konflikte zwischen den Zielsetzungen des Projektes und der Linienbereiche nicht vermeiden, müssen der Auftraggeber und die betroffenen Linienvorgesetzten eine Lösung herbeiführen.«

Die Organisationsformen des Projektmanagements sind in der Praxis nicht einheitlich. Neben den bereichsübergreifenden Projekten gibt es in vielen Unternehmen auch bereichsinterne Projekte wie beispielsweise reine F+E-, Vertriebs- oder Fertigungsvorhaben. Vier organisatorische **Ausprägungen des bereichsübergreifenden Projektmanagements** lassen sich unterscheiden (vgl. *Grün, O.* 1992 Sp. 2107 ff., *Litke, H. D.* 1995 S. 69 ff., *Madauss, B. J.* 1994 S. 107 ff.):

Organisationsformen

- Der **Projektausschuß** ist die »schwächste« Organisationsform des Projektmanagements. Er wird mit Vertretern der von einem Projekt betroffenen Abteilungen besetzt und übernimmt die Aufgabe der Projektkoordination. Problematisch wird die Ausschußarbeit allerdings dann, wenn sie über die reine Sammlung und Beratung von Informationen und Ideen hinausgeht. Gerade bei der Entscheidungsfindung erweisen sich Projektausschüsse häufig als sehr schwerfällig. Die Ausschußmitglieder sind meist nur nebenamtlich tätig und versuchen, ihre jeweiligen Abteilungsinteressen einseitig durchzusetzen. Projektausschüsse erfüllen deshalb in der Regel die besonderen Anforderungen an die Leitung eines Projekts nicht ausreichend.

Projektausschuß

- Die Aufgabe der Projektkoordination kann auch einer eigens dafür geschaffenen Stabsstelle übertragen werden (**Stabs-** oder **Einfluß-Projektmanagement**; vgl. Abb. 64). Gemäß der Stabsdoktrin bedeutet dies, daß die Projektstelle weder Entscheidungs- noch Weisungskompetenzen besitzt. Die Projektverantwortung liegt bei der übergeordneten Instanz, während der Projektmanager im wesentlichen für die Terminüberwachung, die Kostenkontrolle und sonstige projektverfolgende Maßnahmen zuständig ist. Seine Rechte beschränken sich auf projektbezogene Informations- und Beratungsbefugnisse. Durch diese eingeschränkten formalen Befugnisse ist eine erfolgreiche Projektdurchführung kaum zu gewährleisten. Insofern sollte der Projektmanager aufgrund seiner fachlichen Kompetenz, seiner Persönlichkeit, seiner Projektübersicht oder der offenen Unterstützung durch die Unternehmensführung zumindest einen informalen Einfluß auf den Projektverlauf nehmen können (weshalb diese Organisationsform auch als »Einfluß«-Projektmanagement bezeichnet wird).

**Stabs-Projekt-
management**

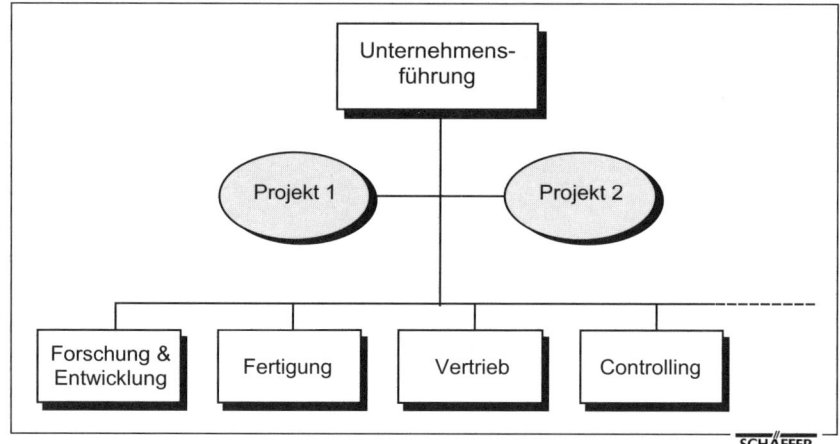

Abb. 64: Stabs-Projektmanagement

Der **Vorteil** der Stabs-Projektorganisation ist vor allem darin zu sehen, daß die Primärorganisation unverändert bleibt. Die Stelle des Projektmanagers kann sowohl voll- als auch nebenamtlich besetzt werden. **Nachteilig** wirken sich die fehlenden formalen Kompetenzen des Stelleninhabers aus. Er ist letztendlich auf den guten Willen der am Projekt beteiligten Bereiche und auf die Unterstützung durch die Unternehmensleitung angewiesen. Bereichsübergreifende Probleme lassen sich damit nur schwer lösen. Die Reaktion auf Projektstörungen erfolgt dementsprechend langsam. Um diesen Nachteilen durch die Machtpromotion der betreffenden Linieninstanz wirkungsvoll entgegentreten zu können, sollte die Stabsstelle in der Unternehmenshierarchie ausreichend hoch eingegliedert werden.

Trotz der möglichen Schwierigkeiten wird das Stabs-Projektmanagement in der Praxis recht häufig eingesetzt. Der Grund für den hohen Verbreitungsgrad ist der vergleichsweise einfache Einsatz, der ohne größere organisatorische Veränderungen möglich ist.

Matrix-Projektmanagement

• Beim **Matrix-Projektmanagement** werden die vertikalen funktions- oder objektorientierten Bereiche der Primärorganisation durch die horizontale Projektstruktur überlagert (vgl. Abb. 65). Die Projektmanager sind für ihre Projekte verantwortlich. Sie können sich in der Regel auf Mitarbeiter aus den Funktions- oder Geschäftsbereichen stützen, die ihnen voll- oder teilzeitlich zugeordnet und zumindest fachlich (teilweise auch disziplinarisch) unterstellt sind. Werden in einem Unternehmen mehrere Projekte gleichzeitig abgewickelt (im Rahmen eines sog. Multiprojektmanagements), kann es sinnvoll sein, eine zentrale **Projektadministration** einzurichten, deren Aufgabe die Unterstützung und die Entlastung der Projektmanager in allen administrativen Angelegenheiten ist (z.B. bei der Projektberichterstattung und -dokumentation). Außerdem wird häufig ein **Lenkungsausschuß** (steering committee) installiert, in dem neben dem Auftraggeber alle Entscheidungs- und Verantwortungsträger für das Projekt zusammengefaßt sind. Hier werden die wesentlichen, für die Projektdurchführung notwendigen Entscheidungen getroffen.

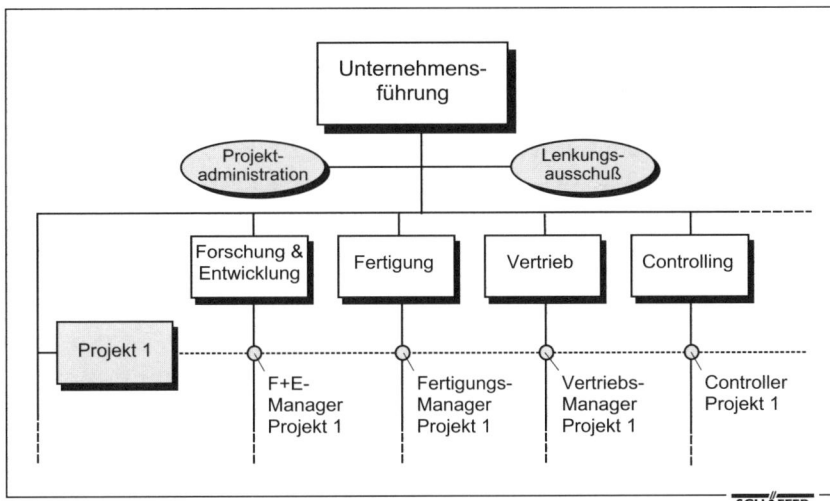

Abb. 65: Matrix-Projektmanagement

Die eindeutige Zuweisung der Projektverantwortung an den Projektmanager ist ein wesentlicher **Vorteil** des Matrix-Projektmanagements. Die Projektmitarbeiter sind zwar dem Projekt zugeordnet, werden jedoch nicht vollständig aus ihrer Organisationseinheit herausgelöst. Sie können also sowohl in ihrer »normalen« Funktion eingesetzt werden als auch ihr Spezialwissen und ihre Erfahrung bei Bedarf in eines oder in mehrere Projekte einbringen. Dadurch ist der Personaleinsatz flexibler zu gestalten als beim reinen Projektmanagement. Der entscheidende **Nachteil** der Matrix-Projektorganisation liegt in der Teilung der Weisungsbefugnisse. Die Schnittpunkte der horizontalen Linien des Projektmanagers und der vertikalen Linien der Linieninstanzen beinhalten ein beträchtliches Konfliktpotential. Kritisch ist zum Beispiel häufig der Einsatz von Mitarbeitern in einem Projekt, wenn deren vorgesetzte Linieninstanz zeitgleich einen vermehrten Personalbedarf hat. Die Tatsache, daß die Projektmitarbeiter »Diener zweier Herren« sind, kann zu einer erheblichen Verunsicherung führen. Einen weiteren Konfliktherd bildet die Frage, wer im Rahmen der Projektabwicklung was zu entscheiden hat.

Um diesen Problemen zu begegnen, ist eine **klare Aufgaben- und Kompetenzregelung** zwischen Projekt und Linie zwingend erforderlich. Sinnvollerweise sollte der Projektmanager die Kompetenz für die Festlegung der quantitativen und qualitativen Aufgabeninhalte (Was) sowie die Terminfestsetzung (Wann) erhalten, während der Linienvorgesetzte für die fachliche Durchführung (Wie) und die Qualität der Arbeitsergebnisse verantwortlich ist. Trotz entsprechender formaler Regeln stellt gerade das Matrix-Projektmanagement höchste Anforderungen an die Kommunikationsfähigkeit und -bereitschaft aller Projektbeteiligten. Obwohl man dem Matrixgedanken in der Praxis aufgrund seines Konfliktpotentials skeptisch gegenübersteht, ist die Matrix-Projektorganisation häufig anzutreffen.

Reines Projekt-management

- Kennzeichnend für das **reine Projektmanagement** ist die fachliche und disziplinarische Unterstellung der Projektmitarbeiter unter den Projektmanager als »Vorgesetzten auf Zeit«. Alle Projektbeteiligten sind vollamtlich im Projekt tätig. Der Projektmanager hat auf sämtliche für die Projektdurchführung erforderlichen Ressourcen Zugriff. Er trägt die volle Verantwortung für die Erreichung der materiellen Projektziele und die Einhaltung der Termine und Kosten. Die reine Projektorganisation führt zu einer vollständigen Ausgliederung aller projektbezogenen Aufgaben und Kompetenzen aus der Primärorganisation und eignet sich damit für sehr umfangreiche Vorhaben, die relativ wenig Berührungspunkte mit den Routineaufgaben haben (vgl. Abb. 66).

Der wesentliche **Vorteil** des reinen Projektmanagements ist die ungeteilte Linienautorität des Projektmanagers, der im Rahmen seiner Projektverantwortung weitgehend autonom entscheidet. Dadurch kann er schnell auf Störungen im Projektablauf reagieren. Die eindeutige Weisungsbefugnis trägt zur Vermeidung von Kompetenzkonflikten bei. Als **nachteilig** kann sich diese Form des Projektmanagements jedoch erweisen, wenn im Rahmen eines Multiprojektmanagements gleichzeitig mehrere Projekte abgewickelt werden, die alle die gleichen Ressourcen benötigen; dann kommt es zu Abgrenzungs- und Koordinationsproblemen. Kritisch ist auch der Personaleinsatz zu sehen, weil Spezialisten unter Umständen auch dann ständig zum Projektteam gehören, wenn sie eigentlich nur sporadisch benötigt werden. Außerdem können die Projektmitarbeiter in der

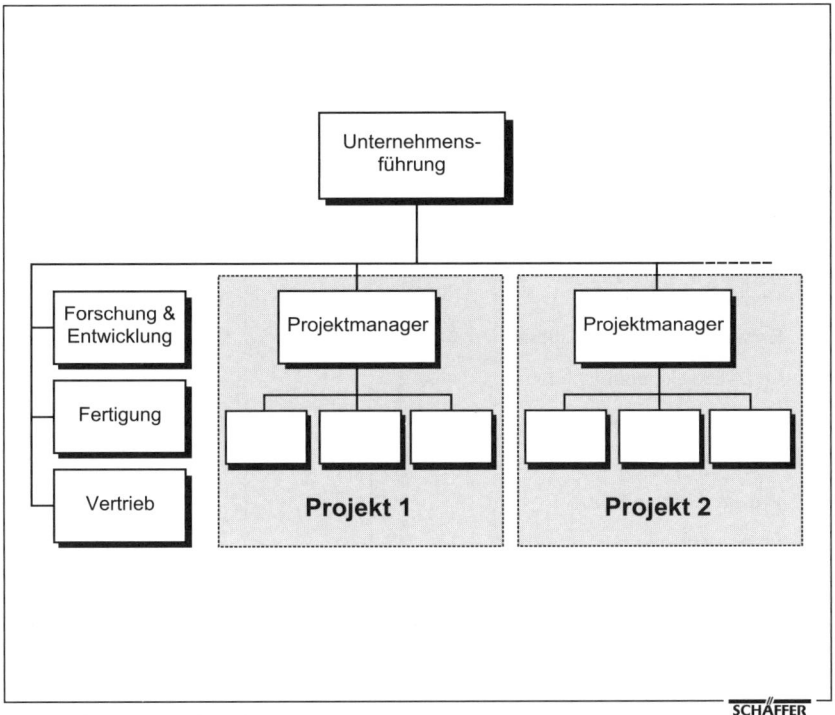

Abb. 66: Reines Projektmanagement

Praxis nur selten übergangslos in ein anderes Projekt integriert werden, wenn ein Projekt beendet ist oder abgebrochen wird. Daraus resultieren oft Unsicherheit und Orientierungslosigkeit, die einer Motivation zur Projektmitarbeit entgegenwirken.

Die **Auswahl der geeigneten Organisationsform** des Projektmanagements hängt stark von der Art, der Größe und der Dauer des Projekts ab. Weitere Kriterien sind beispielsweise die im Unternehmen vorhandene Organisationsstruktur, die Verfügbarkeit von Ressourcen oder die vorliegenden Erfahrungen mit der Abwicklung von Projekten. Die Abbildung 67 gibt einen Überblick über verschiedene Kriterien für die Eingliederung eines Projekts in die Primärorganisation. In der Projektmanagement-Praxis wird die geeignete Organisationsform im allgemeinen von dem Auftraggeber und dem Projektmanager gemeinsam festgelegt (vgl. *Litke, H. D.* 1995 S. 82).

**Wahl der Projekt-
organisation**

Kriterien für die Eingliederung eines Projekts in die Primärorganisation	Projektausschuß	Stabs-Projektmanagement	Reines Projektmanagement	Matrixprojektmanagement
• Produktentwicklung			X	
• vertriebsorientiertes Großprojekt			X	
• bereichsübergreifendes Entwicklungsprojekt				X
• Entwicklung mit Fremdfirmen		X		
• kurze Projektdauer (≤ 1 Jahr)	X			
• lange Projektdauer (> 1 Jahr)			X	
• Projekt geringer Größe	X			
• Projekt mittlerer Größe		X		
• Großprojekt			X	
• hohes wirtschaftliches Risiko			X	
• hoher Grad an Interdisziplinarität				X
• anteiliger Ressourcenzugriff				X

Abb. 67: Kriterien zur Auswahl der Projektorganisation

SCHÄFFER POESCHEL

5.5.5 Strategische Geschäftseinheiten

Der US-amerikanische Konzern *General Electric (GE)* richtete erstmalig 1971 in größerem Umfang strategische Geschäftsfelder ein und implementierte sie organisatorisch in Form von strategischen Geschäftseinheiten. Damit wollte man den kleineren, spezialisierten Konkurrenten begegnen, die in den jeweiligen Marktsegmenten oftmals erfolgreicher waren als das global orientierte Unternehmen *GE*. Wenige Jahre später hatten bereits ca. 20% der besonders erfolgreichen »Fortune 500«-Firmen in den USA das Konzept der strategischen Geschäftseinheiten umgesetzt (vgl. *Henzler, H.* 1978 S. 912 f.).

Heute wird in der Literatur und in der Praxis zumeist die Ansicht vertreten, daß die operativ orientierte Primärorganisation kaum an den aktuellen Erfordernissen der Unternehmensstrategie ausgerichtet werden kann, weil die Strategie aufgrund der Marktdynamik permanenten Veränderungen unterliegt. Eine laufende Umorganisation zur Anpassung an die sich verändernden Rahmenbedingungen ist aufgrund der damit verbundenen ständigen Unruhe im Unternehmen zudem wenig sinnvoll. Statt dessen sollten ergän-

zend zur Primärorganisation strategische Geschäftseinheiten gebildet werden, denen die langfristig orientierten Aufgaben zu übertragen sind. Diese sekundären Organisationseinheiten sind in einer dualen Organisation für die kontinuierliche Strategiearbeit
verantwortlich. Sie erhöhen die Transparenz der Planungs- und
Lenkungsmaßnahmen und tragen durch die Nutzung von Synergieeffekten zur Erreichung der Unternehmensziele bei (vgl. *Bühner, R.* 1993 S. 472 f., *Hinterhuber, H. H.* 1992b S. 121 ff., 141 ff.).

Strategische Geschäftsfelder

Durch die Bildung von **strategischen Geschäftsfeldern** (SGF;
strategic business area [SBA], strategic sector) wird der gesamte
Tätigkeitsbereich eines Unternehmens in einzelne, voneinander
unterscheidbare Planungseinheiten zerlegt. Ein strategisches Geschäftsfeld kann als die Gesamtheit von relativ homogenen Produkt-Markt-Kombinationen bezeichnet werden, die gemeinsam
eine Funktion erfüllen und sich eindeutig von anderen Produkt-
Markt-Kombinationen unterscheiden. Neben dem Produkt und dem
Markt (Nachfrager) kommen die Problemlösung, die Technologie
und die Wettbewerber als weitere mögliche Kriterien für die Differenzierung von SGF in Betracht (vgl. *Bea, F. X./Haas, J.* 1997 S. 129 f.).

Anhand der Frage »Welche Produkte für welche Märkte?« kann beispielsweise
die *Speedy GmbH* zwischen den beiden SGF »Familienfreundlicher PKW (Speedster family)« und »Geländewagen (Speedster off-road)« unterscheiden, die unter-
nehmensseitig bestimmte Produkte repräsentieren und denen marktseitig bestimmte Kundengruppen mit spezifischen Eigenschaften (Alter, Einkommen,
Werthaltungen usw.) gegenüberstehen.

Das Besondere bei der Bildung von SGF ist es, daß der von »innen
nach außen« gerichtete Blick durch eine von »außen nach innen«
gerichtete Perspektive ergänzt wird. Dabei wird das Unternehmensumfeld in voneinander so gut wie möglich abgegrenzte SGF mit
eigenen Chancen, Risiken und Entwicklungstendenzen aufgeteilt.
Inwieweit eine enge oder eine weite Abgrenzung der SGF gewählt
wird, hängt von der angestrebten Genauigkeit der Strategieformulierung ab. Die gedankliche Außensegmentierung der Unternehmensumwelt führt in einem zweiten Schritt zur Bildung von strategischen Geschäftseinheiten.

Strategische Geschäftseinheiten

Den SGF werden mit den **strategischen Geschäftseinheiten** (SGE;
strategic business unit [SBU]) im Bereich der Innensegmentierung
des Unternehmens entsprechende Organisationseinheiten gegenübergestellt. Eine SGE kann zum Beispiel mit einer Division oder
einer Kundengruppe deckungsgleich sein. Sie wird aber grundsätzlich ohne Rücksicht auf die Grenzen bestehender primärer Organisationseinheiten allein mit dem Ziel definiert, die relative Gewinnspanne (im Vergleich zu dem stärksten Konkurrenten) zu optimieren. Die Größe der relativen Gewinnspanne hängt davon ab,

inwieweit es einem Unternehmen gelingt, seine relativen Wettbewerbsvorteile (Stärken) in bezug auf die genau identifizierte Konkurrenz umzusetzen.

Die SGE formulieren für bestimmte strategische Geschäftsfelder spezifische Strategien (sog. **Geschäfts-, Geschäftsbereichs-** oder **Geschäftsfeldstrategien**) und setzen diese um. Sie entscheiden über die **Zuteilung der Ressourcen** in Abhängigkeit von ihren strategischen Aufgaben und den Ergebnissen der strategischen Wettbewerbsanalysen. Die SGE beherrschen bestimmte Kernfähigkeiten und/oder verfügen über bestimmte Kernprodukte, die dem Unternehmen Wettbewerbsvorteile gegenüber der Konkurrenz verschaffen (vgl. *Bühner, R.* 1996 S. 197).

Strategie und Struktur

Die Zielsetzung des SGE-Konzepts ist es, diejenigen Nachteile zu überwinden, die sich aus der Fragmentierung der Unternehmensaktivitäten in Profit Center ergeben. Voraussetzung ist die ständige Überprüfung des »Strategie-Struktur-Fit«, also der Frage, ob die Struktur der Strategie entspricht bzw. ob die Strategie strukturkonform formuliert wurde; denn die Strategie beeinflußt nicht nur die strukturelle Gestaltung im Sinne der *Chandler*-These »structure follows strategy« (*Chandler, A. D.* 1962), sondern die Organisationsstruktur wirkt sich auch auf die strategischen Optionen aus, die einem Unternehmen offenstehen (Antithese zu *Chandler*: »strategy follows structure«; vgl. *Scholz, C.* 1997 S. 150 f.). Nun lassen sich Strategien relativ leicht ändern; Strukturen weisen dagegen eher ein großes Beharrungsvermögen auf. Das Ergebnis einer strategischen Richtungsänderung kann deshalb eine **organisatorische Lücke** sein. Sie entsteht, wenn die Organisation nicht schnell genug und/oder nicht in einem ausreichenden Umfang der neuen Strategie angepaßt wird. Gelingt es nicht, die organisatorische Lücke zu schließen oder zumindest zu minimieren, kann sie die Überlebensfähigkeit des Unternehmens gefährden (vgl. Abb. 68).

Konzept des SGE-Managements

Das Management strategischer Geschäftseinheiten versucht, mit Hilfe der Erweiterung der operativen Primärorganisation um eine **strategische Sekundärstruktur**, die organisatorische Lücke dauerhaft so gering wie möglich zu halten. Dahinter steht die Feststellung, daß eine weitgehende Übereinstimmung von Strategie und Struktur die langfristigen Erfolgsaussichten eines Unternehmens nachhaltig verbessert und die unternehmerischen Risiken reduziert. Aufgabe der primären Organisationseinheiten im Rahmen des SGE-Managements ist es, die vorhandenen Potentiale zu nutzen und die Ressourcen so effizient wie möglich einzusetzen. Demgegenüber sollen die SGE durch die Entwicklung konkreter Produkt- und Leistungsangebote und deren Umsetzung im Markt neue Erfolgspotentiale erschließen.

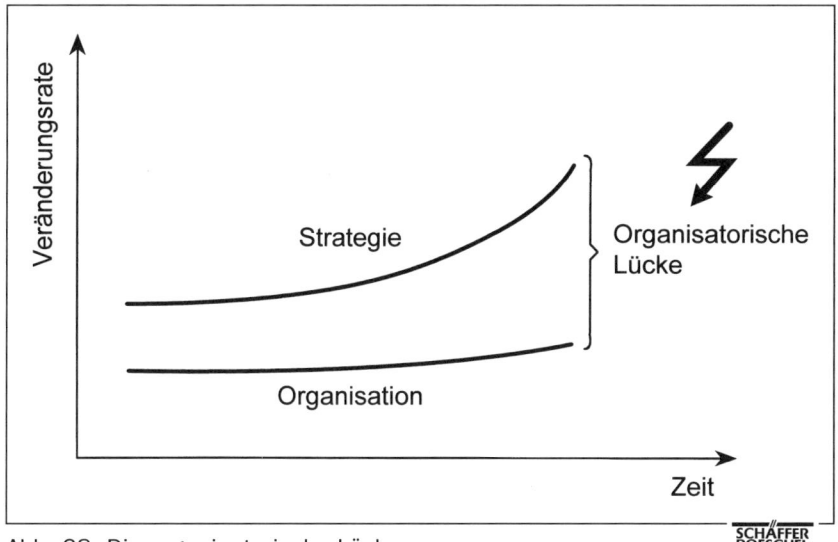

Abb. 68: Die organisatorische Lücke
        (vgl. *Hinterhuber, H. H.* 1992b S. 125)

Nach *Hinterhuber* zählen die Wahl der Kriterien, nach denen ein Unternehmen in SGE aufgeteilt wird, und die Bestimmung der Anzahl, der Art und der organisatorischen Einbindung der SGE zu den **schwierigsten Aufgaben** der Unternehmensführung. Von ihrer Lösung hängt es weitgehend ab, wie sich ein Unternehmen in Zukunft entwickelt. Bei der Bildung von SGE gilt allgemein (vgl. *Hinterhuber, H. H.* 1992b S. 141 ff., *Szyperski, N./Winand, U.* 1979 S. 197 f.):

- SGE sollten eine eigenständige Marktaufgabe und eindeutig identifizierbare Wettbewerber haben (Kriterium des externen Markts).
- SGE sollten möglichst wenige Produkt-Markt-Kombinationen umfassen und keine oder nur geringe Überschneidungen mit anderen SGE aufweisen, damit klare Geschäftsfeldstrategien beispielsweise hinsichtlich der Produkt- und der Preispolitik entwickelt werden können (Kriterium der Unabhängigkeit).
- SGE sollten über alle für die Umsetzung der Geschäftsfeldstrategien erforderlichen Ressourcen (außer Kapital) möglichst frei verfügen können (Kriterium der Verfügungsfreiheit).
- SGE sollten von Führungskräften geführt werden, die in der Lage sind, alle erfolgsrelevanten Entscheidungen zu treffen. Sie sind für die Entwicklung und die Umsetzung der Geschäftsfeldstrategien verantwortlich und werden am Erfolg ihrer SGE gemessen (Kriterium der Managementkompetenz).

Gestaltungskriterien für SGE

SGE sind in erster Linie eine gedankliche Konstruktion zur strategischen Steuerung eines Unternehmens. Jeder SGE müssen aber spätestens bei der Umsetzung der Planung ganz konkrete organisatorische Einheiten gegenüberstehen. Zwischen der Primärorganisation und den SGE sind grundsätzlich drei Beziehungen möglich (vgl. *Hinterhuber, H. H.* 1992b S. 146):

SGE und Primärorganisation

- Die primären Organisationseinheiten sind mit den SGE identisch (SGE 1, SGE 5, SGE 6 und SGE 7 in Abb. 69).
- Mehrere primäre Organisationseinheiten bilden gemeinsam eine SGE (SGE 2, SGE 3 und SGE 4 in Abb. 69).
- Eine primäre Organisationseinheit besteht aus mehreren strategischen Geschäftseinheiten (Unternehmensbereich 3 in Abb. 69).

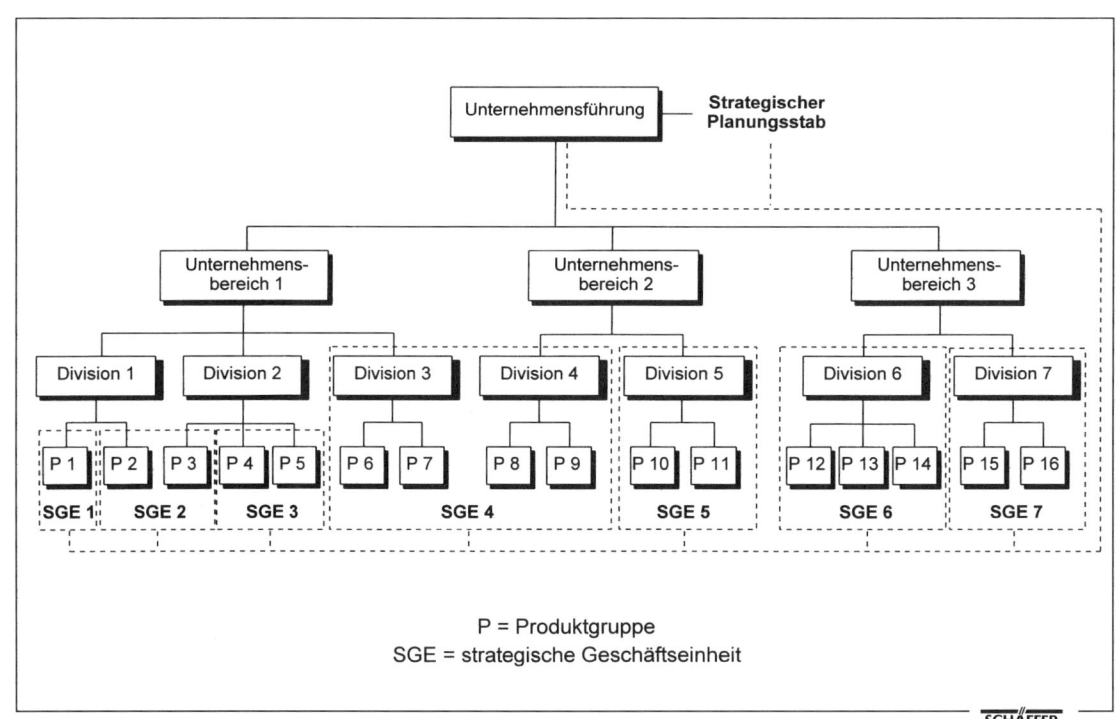

Abb. 69: Überlagerung der Primärorganisation durch SGE
(vgl. *Szyperski, N./Winand, U.* 1979 S. 203)

Die SGE sind der Unternehmensführung direkt verantwortlich. Zur Abstimmung der strategischen Gesamtplanung und der strategischen Geschäftsfeldplanung wird in der Regel ein zentraler (strategischer) **Planungsstab** oder ein zentraler (strategischer) **Planungs-**

ausschuß eingerichtet. Die Abbildung 69 zeigt beispielhaft die Überlagerung der Primärorganisation durch eine strategische Sekundärorganisation.

Für die **Verankerung der SGE** in der Unternehmensorganisation gibt es vier Möglichkeiten:

- Ist die SGE mit einer Organisationseinheit der Primärorganisation identisch (wie z.B. die SGE 1 in Abb. 69), dann kann die Linienstelle zusätzlich zu ihren operativen Funktionen auch die strategischen Aufgaben übernehmen. Hierzu sind ihre Kompetenzen beispielsweise hinsichtlich der Ziel- und Strategiedefinition sowie der Ressourcentscheidung zu erweitern. Der besondere Vorteil einer derartigen Doppelfunktion ist die enge Abstimmung von strategischer und operativer Planung. Diese Organisationsform kann als **SGE-Linienkonzept** bezeichnet werden.

- Besteht keine Identität zwischen SGE und primären Einheiten (wie z.B. die SGE 2 in Abb. 69), können **SGE-Manager** eingesetzt werden. Ihre Aufgabe ist es, die SGE bereichsübergreifend zu steuern und dafür zu sorgen, daß die strategischen Belange eine ausreichende Berücksichtigung finden. Zur Unterstützung der SGE-Manager können fallweise Task Forces gebildet werden, um akute Probleme schnell und umfassend zu lösen.

- SGE lassen sich auch in Form von **Strategieausschüssen** in der Organisation institutionalisieren. Sie setzen sich aus den Vertretern der funktionalen und der divisionalen Organisationseinheiten zusammen und werden gegebenenfalls durch Spezialisten unterstützt. Die Ausschüsse verabschieden in ihren Sitzungen die Geschäftsfeldstrategien, überwachen deren Umsetzung und koordinieren die hierzu erforderlichen Maßnahmen.

- Schließlich können die SGE auch als eine zusätzliche Dimension in die Primärorganisation eingeordnet werden. Die Leiter der SGE sind in einer derartigen **SGE-Matrix-** oder **Tensororganisation** direkt der Unternehmensführung unterstellt.

Organisatorische Einbindung von SGE

Das SGE-Management ist ein Instrument, um ein Unternehmen strategisch auszurichten. **Vorteilhaft** sind vor allem die Entlastung der Unternehmensführung von einem Teil der strategischen Fragestellungen durch die Delegation von Produkt-Markt-Entscheidungen an die SGE und die Sicherstellung einer umfassenden Strategieplanung und -umsetzung durch die verbesserte Zusammenarbeit von Funktionsbereichen und Divisions. Als wesentlicher **Nachteil** ist zu sehen, daß die SGE und die primären Organisationseinheiten häufig nicht identisch sind. Dadurch kann es aufgrund von Widerständen in der Primärorganisation zu erheblichen Problemen

Vor- und Nachteile

bei der operativen Umsetzung der Geschäftsfeldstrategien kommen. Außerdem besteht die Gefahr, daß die vorrangige Ausrichtung der SGE an externen Wettbewerbsgesichtspunkten zu einer Vernachlässigung der internen Beziehungen zwischen den einzelnen Segmenten und zu einer übertriebenen Dominanz des Marketingbereichs bei der Formulierung von Geschäftsfeldstrategien führt (vgl. *Bleicher, K.* 1996 S. 267, *Bühner, R.* 1996 S. 202 f.).

5.6   Wiederholungsfragen zu Kapitel 5

1. Worin sehen Sie die grundsätzlichen Unterschiede zwischen der Primär- und der Sekundärorganisation?
2. Anhand welcher Kriterien lassen sich praktische Organisationskonzepte beurteilen?
3. Nennen Sie die Merkmale der funktionalen Organisation.
4. Welche Arten von Funktionsbereichen lassen sich unterscheiden, und welche Aufgaben nimmt die Unternehmensführung in einer funktionalen Organisation wahr?
5. Wie läßt sich die bereichsübergreifende Koordination in einer funktionalen Organisation verbessern?
6. Worin sehen Sie die Vor- und Nachteile der funktionalen Organisation?
7. Nennen Sie die Merkmale der divisionalen Organisation.
8. Woran orientiert sich die Bildung der Divisions?
9. Erläutern Sie die verschiedenen Center-Konzepte.
10. Welche Funktionen üben die Zentralbereiche in der divisionalen Organisation aus?
11. Worin sehen Sie die Aufgaben der Leitungsspitze einer divisionalen Organisation, und wie läßt sich das oberste Leitungsgremium organisieren?
12. Stellen Sie die Vor- und Nachteile der divisionalen Organisation dar.
13. Wann ist der Übergang von der funktionalen zur divisionalen Organisation sinnvoll?
14. Wie kann den Problemen der Divisionalstruktur entgegengewirkt werden?
15. Nennen Sie die Merkmale der Matrix- und der Tensororganisation.
16. Welche Alternativen zur Gestaltung der Matrixschnittpunkte gibt es?
17. Wie können die Kompetenzen zwischen den beiden Dimensionen einer Matrix geregelt werden?

18. Worin sehen Sie die wichtigsten Aufgaben der Zentralbereiche und der Matrixleitung?
19. Worin liegt die Bedeutung der in mehrdimensionalen Organisationsformen »institutionalisierten Konflikte«?
20. Erörtern Sie die Vor- und Nachteile der Matrix- und der Tensororganisation.
21. Was ist unter einem Konzern zu verstehen?
22. Erläutern Sie die besonderen Merkmale einer Holding, und nennen Sie die Gründe für deren Bildung.
23. Welche Formen der Holdingorganisation kennen Sie?
24. Erläutern Sie die Besonderheiten der einzelnen Holdingformen. Gehen Sie insbesondere auf die Managementholding und deren Aufgaben- und Kompetenzverteilung ein.
25. Wann ist die Einrichtung eines Produktmanagements in einem Unternehmen sinnvoll?
26. Welche Aufgaben hat ein Produktmanager?
27. Erläutern Sie die verschiedenen Organisationsformen des Produktmanagements.
28. Wann ist die Einrichtung eines Kundenmanagements in einem Unternehmen sinnvoll?
29. Welche Aufgaben hat ein Kundenmanager?
30. Erläutern Sie die verschiedenen Organisationsformen des Kundenmanagements.
31. Inwieweit sollten Produkt- und Kundenmanager in einem Unternehmen zusammenarbeiten, und wie könnte eine Aufgabenabgrenzung aussehen?
32. Warum und in welchen Fällen ist die Einrichtung eines Funktionsmanagements zweckmäßig?
33. Erläutern Sie die organisatorische Einbindung des Funktionsmanagements am Beispiel des Controlling.
34. Wann ist die Einrichtung eines Projektmanagements sinnvoll, und welche Voraussetzungen müssen erfüllt sein?
35. Stellen Sie kurz die wesentlichen Aufgaben eines Projektmanagers dar.
36. Erläutern Sie die verschiedenen Organisationsformen des Projektmanagements anhand ihrer Vor- und Nachteile.
37. Stellen Sie anhand von Beispielen dar, unter welchen Voraussetzungen Sie sich für welche Organisationsform des Projektmanagements entscheiden würden.
38. Was ist der Kerngedanke des Managements strategischer Geschäftseinheiten?
39. Worin unterscheiden sich »strategische Geschäftsfelder« von »strategischen Geschäftseinheiten«?

40. Worauf ist bei der Bildung von strategischen Geschäftseinheiten zu achten?
41. Erläutern Sie anhand eines Beispiels, welche Beziehungen zwischen den strategischen Geschäftseinheiten und der Primärorganisation bestehen können.
42. Beurteilen Sie die verschiedenen Organisationsformen des SGE-Managements.
43. Worin sehen Sie die grundsätzlichen Vor- und Nachteile von strategischen Geschäftseinheiten als Sekundärorganisation?
44. Ist Ihrer Meinung nach die Kombination von primären und sekundären Strukturen in jedem Fall sinnvoll? Wann würden Sie sich für eine Ergänzung der Primär- durch eine Sekundärorganisation entscheiden?

6 Prozeßmanagement als bereichsübergreifendes Organisationskonzept

6.1 Lernziele

Im sechsten Kapitel soll der Leser

- ein Verständnis für das Erfordernis ganzheitlicher Geschäftsprozesse im Unternehmen entwickeln,
- die Bedeutung der einzelnen Prozeßelemente kennenlernen,
- sich mit den Zielen, der Vorgehensweise und den Aktionsträgern der prozeßorientierten Organisationsgestaltung auseinandersetzen und
- den Ansatz des Prozeßmanagements richtig einordnen können.

6.2 Gründe für eine Prozeßorientierung der Unternehmensorganisation

Im Mittelpunkt des klassischen Analyse-Synthese-Konzepts steht die Gestaltung der Aufbauorganisation durch die analytische Zerlegung einer Gesamtaufgabe in Teilaufgaben, deren Zusammenfassung zu organisatorischen Einheiten und die Bildung einer formalen Stellenhierarchie. Durch die Arbeitsteilung und die Spezialisierung soll die Produktivität erhöht werden. Die Gestaltung der Ablauforganisation erfolgt erst in zweiter Linie als »zusätzliche, in Einzelheiten gehende raumzeitliche Strukturierung« (*Kosiol, E.* 1976 S. 187). Demzufolge werden **stellenübergreifende Abläufe** vom klassischen Organisationsansatz nicht ausreichend berücksichtigt. Die Prozesse werden sozusagen erst nachträglich in die bestehende Aufbaustruktur »hineinorganisiert«. Die Abbildung 70 verdeutlicht diesen Sachverhalt am Beispiel einer funktionalen Organisation, die durch einen funktions- und hierarchieübergreifenden Prozeß überlagert wird.

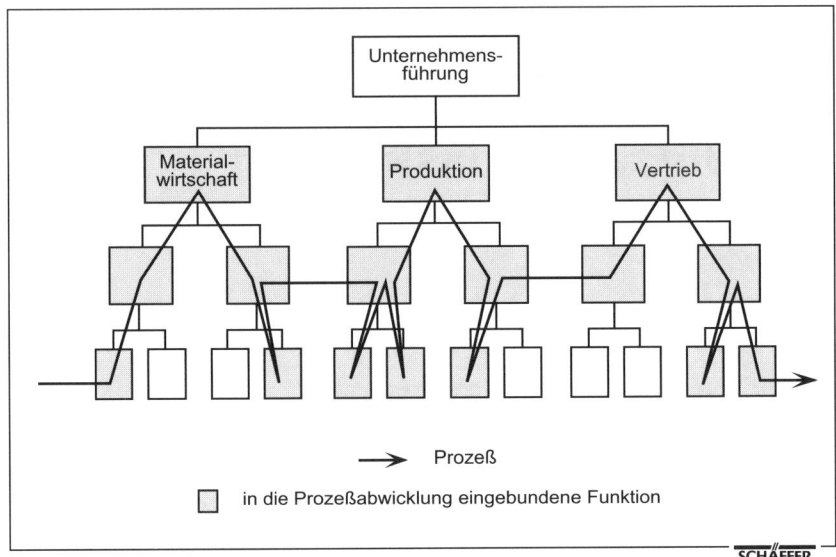

Abb. 70: Prozeßabwicklung in einer funktionalen Organisation

Mängel traditioneller Organisations-konzepte

Als Folge einer fehlenden Ausrichtung der Aufbauorganisation auf die Belange von bereichsübergreifenden Prozessen ergeben sich die in der Abbildung 71 dargestellten **Mängel der »traditionellen« Konzepte** der Primärorganisation. Die Auftragsabwicklung von der Angebotserstellung bis zum Versand der Rechnung oder die Produktentwicklung von der Idee bis zur Herstellung einer marktfähigen Leistung sind Prozesse, die ganzheitlich zu gestalten sind. Ihre funktions- und hierarchiebezogene Zerlegung in eine Vielzahl von Arbeitsschritten führt zu Steuerungsproblemen und zieht einen erheblichen Koordinations- und Regelungsbedarf nach sich. Bei Abstimmungsschwierigkeiten, beispielsweise durch die mangelhafte Weitergabe von Informationen oder durch die gegenseitige Abschottung der involvierten Bereiche, entstehen Dysfunktionalitäten, die nicht wertschöpfend sind. Das Ressortdenken und die Intransparenz der betrieblichen Abläufe führen zu »operativen Inseln«. Sie verursachen unnötige Schnittstellen, Doppelarbeiten und Redundanzen und verringern so die Ressourceneffizienz sowie die Leistungs- und Führungsprozeßeffizienz der Organisation. *Gaitanides* u.a. sprechen in diesem Zusammenhang sogar von einer »**Strukturkrise**«, die dazu führt, daß Zeit- und Kostenvorteile nicht zu realisieren sind und die Kundenorientierung leidet (vgl. *Gaitanides, M./Scholz, R./Vrohlings, A.* 1994 S. 2).

Das folgende Beispiel der *Lufthansa AG* zeigt, wie sich derartige Sachverhalte in der Praxis darstellen können (vgl. *Arlt, U./Beecken, T.* 1994 S. 126):

Eine Analyse der Prozesse bei der *Lufthansa* Anfang der neunziger Jahre ergab, daß grundsätzlich zu viele Beteiligte auf einen Geschäftsprozeß Einfluß nahmen. Die Arbeitsabläufe waren teilweise bis ins letzte Detail geregelt. Dieser hohe Detaillierungsgrad erforderte eine große Anzahl von Administratoren, die den Prozeß planten, steuerten und kontrollierten. Die Konsequenz waren überdimensionierte Planungs- und Kontrollinstanzen sowie ein ausgeprägter Einsatz hierarchischer Koordinationsinstrumente. Die direkt am Prozeß beteiligten Mitarbeiter waren aufgrund ihrer geringen Eigenverantwortung und wegen der permanenten Schnittstellenkonflikte entsprechend demotiviert. Es entstanden Reibungsverluste und Verzögerungen im Prozeßablauf.

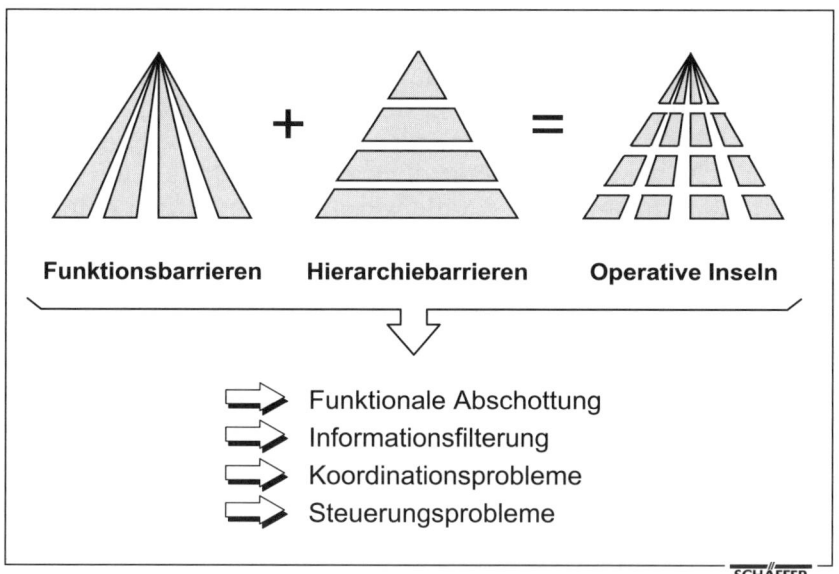

Abb. 71: Mängel »traditioneller« Organisationskonzepte
(vgl. *Hörrmann, G./Tiby, C.* 1991 S. 76)

Die Wettbewerbs- und Überlebensfähigkeit von Unternehmen hängt heute aber mehr denn je von der schnellen und kostengünstigen Abwicklung der auf den externen Kunden gerichteten Geschäftsprozesse ab. Deshalb gewinnt die Prozeßorientierung zunehmend an Bedeutung. Wird die Prozeßsicht von den Entscheidungsträgern im Unternehmen in entsprechende organisatorische Maßnahmen umgesetzt, spricht man von »Prozeßmanagement«, wobei daneben eine Vielzahl weiterer Begriffe existiert, wie zum Beispiel Process Redesign, Business Process Reengineering, Process Innovation, Geschäftsprozeßmanagement, Wertkettenansatz. usw. Ihnen allen gemeinsam ist die **prozeß**orientierte Betrachtungsweise der Organisation.

Notwendigkeit der Prozeß-orientierung

> **Unter Prozeßmanagement sind alle planerischen, organisatorischen und kontrollierenden Maßnahmen zur zielgerichteten Steuerung der Wertschöpfungskette eines Unternehmens im Hinblick auf die Zielsetzungen Kosten, Zeit, Qualität, Innovationsfähigkeit und Kundenzufriedenheit zu verstehen** (vgl. *Gaitanides, M./Scholz, R./Vrohlings, A.* 1994 S. 3).

Im Gegensatz zum traditionellen Gestaltungsansatz mit der von *Kosiol* geprägten Einteilung in Aufbau- und Ablauforganisation stellt die prozeßorientierte Organisationsgestaltung bei der Stellen- und Abteilungsbildung die besonderen Erfordernisse des Ablaufs von betrieblichen Wertschöpfungsprozessen in den Vordergrund. Nach der Identifikation der erfolgsrelevanten Prozesse kommt die Analyse der vorhandenen Abläufe und gegebenenfalls ihre Neugestaltung. Erst dann erfolgt die Stellenbildung. Durch die Konzentration auf die wesentlichen Tätigkeitsfolgen fördert dieses Vorgehen die Ausrichtung der Organisation auf die wertschöpfenden Aktivitäten und trägt so zu schnittstellenärmeren Strukturen bei (vgl. *Pfohl, H.-C./Krings, M./Betz, G.* 1996 S. 247).

Die folgenden **Vorteile** werden im allgemeinen von einer prozeßorientierten Organisationsgestaltung erwartet:

Vorteile der Prozeßorientierung

- Durch die Ausrichtung der Organisation auf die relevanten Unternehmensprozesse und die Integration von betrieblichen Funktionen werden die **gegenseitigen Abhängigkeiten** einzelner Tätigkeiten und damit auch die **Schnittstellenproblematik verringert**. Die Gefahr von interdependenz- und schnittstellenbedingten Fehlern und Doppelarbeiten nimmt ab. Der erforderliche Koordinationsaufwand geht zurück.
- Die Definition von bereichsübergreifenden Prozessen erlaubt die Übertragung von Verantwortung und Kompetenzen für den gesamten Prozeßablauf auf eine oder mehrere Personen. Durch die **ganzheitliche Prozeßverantwortung** entstehen Freiräume für eine Selbstorganisation und Selbstkontrolle. Als Koordinationsmechanismus wirkt vor allem die Selbstabstimmung der Prozeßbeteiligten. Durch die umfassenderen Aufgabenbereiche und die größere Eigenverantwortung der Mitarbeiter werden neue Motivationspotentiale erschlossen.
- Die interne und externe **Kundenorientierung** fördert das überbetriebliche Denken und erlaubt die Konzentration auf die wertschöpfenden Aktivitäten. Nicht irgendwelche Bereichsegoismen, sondern die Kunden stehen im Vordergrund des Bemühens. Diese Sichtweise unterstützt die ständige Optimierung

der Abläufe im Unternehmen im Sinne eines **kontinuierlichen Verbesserungsprozesses**.

Die Erwartungshaltung von Unternehmen, die sich für eine Prozeßorganisation entscheiden, macht erneut das Beispiel der *Lufthansa AG* deutlich (*Arlt, U./ Beecken, T.* 1994 S. 127):

»Konkrete Reorganisationsmaßnahmen waren daher bei der *Lufthansa* auf eine stärkere Integration aller Funktionen, die einen Beitrag zum Prozeß leisten, ausgerichtet. Hierdurch sollten Schnittstellen vermieden und Synergien erschlossen werden. Darüber hinaus wurde die hierarchische Steuerung der Prozesse so weit wie möglich abgebaut. Eine weitergehende Delegation der Verantwortung an die direkt am Prozeß beteiligten Mitarbeiter führte zur Verringerung der Vorgabentiefe. Vorherrschendes Prinzip wurde somit die Selbstorganisation der Prozesse vor Ort.«

Im **Fertigungs-** und **Montagebereich** sind die Gedanken, sich zielgerichtet mit der Gestaltung und der Verbesserung von Abläufen auseinanderzusetzen, nicht neu. In anderen Unternehmensbereichen und insbesondere im **Verwaltungsbereich** stellt sich die Situation dagegen anders dar: Die hier in erster Linie vorhandenen informationellen Prozesse wurden von den Verantwortlichen in der Vergangenheit eher intuitiv auf der Basis von individuellen Erfahrungen gestaltet. Eine systematische und bereichsübergreifende Analyse und Strukturierung fanden nur selten statt. Entsprechend groß ist das sich bietende Rationalisierungspotential, für dessen Realisierung die Abbildung 72 einige Ansatzpunkte zeigt (vgl. *Striening, H.-D.* 1989 S. 153).

Merkmale	Produktion	Verwaltung
Gesamt-Prozeßverantwortung	meist vorhanden	unklar
Prozeß-Definition	cindcutig	unklar/bereichs-bezogen
Schnittstellen	definiert	unklar
Input-Output-Beziehungen	quantifiziert	verbal
Dokumentation/ Arbeitsanweisungen	präzise, i.d.R. vollständig	unpräzise, unvollständig
Meßpunkte	festgelegt	keine/selten
statistische Messungen	regelmäßig	keine/selten
Korrekturen/Modifikationen	präventiv/planvoll	reaktiv/sporadisch

Abb. 72: Situationsvergleich von Fertigungs-
        und Verwaltungsbereich

SCHÄFFER
POESCHEL

6.3 Grundlagen des Prozeßmanagements

6.3.1 Begriff des Prozesses

Nachdem der Prozeßbegriff bereits mehrfach gefallen ist, soll zunächst seine inhaltliche Bedeutung geklärt werden; denn trotz der weiten Verbreitung und der hohen Aktualität gibt es bisher kein einheitliches Prozeßverständnis. Begriffe wie Prozeß, Geschäftsprozeß, Kernprozeß oder Workflow werden von vielen Autoren verwendet, ohne sie ausreichend zu erläutern und voneinander abzugrenzen (vgl. auch *Bea, F. X./Schnaitmann, H.* 1995 S. 278).

Im betriebswirtschaftlichen Bereich befaßt sich die Produktionstheorie schon seit langem mit **Realgüterprozessen**, in denen Einsatzgüter (Input) in Ausbringungsgüter (Output) umgewandelt werden. Dieser **Transformationsprozeß** erfolgt durch eine Reihe von Verrichtungen, Aktivitäten, Vorgängen oder Operationen, die in einer bestimmten Art und Weise (nach bestimmten Regeln) im Rahmen des Güterflusses miteinander verbunden sind. Ein Prozeß wird demnach als eine Verkettung, d.h. als sachliche, zeitliche und räumliche Abfolge von Tätigkeiten verstanden, mit denen bestimmte Ziele verfolgt werden.

Unter einem Prozeß wird im folgenden
- **die zielgerichtete Erstellung einer Leistung**
- **durch eine Folge logisch zusammenhängender Aktivitäten verstanden,**
- **die innerhalb einer Zeitspanne**
- **nach bestimmten Regeln durchgeführt wird.**

In diesem Sinne umfassen Prozesse **inhaltlich abgeschlossene Vorgänge**, die von einem bestimmten Ereignis (z.B. einem Auftrag) angestoßen werden und einen definierten Input und Output haben. Arbeitsteilige Prozesse sind inhaltlich abgeschlossen, wenn sie isoliert von vor-, neben- oder nachgeordneten Vorgängen betrachtet werden können.

Der inhaltliche Umfang eines Prozesses hängt von der subjektiven **Problemsicht** des Organisators ab. Beispielsweise handelt es sich bei dem überschaubaren Vorgang der Rechnungsprüfung ebenso um einen Prozeß wie bei der komplexen und schnittstellenübergreifenden Abwicklung eines Kundenauftrags (vgl. *Gaitanides, M.* 1983 S. 65).

Wertzuwachs im Prozeß

Innerhalb des Prozesses erfolgt durch die Kombination der Einsatzgüter ein definierter **Wertzuwachs**, der als Prozeßergebnis weitergeleitet wird. Dieser Wertzuwachs (oder Wertschöpfung) ist die Differenz zwischen dem Wert des Output (Marktpreis oder interner Verrechnungspreis) und dem Wert des Input (Kosten der Wertschöpfungsaktivitäten) und bildet letztendlich die vom Unternehmen erzielte Gewinnspanne. »**Wert**« kann demgemäß als derjenige Geldbetrag definiert werden, den ein interner oder ein externer Kunde zu zahlen bereit ist. Aus diesem Wert heraus entstehen Wettbewerbsvorteile (Kostenvorteile), wenn er die Kosten der Wertschöpfung übersteigt (vgl. *Porter, M. E.* 1996 S. 21).

Mit seinem **Wertkettenmodell** stellt der amerikanische Wirtschaftswissenschaftler *Michael E. Porter* ein »analytisches Instrument« vor, mit dessen Hilfe sämtliche Aktivitäten eines Unternehmens und deren Wechselwirkungen systematisch untersucht werden können (zum folgenden vgl. *Porter, M. E.* 1996 S. 59 ff.).

*Porter*s **Wertketten-Ansatz**

Die **Wertkette** (value chain) gliedert ein Unternehmen in strategisch bedeutsame Aktivitäten. Sie zeigt den Gesamtwert und besteht aus den **wertschöpfenden Aktivitäten** (»Wertaktivitäten« nach *Porter*) und der **Gewinnspanne**. Wenn ein Unternehmen die verschiedenen Aktivitäten besser und/oder zu geringeren Kosten durchführen kann als konkurrierende Unternehmen, entstehen Wettbewerbsvorteile. Die Wertaktivitäten lassen sich in primäre und sekundäre (unterstützende) Aktivitäten unterteilen, die je nach Branche für den Wettbewerbsvorteil von entscheidender Bedeutung sein können (vgl. Abb. 73):

- Die **primären Aktivitäten** beinhalten die physische Herstellung und den Vertrieb des Produkts. *Porter* unterscheidet hier fünf Kategorien: die Eingangslogistik (Empfang, Lagerhaltung und Distribution von Betriebsmitteln und Material), die Operationen (Be- und Verarbeitung des Inputs), den Bereich Marketing und Vertrieb (Einsatz der Marketinginstrumente, um die potentiellen Kunden zum Kauf des Produkts zu bewegen), die Ausgangslogistik (Sammlung, Lagerung und physische Distribution des Produkts an die Abnehmer) und den Kundendienst (Installation, Reparatur, Ersatzteilversorgung und Produktanpassung).

Primäre und sekundäre »Wertaktivitäten«

- Demgegenüber sorgen die **sekundären Aktivitäten** dafür, daß die primären Tätigkeiten überhaupt stattfinden können, indem sie die erforderlichen Inputs (Technologien, menschliche und materielle Ressourcen) für die einzelnen Aktivitäten zur Verfügung stellen. Die Unternehmensinfrastruktur (Unternehmensleitung, Finanz- und Rechnungswesen, Unternehmensplanung, Qualitätswesen, Rechtsabteilung) unterstützt übergreifend die gesamte Wertkette, weshalb diese sekundäre Aktivität in der Abbildung 73 auch nicht durch gestrichelte Linien unterbrochen ist.

Die Art und Weise, wie ein Unternehmen die einzelnen Wertaktivitäten ausführt und miteinander verbindet, entscheidet darüber, ob es ihm gelingt, Kostenvorteile gegenüber seinen Wettbewerbern zu realisieren und langfristig eine ausreichende Gewinnspanne zu erzielen. Allerdings sind die in *Porter*s Modell vorgeschlagenen Aktivitäten alles andere als zwingend. Vielmehr lassen beispielsweise ihre Auswahl und ihre Reihenfolge etliche Fragen offen. Insofern sollte der Wertkettenansatz nicht als ein allgemeingültiges Prinzip zur Ordnung der betrieblichen Tätigkeiten sondern als eine Art Checkliste verstanden werden, mit der überprüft werden kann, ob alle potentiell wichtigen Bereiche und deren Verknüpfungen untereinander bei den Überlegungen zur Gestaltung der Unternehmensprozesse berücksichtigt worden sind (vgl. *Steinmann, H./ Schreyögg, G.* 1993 S. 178).

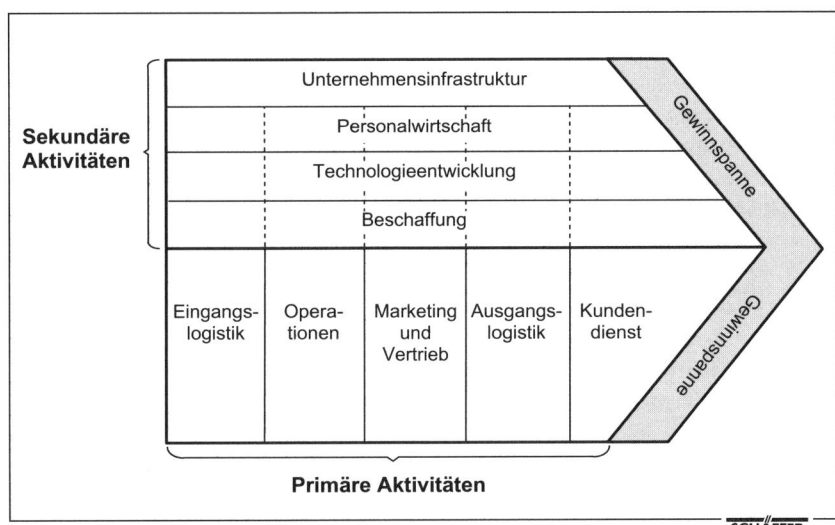

Abb. 73: Wertkettenmodell von *Porter*
       (*Porter, M. E.* 1996 S. 62)

6.3.2 Merkmale von Prozessen

Prozesse sind durch die im folgenden dargestellten **Merkmale** gekennzeichnet (vgl. Abb. 74 und *Jackson, P./Ashton, D.* 1996 S. 78 ff., *REFA* [Hrsg.] 1984 S. 94 ff., *Schulte-Zurhausen, M.* 1995 S. 42 f., 51 ff.).

Aufgabe/Ziele   • Ein Prozeß hat immer eine bestimmte **Aufgabe** und ist auf die Erreichung von Zielen gerichtet, d.h. das Ergebnis ist bereits vor der Durchführung des Prozesses definiert. Unter einer Aufgabe ist die dauerhaft wirksame Verpflichtung zur Erbringung einer Soll-Leistung zu verstehen (vgl. Abschnitt 3.3.1). Eine Aufgabe ist somit immer **tätigkeitsorientiert**. Sie kennzeichnet den Prozeßzweck und dient der Ableitung der erforderlichen Aktivitäten. **Ziele** sind Aussagen über erwünschte Zustände, die als Ergebnis von Entscheidungen eintreten sollen (vgl. *Bea, F. X.* 1992 S. 309). Ziele sind demnach immer **ergebnisorientiert**. Spezifische Prozeßziele sind insbesondere die Prozeßqualität, die Durchlaufzeit und die Prozeßkosten (vgl. die ausführliche Darstellung in Abschnitt 6.4.1)

- Ein Prozeß wird durch einen Input (**externes Ereignis**) oder durch das Erreichen eines bestimmten Zeitpunkts (**zeitliches Ereignis**) angestoßen. Das Prozeßergebnis selber kann wiederum ein Ereignis darstellen und Folgeprozesse auslösen.

Ereignis

- Ein Prozeß transformiert einen **Input**, der aus mindestens einer Quelle (Sender, Lieferant) stammt, in einen **Output**, der an mindestens eine Senke (Empfänger, Kunde) weitergegeben wird. Der Input eines Prozesses besteht entweder aus materiellen Einsatzgütern (z.B. verschiedenen Werkstoffen) oder aus Informationen (z.B. einem Kundenauftrag), die im Sinne der Prozeßaufgabe bearbeitet werden sollen. Der Output besteht dementsprechend aus materiellen oder immateriellen Leistungen (z.B. einem Produkt oder einer Problemlösung).

Input/Output

- Die Prozeßquellen und -senken können interner und externer Natur sein. **Interne Prozeßquellen** und **-senken** sind als vor- oder nachgelagerte Aktivitäten ein Teil der Prozeßkette, die innerhalb der Organisation abgewickelt wird (»the next process is your customer«). Dadurch entstehen interne Lieferanten-Kunden-Beziehungen zwischen einzelnen Prozessen. Bei **externen Prozeßquellen** und **-senken** befinden sich die Kunden und die Lieferanten außerhalb der Organisation und sind Geschäftspartner auf den Absatz- und Beschaffungsmärkten.

Quelle/Senke

- Die Transformation des Input in den Output geschieht durch eine Abfolge von inhaltlich miteinander verknüpften und zweckgerichteten **Aktivitäten** (A_1, A_2, ..., A_n). Sie stellen den Kern der Prozeßabwicklung dar und werden auch als Tätigkeiten oder Verrichtungen bezeichnet. Prozeßaktivitäten können sowohl sequentiell als auch parallel durchgeführt werden und sich wiederholen.

Aktivitäten

- Die Aktivitäten werden von den Aktionsträgern (**Menschen** und/oder **Sachmittel**) auf der Grundlage von speziellen **Informationen** nach bestimmten **Methoden** durchgeführt. Diese Prozeßelemente stellen die zur Leistungserstellung und -verwertung erforderlichen **Ressourcen** dar:

Ressourcen

Die **menschliche Leistung** hängt stark von der Leistungsfähigkeit (im Sinne einer theoretischen Obergrenze, die sich aus den Eigenschaften einer Person und den erworbenen Kenntnissen und Fähigkeiten ergibt), der Leistungsbereitschaft (aufgrund des Leistungswillens und der physiologischen Gegebenheiten), den Leistungsanforderungen (die eine Prozeßaufgabe an die Leistungsfähigkeit stellt) und den Leistungsbedingungen (z.B. der Arbeitsplatzgestaltung oder den verfügbaren Arbeitsmitteln) ab. **Sachmittel** sind alle materiellen Hilfsmittel zur Prozeßabwicklung. Sie werden auch als Betriebsmittel bezeichnet und reichen von Büroeinrichtungen über EDV-Systeme bis zu Fertigungseinrichtungen und Transportmitteln.

Informationen sind zweckgerichtetes Wissen, das aus unterschiedlichen internen und externen Quellen beschafft werden muß. Informationen bilden die Grundlage für die betrieblichen Entscheidungen und verknüpfen sämtliche Prozesse in einem Unternehmen netzwerkartig miteinander. Insofern hängt die reibunglose Abwicklung der Prozesse in einem starkem Maße von der Gestaltung der Informations- und Kommunikationsbeziehungen ab.

Methoden regeln das Vorgehen bei der Durchführung der Prozeßaktivitäten. Sie beschreiben die notwendigen Schritte, um einen Input in einen definierten Output umzuwandeln.

Durchlaufzeit

- Prozesse sind zeitlich befristet. Der Zeitraum vom Start eines Prozesses bis zu dessen Beendigung wird als **Durchlaufzeit** bezeichnet. Als Anfangszeitpunkt gilt der Termin, zu dem die Menschen und/oder die Sachmittel erstmalig aktiv werden. Der Endzeitpunkt wird durch die Übergabe des vollständigen und fehlerfreien Output an die Senke determiniert.

In der Abbildung 74 sind die einzelnen Prozeßmerkmale in ihrem Beziehungszusammenhang dargestellt.

6.3.3 Arten von Prozessen

In der Literatur und in der betrieblichen Praxis findet sich mittlerweile eine ganze Reihe von Begriffen, mit denen die einzelnen Prozeßarten voneinander abgegrenzt werden. Grundsätzlich lassen sich die Abläufe in einem Unternehmen anhand von verschiedenen Kriterien differenzieren. In den folgenden Ausführungen werden zunächst **drei Arten von Prozessen** unterschieden (vgl. Abb. 75). Danach wird auf die Begriffe eingegangen, die insbesondere in der Praxis zur Kennzeichnung und zur Abgrenzung von Prozessen verwendet werden.

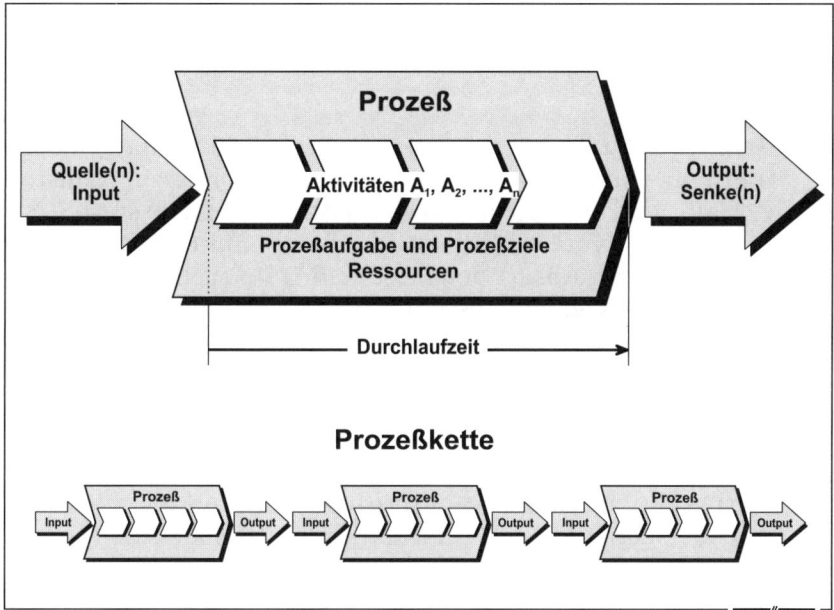

Abb. 74: Prozeßmerkmale und Prozeßkette

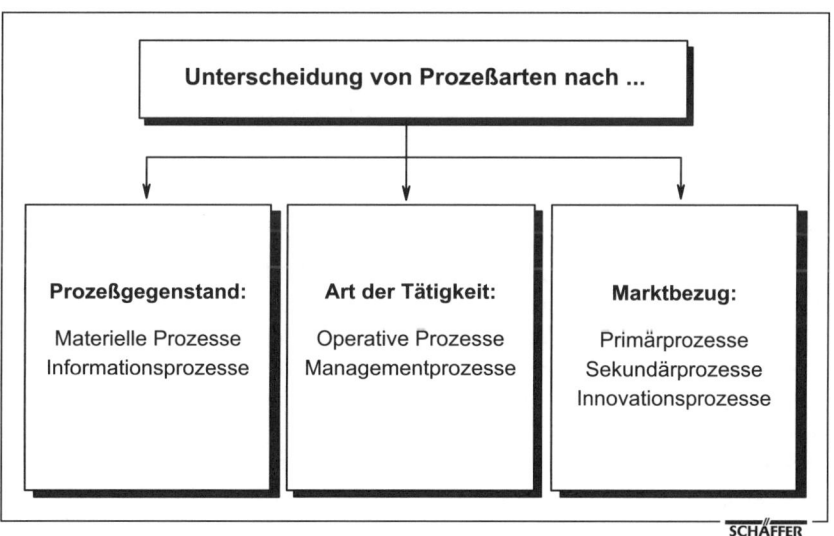

Abb. 75: Arten von Prozessen

Nach dem **Prozeßgegenstand** kann zwischen materiellen und informationellen Prozessen unterschieden werden (vgl. *Grochla, E.* 1983 S. 76 ff.):

Prozeßgegenstand

- **Materielle Prozesse** beziehen sich auf die Bearbeitung und den Transport von physisch real existierenden Objekten (Rohstoffe, Halb- und Fertigfabrikate, Hilfsstoffe, Betriebsstoffe). Sie beginnen als Güterströme mit der Beschaffung des Input und enden mit dem Absatz des erzeugten Output, also der marktfähigen Produkte. Die Gestaltung materieller Prozesse beinhaltet vor allem die räumliche und die zeitliche Anordnung der Prozeßaktivitäten.
- **Informationsprozesse** umfassen den Austausch und die Verarbeitung von Informationen. In diese Kategorie fällt auch die Handhabung materieller Informationsträger (z.B. Notizen, Akten, Disketten). Informationsprozesse sind vor allem dadurch gekennzeichnet, daß sie Informationen als Input erhalten, aus denen dann mittels zusätzlicher Speicherinformationen neue Informationen erstellt und an andere Prozesse als Output weitergeleitet werden.

Hill, Fehlbaum und *Ulrich* orientieren sich an der **Art der Tätigkeit** und unterscheiden operative Prozesse und Managementprozesse (vgl. *Hill, W./Fehlbaum, R./Ulrich, P.* 1994 S. 26):

Art der Tätigkeit

- **Operative Prozesse** oder **Leistungsprozesse** haben die eigentliche Leistungserstellung zum Ziel. Sie erzeugen entweder einen materiellen oder einen immateriellen Output. Häufig wird zwischen **direkten**, auf den externen Kunden gerichteten Leistungsprozessen (z.B. Produktentwicklung, Fertigung, Vertrieb) und **indirekten** Leistungsprozessen unterschieden, die zur Unterstützung der direkten Leistungserbringung dienen (z.B. Personalwesen, Finanz- und Rechnungswesen, Logistik).
- **Leitungs-** oder **Managementprozesse** verfolgen das Ziel, die Unternehmensaktivitäten zu planen, zu steuern und zu kontrollieren. Es lassen sich **strategische** Managementprozesse, die der langfristigen Unternehmensentwicklung dienen (z.B. strategische Planung, strategisches Controlling), und **operative** Managementprozesse unterscheiden, mit denen die Leistungsprozesse gesteuert werden (z.B. Kurzfristplanung, operatives Controlling).

Anhand des **Marktbezugs** eines Prozesses können in teilweiser Anlehnung an *Porter* Primär-, Sekundär- und Innovationsprozesse unterschieden werden (vgl. *Porter, M. E.* 1996 S. 65 ff. sowie Abb. 73):

- **Primärprozesse** sind als Marktprozesse an der Wertschöpfung **Marktbezug**
  unmittelbar beteiligt und auf die Erstellung und den Vertrieb
  eines Produkts oder einer Dienstleistung gerichtet (z.B. Fertigung, Logistik, Marketing und Vertrieb, Kundendienst). Sie entsprechen damit den direkten Leistungsprozessen.
- Demgegenüber handelt es sich bei den **Sekundärprozessen** um
  indirekte Aktivitäten, die für die Sicherstellung der Betriebsbereitschaft sorgen und die kontinuierliche Ausführung der Primärprozesse unterstützen (z.B. Finanz- und Rechnungswesen,
  Unternehmensplanung, Wartung und Instandhaltung, Beschaffung von Einsatzgütern und Personal). Sie besitzen keinen unmittelbaren Marktbezug und entsprechen damit den indirekten Leistungsprozessen.
- **Innovationsprozesse** dienen der Entwicklung und der Einführung von neuen Produkten (Produktinnovationen), Verfahren
  (Prozeßinnovationen) oder Strukturen (Strukturinnovationen).
  Damit können sie einen unmittelbaren Marktbezug besitzen,
  was insbesondere bei Produktinnovationen der Fall ist.

Neben den oben erläuterten Prozeßarten werden im Zusammen- **Weitere Begriffe des**
hang mit dem Prozeßmanagement häufig die Begriffe Prozeßkette, **Prozeßmanagements**
Geschäftsprozeß und Wertschöpfungskette verwendet:

- Unter einer **Prozeßkette** ist die ablaufmäßige Verbindung mehrerer inhaltlich zusammenhängender Prozesse zu verstehen (vgl.
  Abb. 74). Beispielsweise kann sich eine Prozeßkette Auftragsabwicklung aus den drei Prozessen »Auftrag annehmen«, »Auftrag ausführen« und »Produkt ausliefern« zusammensetzen. Die
  Prozeßkette Auftragsabwicklung wird auch als Geschäftsprozeß bezeichnet.
- Ein **Geschäftsprozeß** ist eine Kette von inhaltlich zusammen-
  hängenden Aktivitäten, die zur Leistungserstellung und -ver-
  wertung vollzogen werden müssen und zu einem abgeschlos-
  senen Ergebnis führen, das einen wesentlichen Beitrag zum Unternehmenserfolg leistet. Geschäftsprozesse lassen sich aus den
  obersten Sachzielen eines Unternehmens ableiten und weisen
  Schnittstellen zu den externen Kunden und/oder Lieferanten
  auf (vgl. *Becker, J./Vossen, G.* 1996 S. 18 f.). Geschäftsprozesse
  werden auch als **Kern-, Schlüssel-** oder **Hauptprozesse** bezeichnet. Beispiele für Geschäftsprozesse sind die schon erwähnte
  Auftragsabwicklung sowie die Produktentwicklung, die Kun-
  denakquisition und die Einkaufsabwicklung.
- Die Verbindung aller Geschäftsprozesse bildet die **Wertschöpfungskette** (Wertkette, value chain) eines Unternehmens. Sie
  umfaßt alle Tätigkeiten, »durch die ein Produkt entworfen, her-

gestellt, vertrieben und ausgeliefert wird« (*Porter, M. E.* 1996 S. 63, vgl. auch Abb. 73).

6.4   Prozeßorientierte Organisationsgestaltung

6.4.1 Ziele der Prozeßgestaltung

Prozeßorganisation

Unter der **prozeßorientierten Organisationsgestaltung** (synonym: **Prozeßorganisation**) ist die dauerhafte Strukturierung und die laufende Optimierung von Geschäftsprozessen im Hinblick auf die Prozeßziele zu verstehen. Im Gegensatz zum klassischen Top-down-Ansatz des Analyse-Synthese-Konzepts erfolgt die Stellen- und Abteilungsbildung dabei unter ausdrücklicher Berücksichtigung der spezifischen Erfordernisse eines effizienten Ablaufs betrieblicher Prozesse. Die Aufgabenverteilung und die Festlegung der Stellenzahl orientiert sich vor allem an der Vorgangsmenge, der Anzahl der Bearbeitungsschritte und den Bearbeitungszeiten je Vorgang. Die Organisationseinheiten dienen der Unterstützung der Prozesse. Die Orientierung an der Wertschöpfungskette erschließt ein erhebliches Optimierungspotential, weil nicht die Aufgabenhierarchie sondern die zeitlich-logische Ablauffolge das vorrangige Gestaltungskriterium ist (vgl. *Gaitanides, M./Scholz, R./Vrohlings, A.* 1994 S. 5).

Gestaltungsziele

Die Prozeßorganisation soll einen wesentlichen Beitrag zum Unternehmenserfolg leisten. Diese Zielsetzung ist jedoch zu global, um die Erfolgswirkungen einer prozeßorientierten Strukturierung beurteilen zu können. Als generelle, allgemeingültige Einzelziele werden deshalb die Verkürzung der Durchlaufzeiten, die Erhöhung der Prozeßqualität, die Verbesserung der Innovationsfähigkeit und die Senkung der Prozeßkosten genannt. Diese Ziele sind in der Abbildung 76 in Form eines »**magischen Vierecks**« dargestellt.

Zeit

Der Faktor **Zeit** ist ein wesentliches Differenzierungsmerkmal im Hinblick auf den Kundennutzen und den Wettbewerb. Viele Unternehmen sind vom Erreichen ihrer Zeitziele aber noch weit entfernt. Empirische Untersuchungen ergaben teilweise um ca. 80% über den Planwerten liegende Durchlaufzeiten und bei 50-80% der Aufträge erhebliche Liefertermüberschreitungen (vgl. *Eversheim, W.* 1995 S. 28). Die Konsequenzen liegen auf der Hand: Neben den erhöhten Kosten (vor allem der Kapitalbindung) können sich aufgrund der geringeren Kundenzufriedenheit und der damit verbundenen Imageverluste für ein Unternehmen schwerwiegende Wettbewerbsnachteile ergeben. Deshalb besitzt die Durchlaufzeit im Rahmen der Prozeßorganisation eine sehr große Bedeutung.

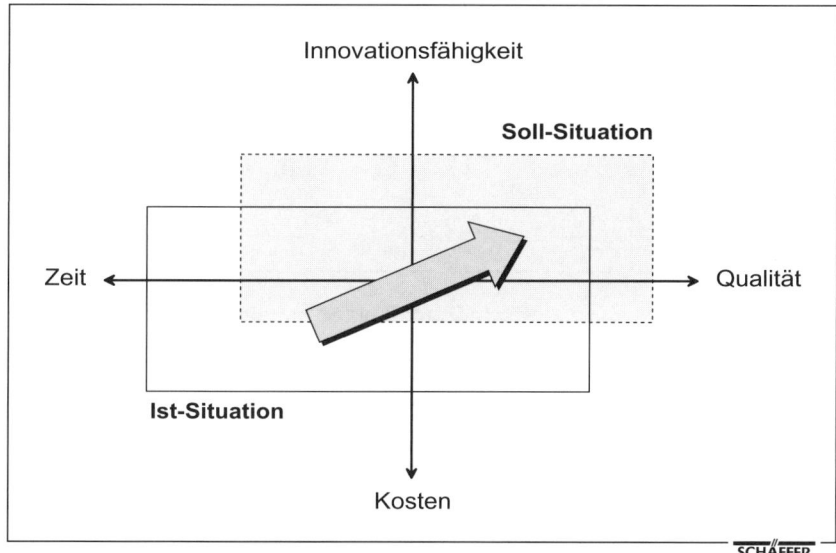

Abb. 76: Ziele der Prozeßgestaltung

Die **Durchlaufzeit** setzt sich aus der Durchführungszeit (Ausführungs- und Rüstzeit), der Transferzeit und der Liegezeit zusammen. Sie ist eine geeignete Meßgröße zur Beurteilung der Qualität eines Prozesses. Während die Zeiten für die Ausführung (Be- und Verarbeitung eines materiellen oder immateriellen Objekts) und den Transfer im wesentlichen vorgegeben sind, können die Rüstzeiten und vor allem die Liegezeiten als nicht wertschöpfende Tätigkeiten durch eine umfassende Abstimmung der einzelnen Teilprozesse verringert werden. Zudem lassen sich die häufig auftretenden Schnittstellenprobleme durch die Zusammenfassung von Teilprozessen zu einem Gesamtprozeß deutlich reduzieren oder sogar vermeiden (vgl. Abb. 77). Das ist auch zwingend erforderlich, wenn man bedenkt, daß der Anteil der added value-Tätigkeiten in vielen Unternehmen bei nur etwa 10 % der gesamten Durchlaufzeit liegt (vgl. *Eversheim, W.* 1995 S. 29). Die Zeitgewinne und die daraus resultierende erhöhte Reaktionsfähigkeit und Schnelligkeit wirken sich beispielsweise in verkürzten Produktentwicklungszeiten (time-to-market) oder in kürzeren Lieferzeiten für die Produkte aus. Unternehmen, denen es gelingt, ihre Durchlaufzeiten zu reduzieren, erhöhen ihre Prozeßqualität, senken ihre Kosten (economies of speed) und können gegebenenfalls im Markt höhere Preise für ihre Produkte erzielen und damit höhere Deckungsbeiträge realisieren.

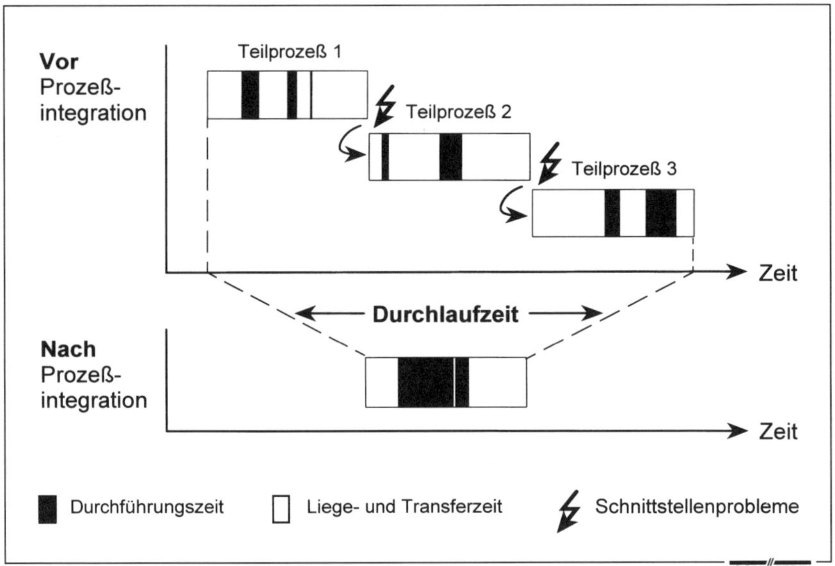

Abb. 77: Durchlaufzeitverkürzung durch Prozeßoptimierung

Daß die Durchlaufzeitverkürzung nicht nur für produzierende Betriebe sondern auch für Dienstleistungsunternehmen von größter Bedeutung ist, zeigen die beiden folgenden Beispiele:

Durch die Veränderungen des europäischen Versicherungsmarkts, insbesondere dessen Deregulierung und das Auftreten von Direktversicherern, sah sich die *Allianz-Versicherungs AG* neuen Anforderungen gegenüber. Deshalb wurde 1992 in den Zweigniederlassungen damit begonnen, die Geschäftsprozesse zu beschleunigen und zu optimieren, nachdem festgestellt worden war, daß »... trotz des Einsatzes von integrierten, modernen und teuren Dialog-Systemen die Produktivität in den Betriebs- und Schadensabteilungen in den letzten zehn Jahren nur geringfügig gestiegen ist. Doppelarbeiten in den Agenturen, Geschäftsstellen und Zweigniederlassungen konnten nicht eliminiert werden« (*Eschner, K./Nestler, A.* 1994 S. 40). Durch das Redesign der Geschäftsprozesse sollten beispielsweise die Durchlaufzeit für die Policenerstellung von zwei Wochen auf zwei Tage verkürzt und die Übertragungs- und Bearbeitungsfehler von 20% auf unter 1% reduziert werden.

»Im Rahmen der gegenwärtig stattfindenden Umstrukturierungen bei der *Quelle* wird dem Zielfaktor ›Zeit‹ besondere Bedeutung beigemessen. Dieser Umstand läßt sich zum einen darauf zurückführen, daß ... angestrebte quantensprungartige Verbesserungen in bezug auf die Zeit organisatorische Maßnahmen bedingen, die häufig mit höheren Zielerreichungsgraden bei der Kosten- und der Qualitätsdimension verbunden sind. Zum anderen ist der Zeitaspekt gerade im Versandhandel aus mehreren Gründen ein besonders bedeutsamer Faktor zur Erlangung von Wettbewerbsvorteilen gegenüber der Konkurrenz:

- So kann die Reduzierung der für die Katalogerstellung benötigten Zeit zur Steigerung der internen Flexibilität – z.B. bei der Abwicklung der erforderlichen Einkaufsaktivitäten – beitragen.
- Daneben ist eine stark verkürzte Dauer der Auftragsabwicklung für viele Versandhandelsunternehmungen bereits heute zu einer eigenständigen Ertragsquelle avanciert, wie sich etwa im Zusammenhang mit der Einführung des 24- bzw. 48-Stunden-Lieferservice gezeigt hat.
- Schließlich werden von einem Großteil der Kunden Lieferzeit und Liefergenauigkeit mittlerweile neben der Produktqualität im engeren Sinne als gleichrangige Kaufentscheidungskriterien angesehen« (*Rolz, G./Lehmann, P.* 1994 S. 147 f.).

Unter **Qualität** ist grundsätzlich die Übereinstimmung der tatsächlichen Eigenschaften eines Produkts oder einer Leistung mit den vom Kunden geforderten Eigenschaften zu verstehen. Sie hat sich in den letzten Jahren zu einer immer wichtigeren Zielgröße entwickelt. Dies zeigt sich zum Beispiel in dem verstärkten Bemühen vieler Unternehmen um eine Zertifizierung ihrer Qualitätsanstrengungen nach DIN ISO 9000 ff. Ein zentraler Leitsatz des Qualitätsmanagements lautet, daß Qualität nicht erst am Ende der Wertschöpfungskette geprüft werden darf sondern direkt **im Prozeß** entstehen muß (vgl. *Eversheim, W.* 1995 S. 34). **Qualität**

Mit dem Qualitätsziel ist hier insbesondere die **Prozeßqualität** angesprochen. Sie wird durch einen reibungslosen Ablauf der direkten **und** der indirekten Prozesse beeinflußt und deshalb auch als **Prozeßsicherheit** bezeichnet. Qualitativ hochwertige Prozesse weisen wenige oder keine Iterationsschleifen auf, die durch vorausgegangene Fehlleistungen verursacht wurden. Dies zeigt sich in einer kurzen Durchlaufzeit. Letztendlich kommt das Qualitätsziel in dem Streben nach Fehlerfreiheit zum Ausdruck, das sich auf die gesamte Leistungserstellung erstreckt. Eine hohe Prozeßqualität ist letztendlich eine wichtige Voraussetzung für eine hohe **Produktqualität** im Sinne einer uneingeschränkten technisch-funktionalen Gebrauchstauglichkeit (»fitness for use«) und für geringe Kosten.

Werden alle Phasen der Wertschöpfungskette in das Ziel der permanenten Qualitätsverbesserung einbezogen, spricht man von **Total Quality Management (TQM)**. Der ganzheitliche Qualitätsansatz kennzeichnet eine Denk- und Handlungsweise, deren oberstes Gebot der Kundennutzen ist. Diese Zielsetzung wird durch eine ausgeprägte Prozeß- und Mitarbeiterorientierung erreicht. Im Mittelpunkt steht dabei zum einen die Feststellung, daß nur fehlerfreie Prozesse zu fehlerfreien Produkten führen. Ein hohes Qualitätsniveau kann nur durch eine entsprechende Koordination des gesamten Leistungsprozesses auf der Basis von Kunden-Lieferanten-Beziehungen sowie einer funktionsübergreifenden Optimierung erreicht werden. Zum anderen müssen die Mitarbeiter durch Selbst- **TQM/KVP/Kaizen** kontrolle, Gruppenarbeit und einen kooperativen Führungsstil dazu motiviert werden, eine qualitativ hochwertige Arbeit zu leisten. Der Kernsatz dabei lautet: Jeder ist für die Qualität seiner Arbeit selbst verantwortlich. Das Qualitäts**bewußtsein** soll alle Bereiche und Aktivitäten eines Unternehmens erfassen und zu einem **kontinuierlichen Verbesserungsprozeß (KVP)** führen, der die Markt- und Wettbewerbsfähigkeit langfristig erhöht. Dieser Ansatz der kontinuierlichen Verbesserung entspricht weitgehend der Philosophie des japanischen »**Kaizen**«, wobei Kaizen schlicht »Verbesserung« heißt und als Konzept die ständige Verbesserung unter Einbeziehung aller Mitarbeiter meint (vgl. *Imai, M.* 1994 S. 15 ff., *Kamiske, G. F.* 1994 S. 1 ff., *Seiffert, U.* 1995 S. 197 ff., *Töpfer, A./ Mehdorn, H.* 1995 S. 8 ff., *Witzig, T./Breisig, T.* 1994 S. 741 ff.).

Innovationsfähigkeit

Die **Verbesserung der Innovationsfähigkeit** bezieht sich auf die Produkt-, die Prozeß- und die Strukturinnovationen (zu den Innovationsarten vgl. *Vahs, D./Burmester, R.* 1999 S. 72 ff.). Durch die Prozeßausrichtung der Organisation sollen Neuerungen auf diesen Gebieten schneller, flexibler und effizienter durchgesetzt werden. Hierzu trägt insbesondere die aktive Einbindung der Mitarbeiter in die Prozeßgestaltung und -durchführung wesentlich bei, weil sie deren kreative Potentiale zur Ideenfindung und Problemlösung gezielt nutzt.

Kosten

Die Zielgröße **Kosten** ist ebenfalls ein entscheidendes Kriterium für die Wettbewerbsfähigkeit eines Unternehmens. Die Kosten eines bestimmten Prozesses setzen sich aus den Kosten für die Durchführung der einzelnen Aktivitäten zusammen. Hierzu gehören neben den Ausführungs- und Transportkosten auch die Rüst- und Lagerkosten sowie die Kosten für die Koordination der Abläufe (Informationskosten) und schließlich die Fehlerkosten. Es ist ein Ziel der prozeßorientierten Organisationsgestaltung, dafür zu sorgen, daß die **Prozeßkosten** zum einen transparent und damit beeinflußbar sind und zum anderen so niedrig wie möglich gehalten werden. Kurze Durchlaufzeiten durch die Eliminierung von non added value-Tätigkeiten und eine hohe Prozeßqualität tragen zu einer Senkung der Prozeßkosten maßgeblich bei.

Zielinterdependenzen

Zwischen den Zielsetzungen Zeit, Qualität, Innovationsfähigkeit und Kosten besteht grundsätzlich Konkurrenz. Versucht man eine der Zielgrößen zu optimieren, werden die Zielerreichungsgrade der anderen Zielgrößen in der Regel geringer. Betrachtet man die vier Optimierungsziele jedoch unter einem ganzheitlichen Blickwinkel, so zeigen sich die zunächst zu vermutenden Zielkonflikte nicht. Beispielsweise erfordert die Verkürzung der Durchlaufzeiten durch die Eliminierung nicht wertschöpfender Aktivitäten zwar einen gewissen Optimierungsaufwand, verursacht also Kosten; dieser Aufwand wird allerdings später durch geringere Kosten kompensiert. Auch Qualitätsverbesserungen oder eine höhere Innovationsfähigkeit führen langfristig zu einer Kostensenkung. Insofern ist in einer prozeßorientiert gestalteten Organisation eher von einer **Zielkomplementarität** als von einer Zielkonkurrenz auszugehen.

6.4.2 Prozeßmanagement als Primär- oder Sekundärorganisation?

Die Grundlage einer prozeßorientierten Organisationsgestaltung ist die (nicht neue) Erkenntnis, daß ein Unternehmen nur dann eine marktfähige Leistung erzeugen kann, wenn alle Aktivitäten zur Leistungserstellung im Hinblick auf den externen Kunden zielgerichtet miteinander verknüpft sind. Das ist in einer funktionalen Struktur grundsätzlich genauso möglich wie in einer Matrixorganisation. Allerdings bringen beide Organisationskonzepte, wie auch die anderen Formen der Primärorganisation, eine Reihe von Problemen bei der Bewältigung von bereichsübergreifenden Aufgaben mit sich. Das Prozeßmanagement überwindet durch seine strikte Ausrichtung auf die wertschöpfenden Abläufe die mit den traditionellen Organisationskonzepten verbundenen Mängel. Es kann entweder als Sekundärorganisation oder als Primärorganisation etabliert werden (vgl. *Scholz, R./Vrohlings, A.* 1994 S. 28 f.).

Als **Sekundärorganisation** überlagert das Prozeßmanagement die vorhandenen primären Strukturen. Es entsteht eine prozeßorientierte Matrix- oder Tensororganisation, die beispielsweise aus der vertikalen Dimension »Funktion« und der horizontalen Dimension »Prozeß« besteht. Die funktionsübergreifenden Geschäftsprozesse tragen zur Überwindung der Schnittstellenprobleme bei (vgl. Abb. 78). Sie werden jeweils von einem Prozeßmanager betreut, der für die Umsetzung des Prozeßgedankens und die Erreichung der definierten Ziele verantwortlich ist. Prozeßmanagement ist in dieser Gestaltungsform also ein funktionsübergreifendes Steuern der Geschäftsprozeßabläufe (zur Rolle des Prozeßmanagers vgl. Abschnitt 6.4.4).

Prozeßmanagement als Sekundärorganisation

Die Einführung einer **prozeßorientierten Primärorganisation** ist zweifellos die konsequenteste Umsetzung des Prozeßmanagement-Konzepts. Das gesamte Unternehmen wird dabei als eine Vielzahl von miteinander vernetzten materiellen und informationellen Prozessen aufgefaßt, die jeweils eigenständige Organisationseinheiten bilden. Die Koordination dieser prozeßorientierten Organisationseinheiten erfolgt nicht wie bei den herkömmlichen Strukturkonzepten durch die Hierarchie sondern im wesentlichen durch die

Prozeßmanagement als Primärorganisation

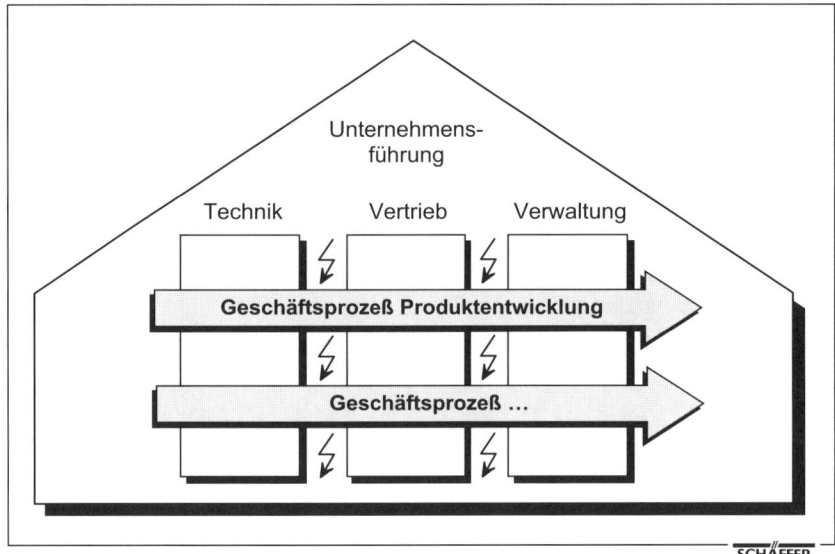

Abb. 78: Prozeßmanagement als Sekundärorganisation

internen und externen Kunden-Lieferanten-Beziehungen, die unter dem Wettbewerbsdruck ständig optimiert werden müssen, um ihre Marktfähigkeit zu erhalten. Das gilt nicht nur für die direkten, sondern ebenso für die indirekten Prozesse, die prinzipiell auch außerhalb des Unternehmens nachgefragt werden können. Von den Führungskräften und den Mitarbeitern verlangt eine prozeßorientierte Primärorganisation eine völlige Neuorientierung. Sie müssen zu unternehmerisch denkenden und handelnden Prozeßmanagern und -mitarbeitern werden, die sich flexibel auf ihre internen und externen Kunden einstellen. Die Unternehmensführung übernimmt die Funktion, alle Geschäftsprozesse zu integrieren, strategisch auszurichten und in Ausnahmefällen problemlösend in die Prozeßabläufe einzugreifen.

Unabhängig davon, welche Form des Prozeßmanagements gewählt wird, ist zu klären, wie bei dessen Einführung vorgegangen werden kann.

6.4.3   Vorgehensweise zur Prozeßgestaltung

Die Gestaltung der Geschäftsprozesse eines Unternehmens gehört zu den Kernaufgaben der Unternehmensführung. Sie wird im anglo-amerikanischen als »Business Process Management« bezeichnet. Die Reorganisation der bisherigen Organisationsstruktur wird in diesem Zusammenhang »Business Process Reengineering« oder kurz »Business Reengineering« genannt (zum Konzept des Business Reengineering vgl. Abschnitt 7.5.3.1).

Die Vorschläge, wie bei der erstmaligen Gestaltung und der laufenden Optimierung der Prozesse vorzugehen ist, kommen überwiegend aus der Unternehmens- und Beratungspraxis und weisen dementsprechend eine große Vielfalt und teilweise eine nur geringe methodische Fundierung auf. Im großen und ganzen umfassen sie stets die in der Abbildung 79 dargestellten vier Schritte **Definition**, **Strukturierung**, **Realisierung** und **Optimierung** der Prozesse. Auf die unterschiedlichen Einführungsstrategien, also auf die Frage, wie sich das Prozeßdenken und -handeln im Rahmen einer Reorganisation umsetzen läßt, wird im Kapitel 7 eingegangen.

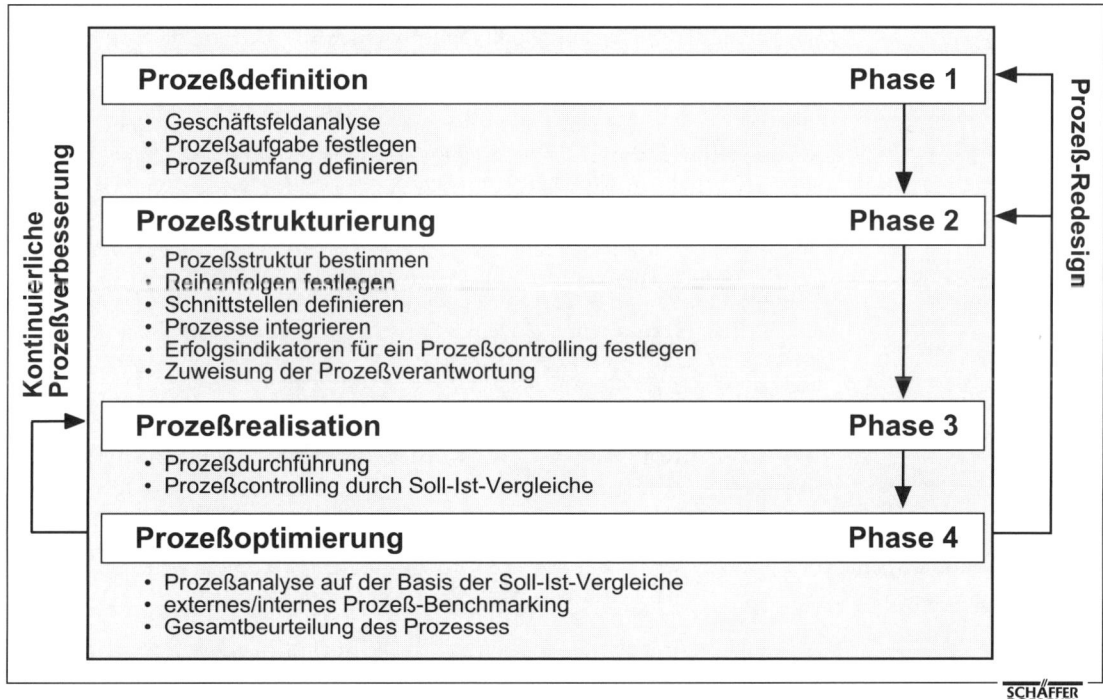

Abb. 79: Vier-Phasen-Konzept der Prozeßgestaltung
      (vgl. *Scholz, R./Vrohlings, A.* 1994 S. 117)

6.4.3.1 Prozeßdefinition

Ein Hauptproblem des Prozeßmanagements besteht darin, die für den Unternehmenserfolg »kritischen« Tätigkeitsfolgen zu identifizieren. »Kritisch« sind vor allem solche Prozesse, die eine große Bedeutung für die Kundenzufriedenheit haben, wichtige Wettbewerbsvorteile verschaffen und eine hohe Ressourcenintensität aufweisen (vgl. *Picot, A./Dietl, H./Franck, E.* 1997 S. 224). Die prozeßorientierte Organisationsgestaltung geht deshalb grundsätzlich von der Ausrichtung aller Unternehmensabläufe auf den externen Kunden aus und muß demzufolge die Anforderungen des Markts und des Wettbewerbs berücksichtigen. Daher steht als erster Schritt die strategische Geschäftsfeldanalyse im Vordergrund. Im Anschluß daran sind die Geschäftsprozesse hinsichtlich ihrer Aufgaben und ihres Umfangs zu definieren. Das Ziel ist die Entwicklung eines **Idealkonzepts**, das losgelöst von den bestehenden Strukturen und den damit verbundenen Restriktionen nach neuen Gestaltungsmöglichkeiten sucht.

Dieser Ansatz der Prozeßdefinition wird beispielsweise von *IBM* verfolgt. In einem **Top-down-Vorgehen** wird versucht, die Geschäftsprozesse in einem unternehmensweiten Konsens zu identifizieren und auszugrenzen. Auf der Grundlage des »Product and Resource Life Cycle« werden alle Aktivitäten zusammengefaßt, die das Produkt während des betrieblichen Ablaufs beeinflussen. Dieses Modell beruht auf der Prämisse, daß sämtliche Unternehmensbereiche als Zulieferer von Dienstleistungen für den auf den externen Kunden richteten Leistungserstellungsprozeß arbeiten (vgl. *Gaitanides, M./Scholz, R./Vrohlings, A.* 1994 S. 7, *Scholz, R.* 1995 S. 86 f.).

Als wesentlichen Vorteil dieser Vorgehensweise sehen *Gaitanides* et al. die Stabilität der so gewonnenen Prozesse, »... denn im Unterschied zur ›Bottom-up‹-Vorgehensweise sind diese überschneidungsfrei ausgegrenzt und nicht aus aktuellen Problemfällen hergeleitet. Zumindest vom Konzept her ist damit ein ganzheitlicher, unternehmensweiter Entwurf der Prozesse möglich« (*Gaitanides, M./Scholz, R./Vrohlings, A.* 1994 S. 8).

In der Praxis erfolgt die Prozeßgestaltung in aller Regel nicht auf der »grünen Wiese«. Schließlich lassen sich langjährig »eingefahrene« Abläufe nicht ohne weiteres ersetzen, einmal abgesehen von der Frage, ob dies überhaupt sinnvoll wäre. Deshalb sind parallel zu der Geschäftsfeldanalyse die im Unternehmen bereits vorhandenen Prozesse hinsichtlich ihrer Stärken und Schwächen zu bewerten. Als Analysekriterien kommen beispielsweise die Kundenorientierung, die Überschneidungsfreiheit, die effiziente Ressourcennutzung u.a. in Frage. Aus diesem Grund wird anstelle von Prozeß**definition** teilweise auch von Prozeß**identifikation** gesprochen, die eine ausführliche Untersuchung des vorhandenen Zustandes erfordert. Die Ergebnisse der **Ist-Analyse** fließen in die Festlegung der Prozeßaufgabe und des Prozeßumfangs mit ein.

Der **Bottom-up-Ansatz** geht bei der Prozeßformulierung von einzelnen organisatorischen Problemfeldern und Schwachstellen aus. Anhand eines konkreten Problems, wie beispielsweise zu langen Durchlaufzeiten in der Fertigung oder in der Verwaltung, werden alle Aktivitäten analysiert, die mit diesem Problem zu tun haben könnten. Auf diese Weise ergibt sich eine Kette von Aktivitäten, die miteinander verbunden sind und gemeinsam einen Prozeß bilden. Durch eine derartige intuitive Suche nach Prozessen kann das gesamte Unternehmen prozeßorientiert ausgerichtet werden. Allerdings bietet das Vorgehen von »unten nach oben« aufgrund der zwangsläufigen Beschränkung auf einzelne Problemfelder keine Gewähr für eine ganzheitliche »Optimallösung« (vgl. *Gaitanides, M.* 1983 S. 63 ff., *Gaitanides, M./Scholz, R./Vrohlings, A.* 1994 S. 6 f.).

Um die Unternehmensprozesse möglichst vollständig und realitätsnah zu erfassen und abzubilden sind der Top-down- und der Bottom-up-Ansatz miteinander zu verbinden. Diese **kombinierte Vorgehensweise** aus Idealkonzeptentwicklung und Ist-Analyse versucht einerseits auf der Grundlage der erkannten Problemursachen schrittweise Maßnahmen zu deren Beseitigung zu entwickeln und andererseits völlig neue Wege zur Gestaltung der betrieblichen Abläufe aufzuzeigen (vgl. *Nippa, M./Klemmer, J.* 1996 S. 172 ff.).

Wie ist nun im einzelnen bei der Geschäftsfeldanalyse und bei der Definition der Geschäftsprozesse vorzugehen?

Ein **strategisches Geschäftsfeld (SGF)** ist eine relativ homogene Produkt-Markt-Kombination, in dem eine strategische Geschäftseinheit die Stärken des Unternehmens zur Wirkung bringen kann. SGF müssen anhand bestimmter Merkmale (eigenständige Marktaufgabe, eigenständiger Ressourceneinsatz, eigenständiger Beitrag zum Unternehmenserfolg) überschneidungsfrei voneinander abgrenzbar sein (vgl. Abschnitt 5.5.5 und *Hinterhuber, H. H.* 1992a S. 73).

Geschäftsfeldanalyse

Im Rahmen der Geschäftsfeldanalyse können für die einzelnen Geschäftsfelder

- die Chancen und Risiken der **Unternehmensumwelt** identifiziert und entsprechende Ziele und Strategien für die Produkte und die Märkte (Kundengruppen) abgeleitet sowie
- die geschäftsfeldspezifischen Stärken und Schwächen der **Unternehmensstruktur** untersucht und entsprechende Ziele und Strategien für die Organisation und den Ressourceneinsatz formuliert werden.

Die Organisation ist nun so zu gestalten, daß sie die wesentlichen **Erfolgsfaktoren** des Unternehmens maßgeblich unterstützt, die auch als »Schlüsselfaktoren« oder »critical success factors« bezeichnet werden. Marktspezifische Erfolgsfaktoren sind beispielsweise das Preis-Leistungs-Verhältnis, die Breite des Produktprogramms, die Vertriebs- und Serviceleistungen, die Innovationsfähigkeit, das Unternehmensimage und die Kundenorientierung. Diese Erfolgsfaktoren können zumeist direkt mit den einzelnen Geschäftsprozessen in Verbindung gebracht werden. Der Preis des Produkts oder der Leistung kann zum Beispiel durch eine Optimierung der Prozeßkosten zu einem Erfolgsfaktor werden, die Kundenbindung wird es durch einen hohen Lieferbereitschafts- und Servicegrad (vgl. *Schulte-Zurhausen, M.* 1995 S. 72, 75). Da sich die verschiedenen Geschäftsfelder normalerweise hinsichtlich ihrer Erfolgsfaktoren voneinander unterscheiden, bilden die Erfolgsfaktoren die Grundlage für die Definition der Geschäftsprozesse.

Prozeßaufgabe festlegen

Zunächst ist die **Prozeßaufgabe** inhaltlich zu fixieren. Unter der Prozeßaufgabe ist die definierte Soll-Leistung zu verstehen. Kriterium für ihre Festlegung ist der **konkrete Problembezug**, der geschäftsfeldbezogen zu primären und sekundären Geschäftsprozessen führt (vgl. Abb. 80):

- Für jedes SGF sind die **primären Geschäftsprozesse** zu bestimmen. Ausgangs- und Endpunkt der primären Geschäftsprozesse ist der **externe** Kunde. Die Anzahl der auf den externen Kunden gerichteten Primärprozesse hängt dabei von der Größe und dem Leistungsprogramm des Geschäftsfelds ab.

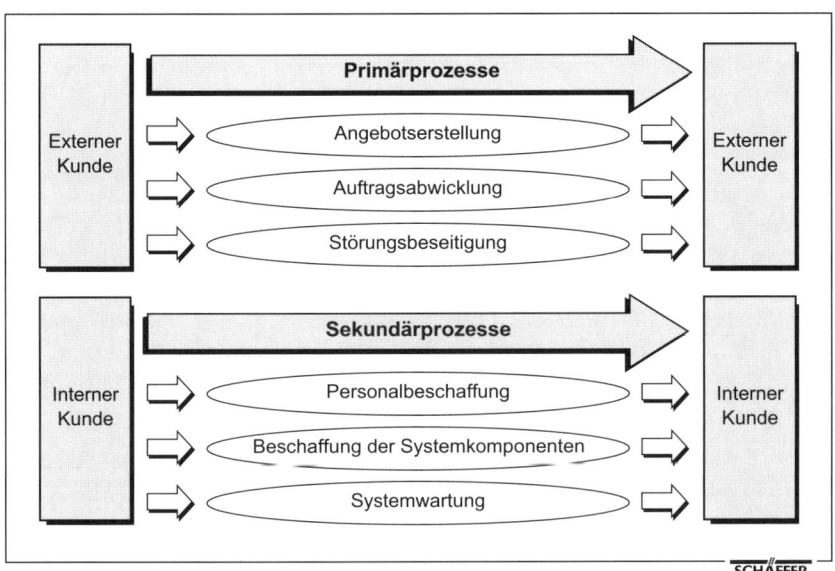

Abb. 80: Primär- und Sekundärprozesse in einem
Telekommunikationsunternehmen (Beispiel)

- Die **sekundären Geschäftsprozesse** umfassen die Bereitstellung und die Verwaltung der für die Durchführung der Primärprozesse erforderlichen Ressourcen. Sie sollen die Funktionsfähigkeit der Primärprozesse sicherstellen und sind mit diesen durch **interne** Kunden-Lieferanten-Beziehungen verknüpft.

Ergänzend sind die **Innovationsprozesse** zu definieren, deren Output wiederum Primär- und Sekundärprozesse auslösen kann (z.B. führt eine erfolgreiche Produktentwicklung zu Primärprozessen u.a. in der Fertigung und im Vertrieb oder zu Sekundärprozessen u.a. im Rechnungswesen und im Personalbereich).

Der Geschäftsprozeßumfang ergibt sich aus der **Anzahl der Teilprozesse und Aktivitäten**, die zur Erfüllung der Prozeßaufgabe erforderlich sind. Die erste und die letzte Aktivität markieren den Anfangs- und den Endpunkt des definierten Geschäftsprozesses. Grundsätzlich sollten die primären und die sekundären Geschäftsprozesse so definiert werden, daß sie zum einen nicht zu umfangreich und zu komplex sind und daß zum anderen nicht zu viele kleine Prozesse entstehen, die dann aufwendig koordiniert werden müssen. Die ganzheitliche Sichtweise der Prozesse schließt neben den Ausführungs- auch alle erforderlichen Planungs- und Steuerungsaktivitäten mit ein.

Prozeßumfang definieren

Bei der Prozeßdefinition ist insbesondere darauf zu achten, daß die einzelnen Geschäftsprozesse in sich abgeschlossen sind. Diese **Selbständigkeit** oder **Robustheit** reduziert den laufenden Koordinationsaufwand zwischen den Geschäftsprozessen erheblich. Falls Restrukturierungsmaßnahmen erforderlich werden sollten, braucht die Reorganisation somit nicht auf der Basis einer Analyse der Gesamtaufgabe stattzufinden, sondern sie kann sich auf die betrachtete Teilstruktur, also den jeweiligen Geschäftsprozeß, beschränken (vgl. *Gaitanides, M.* 1983 S. 65).

Die Abbildung 81 zeigt beispielhaft die Spezifikation des primären Geschäftsprozesses »Auftragsabwicklung« in einem Telekommunikationsunternehmen als Ergebnis der Definitionsphase.

6.4.3.2 Prozeßstrukturierung

Die Geschäftsprozesse müssen möglichst klar strukturiert sein, damit sie in der Praxis problemlos durchgeführt, gesteuert und überwacht werden können. Insbesondere dann, wenn ein Geschäftsprozeß einen größeren Umfang und eine gewisse Komplexität erreicht, trägt die Prozeßstrukturierung dazu bei, daß die Übersicht über den Gesamtprozeß erhalten bleibt.

Geschäftsprozeß Auftragsabwicklung	
Prozeßaufgabe	Durchführung aller bis zur formellen Übergabe und Inbetriebnahme erforderlichen Schritte
Anstoß	Auftragserteilung (Vertrag mit externem Kunden)
Quelle	Vertrieb
Anfangsaktivität	Prüfen der Konsistenz von Vertrag und Auftrag
Endaktivität	Abschluß der Inbetriebnahme
Senke	Externer Kunde
Hauptaktivitäten	• Auftrag definieren • interne Unteraufträge erstellen und an die zuständigen Stellen weiterleiten • Koordination der Aktivitäten • Sub-Auftragsdurchführung • Zusammenführung der Sub-Aufträge • Abschluß des Auftrags
Prozeßziele	• Kundenzufriedenheit • Termineinhaltung (kurze Durchlaufzeit) • Wirtschaftlichkeit (geringe Prozeßkosten)
Leistungsmenge	nicht spezifiziert

SCHÄFFER
POESCHEL

Abb. 81: Spezifikation des Geschäftsprozesses Auftragsabwicklung (Beispiel)

Prozeßstruktur bestimmen

Der erste Schritt der Prozeßstrukturierung ist die Zerlegung eines Geschäftsprozesses in seine **Teilprozesse**. Die analytisch kleinsten Teile, die noch alle Merkmale eines Prozesses aufweisen, werden als **Elementarprozesse** bezeichnet (zu den Prozeßmerkmalen vgl. Abschnitt 6.3.2). Die Elementarprozesse sind zusätzlich dadurch gekennzeichnet, daß sie an einem Arbeitsplatz ohne Unterbrechungen durchgeführt werden können. Die Teil- und die Elementarprozesse werden anhand der Analysekriterien »Verrichtung« und »Objekt« gebildet, wobei auf jeder Ebene über die Art der weiteren Untergliederung entschieden wird. Dabei muß klar erkennbar sein, welche Verrichtungen im Rahmen des Leistungsvollzugs an welchen Objekten auszuführen sind (vgl. *Gaitanides, M.* 1983 S. 79). Durch diese **Prozeßdekomposition** entsteht eine **hierarchische Struktur** mit dem Geschäftsprozeß als oberster und dem Elementarprozeß als unterster Ebene (vgl. Abb. 82, die eine Geschäftsprozeßstrukturierung am Beispiel der Auftragsabwicklung zeigt).

Für die **Auflösungstiefe** gibt es keine eindeutige Regel. Sie hängt von der Art der Aufgabe und vom Umfang des Prozesses ab. Generell sollten Prozesse, die sich häufig wiederholen, eher tiefer ge-

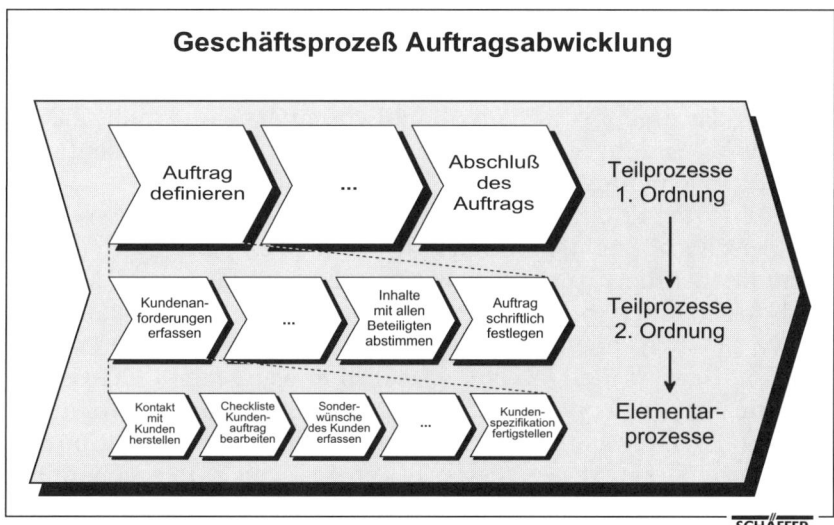

Geschäftsprozeß Auftragsabwicklung

Abb. 82: Strukturierung eines Geschäftsprozesses (Beispiel)

gliedert werden, um potentielle Probleme erkennen und den Ablauf optimieren zu können. Selten durchzuführende Prozesse oder Prozesse mit einem geringen Beitrag zur Wertschöpfung sollten dagegen schon aus Gründen der Wirtschaftlichkeit eher weniger detailliert strukturiert werden. Beispielsweise hat die *IBM Deutschland GmbH* im Rahmen ihres Business Process Management festgelegt, daß die kleinsten Teilprozesse noch einen meßbaren Anteil zur Wertschöpfung (i.S. eines Nutzens für den internen oder externen Kunden) leisten müssen (vgl. *IBM Deutschland GmbH* [Hrsg.] 1993).

Der zweite Schritt besteht in der Festlegung der **zeitlichen Reihenfolge**, in der die einzelnen Teilprozesse, Elementarprozesse und Aktivitäten nach dem Anstoß durch ein externes oder zeitliches Ereignis ablaufen sollen. Die Reihenfolge wird durch die Input-Output-Beziehungen determiniert, die sich entweder aus dem sachlogischen Zusammenhang der Prozeßschritte ergeben oder technologisch bedingt sind. Eine sinnvolle Veränderung der Reihenfolge ist in der Regel nur sehr begrenzt möglich.

Nachdem die Teil- und die Elementarprozesse sowie deren Reihenfolgen feststehen, sind auch die **Schnittstellen** zwischen den einzelnen Prozessen ersichtlich. Sie sind gewissermaßen die Kontaktpunkte, an denen der Output des vorhergehenden Teilprozesses als Input an den nachfolgenden Teilprozeß übergeben wird. Um eine reibungslose Übergabe zu gewährleisten, ist in schriftlichen **Leistungsspezifikationen** (Leistungsanforderungen, Outputnormen)

Reihenfolgen festlegen

Schnittstellen definieren

möglichst exakt festzulegen, welche Leistungsinhalte und -umfänge wann zu erbringen sind und wer die Verantwortung dafür trägt. Diese Schnittstellendefinition ist deshalb von besonderer Bedeutung für das Ergebnis, weil eventuell vorhandene und nicht identifizierte Mängel zu einer nicht marktfähigen oder nicht den Kundenwünschen entsprechenden Leistung führen können.

Prozesse integrieren

Im Zuge der Prozeßdefinition wurden die Geschäftsprozesse nach strategischen Gesichtspunkten geschäftsfeldbezogen festgelegt. Unternehmensinterne Kriterien wurden dabei nicht berücksichtigt. Dadurch kann es insbesondere bei den sekundären Geschäftsprozessen zu Überschneidungen kommen. Um Doppelarbeiten zu vermeiden, ist zu prüfen, ob eine **Integration weitgehend identischer Abläufe** auf der übergeordneten Gesamtprozeßebene möglich und sinnvoll ist. Die Abbildung 83 zeigt eine solche Teilintegration von zwei Geschäftsprozessen, deren Teilprozesse bis zum sogenannten Konfigurationspunkt (auch als »Variantenbestimmungspunkt« oder »Freeze-point« bezeichnet) identisch sind und gemeinsame Ressourcen erfordern.

Auch für die Prozeßintegration gibt es keine generelle Regel. Sie muß situativ, in Abhängigkeit von den unternehmensspezifischen Bedingungen vorgenommen werden. Allerdings sollten die Komplexität und der Umfang des durch das Zusammenlegen von Teilprozessen gebildeten neuen Gesamtprozesses nicht zu sehr ansteigen.

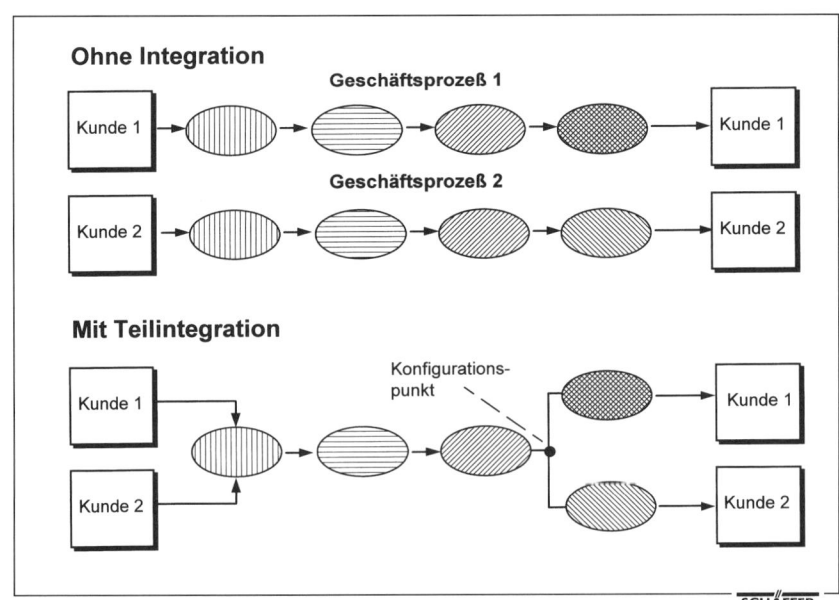

Abb. 83: Teilintegration von Geschäftsprozessen
(vgl. *Schulte-Zurhausen, M.* 1995 S. 82)

Um die richtige, vollständige und rechtzeitige Durchführung der Aktivitäten überwachen zu können, sind bestimmte **Erfolgsindikatoren** festzulegen, die ein laufendes **Prozeßcontrolling** im Hinblick auf die angestrebten Zielsetzungen ermöglichen. Als Meßgrößen dienen häufig **Kennzahlen**, die speziell für einen bestimmten Prozeß definiert und erfaßt werden. Für die Angebots- und Auftragsabwicklung könnten beispielsweise die Angebotserfolgsquote, die Kundenzufriedenheit, die Dauer der Angebotserstellung, die Dauer der Auftragsabwicklung und die Prozeßkosten geeignete Meßgrößen sein. Sie lassen sich entweder direkt ermitteln (wie die Prozeßkosten oder die Durchlaufzeiten) oder mit Hilfe bestimmter Erhebungsmethoden operationalisieren (z.B. die Kundenzufriedenheit mittels Kundenbefragungen oder Kunden-Workshops). Die Gesamtheit der prozeßbezogenen Erfolgsindikatoren ermöglicht eine Aussage über die **Prozeßleistung** (process performance).

Wichtig bei der Festlegung der Erfolgsindikatoren ist, daß die Kennzahlen eindeutig spezifiziert, meßbar und reproduzierbar sind. Außerdem müssen sie von den Prozeßbeteiligten verstanden und akzeptiert werden, weil nur so eine wirksame Selbstkontrolle des Prozeßablaufs gewährleistet ist. Für die Kennzahlenerfassung sind innerhalb des Prozesses **Meßpunkte** vorzugeben (beispielsweise an den Prozeßschnittstellen), an denen die aktuellen Werte regelmäßig mit geeigneten Prüfmitteln erhoben werden können.

Die **Zuweisung der Prozeßverantwortung** und der mit ihr verbundenen Kompetenzen auf einen oder mehrere **Aktionsträger** (z.B. den Prozeßeigner oder den Prozeßmanager; vgl. Abschnitt 6.4.4) bildet den letzten Schritt der Strukturierungsphase. Sie erfolgt auf der Grundlage einer ausführlichen **Prozeßdokumentation**, in der die Geschäftsprozesse detailliert und nachvollziehbar beschrieben sind. Die Dokumentation schafft Transparenz hinsichtlich der Strukturen und stellt bei allen Beteiligten ein einheitliches Prozeßverständnis sicher. Sie umfaßt in der Regel eine graphische Darstellung der Aufbau- und der Ablauforganisation, die Leistungsvereinbarungen, die Beschreibung der Meßgrößen und -punkte, Angaben zur EDV-Unterstützung und Qualitätssicherungshinweise. Außerdem kann die Dokumentation detaillierte Angaben zu einzelnen Teilprozessen und Aktivitäten in Form von Arbeitsanweisungen enthalten. Im Idealfall stimmt die Verantwortung für einen bestimmten Prozeß mit der Verantwortung für eine aufbauorganisatorische Einheit überein.

Erfolgsindikatoren festlegen

Prozeßverantwortung zuweisen

6.4.3.3 Prozeßrealisation

Prozeßdurchführung

Nach dem Abschluß der Strukturierung erfolgt die **Prozeßfreigabe**, d.h. die Prozesse können gemäß einem festgelegten Stufenplan eingeführt werden. Die Einführung erfolgt in der Praxis häufig mit Projektmanagement-Methoden, um die zumeist engen terminlichen Vorgaben einhalten zu können. Parallel dazu sind die Prozeßmitarbeiter entsprechend zu schulen, falls die Schulung nicht bereits in der Strukturierungsphase erfolgte. Mit dem erstmaligen Eintreten des Starereignisses beginnen die Prozesse zu »leben«, und die Verantwortung geht auf die Prozeßbeteiligten über.

Prozeßcontrolling

Die Prozeßdurchführung ist durch ein regelmäßiges **Prozeßcontrolling** zu überwachen und zu optimieren. Deshalb ist die periodische Ermittlung der Meßwerte auf der Basis von eindeutig definierten Erfolgsindikatoren eine unerläßliche Aufgabe im Regelkreis der kontinuierlichen Prozeßverbesserung. Nur so sind Abweichungen von den Leistungsanforderungen und den Zielen, die sich auch aus externen Leistungsvergleichen ableiten können, rechtzeitig zu identifizieren und erforderlichenfalls zu korrigieren. Insbesondere kritische Teilprozesse und Aktivitäten, die einen wesentlichen Einfluß auf das Prozeßergebnis haben, sollten im Rahmen des Controlling intensiv überwacht werden.

6.4.3.4 Prozeßoptimierung

Prozeßanalyse

Der Ausgangspunkt einer **Prozeßanalyse** ist die Identifizierung und die Beurteilung von **Schwachstellen im Prozeßablauf**. Als Basis dienen die durch das Prozeßcontrolling ermittelten Soll-Ist-Abweichungen. Die erkannten Schwachstellen sind hinsichtlich ihrer Ursachen, ihres Umfangs und ihrer Auswirkungen zu untersuchen und eingehend zu beurteilen. Der Schwachstellenanalyse folgt die möglichst exakte Beschreibung des Anpassungs- und Änderungsbedarfs mit entsprechenden Handlungsempfehlungen.

Prozeß-Benchmarking

Die Prozeßanalyse wird häufig durch ein **Benchmarking** unterstützt. Der Kern des Benchmarking-Gedankens ist ein Vergleich der unternehmenseigenen Leistungen mit den Leistungen anderer (Spitzen-)Unternehmen, die sowohl aus derselben Branche als auch aus anderen Wirtschaftszweigen kommen können. Die Zielsetzung ist es, eigene Defizite sichtbar zu machen, zu beseitigen und so die Leistungs- und Wettbewerbsfähigkeit des Unternehmens zu sichern (vgl. *Meyer, J.* 1996 S. 5 ff., *Kleinfeld, K.* 1996 S. 34 ff.). Für das Benchmarking der Prozesse können aber auch eigene exzellente Abläufe herangezogen und mit anderen internen Abläufen verglichen werden, bei denen man Optimierungspotentiale vermutet (sog. internes Benchmarking).

Durch die regelmäßigen Analysen lassen sich die einzelnen Geschäftsprozesse zeitnah beurteilen. Die Abläufe können im Hinblick auf erkannte Defizite, wie beispielsweise nichterfüllte Prozeßziele oder Abweichungen von den Kundenwünschen, permanent optimiert werden. Anstöße für die Weiterentwicklung der Geschäftsprozesse ergeben sich aber auch aus veränderten Umweltbedingungen (insbesondere Markt und Wettbewerb), aus Benchmarking-Ergebnissen oder aus neuen Geschäftszielen. Die Entscheidung, ob es sich bei den daraufhin einzuleitenden Maßnahmen um eine **kontinuierliche Prozeßverbesserung** in kleinen Schritten handelt, die lediglich eine optimierte Prozeßdurchführung zur Folge hat, oder ob der betreffende Prozeß völlig neu zu gestalten ist (**Prozeß-Redesign**), liegt letztendlich bei den für den Prozeß verantwortlichen Aktionsträgern. Ein Redesign wird grundsätzlich immer dann erforderlich, wenn die Leistung dauerhaft und signifikant von der Outputnorm und/oder den Prozeßzielen abweicht oder wenn die Outputnorm nicht mehr den aktuellen Marktanforderungen entspricht (vgl. *Scholz, R./Vrohlings, A.* 1994 S. 120).

Gesamtbeurteilung des Prozesses

6.4.4 Aktionsträger im Prozeßmanagement

Nicht die Unternehmen als abstrakte Einheiten sondern die Menschen in den Unternehmen verwirklichen den Prozeßgedanken. Um das Prozeßmanagement erfolgreich ein- und durchführen zu können, sind im Unternehmen Verantwortliche zu benennen, die klar definierte Aufgaben übernehmen und mit den entsprechenden Leitungs- und Ausführungskompetenzen ausgestattet werden. Es ist also auf die Frage näher einzugehen, **wer** im Prozeßmanagement **welche Rolle** spielt; denn die erfolgreiche Umsetzung des Prozeßmanagement-Konzepts steht und fällt letztendlich mit der Auswahl und der organisatorischen Einbindung der handelnden Personen.

Die Abbildung 84 vermittelt einen Überblick über die einzelnen Aktionsträger des Prozeßmanagements und ihre Beziehungen zueinander. Beispielhaft wird dabei ein Geschäftsprozeß (GP 1) zugrunde gelegt, der aus zwei Teilprozessen (TP 1 und TP 2) besteht. Die Aufgaben und die Rollen der Prozeßbeteiligten werden im folgenden näher erörtert.

Der **Prozeßlenkungsausschuß** ist das **höchste Entscheidungsgremium** im Prozeßmanagement. Er setzt sich aus den Prozeßeignern zusammen und wird in der Praxis häufig vom Vorsitzenden der

Prozeßlenkungsausschuß

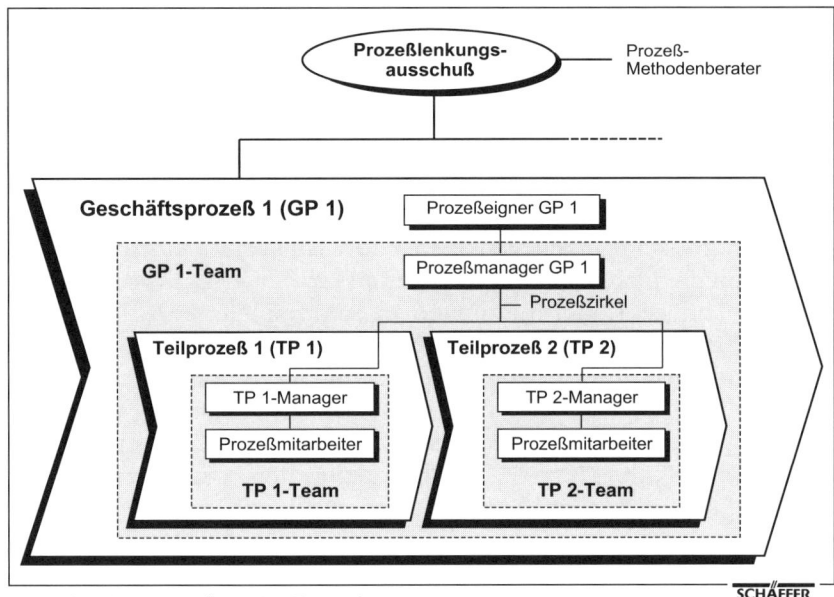

Abb. 84: Aktionsträger im Prozeßmanagement

Geschäftsführung oder des Vorstands geleitet. Ziel seiner Arbeit ist es, die Geschäftsprozesse strategisch auszurichten und sie unter Ausnutzung der vorhandenen Synergiepotentiale unternehmensweit und gegebenenfalls unternehmensübergreifend, beispielsweise unter Einbeziehung von externen Lieferanten und Kunden, zu integrieren. Im Lenkungsausschuß erfolgt damit die **Gesamtintegration aller Geschäftsprozesse** eines Unternehmens. Hier wird grundsätzlich über alle wichtigen Fragen der Definition, der Strukturierung, der Realisation, der Umsetzung und der Optimierung der Prozesse sowie über die prozeßübergreifenden Änderungen und die Benennung der Prozeßmanager entschieden.

Prozeßeigner

   Der **Prozeßeigner** trägt die **Gesamtverantwortung für einen Geschäftsprozeß**. Er leitet die Prozeßziele aus den Unternehmenszielen ab und sorgt für die strategische Ausrichtung seines Prozesses. Relevante Veränderungen der Geschäftspolitik sind von ihm zu erkennen und zur Umsetzung zu veranlassen. Der Prozeßeigner wird von einem oder mehreren Prozeßmanagern unterstützt, die von ihm vorgeschlagen und vom Lenkungsausschuß benannt werden. Er fungiert als Coach für seine Manager, unterstützt sie als **Machtpromotor** insbesondere bei der Durchsetzung von Veränderungen und sorgt für die Verfügbarkeit der benötigten Ressourcen. Im Rahmen der Kontrollfunktion überwacht der Prozeßeigner die Erreichung der strategischen Zielsetzungen und überprüft die Ausrichtung der Beziehungen zu den externen Kunden und Lieferanten im

Sinne einer unternehmensübergreifenden, kontinuierlichen Verbesserung. Damit der Prozeßeigner seine Aufgaben wirksam erfüllen kann, muß er in der Unternehmenshierarchie eine möglichst hohe Position einnehmen. In der betrieblichen Praxis ist er häufig Mitglied der ersten oder der zweiten Führungsebene.

Aufgabe des **Prozeßmanagers** ist die **operative Umsetzung des Geschäftsprozesses** im Auftrag des Eigners. Er trägt die Verantwortung für die Planung, Steuerung und Kontrolle des laufenden Prozesses und hat die Einhaltung der Ziele sicherzustellen. Dazu koordiniert er die Arbeit der ihm zugeordneten Mitarbeiter und unterstützt die Abstimmung der an dem Prozeß beteiligten Organisationseinheiten durch eine zielgerichtete und schnelle Kommunikation. Schließlich führt der Prozeßmanager regelmäßig Reviews durch und sorgt als **Fachpromotor** für die laufende Optimierung und Weiterentwicklung des von ihm verantworteten Geschäftsprozesses. Die **Teilprozeßmanager** nehmen auf ihrer Ebene vergleichbare Aufgaben wahr. Sie planen, steuern und kontrollieren ihren Teilprozeß und sind gegenüber ihrem Prozeßmanager für die Erreichung der jeweiligen Teilziele verantwortlich.

Die **Prozeßmitarbeiter** sind die eigentlichen »**Umsetzer vor Ort**«, d.h. sie führen die einzelnen Aktivitäten aus. Dabei tragen sie die Verantwortung für die ordnungsgemäße Durchführung der ihnen übertragenen Aufgaben und besitzen die entsprechenden Ausführungskompetenzen. Im Rahmen der Selbstkontrolle überwachen sie die Aktivitäten und machen gegebenenfalls Vorschläge für deren Optimierung. Handelt es sich bei der Prozeßorganisation um eine sekundäre Organisationsform, sind die Prozeßmitarbeiter zugleich Mitarbeiter bestimmter Fachbereiche. Aus dieser **Doppelrolle** können Konflikte entstehen, wenn Bereichs- und Prozeßziele nicht übereinstimmen. Derartige Probleme sollen dann primär im Prozeßteam oder im Prozeßzirkel und erst in zweiter Linie unter Einschaltung des Prozeßeigners gelöst werden.

Das **Prozeßteam** setzt sich aus den an einem Geschäfts- oder Teilprozeß beteiligten Mitarbeitern und dem zuständigen Manager zusammen. Die Teammitglieder sind gemeinsam für ihren Prozeß zuständig und stimmen sich ständig prozeßbezogen ab. Der Teamgedanke soll insbesondere die **Bildung netzwerkartiger, prozeßunterstützender Kommunikationsstrukturen** fördern und zur Bewältigung von Ziel- und Ressourcenkonflikten beitragen.

Wird das Prozeßmanagement als Sekundärorganisation eingerichtet, empfiehlt sich die Installation von **Prozeßzirkeln** auf der Geschäftsprozeßebene. Der Prozeßzirkel ist ein Gremium, das sich aus den Vertretern der vom Geschäftsprozeß betroffenen Einheiten unter Leitung des Prozeßmanagers zusammensetzt. Die Zielsetzung ist eine ständige Verbesserung des Prozesses durch einen

Prozeßmanager

Prozeßmitarbeiter

Prozeßteam

Prozeßzirkel

**Prozeßmethoden-
berater**

intensiven **fachbereichsübergreifenden Erfahrungsaustausch** auf der Arbeitsebene. Auch auf diese Weise sollen Schnittstellen- und Zielkonflikte vermieden oder beseitigt werden.

Als »**externer**« **Dienstleister** bietet der **Prozeßmethodenberater** seine Unterstützung in allen Fragen des Prozeßmanagements unternehmensweit an und übernimmt damit die Rolle eines **Fach-** und **Prozeßpromotors**. Durch seine zentrale Tätigkeit hat er einen Überblick über sämtliche Geschäftsprozesse im Unternehmen und kann daher die prozeßübergreifende Kommunikation und Koordination sicherstellen. Außerdem ist er für eine einheitliche Vorgehensweise bei der Gestaltung der Prozesse und für ihre durchgängige Dokumentation verantwortlich. In Sachen Prozeßorientierung führt er Qualifizierungsmaßnahmen für die Prozeßmitarbeiter durch und steht den Prozeßmanagern erforderlichenfalls als Coach bei der Lösung von fachlichen, methodischen und sozialen Problemen zur Seite. Der Methodenberater wird im allgemeinen dem Lenkungsausschuß fachlich unterstellt. Disziplinarisch ist er in der Regel dem Leiter der Organisationsabteilung zugeordnet, wo er auch seinen fachlichen »Heimathafen« hat.

6.5 Prozeßmanagement als neuer Organisationsansatz?

In den vergangenen Jahren hat die Zahl der Veröffentlichungen zum Thema Prozeßmanagement stark zugenommen. Die fast schon verwirrende Vielfalt an Äußerungen über den »richtigen Weg« zur Gestaltung der Unternehmensorganisation erweckt den Eindruck, daß es sich beim Prozeßmanagement um eine revolutionäre Entwicklung im Organisationsbereich handelt. Verschiedene Bezeichnungen wie **Business Reengineering** (vgl. *Hammer, M./Champy, J.* 1995), **Process Innovation** (vgl. *Davenport, Th. H.* 1993) oder **Core Process Redesign** (vgl. *Kaplan, R. B./Murdock, L.* 1991) dienen vor allem angelsächsischen Autoren als Verpackung für ein Konzept, das erhebliche Effizienzverbesserungen verspricht. Dabei geht es nicht nur um die Tatsache, daß ein Unternehmen prozeßorientiert zu gestalten ist sondern insbesondere um die Frage, **wie** die Organisationsveränderung vollzogen werden muß. Diese beratungsorientierten Konzeptionen des Prozeßmanagements können größtenteils als Reorganisationsmethoden interpretiert werden. Mit ihnen werden wir uns im Kapitel 7 im Rahmen der Betrachtung verschiedener Ansätze eines Managements des organisatorischen Wandels kritisch auseinandersetzen.

Damit bleibt zunächst die Frage zu beantworten, ob das Prozeßmanagement tatsächlich ein **neuer Ansatz** oder nur **ein bereits bekanntes Konzept in neuer Verpackung** ist.

Picot und *Franck* setzen sich kritisch mit dem Neuigkeitsgrad der prozeßorientierten Organisationsgestaltung auseinander. Ihrer Ansicht nach hat schon *Nordsieck* ein **Primat der Prozeßorganisation** formuliert, indem er feststellte, daß sich die Aufgabengliederung am Leistungsprozeß orientieren muß. Sie sehen darin den Kern der »modernen« Philosophie der Prozeßorganisation bereits enthalten (vgl. Abschnitt 2.3.4 und *Nordsieck, F.* 1968 S. 10, *Picot, A./ Franck, E.* 1996 S. 13 ff.).

Innovativ am heutigen Konzept des Prozeßmanagements sind allerdings die explizite Ausrichtung der Prozesse auf den Kunden, die unternehmensübergreifende Sichtweise und die Forderung nach einem prozeßorientierten Anreiz- und Kontrollsystem (vgl. *Picot, A./Franck, E.* 1996 S. 24 ff.):

- Der **Kundenfokus** stellt einen unmittelbaren Bezug zum Absatzmarkt her. Prozesse, die hinsichtlich der Zielgrößen Zeit, Qualität und Kosten optimiert sind, erhöhen die Kundenzufriedenheit und damit die Markt- und Wettbewerbsfähigkeit des Unternehmens. Die Prozeßgestaltung ist damit zu einer originären **unternehmerischen Aufgabe** geworden, während sie zuvor eher ein technisches Zuordnungs- und mathematisches Optimierungsproblem gewesen ist.

- Insbesondere in der Beratungsliteratur wird darauf hingewiesen, daß die Prozeßoptimierung ein **unternehmensübergreifendes Organisationsproblem** ist. Durch die Überschreitung von Unternehmensgrenzen bei der Prozeßgestaltung (z.B. bei der Zusammenarbeit von Unternehmen mit ihren Zulieferern) verläßt das Unternehmen den herkömmlichen Bezugsrahmen der Organisation. Dieses »extended enterprise concept« entspricht dem in der betrieblichen Praxis festzustellenden Trend zu unternehmensübergreifenden Formen der Zusammenarbeit, der mit Begriffen wie Netzwerkorganisation oder Wertschöpfungspartnerschaften verbunden ist. Problematisch ist allerdings die Abgrenzung der Unternehmensprozesse voneinander.

- Besonders betont wird die Bedeutung eines **prozeßorientierten Anreiz- und Kontrollsystems**. Die im vorhergehenden Abschnitt dargestellte Rollenverteilung im Prozeßmanagement erlaubt eine Orientierung des Einkommens an geeigneten Indikatoren, wie der Kundenzufriedenheit oder den Prozeßkosten. Trägt beispielsweise der Prozeßmanager die Einkommensfolgen seiner Tätigkeit, wird er selbstverständlich versuchen, die ihm zur Verfügung stehenden Ressourcen optimal einzusetzen und die Ziele bestmöglich zu erreichen. Im Idealfall wird er zu einem »Unternehmer im Unternehmen« (Intrapreneur). Die Fremd-

Innovative Elemente des Prozeßmanagements

kontrolle durch den Prozeßeigner reduziert sich dann auf die Ergebnisüberwachung.

Würdigung

Zusammenfassend kann das Prozeßmanagement als ein Ansatz bezeichnet werden, der auf Sachverhalten und Überlegungen aufbaut, die in der deutschen Organisationslehre prinzipiell seit langem bekannt sind. Bis vor einiger Zeit wurde jedoch versäumt, die Prozeßausrichtung der Unternehmensstrukturen konsequent gedanklich umzusetzen und handhabbare Organisationskonzepte für die betriebliche Praxis zu entwickeln. Erst die Suche nach weiteren Rationalisierungspotentialen hat zu einer neuen Sicht und zu einer veränderten Gewichtung des Prozeßphänomens geführt. Durch seine innovativen Elemente kann der prozeßorientierte Gestaltungsansatz einen wichtigen Beitrag zur Effektivitäts- und Effizienzsteigerung der Unternehmensorganisation leisten. Prozeßorientierte Organisationsformen sind dann zweckmäßig, wenn ihre Flexibilitätsvorteile und die mit ihnen verbundenen Zeit- und Kostenersparnisse die Produktivitätsvorteile der funktionalen Arbeitsteilung überkompensieren. In der betrieblichen Praxis ist das Prozeßmanagement deshalb in erster Linie in solchen Unternehmen zu finden, die eine kundenorientierte Auftragsfertigung aufweisen oder die sich ständig wiederholende Routineprozesse abwickeln (vgl. *Picot, A./Dietl, H./Franck, E.* 1997 S. 231). Im Hinblick auf die Organisationstheorie dürfte die Diskussion des Prozeßmanagements wesentliche Anregungen für die weitere Auseinandersetzung mit dem Forschungsgegenstand Organisation geben, die über die Unternehmensgrenzen hinausgeht und den Blick für neue Formen der überbetrieblichen Kooperation (sogenannte »extended enterprise concepts«) öffnet.

6.6   Wiederholungsfragen zu Kapitel 6

1. Worin sehen Sie die Mängel der »traditionellen« Organisationskonzepte, und welche Konsequenzen lassen sich daraus ableiten?
2. Welche Vorteile bietet die Prozeßorientierung der Unternehmensorganisation?
3. Was ist unter Prozeßmanagement zu verstehen?
4. Erläutern Sie den Prozeßbegriff.
5. Welche allgemeinen Merkmale kennzeichnen einen Prozeß? Stellen Sie diese Merkmale ausführlich dar.

6. Welche Arten von Prozessen kennen Sie? Beschreiben Sie die Besonderheiten der verschiedenen Prozeßarten.

7. Welche Ziele werden mit der prozeßorientierten Gestaltung der Unternehmensorganisation verfolgt? Erläutern Sie die einzelnen Ziele ausführlich, und gehen Sie auch auf eventuell vorhandene Interdependenzen ein.

8. Die organisatorische Umsetzung des Prozeßmanagement-Gedankens ist grundsätzlich sowohl in Form einer primären als auch einer sekundären Struktur möglich. Skizzieren Sie die jeweiligen Besonderheiten dieser beiden Organisationsformen.

9. In welchen Schritten würden Sie bei der Prozeßgestaltung vorgehen?

10. Warum ist die Geschäftsfeldanalyse ein zweckmäßiger Ausgangspunkt für die prozeßorientierte Organisationsgestaltung?

11. Worauf ist bei der Festlegung der Prozeßaufgabe und des Prozeßumfangs zu achten?

12. Schildern Sie die Hintergründe der Prozeßstrukturierung.

13. Warum sind die Prozeßschnittstellen von besonderer Bedeutung für das Prozeßergebnis?

14. Wann sind mehrere Prozesse ganz oder teilweise zu integrieren?

15. Erfolgsindikatoren besitzen für das Prozeßcontrolling eine besondere Bedeutung. Erörtern Sie die möglichen Probleme bei der Definition derartiger Meßgrößen.

16. In welchem Zusammenhang stehen das Prozeßcontrolling und die Prozeßoptimierung?

17. Welche Konsequenzen können sich aus der Gesamtbeurteilung eines Prozesses ergeben?

18. Erläutern Sie die Aufgaben und die Kompetenzen der Aktionsträger des Prozeßmanagements.

19. Warum ist es wichtig, den Aktionsträgern im Prozeßmanagement klar definierte Rollen zuzuweisen?

20. Ist die Prozeßorientierung von Organisationsstrukturen ein völlig neuer Gedanke? Setzen Sie sich kritisch mit dieser Frage auseinander.

21. Was ist aus Ihrer Sicht innovativ am Konzept des Prozeßmanagements?

7 Management des organisatorischen Wandels

7.1 Lernziele

Im siebten Kapitel soll der Leser

- den Wandel von Unternehmen als kontinuierlichen Prozeß begreifen,
- mögliche Gründe für den organisatorischen Wandel kennenlernen,
- mit den Barrieren organisatorischer Veränderungen konfrontiert werden,
- sich mit verschiedenen Vorgehensweisen zur erfolgreichen Bewältigung des organisatorischen Wandels im Rahmen eines ganzheitlichen Veränderungsmanagements auseinandersetzen und
- der Frage nachgehen, was sich hinter dem Konzept des organisationalen Lernens verbirgt.

7.2 Unternehmenswandel als kontinuierlicher Prozeß

7.2.1 Drei Beispiele organisatorischen Wandels

Die Entwicklung von Unternehmen und der organisatorische Wandel sind komplexe Prozesse mit einer außerordentlich vielschichtigen Problematik, die sowohl Fragen der Produkt- und Marktstrategie als auch der Gestaltung der Führungsorganisation und der Motivation der Mitarbeiter umfaßt. Veränderungsprozesse stellen das Management regelmäßig vor schwierige Aufgaben, deren Bewältigung über die Zukunftsperspektiven des betreffenden Unternehmens entscheidet. Während erfolgreiche Veränderungen die Basis für ein weiteres Wachstum bilden, können fehlgeschlagene Veränderungsprozesse im ungünstigsten Fall zur Liquidation des Unternehmens führen. Das folgende Zitat aus dem »*Economist*« zeigt, daß der Wandel im Denken und Handeln als Herausforderung für alle Führungskräfte keinesfalls unterschätzt werden sollte (zitiert nach *Reiß, M.* 1997 S. 3): »Anyone who tells you it is

Ungeplanter Wandel

easy to change the way groups of people do things is either a liar, a management consultant, or both«.

Nun sind die Unternehmen ständig Wandlungsprozessen unterworfen. Viele strukturelle Veränderungen sind nicht beabsichtigt, zufällig und bleiben lange Zeit mehr oder weniger unbemerkt. Ein derartiger **ungeplanter** organisatorischer Wandel ist etwas Notwendiges und Selbstverständliches, wie schon *Heraklit* wußte, als er feststellte, daß alles fließt (»panta rhei«). Als alternative Handlungsweisen gegenüber dem ungeplanten Wandel kommen ein passiv-abwartendes oder ein reaktiv-handelndes Verhalten in Frage, wobei die Reaktionen im allgemeinen darauf gerichtet sind, den ursprünglichen und durch die situativen Einflüsse gestörten Gleichgewichtszustand wiederherzustellen.

Geplanter Wandel

Demgegenüber umfaßt der **geplante** organisatorische Wandel alle absichtlichen, gesteuerten, organisierten und kontrollierten Anstrengungen zur antizipativen und zielgerichteten Organisationsgestaltung mit dem Ziel der Effizienzsteigerung. Strukturelle Veränderung in einem so verstandenen Sinn meint die aktive Entwicklung der Organisation als Höher- und Weiterentwicklung, beispielsweise von bestimmten Eigenschaften, Fähigkeiten oder Beziehungen. Die grundlegende Fragestellung eines Managements des (geplanten) Wandels hat *Thom* treffend wie folgt formuliert: »Wie können Unternehmungen den Herausforderungen eines sich häufig, unregelmäßig und fast unvorhersehbar wandelnden Umsystems begegnen sowie durch ein pro- und reaktives Vorgehen ihr langfristiges Überleben und ihre fortlaufende Zielerreichung sichern?« (*Thom, N.* 1996 S. 5; vgl. auch *Lippitt, G. L.* 1982 S. 52, *Sonntag, K.* 1996 S. 5).

Unabhängig davon, ob es sich um einen geplanten oder um einen ungeplanten Unternehmenswandel handelt, kann die Veränderung ein unterschiedliches Ausmaß annehmen:

Intensität des Wandels

- Bei einem **Wandel 1. Ordnung** (gradual change) »... erfolgt lediglich eine inkrementale Modifikation der Arbeitsweise einer Organisation ohne Veränderung des vorherrschenden Bezugsrahmens oder des dominanten Interpretationsschemas« (*Staehle, W. H.* 1991 S. 829). Es finden also keine grundlegenden Veränderungen der Prozesse und Strukturen statt. Vielmehr handelt es sich in erster Linie um qualitative und evolutionär-kontinuierliche Anpassungen im Rahmen des Unternehmenswachstums, die sich auf einzelne Organisationseinheiten oder -bereiche beschränken.

- Der **Wandel 2. Ordnung** (radical change) umfaßt dagegen eine »... einschneidende, paradigmatische Veränderung der Arbeitsweise einer Organisation insgesamt, und zwar mit einer Ände-

rung des Bezugsrahmens« (*Staehle, W. H.* 1991 S. 829). Die Veränderungen sind von grundlegender und vor allem von qualita-
tiver Natur. Sie umfassen die gesamte Organisation und erfolgen diskontinuierlich und revolutionär. Die folgenden Beispiele der Unternehmen *Daimler-Benz/DaimlerChrysler, Hoechst*
und *Siemens* beinhalten solche Veränderungen 2. Ordnung.

Die geplante und zielgerichtete Veränderung besitzt größte Bedeutung für die langfristige Erfolgssicherung. Im Gegensatz zum ungeplanten Wandel besteht für die Unternehmensführung die Möglichkeit, sich auf bestimmte Situationen im voraus einzustellen
und frühzeitig entsprechende Veränderungsmaßnahmen in die Wege
zu leiten. Das Management wird also nicht in die Rolle des Reagie-
renden gedrängt, sondern kann agieren und die sich bietenden Chancen nutzen – vorausgesetzt, die Fähigkeit und die Bereitschaft zum
vorausschauenden Denken und Handeln sind vorhanden.

Warum müssen sich Unternehmen gegenwärtig und auch in
Zukunft verstärkt mit Fragen des (organisatorischen) Wandels auseinandersetzen?

Insbesondere die Industrieländer befinden sich zur Zeit in einer **Wandel**
Phase umfassender und weitreichender politischer, gesellschaftli- **als Dauererscheinung**
cher und wirtschaftlicher Veränderungen, die hohe Anforderun-
gen an die Innovationsfähigkeit der Unternehmen und ihrer Mitarbeiter stellen. Daraus ergeben sich vielfältige Gründe für organisatorische Veränderungen. Sie reichen von den externen Einflüs-
sen des Marktes und des Wettbewerbs über unternehmensinterne
Strukturprobleme bis hin zu personenbezogenen Ursachen, wobei
häufig nicht einzelne Faktoren den Anstoß geben, sondern ein gan-
zer Ursachenkomplex der Auslöser für Veränderungen ist. Der organisatorische Wandel ist von einem eher seltenen »Sonderfall«
zu einer regelmäßig wiederkehrenden Erscheinung geworden. Er
läuft dabei immer mehr oder weniger nach demselben Grundsche-
ma ab. Das ist darauf zurückzuführen, daß es um sehr ähnliche
Problemstellungen geht, die es zu lösen gilt. Zunächst sollen **drei
Praxisbeispiele** aus verschiedenen Branchen diesen Sachverhalt
verdeutlichen. Die Beispiele fanden sich bereits in der ersten Auflage dieses Buches und werden im folgenden fortgeschrieben. Sie
zeigen, in welchem Umfang und mit welcher Geschwindigkeit sich
der Unternehmenswandel vollziehen kann:

(1) *Daimler-Benz AG/DaimlerChrysler AG*

Die heutige *DaimlerChrysler AG* war ursprünglich fast ausschließlich im Fahr-
zeugbau tätig. Mitte der achtziger Jahre erfolgte die Diversifikation der damaligen *Daimler-Benz AG* in potentielle neue Wachstumsmärkte, wie in die Luft-

B

und Raumfahrt, die Elektronik und Mikroelektronik sowie in den Dienstleistungsbereich. Die Zielsetzung dieser Wachstumsstrategie war es, dem weltwirtschaftlichen Wandel Rechnung zu tragen, der sich für *Daimler-Benz* vor allem in einer absehbaren Marktsättigung im Automobilsektor manifestierte und mit einem verschärften Wettbewerb und Überkapazitäten verbunden war.

Nach einer Reihe von Unternehmensakquisitionen (insbesondere *MBB, Dornier, MTU, AEG*) wurde die *Daimler-Benz AG* 1989 in eine geschäftsführende Holding umgewandelt, unter deren Dach vier ergebnisverantwortliche Unternehmensbereiche (*Mercedes-Benz, AEG, Daimler-Benz Aerospace* und *debis*) in Form rechtlich selbständiger Aktiengesellschaften vereinigt wurden. Innerhalb der Unternehmensbereiche wurden nach marktstrategischen Gesichtspunkten produktbezogene Geschäftsbereiche gebildet. Diese sogenannten »Konzerngeschäftsfelder« übernahmen die Verantwortung für die operative Geschäftstätigkeit. Für die strategische Ausrichtung, Koordination und Kontrolle der Unternehmensbereiche zeichnete dagegen die Managementholding *Daimler-Benz AG* verantwortlich, die bis auf wenige Funktionen, wie Finanz-, Bilanz- und Steuerplanung, keine operativen Aufgaben wahrnahm. Die zugrundeliegende Unternehmensphilosophie war durch die Vision des »Integrierten Technologiekonzerns« geprägt, in dem die Kerngeschäfte des Konzerns (z.B. Personenkraftwagen, Nutzfahrzeuge, Luftfahrt, Antriebe, IT-Services) durch Querschnittsfunktionen (z.B. Konzernforschung, Personal, Cash Management, Öffentlichkeitsarbeit), Querschnittskompetenzen (d.h. die kombinierte Nutzung von Systemfähigkeiten und Technologiepotentialen) und integrierende Geschäfte (z.B. Mikroelektronik und Finanzdienstleistungen) miteinander verbunden werden sollten. Durch die Nutzung von gemeinsamen Ressourcen, einen bereichsübergreifenden Know-how-Transfer und die Realisierung von economies of scale hofften die Verantwortlichen, Wettbewerbsvorteile und Synergieeffekte zu erzielen (vgl. *Hanssen, R. A./Remmel, M.* 1994 S. 851 ff.).

Aufgrund der wirtschaftlichen Situation der *Daimler-Benz AG* mußte die Konzernstruktur nach 1989 mehrfach den veränderten internen und externen Rahmenbedingungen angepaßt werden. Bereits ein Jahr nach der Neuausrichtung zeigten sich deutliche Schwachstellen der Konzernstruktur: Die Konzentration des Finanzmanagements in der Konzernzentrale hemmte die Unternehmensbereiche in ihrer Geschäftstätigkeit. Ein klares und durchgängiges Organisationskonzept war nicht erkennbar. Es kam zu Kompetenzstreitigkeiten zwischen der zentralistisch agierenden Managementholding und den formal selbständigen operativen Einheiten. Die Diversifikationspolitik erwies sich insbesondere in den Bereichen Luft- und Raumfahrt und Elektrotechnik als wenig erfolgversprechend. Die oftmals beschworenen Synergieeffekte, beispielsweise zwischen Raumfahrttechnologie und Automobilbau, reduzierten sich auf Randerscheinungen wie die Reifendruckkontrolle. Statt dessen nahm die Bürokratie zu, und die Entscheidungswege und -zeiten wurden länger. Die Unternehmenskulturen der akquirierten Firmen waren nicht ohne weiteres kompatibel. Es folgten mehr oder weniger erfolgreiche Maßnahmen wie der Abbau von Hierarchieebenen, die Ausweitung der Teamarbeit oder der Versuch, eine gemeinsame Konzernkultur zu entwickeln (vgl. *Linden, F. A.* 1993 S. 253 ff., *Linden, F. A./Wilhelm, W.* 1995 S. 30 ff., *Schlote, S.* 1992 S. 116 ff., *Viehöver, U.* 20/1990 S. 186 ff., *Viehöver, U.* 25/1990 S. 54 ff., *Wilhelm, W.* 1990 S. 34 ff.).

Mit dem Wechsel in der Vorstandsspitze in der Mitte der neunziger Jahre wurden die Vision des »Integrierten Technologiekonzerns« und das daraus abgeleitete Organisationskonzept als weitgehend gescheitert angesehen. Es mehrten sich die Anzeichen, daß der neue Vorstandsvorsitzende, *Jürgen E. Schrempp*, die Konzernführung und die Unternehmensbereiche neu strukturieren würde. Nach erheblichen internen Auseinandersetzungen um die Veränderung der Unternehmensorganisation wurde die Fokussierung des Konzernportfolios auf 23 Geschäftsbereiche im Jahr 1997 abgeschlossen. Die *Mercedes-Benz AG* wurde mit der *Daimler-Benz AG* verschmolzen, und die Unternehmenszentralen wurden deutlich gestrafft. Den Hintergrund für diese Neustrukturierung bildete neben personellen Fragen nicht zuletzt die Tatsache, daß knapp die Hälfte der Geschäftsbereiche von der angestrebten Mindestrendite des eingesetzten Kapitals von 12% zum damaligen Zeitpunkt noch weit entfernt war. Die 23 Geschäftsbereiche wurden den vier Geschäftsfeldern Personenwagen (GFP), Nutzfahrzeuge (GFN), Luft- und Raumfahrt (Dasa) und Dienstleistungen (debis) sowie dem Zentralressort Konzernentwicklung und direkt geführte industrielle Beteiligungen (KE) zugeordnet, deren Leiter gleichzeitig Mitglieder des Konzernvorstands wurden. Während die Geschäftsfelder für das operative Geschäft zuständig waren, wurden die vier funktionalen Ressorts Finanzen/Controlling (FC), Personal (P), Forschung und Technologie (FT) und Vertrieb (V) mit geschäftsfeldübergreifenden Aufgaben betraut. Im Bericht über das Geschäftsjahr 1997 konnte der Konzern schließlich verkünden, man sei »schlanker, flexibler und schneller geworden« und habe die Kapitalrendite von 5,8% in 1996 auf 10,2% in 1997 nahezu verdoppelt (*Daimler-Benz AG* [Hrsg.] 1998a S. 3; vgl. auch *Daimler-Benz AG* [Hrsg.] 1998b, *Linden, F. A./Wilhelm, W.* 1996 S. 52 ff., *Richter, A.* 1996 S. 9; eine sehr ausführliche und systematische Darstellung der Entwicklung des *Daimler-Benz-*Konzerns in den Jahren 1995 bis 1997 findet sich bei *Töpfer, A.* 1998).

Nach dieser erneuten Umstrukturierung des Unternehmens trat allerdings nicht, wie von vielen erwartet, eine längere »ruhige« Entwicklungsphase ein. Statt dessen überraschte das Unternehmen die Öffentlichkeit (und die weitaus meisten seiner Mitarbeiter) im Frühjahr 1998 mit der Ankündigung, mit der US-amerikanischen *Chrysler Cooperation* verschmelzen zu wollen. Das Ziel dieser »Mega-Fusion« ist eine »Bündelung der Stärken« durch die sich ergänzenden Produktpaletten und regionalen Schwerpunkte. Die am 6. Mai 1998 gegründete *DaimlerChrysler AG* mit Sitz in Stuttgart ist mit einem Umsatz von über 230 Mrd. DM und rund 420.000 Beschäftigten derzeit der drittgrößte Automobilkonzern der Welt. Durch die Fusion will die Konzernführung der zunehmenden Globalisierung der Märkte zielgerichtet begegnen, und die möglichen Synergien sollen umfassend genutzt werden. Die Einsparpotentiale in den Bereichen Einkauf, Finanzdienstleistungen, Forschung und Technologie und Vertriebsinfrastruktur werden von dem neuen Unternehmen mit 2,5 Mrd. DM (in den Jahren 1999 und 2000) bis rund 6 Mrd. DM (ab 2001) pro Jahr beziffert. Die *DaimlerChrysler AG* umfaßt die beiden Bereiche »Automotive« (*Mercedes-Benz, Chrysler, Jeep, Dodge, Plymouth, Freightliner, Sterling, SETRA* und *Smart*) und »Non-Automotive« (Luft- und Raumfahrt, Dienstleistungen und die direkt geführten industriellen Beteiligungen) und wird von einem achtzehnköpfigen Vorstand geführt. Ein Vorstandsausschuß, der sogenannte »Chairmen's Integration Council«, dem bis 2001 die beiden früheren Vorstandsvorsitzenden von *Daimler-Benz* und *Chrysler* vorstehen, soll die Zusammenführung der beiden Unternehmen vorantreiben (vgl. *Daimler-Benz AG* [Hrsg.] 1998c S. 5 ff.).

Wenngleich derzeit noch offen ist, ob das Unternehmen zu den 70% der Zusammenschlüsse gehören wird, die letztendlich scheitern, oder zu den 30% der erfolgreichen Mergers, hat die Führungsspitze offenbar alles getan, um den Integrationsprozeß der *DaimlerChrysler AG* zielgerichtet und erfolgversprechend voranzutreiben. So sind sämtliche Vorstandsmitglieder in die operativen Integrationsaufgaben eingebunden. In den Integrationsteams für den Automotive-Bereich und den Non-Automotive-Bereich werden Themen wie beispielsweise die Produktentstehung, das Marketing, die Finanzen, die Unternehmenskultur, die Informationstechnologie und die Konzernkommunikation bearbeitet. Für die Steuerung der Projektgruppen ist ein Koordinationsteam zuständig, das dem Chairmen's Integration Council regelmäßig über die Fortschritte im Integrationsprozeß direkt berichtet. Das Koordinationsteam sorgt für den Einsatz von standardisierten Methoden und fragt in den operativen Einheiten laufend Synergievorschläge ab. Durch dieses »Speed-Management« soll sichergestellt werden, daß alle wichtigen Schritte innerhalb der ersten 24 Monate umgesetzt werden. Der Wirtschaftspublizist *Frank A. Linden* hat den gerade erst begonnenen Veränderungsprozeß wie folgt charakterisiert: »Der Zusammenschluß der schäbisch-badischen Tüftlertrutzburg *Daimler-Benz* mit dem Erfinder des ‚Buy-American'-Slogans ist vermutlich das größte Abenteuer der Automobilindustrie, seit *Henry Ford* die Fließbandproduktion erfand« (*Linden, F. A.* 1998 S. 76; Kursivsetzung durch den Verfasser).

(2) *Hoechst AG*

Um die Marktnähe, die Flexibilität und das unternehmerische Denken zu fördern, reorganisierte *Hoechst* Anfang der neunziger Jahre seine schwerfälligen Konzernstrukturen: Innerhalb der fünfzehn Geschäftsbereiche wurden rund 120 Business Units installiert. Durch die Atomisierung der einst überschaubaren Geschäftsbereiche ohne begleitende Koordinationsmaßnahmen und ohne eine wirkliche Kompetenzverlagerung nach unten entstand jedoch ein »Organisationschaos«: Der Vorstand kümmerte sich nach wie vor um das operative Geschäft, anstatt sich auf die Globalstrategie zu beschränken, und die Zentralabteilungen waren mit den undurchsichtigen Kompetenzregelungen überfordert (vgl. *Seifert, B.* 1991 S. 148 ff.).

Mit der Übernahme des Vorstandsvorsitzes durch *Jürgen Dormann* im Jahr 1994 begann bei dem Chemiekonzern *Hoechst* erneut eine Phase der Neuorientierung und Neustrukturierung. Aus dem nach wie vor hierarchisch organisierten und zentralistisch geführten Unternehmen mit vielfältigen Schnittstellen und Barrieren sollte ein dynamischer und anpassungsfähiger Konzern werden. Anhaltend geringe Innovationsraten, vor allem in der wichtigen Pharmasparte, der steigende Wettbewerbsdruck und die Ertragsschwäche verschiedener Produktbereiche, machten die Beseitigung der strukturellen Schwachpunkte geradezu zwingend erforderlich.

Die Reorganisation unter der Überschrift »Aufbruch '94« sollte aus *Hoechst* innerhalb von zwei Jahren ein neues Unternehmen formen. Die bisherige Dominanz der Regionen wurde von produktbezogenen Geschäftseinheiten abgelöst. Aus den 120 Business Units wurden dreißig, aus den fünfzehn übergeordneten Geschäftsbereichen sieben Organisationseinheiten. Sowohl die Geschäftsbereiche als auch die Business Units arbeiteten nach der Neuordnung weltweit, entschieden weitgehend selbständig und übernahmen die Verantwortung für ihr operatives Ergebnis. Der Vorstand beschränkte sich auf die strategische Führung und auf die Festlegung der Rahmenbedingungen für die operativen Bereiche und die Service-Einheiten. Diejenigen Aufgaben, die sinnvollerweise keinem Geschäftsbereich allein zugewiesen werden konnten, wie beispielsweise die zentrale Personalverwaltung und das zentrale Rechnungswesen, wurden von den Zentralfunktionen (Central Services) übernommen, die als Cost Center agierten und keinen direkten Einfluß mehr auf das operative Geschäft der Business Units hatten. Die für den Konzern wesentlichen Fragen wurden zunächst in einem der drei Vorstandsausschüsse für Strategie, Investitionen und Finanzierung behandelt und erst danach im Gesamtvorstand erörtert, um so die Entscheidungsgeschwindigkeit und -qualität zu erhöhen. Die starren hierarchischen Strukturen sollten durch eine »Kultur des Vertrauens« ersetzt werden, die das unternehmerische Denken und Handeln fördert. Um die Prozeßabläufe zu optimieren, wurde ergänzend ein Programm namens »business process excellence« aufgesetzt. Die Zielsetzung der geschilderten Veränderungsmaßnahmen war es, sich schneller und beweglicher auf die steigenden Anforderungen des Marktes und der Kunden einstellen zu können, um so die Wettbewerbsfähigkeit zu erhalten (vgl. *Fischer, G.* 1995 S. 52 ff., *Hoechst AG* [Hrsg.] 1994, *Hoechst AG* [Hrsg.] 1996 S. 2 ff., *Krogh, H./Schlote, S.* 1995 S. 34 ff.).

Am Ende des Jahres 1996 verkündete der Vorstandsvorsitzende seine Absicht, die *Hoechst AG* endgültig in eine »Strategische Managementholding« umzuwandeln und den operativen Einheiten ein Höchstmaß an Selbständigkeit zu geben (vgl. *Dormann, J.* 1996 S. 24). Dementsprechend wurde der Konzern zum 1. Juli 1997 in operativ und rechtlich selbständige Einheiten mit voller Kosten- und Ertragsverantwortung gegliedert. Die von einem auf sieben Mitglieder reduzierten Vorstand geleitete Managementholding übernahm als vorrangige Aufgabe die Optimierung des Unternehmens-Portfolios durch die Wahl der geeigneten Konzernstrategie, die Vorgabe von Prioritäten und die Zuweisung der Ressourcen. Durch gezielte Übernahmen und Verkäufe ist der ehedem breit gefächerte Pharma- und Chemiekonzern zu einem »Life-science«-Unternehmen geworden, das sich in acht operativen Geschäftsbereichen (z.B. *Hoechst Marion Roussel, AgrEvo, Hoechst Roussel Vet* usw.) zukünftig auf die forschungsintensiven und wachstumsstarken Gebiete Gesundheit und Ernährung konzentrieren will. Dieser Veränderungsprozeß wird von *Dormann* als »evolutionär« und als ein »ongoing process« bezeichnet, was beispielsweise in der beabsichtigten weiteren Reduzierung der Holding-Vorstandsmannschaft auf fünf Köpfe zum Ausdruck kommt (vgl. *Kaden, W./Schlote, S.* 1997 S. 43 ff.). In seinem »Brief an die Aktionäre« im Geschäftsbericht 1997 formuliert es der Vorstandsvorsitzende wie folgt: »Angesichts dieser Dynamik auf den verschiedenen Märkten kann *Hoechst* auf Dauer nicht Spitzenpositionen in mehreren, völlig unterschiedlichen Geschäften einnehmen. Die Ressourcen müssen gezielt eingesetzt werden, wenn wir den Wert unseres Unternehmens nachhaltig steigern wollen. Wir haben uns zum Ziel gesetzt, uns auf die Arbeitsgebiete der Life Sciences zu konzentrieren und das Industriegeschäft abzugeben. Das bedeutet: *Hoechst*, wie wir es seit Jahrzehnten kennen, hört auf zu existieren – wir schaffen Schritt für Schritt ein neues, zukunftsorientiertes *Hoechst*« (vgl. *Hoechst* [Hrsg.] 1998 S. 6 f.; Kursivsetzung durch den Verfasser).

B

(3) *Siemens AG*

Siemens ist fast ausschließlich auf die Elektrotechnik und die Elektronik ausgerichtet und als »global player« in allen Regionalmärkten der Welt vertreten. In den achtziger Jahren traten in der Elektrobranche und deren Umfeld Veränderungen ein, die hohe Anforderungen an die Anpassungs- und Lernfähigkeit der auf diesem Markt operierenden Unternehmen stellten. Der rasante technologische Wandel, und hier insbesondere die Mikroelektronik mit ihrer Halbleitertechnologie, führte zu sprunghaften Veränderungen in allen Stufen der Wertschöpfungskette, die sich in einer veränderten Beschäftigungsstruktur niederschlugen. Während 1970 beispielsweise noch 51% der *Siemens*-Mitarbeiter in der Fertigung tätig waren, waren es 1990 nur noch 40%. Im gleichen Zeitraum stieg der Anteil der im Vertrieb einschließlich Montage und Service Beschäftigten von 21% auf 30%. Durch die Verkürzung der Produktlebenszyklen ist der Wettbewerb immer mehr zum Zeitwettbewerb geworden, d.h. nur die frühzeitige Markteinführung von neuen Produkten sichert ein ausreichendes Wachstums- und Ertragspotential. Die Globalisierung der Märkte führt zu einer zunehmend homogeneren Nachfrage nach standardisierten Produkten. Nur Unternehmen, denen es gelingt, in großen Märkten eine führende Wettbewerbsposition einzunehmen, können langfristige Erfolgspotentiale aufbauen. Die Veränderungen der Wettbewerbsstruktur zwingen die Elektro- und Elektronikunternehmen vermehrt zu einer unternehmensübergreifenden Zusammenarbeit, beispielsweise in Form von strategischen Allianzen. Auf diese Weise lassen sich die Kosten und die Risiken von Neuproduktentwicklungen für das einzelne Unternehmen in überschaubaren Grenzen halten. Ein Beispiel ist die Zusammenarbeit von *Siemens* und *IBM* bei der Entwicklung der 16- und 64-Megabit-Speichergenerationen.

Aufgrund des gewandelten Umfelds entwickelte *Siemens* Ende der achtziger Jahre seine Organisations- und Führungsstruktur weiter. Bereits 1966-1969 war aufgrund der erreichten Unternehmensgröße, des rasch wachsenden Markts und der fehlenden Flexibilität und Übersichtlichkeit der Organisation eine divisionale Struktur eingeführt worden. Die Produktverantwortung wurde von sechs (später zeitweise sieben) Unternehmensbereichen übernommen, denen fünf Zentralabteilungen sowie Zweigniederlassungen und Auslandsgesellschaften gegenüberstanden. In der Mitte der achtziger Jahre zeigte sich jedoch, daß diese Organisationsstruktur den veränderten Anforderungen erneut angepaßt werden mußte. Wesentliche Gründe waren das rasche Unternehmenswachstum, das sich in tief gestaffelten und entsprechend unübersichtlichen und kundenfernen Strukturen niederschlug, und die ungünstigeren Markt- und Wettbewerbsbedingungen. Die Zielsetzung der grundlegenden Organisationsreform von 1989 war deshalb die Schaffung von kleineren und überschaubaren Geschäftseinheiten mit einer klaren Marktausrichtung. Eine möglichst flache Hierarchie mit einer größeren Leitungsspanne und kurzen Entscheidungswegen sollte die Eigenverantwortung der Mitarbeiter stärken sowie die Markt- und Kundennähe unterstützen. Trotz der Dezentralisierung sollte die Einheit des »Hauses *Siemens*« nicht in Frage gestellt werden. Deshalb wurde auf eine Holding-Konstruktion verzichtet. Es entstand eine divisionale Struktur mit zwei ergänzenden Dimensionen: siebzehn operative Bereiche wurden die Träger des weltweiten Geschäfts (z.B. Anlagentechnik, Energieerzeugung, Energieübertragung und -verteilung, Halbleiter, Medizintechnik usw.), zentrale Stäbe mit Richtlinienkompetenz sollten die Koordination und die Kontrolle der Geschäftsbereiche sicherstellen (v.a. Finanzen,

Forschung und Entwicklung, Personal, Zentrale Produktion und Logistik, Unternehmensplanung), und regionale Einheiten mit lokaler Verantwortung sollten eine größtmögliche Marktnähe garantieren (z.B. Zweigniederlassungen, Landes- und Vertriebsgesellschaften). Die Neustrukturierung wurde dabei stets als ein ganzheitlicher Ansatz gesehen, der neben der Unternehmensorganisation auch die Führungssysteme und die Denk- und Verhaltensweisen der Mitarbeiter umfassen sollte (vgl. *Vahs, D.* 1990 S. 283 ff., *Zimmermann, A.* 1994 S. 959 ff.).

Schon Anfang der neunziger Jahre zeigte sich jedoch, daß der Konzernumbau von 1989 und die begleitenden Kostensenkungsprogramme keinen ausreichenden Beitrag zur Beseitigung der notorischen Ertragsschwäche der *Siemens AG* leisteten. Die drastischen Veränderungen des Unternehmensumfelds taten ein übriges. Vor allem die Deregulierung im Bereich der öffentlichen Kommunikationsnetze mit dem Wegfall des bis dahin fast monopolartigen Behördengeschäfts, der steigende Wettbewerbsdruck aus den USA und aus Südostasien und die sich weiter verkürzenden Innovations- und Produktlebenszyklen bei fallenden Preisen machten weitere Anstrengungen zur Leistungssteigerung erforderlich. Deshalb wurde 1993 ein Programm zur Verbesserung der Unternehmenssituation unter dem Leitgedanken »Fit for the Future« initiiert: »top« (time optimized processes) sollte die Kosten senken, die Durchlaufzeiten und die Innovationszyklen drastisch reduzieren, das ausgeprägte Ressort- und Hierarchiedenken beseitigen, zur Erschließung von neuen Märkten und zu einer stärkeren Kundenorientierung beitragen und schließlich die Eigenkapitalrendite von knapp 10% auf 15% erhöhen. Letztendlich handelte es sich bei top um ein umfassendes und unternehmensweites »Kulturprogramm«, das aus den klassischen »Siemens-Beamten« durch einen »Culture Change« dynamische Unternehmer machen sollte. Bei nur etwa 20% *Siemens*-Managern, die den Kulturwandel wirklich wollten, schien dies keine leichte Aufgabe zu sein. Trotz der teilweise beachtlichen Produktivitätsfortschritte, einer Kosteneinsparung seit Beginn des top-Programms von über 20 Mrd. DM, einer Umsatzsteigerung zwischen 1993 und 1997 um 35%, der Verdopplung der Patentanmeldungen von rund 3.000 im Jahr 1992 auf rund 6.000 im Jahr 1997 und einer konsequenten Bereinigung von verlustbringenden Geschäftsfeldern durch Sanierung, Verkauf oder Liquidation gelang es dem Elektrokonzern tatsächlich nicht, seine Ertragskraft entscheidend zu verbessern. Gegenüber wichtigen Wettbewerbern wie *General Electric* (Eigenkapitalrendite 1997: 22,6%) oder *Asea Brown Boveri* (Eigenkapitalrendite 1997: 21,0%) lagen die Kapital- und die Umsatzrendite bei *Siemens* weiterhin deutlich niedriger (Eigenkapitalrendite 1997: 9,7%, Umsatzrendite 1996/97: 2,4%).

Aufgrund dieser Entwicklung wurde Anfang 1997 offenbar sogar die »Zerschlagung« der *Siemens AG* in mehrere rechtlich selbständige Aktiengesellschaften erwogen. Sie blieb bisher allerdings aus. Ob dies auch in Zukunft so sein wird, ist derzeit offen: *Siemens* hat es trotz des »top«- und seit 1997/98 des »top⁺«-Programms bisher nicht geschafft, eine grundlegende Kurskorrektur vorzunehmen. Eine eindeutige strategische Ausrichtung fehlt ebenso wie die Konzentration auf Kerngeschäftsfelder. Die Wettbewerbsstellung gegenüber den wichtigsten Konkurrenten hat sich immer noch nicht entscheidend verbessert. Zwei Drittel der *Siemens*-Bereiche sind nach wie vor ertragsschwach oder weisen sogar Verluste aus. Allerdings sind erste Anzeichen erkennbar, daß die einzelnen Geschäftsfelder zukünftig ertragsorientierter geführt werden: Das zentrale Finanzressort will sie mit einem ausgeklügelten Kontrollinstrumentarium zu mehr Transparenz und einer besseren Performance zwingen (vgl. *Fischer, G./*

Schwarzer, U. 1994 S. 72 ff., *Fischer, G./Schwarzer, U.* 1997 S. 59 ff., *Luber, T.* 1996 S. 36 ff., *Preissner, A./Schwarzer, U.* 1998 S. 103 ff., *Siemens AG* [Hrsg.] 1995a und b, *Siemens AG* [Hrsg.] 1996, *Siemens AG* [Hrsg.] 1998c S. 3 ff.).

7.2.2 Gründe für den organisatorischen Wandel

Wie die drei Beispiele zeigen, unterliegen die Unternehmen und ihre Organisationsstrukturen im Laufe der Zeit vielfältigen Veränderungen. Direkte und indirekte Einflüsse des Umfelds sowie interne Kräfte bewirken eine dynamische Entwicklung. Der organisatorische Wandel wird offenbar immer dann zwingend erforderlich, wenn sich herausstellt, daß die bestehenden Strukturen und Prozesse nicht mehr den gewünschten Beitrag zur Erreichung der Unternehmensziele leisten. Der sich daraus ergebende **Problemdruck** läßt sich an den negativen Auswirkungen auf die Erfolgskennziffern, wie den Umsatz, den Gewinn oder die Kapitalrendite, ablesen. Häufig befindet sich das betreffende Unternehmen dann in einer **Krise**, also in einer unbeabsichtigten und unerwarteten nachhaltigen Systemstörung. Offenbar eher in Ausnahmefällen leiten die verantwortlichen Führungskräfte schon frühzeitig Maßnahmen zur Gegensteuerung ein und verschaffen sich so Handlungsspielräume für ein zielgerichtetes, antizipatives und ganzheitliches Veränderungsmanagement (häufig synonym auch als Change Management oder Transformationsmanagement bezeichnet). In vielen Fällen handeln sie dagegen mit einer erheblichen zeitlichen Verzögerung und nur im Hinblick auf einzelne Problemindikatoren.

Generell kann der Handlungsbedarf für Veränderungen auf **zwei grundlegende Ursachenkomplexe** zurückgeführt werden, nämlich

Ursachen des Wandels

- **externe Ursachen**, also einen »von außen« auf die Organisation gerichteten Problemdruck durch den Wandel der Unternehmens**umwelt**, und
- **interne Ursachen**, also einen »von innen« auf die Organisation gerichteten Problemdruck durch den Wandel der Unternehmens**inwelt**.

Die Unternehmensumwelt und ihre Beziehungen sind nur in ganz wenigen Ausnahmefällen statischer Natur. In aller Regel verändern sich die externen Rahmenbedingungen, wie die Konkurrenzverhältnisse, die Kundenstruktur oder die gesamtwirtschaftliche Situation, schnell. Dem muß die Organisation ausreichend Rechnung tragen, wenn sie langfristig »überleben« will. Zu den **Auslö-**

sern externen Problemdrucks zählen insbesondere die rasch wechselnden Marktsituationen und der fortschreitende Wandel der gesellschaftlichen Werte:

- Für eine Vielzahl von Unternehmen nimmt der **Druck des Marktes und des Wettbewerbs** heute zu. Er äußert sich in immer kürzeren Produktlebenszyklen und sinkenden Absatzpreisen und ist zum einen auf die verstärkten Globalisierungstendenzen und zum anderen auf die zunehmende Liberalisierung des Welthandels zurückzuführen. Geschlossene »home markets«, in denen einzelne Unternehmen eine monopolartige Rolle spielten (z.B. *Siemens* im Behördengeschäft), gibt es kaum noch. Die fernöstliche Konkurrenz, insbesondere im Bereich der langlebigen Konsum- und Investitionsgüter (z.B. Automobil- und Maschinenbau) und der industriellen Massengüter (z.B. Textil und Unterhaltungselektronik), befindet sich nach wie vor weltweit auf dem Vormarsch. Seit der Öffnung der Grenzen zu den osteuropäischen Märkten kommen neue Anbieter hinzu, die ihre Güter mit erheblich geringeren Fertigungskosten herstellen können und mit einer besser werdenden Qualität langsam Anschluß an die Weltmärkte finden. Die wachsende Anzahl von Kooperationen zwischen Unternehmen und die zunehmenden supranationalen Verflechtungen bilden dynamische Elemente, die nach einer geeigneten strukturellen Antwort verlangen, um den externen Problemdruck zu verringern. Hinzu kommt ein Käuferverhalten, das von den Unternehmen eine ausgeprägte Kundenorientierung und Flexibilität verlangt. Damit gewinnt die Durchsetzung von innovationsfördernden Organisationsformen eine zunehmende Bedeutung für den Innovations- und Markterfolg (vgl. *Pleschak, F./Sabisch, H.* 1996 S. 263 ff., *Reichwald, R./Höfer, C./Weichselbaumer, J.* 1996 S. 15 f.).

- Zudem vollzieht sich seit dem Ende der sechziger Jahre in den hochentwickelten Industrienationen ein gesellschaftlicher **Wertewandel**, der hierzulande nicht zuletzt durch ein vergleichsweise hohes Bildungs- und Wohlstandsniveau beeinflußt wird. Kennzeichnend für die Veränderung des Wertesystems ist der Übergang von materialistischen zu post-materialistischen Werthaltungen. Bezüglich der Arbeitswelt bedeutet dies, daß Unterordnung, Verpflichtung und Tätigkeiten ohne ausreichende Entscheidungs- und Handlungsspielräume immer mehr auf Ablehnung stoßen. Der Wunsch nach Eigenverantwortung, der Zusammenarbeit in einem »guten« Team und nach einer als sinnvoll empfundenen Aufgabe ist in vielen Fällen stärker ausgeprägt als beispielsweise das Streben nach einem hohen Einkommen. Der Wertewandel zeigt sich aber auch dar-

Externe Ursachen

in, daß die vormals dominierende Berufs- und Leistungsorientierung zunehmend durch eine hedonistische, dem Lustprinzip folgende Haltung abgelöst wird. Die Menschen wollen »Spaß haben« – auch bei der Arbeit. Die früher weitgehend akzeptierten Pflichwerte werden durch Selbstentfaltungswerte abgelöst. »Puritanische Tugenden« wie Pünktlichkeit oder Fleiß verlieren gegenüber kommunikativen Tugenden wie Offenheit oder Teamfähigkeit an Bedeutung. Die Organisationsstrukturen der Unternehmen müssen hierfür die geeigneten Voraussetzungen schaffen, wenn die Leistungspotentiale der Mitarbeiter umfassend genutzt werden sollen (vgl. *Bruhn, M./Grimm, U.* 1992 S. 23, *Klages, H.* 1993 S. 2 ff., *Rosenstiel, L. v./Nerdinger, F. W./ Spieß, E.* et al. 1989 S. 7 ff., *Schanz G.* 1994 S. 95, *Wunderer, R.* 1997 S. 110 ff.).

B

Unter den mehr oder weniger wissenschaftlich fundierten Prognosen über die Veränderungen der Unternehmensumwelt haben die **zehn Megatrends** von *John Naisbitt*, die er für die achtziger Jahre identifizierte, eine besondere Beachtung gefunden. Auch für die neunziger Jahre glaubte *Naisbitt* übergreifende Entwicklungen ausmachen zu können, die in der Zwischenzeit zumindest teilweise eingetreten sind. Diese »alten« und »neuen« Megatrends sind einander in der Abbildung 85 gegenübergestellt (vgl. *Naisbitt, J.* 1984, *Naisbitt, J./Aburdene, P.* 1990). Sie bieten in verschiedener Hinsicht auch heute noch Stoff für Diskussionen: Beispielsweise ist der Trend von der Industrie- zur Informationsgesellschaft bisher ebenso wenig abgeschlossen wie der Siegeszug der Biotechnologie. Andere Trends, wie zum Beispiel der Übergang zur partizipativen Demokratie oder das Ende des Wohlfahrtsstaates, erscheinen zumindest dann fraglich zu sein, wenn sie globalen Anspruch erheben.

Unabhängig von der Prognosegenauigkeit bedeuten die sich im Hinblick auf das nächste Jahrtausend abzeichnenden Entwicklungen für die meisten Unternehmen und deren Manager eine weiter steigende Komplexität und Dynamik der Veränderung. Diese »Turbulenz« der Umwelt macht es für die Führungskräfte immer schwieriger, zeitnah zielgerichtete Entscheidungen zu treffen und umzusetzen. Hinzu kommt, daß es vor allem in größeren und älteren Unternehmen häufig eine gegenläufige Bewegung gibt: Während die verfügbare Reaktionszeit auf die dynamischen Umweltveränderungen eher abnimmt, steigt der Zeitbedarf für eine angemessene Problembewältigung aufgrund der zunehmenden internen und externen Komplexität eher an. Die sogenannte »Zeitschere« klafft also immer mehr auseinander, wodurch der Problemdruck der Veränderung weiter erhöht wird (vgl. *Bleicher, K.* 1996 S. 27 ff.).

Auch in der Inwelt einer Organisation können Probleme entstehen, die zu einem unmittelbaren Anlaß für organisatorische Maßnahmen werden. Als **interne Auslöser** von organisatorischen Veränderungsprozessen wirken in erster Linie Fehlentscheidungen der Vergangenheit, eine neue oder eine veränderte Unternehmensstrategie, neue Führungskonzepte und die Organisationsmitglieder:

Megatrends der achtziger und neunziger Jahre	
1980er Jahre	**1990er Jahre**
(1) Von der Industrie- zur Informationsgesellschaft	(1) Die Blüte der Weltwirtschaft in den neunziger Jahren
(2) Von forcierter Technologie zu High-Tech/High-Touch	(2) Die Renaissance der schönen Künste
(3) Von der Nationalökonomie zur Weltwirtschaft	(3) Der Vormarsch des marktwirtschaftlichen Sozialismus
(4) Von kurzfristig zu langfristig	(4) Internationaler Lebensstil und die Rückbesinnung auf nationale Traditionen
(5) Von der Zentralisation zur Dezentralisation	(5) Das Ende des Wohlfahrtsstaates
(6) Von institutionalisierter Amtshilfe zur Selbsthilfe	(6) Die Zukunft gehört dem pazifischen Raum
(7) Von der repräsentativen Demokratie zur partizipativen Demokratie	(7) Frauen erobern die Führungsetagen
(8) Von Hierarchien zu Verbundenheit, Verflechtung und gegenseitiger Abhängigkeit	(8) Das Zeitalter der Biologie
(9) Von Norden nach Süden	(9) Das Wiederaufleben der Religionen
(10) Von dem Entweder-Oder zur multiplen Option	(10) Der Triumph des Individuums

Abb. 85: Die zehn Megatrends der achtziger und neunziger Jahre
        (vgl. *Naisbitt, J./Abuderne, P.* 1990 S. 10 ff.)

Interne Ursachen

- **Fehlentscheidungen der Vergangenheit** bilden eine wichtige Quelle für das Entstehen internen Problemdrucks. Eine falsche Absatzpolitik, Fehlinvestitionen oder die verspätete Entwicklung neuer Produkte können ein Unternehmen in eine ernste Krisensituation bringen und letztendlich bestandsgefährdend wirken. In solchen Fällen ist der Handlungsdruck besonders groß, und die Krise löst einen Veränderungsprozeß aus.
- In der Regel hat eine Neuformulierung der **Unternehmensstrategie**, wie beispielsweise der Übergang von einer Einprodukt- zu einer Diversifikationsstrategie, erhebliche Auswirkungen auf die Organisation. So erfordern innovative Strategien im allgemeinen flexible Strukturen zu ihrer Umsetzung, denn nur selten wird sich eine neue Strategie mit den alten Strukturen realisieren lassen. Auf diesen Strategie-Struktur-Zusammenhang hat schon der amerikanische Organisationswissenschaftler *Chandler* hingewiesen (siehe hierzu auch die beiden Abschnitte 5.4.2 und 5.5.5).

- **Neue Managementkonzepte**, wie beispielsweise »Lean Management«, »Total Quality Management« oder »Business Process Reengineering«, verstehen sich selbst als »radikale Umbrüche« der vorhandenen Strukturen. Sie sollen erkannte Schwachstellen, wie eine zu starke Entscheidungszentralisation oder ein zu ausgeprägtes Ressortdenken, beseitigen und lösen demzufolge erhebliche Veränderungen in den Unternehmen aus (vgl. Abschnitt 7.5.3.1 und *Reiß, M./Zeyer, U.* 1994 S. 36 ff.).
- Darüber hinaus wird mittels derartiger Konzepte auch versucht, eine weitere Quelle internen Problemdrucks zu handhaben, nämlich die **Organisationsmitglieder**. Sie sind häufig die Ursache innerorganisatorischer Probleme, die sich beispielsweise in Gestalt von Machtkämpfen, Führungsfehlern, Motivationsmängeln, einer unzureichenden Identifizierung mit den Zielen der Organisation und/oder hohen Fluktuations- und Absentismusraten äußern (vgl. *Schanz, G.* 1994 S. 386).

Unabhängig von den Ursachen im Einzelfall sehen sich viele Unternehmen im ausgehenden zwanzigsten Jahrhundert einem **steigenden Veränderungsdruck** ausgesetzt. Die Dynamik und die Komplexität des Wandels nehmen zu. Stabile Prognosen der relevanten Umweltfaktoren sind nicht mehr möglich, weil die Ursache-Wirkungs-Zusammenhänge in aller Regel weder eindimensional noch linear sind. Ein ausschließlich reaktives Verhalten kann die betroffenen Unternehmen daher leicht in eine Sackgasse bringen, aus der es kein Entkommen mehr gibt.

Management als kritischer Erfolgsfaktor

Empirische Untersuchungen zeigen, daß gerade das **Management** in derartigen Situationen ein »**kritischer Erfolgsfaktor**«, wenn nicht sogar der Auslöser von Unternehmenskrisen ist. Führungsfehler nehmen vor exogenen und von der Unternehmensführung nicht unmittelbar beeinflußbaren Problemfeldern eine dominierende Stellung unter den Ursachen von Unternehmensmißerfolgen ein (vgl. *Albach, H./Bock, K./Warnke, T.* 1984 S. 780, *Bea, F. X./Kötzle, A.* 1983 S. 567, *Hahn, D./Krystek, U.* 1984 S. 7, *Hoffmann, F.* 1986 S. 839, *Töpfer, A.* 1985 S. 163). Dabei zeigen die drei zuvor dargestellten Beispiele, daß es gerade die Top-Manager sind, die Veränderungsprozesse in Unternehmen anstoßen und durchsetzen können. Deren Bemühungen sind aber nur dann erfolgreich, wenn es ihnen gelingt, die vielen einzelnen Facetten des Veränderungsprozesses auf die Unternehmensziele zu fokussieren. Insofern ist die Auseinandersetzung mit den Handlungsfeldern und den Konzepten des geplanten Unternehmenswandels eine wesentliche Voraussetzung für die erfolgreiche Bewältigung von Veränderungsprozessen.

7.2.3 Ein Ansatz zur Erklärung der Organisationsdynamik: Das Wachstumsmodell von *Greiner*

Das Wachstum von Unternehmen und die Entwicklung ihrer Organisationsstrukturen gehen Hand in Hand. Um die spezifischen Strukturprobleme verständlich zu machen, wurden in der Organisationsforschung verschiedene Modelle zur Darstellung der **idealtypischen** organisatorischen Entwicklung von Unternehmen formuliert. Diese Modelle berücksichtigen unterschiedliche Variablen, wie beispielsweise das Alter und die Größe der Organisation, und legen verschiedene Entwicklungsstadien im Lebenszyklus eines Unternehmens zugrunde. Sie sollen die **Organisationsdynamik** erklären und basieren auf zwei Grundannahmen (vgl. *Bleicher, K.* 1991 S. 790 ff., *Schulte-Zurhausen, M.* 1995 S. 278, *Staehle, W. H.* 1991 S. 541 ff.):

- Über einen längeren Zeitraum hinweg befinden sich die Unternehmensstrukturen in einem stabilen Gleichgewicht. Diese **evolutionären Phasen** werden durch typische Veränderungsereignisse, wie unternehmensinterne Krisen, abrupt beendet. Das Unternehmen gerät in einen instabilen Zustand. Innerhalb kurzer **revolutionärer Übergangsperioden** finden grundlegende Strukturveränderungen statt, denen wiederum eine längere evolutionäre Phase folgt (vgl. Abb. 86).
- Jede evolutionäre Phase ist durch ihr eigenes Führungskonzept und ihre eigene Unternehmensphilosophie gekennzeichnet. Anhand dieser Merkmale lassen sich in der Unternehmensentwicklung verschiedene **Lebens-** oder **Wachstumsphasen** unterscheiden.

Modellannahmen

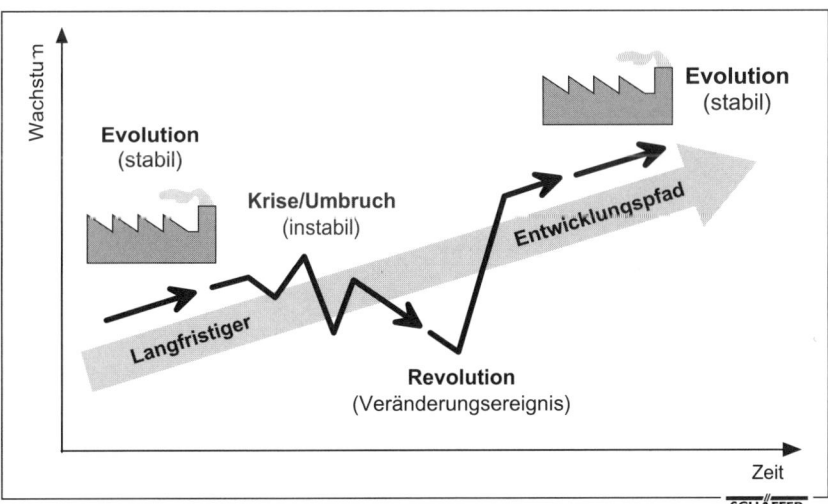

Abb. 86: Evolutionäre und revolutionäre Entwicklungsphasen eines Unternehmens

Wie läßt sich der Wechsel von evolutionären und revolutionären Entwicklungsphasen eines Unternehmens erklären?

Einer der bekanntesten Ansätze zur Erklärung der Organisationsdynamik ist das **Wachstumsmodell** des amerikanischen Professors *Larry E. Greiner* (vgl. Abb. 87). Es unterscheidet fünf Wachstumsphasen, die sequentiell durchlaufen werden und mit dem Alter und der Größe der Organisation zusammenhängen (wobei sich als Indikatoren der Organisationsgröße z.B. die Mitarbeiterzahl, der Umsatz, das Anlagevermögen oder die Bilanzsumme anbieten). Jede Phase ist durch bestimmte Strukturmerkmale und ein typisches Führungskonzept charakterisiert. Auf evolutionäre Wachstumsperioden folgen revolutionäre Krisen, die durch verschiedene Managementprobleme ausgelöst werden und zu einem hohen Veränderungsdruck führen. Jede Phase des Modells ist sowohl das Ergebnis der vorangegangenen Lebensphase als auch die Ursache für den folgenden Wachstumsabschnitt. Es ist allerdings darauf hinzuweisen, daß die einzelnen Phasen nicht unbedingt in der dargestellten Abfolge durchlaufen werden müssen. Aufgrund externer oder interner Ursachen können einzelne Phasen sehr wohl übersprungen oder verkürzt werden, und auch eine Rückkehr in vorangegangene Phasen ist möglich (vgl. *Krüger, W.* 1993 S. 344). Allerdings vertritt *Greiner* selbst die Ansicht, daß die Führung eines Unternehmens keinesfalls versuchen sollte, eine Phase zu überspringen oder die revolutionären Abschnitte zu vermeiden, weil dadurch die für eine »gesunde« Entwicklung erforderlichen Lernprozesse entfallen würden.

Die einzelnen **Phasen des Wachstumsmodells** lassen sich wie folgt beschreiben (vgl. *Greiner, L. E.* 1972 S. 41):

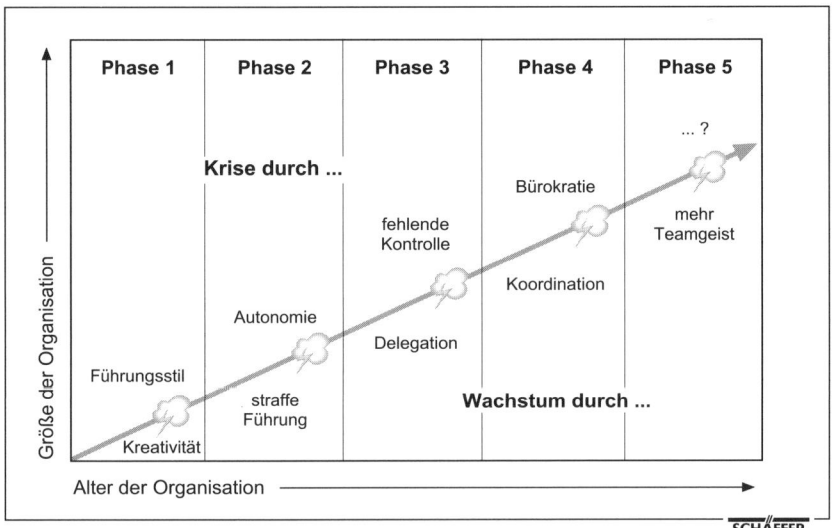

Abb. 87: Wachstumsmodell von *Greiner*

Phase 1: Wachstum durch Kreativität – Krise durch Führungsstil

Den Anstoß für die Unternehmensgründung und die erste Wachstumsphase gibt eine Produktidee, die in ein marktreifes Produkt umgesetzt werden soll. Die Gründer sind oftmals Techniker, die ihre ganze **Kreativität** einsetzen, um die Produktentwicklung voranzutreiben und für ihr Erzeugnis entsprechende Absatzmärkte zu erschließen. Der Schwerpunkt ihrer Aktivitäten liegt demzufolge auf der Herstellung und dem Vertrieb des Produkts. Managementprobleme treten in dieser ersten Phase nicht auf, weil das Unternehmen nur aus einem relativ kleinen und überschaubaren Personenkreis besteht und die Kommunikation unter den Mitarbeitern weitgehend spontan und informell erfolgt. Die Leitungsaufgaben sind beim Unternehmensgründer zentralisiert. Das Unternehmen wächst, ohne den Führungsstil und die Leitungskapazität den sich verändernden Bedingungen anzupassen.

Der Wachstumsschub führt zu steigenden Anforderungen an die Unternehmensführung. Mit einer zunehmenden Größe reichen die einfachen informellen Kommunikationsstrukturen nicht mehr aus, um das Unternehmen effizient zu führen. Der Unternehmensgründer ist permanent überlastet und teilweise fachlich überfordert. Auf die evolutionäre Entwicklungsperiode der Pionierphase des Unternehmens folgt deshalb eine **Führungsstilkrise**, die mit erheblichen Koordinationsproblemen verbunden ist und mit dem Verlust der Führungskompetenz des Firmengründers endet. Bekannte Beispiele für eine derart begründete Krisensituation sind die Unternehmen *Grundig*, *Neckermann* und *Nixdorf* mit ihren gleichnamigen Firmengründern.

Phase 2: Wachstum durch straffe Führung – Krise durch fehlende Autonomie

Gelingt es, diese erste Krise zu überwinden, die als »Unterorganisationskrise« bezeichnet werden kann, folgt eine zweite Wachstumsperiode. Sie ist durch eine **straffe Führung** gekennzeichnet. Es entstehen hierarchische Strukturen, in denen die Kommunikationsbeziehungen formalisiert sind und sämtliche Befugnisse bei der Unternehmensführung liegen. Durch eine weitgehende Aufgabenspezialisierung entsteht eine funktionale Organisation mit klar voneinander abgegrenzten Bereichen wie Produktion, Vertrieb und Rechnungswesen. Leistungsanforderungen und Stellenbeschreibungen regeln die Aufgaben- und Kompetenzverteilung. Durch die fortschreitende Formalisierung werden die Strukturen immer bürokratischer, und die Organisation verliert an Flexibilität.

Durch die Konzentration der Leitungsbefugnisse auf die oberste Führungsebene nimmt die Leistungsmotivation der Mitarbeiter ab, da deren Entfaltungsmöglichkeiten stark eingeschränkt sind. Es entsteht zunehmend das Bedürfnis nach mehr **Autonomie**. Das wachsende Unternehmen stößt an die Grenzen einer zentralistischen Steuerung. Ein Teil der Entscheidungs- und der Weisungsbefugnisse muß daraufhin delegiert werden.

Phase 3: Wachstum durch Delegation – Krise durch fehlende Kontrolle

Die dritte Wachstumsphase wird durch die **Delegation** von Verantwortung und Kompetenzen eingeleitet. Es entstehen dezentrale Strukturen mit Profit Centern und anderen weitgehend selbständigen Organisationseinheiten. Die Mitarbeiter werden durch eine ergebnisabhängige Entlohnung zu einem eigenverantwortlichen Handeln motiviert. Während sich die horizontale Kommunikation verstärkt, wird der Austausch mit der Unternehmensführung zunehmend geringer. Führungskonzepte wie Management by Exception oder Management by Objectives verstärken diese Entwicklung.

Mit zunehmender Unternehmensgröße und -komplexität gehen für die oberste Führung aber die Übersicht und die **Kontrolle** über die weitgehend unabhängigen Aktivitäten der dezentralen Einheiten verloren. Die Gesamtkoordination der Produkte, Märkte und Technologien bereitet zunehmend Schwierigkeiten. Die einzelnen autonomen Bereiche verfolgen teilweise eigene Zielsetzungen und vernachlässigen dabei die übergeordneten Unternehmensziele. Angestrebte Synergieeffekte bleiben aus. Der eigentlich wünschenswerte Wettbewerb zwischen den Profit Centern führt aus Sicht des Gesamtunternehmens zu suboptimalen Ergebnissen. Der Koordinationsbedarf nimmt zu.

B

Beispielhaft für diese Situation ist der *ABB*-Konzern, der seit dem Anfang der neunziger Jahre einen weitreichenden Prozeß der Aufgabendezentralisierung durchlaufen hat. Dieser Dezentralisierungsprozeß hatte seinen Schwerpunkt zunächst auf der strategischen Ebene und wurde dann auf der operativen Ebene mit der Einführung von integrierten Arbeitsgruppen und Projektteams fortgesetzt. Gleichzeitig wurden die Ergebnisverantwortung und die Autonomie der dezentralen Einheiten gestärkt. 1994 umfaßte der Konzern in fünf Unternehmensbereichen 45 produktorientierte Divisions (sog. Business Areas) mit weltweit rund 1.000 formal-rechtlich selbständigen Gesellschaften, die sich aus insgesamt etwa 5.000 Profit Centern zusammensetzten.

Dieser anspruchsvolle Ansatz, die Dynamik und die Flexibilität kleiner Unternehmen mit den Ressourcen und der Marktmacht eines globalen Konzernverbunds zu kombinieren, erwies sich jedoch als problematisch. Zielkonflikte der dezentralen Einheiten, Reibungsverluste und Doppelarbeiten wirkten dem ursprünglichen Bestreben entgegen. Beispielsweise traten die selbständigen Profit Center in einen gegenseitigen Wettbewerb ein, oder sie erwiesen sich als zu klein, um sich gegen die Marktmacht großer Wettbewerber durchsetzen zu können. Diese Erfahrungen führten mittlerweile zu einer vorsichtigen Rezentralisierung der Konzernstrukturen, beispielsweise durch die Zusammenlegung bestimmter Produktlinien oder durch zentrale Vorgaben der übergeordneten Holding (vgl. *Fischer, M.* 1995 S. 42 f., *Hirsch-Kreinsen, H.* 1996 S. 202 f., *Hoffmann, K./Linden, F. A.* 1994 S. 34 ff., *Reichwald, R./Koller, H.* 1996 S. 253 f.).

Phase 4: Wachstum durch Koordination – Krise durch zunehmende Bürokratie

Dem Verlust an zentralen Kontroll- und Steuerungsmöglichkeiten wird durch die Einführung neuer Instrumente zur **Koordination** begegnet. Sie sollen mit dazu beitragen, das Unternehmen als Einheit zu erhalten. Die dezentralen Organisationseinheiten werden zu größeren Produkt- oder Marktbereichen zusammengefaßt, formale Planungssysteme tragen zur Koordination der Bereichsaktivitäten bei, und ein verbessertes Berichtswesen liefert der Unternehmensführung die erforderlichen Steuerungsinformationen. Richtlinien stellen die einheitliche und nachvollziehbare Abwicklung aller wichtigen Vorgänge, beispielsweise der Investitionsvorhaben, sicher. Als unterstützende Einheiten werden zentrale Stabs- und Dienstleistungsstellen eingerichtet, deren Aufgabe im wesentlichen die laufende Überwachung und Koordination der Teilbereiche ist.

Diese Maßnahmen und das weitere Wachstum der Organisation bewirken im Laufe der Zeit ein Übermaß an Planung und Kontrolle, die damit ihre Wirksamkeit verlieren. Probleme werden eher verwaltet als gelöst. Es entsteht eine **Bürokratie**, die mit ihren starren Regelungsmechanismen das Tagesgeschäft behindert und die Innovationsfähigkeit des Unternehmens einschränkt. Eine engere und unmittelbarere Zusammenarbeit zwischen den Organisationseinheiten und größere Handlungsspielräume werden immer notwendiger.

Schon *Max Weber* hat in den zwanziger Jahren auf den positiven Zusammenhang zwischen Größe und Bürokratisierung hingewiesen. Auch neuere empirische Untersuchungen zeigen, daß Größe die Bürokratie fördert, was auch sehr plausibel ist: Da jeder Vorgesetzte nur eine begrenzte Zahl von Mitarbeitern direkt führen kann, sind große Organisationen gezwungen, mehr Hierarchieebenen einzurichten und/oder geeignete Regelungsmechanismen, insbesondere für Routineaufgaben, zu installieren. Folglich nimmt die Organisationsprogrammierung zu. Auf diese Weise ist beispielsweise *Siemens* in der Vergangenheit zu einem Synonym für ein bürokratisches Unternehmen geworden, das sich trotz aller Anstrengungen der letzten Jahre auch heute noch schwer damit tut, »seine« Bürokratiekrise zu überwinden, wie die Darstellung in Abschnitt 7.2.1 zeigt.

Phase 5: Wachstum durch mehr Teamgeist – Krise durch ...?

Auf die Bürokratiekrise folgt eine (vorläufig) letzte Wachstumsphase, die im wesentlichen auf **mehr Teamgeist** beruht. Im Mittelpunkt stehen ein partizipativer Führungsstil und die bereichsübergreifende, gemeinsame Erarbeitung von Problemlösungen. Die überdimensionierten zentralen Verwaltungsbereiche werden reduziert und neue effiziente Informations- und Kommunikationssysteme zur Unterstützung der Problemlösungsprozesse entwickelt. Es entstehen mehrdimensionale Organisationsstrukturen, die durch Projektmanagement-Strukturen ergänzt werden.

Die weitere Entwicklung ist offen (**Krise durch ...?**). *Greiner* vermutet, daß es in der laufenden Teamarbeit zu destruktiven Konflikten zwischen den Mitarbeitern kommt. *Probst* bezeichnet die neue Situation als **Krise der psychologischen Übersättigung**, d.h. die Organisationsmitglieder zeigen aufgrund der Zunahme und der Komplexität der Beziehungsgefüge ein gewisses Unvermögen, sich mit ihrem Unternehmen und ihrer Arbeit zu identifizieren. Als Folge wandern wichtige Mitarbeiter zu Unternehmen ab, die sich in einer früheren Wachstumsphase befinden (vgl. *Probst, G. J. B.* 1992 S. 41 f.).

Kritische Würdigung

Bei dem Wachstumsmodell von *Greiner* handelt es sich um ein sehr **realitätsnahes Modell**. Es zeigt, daß die Unternehmen im Laufe ihrer Existenz ständig Veränderungsprozessen unterworfen sind, die evolutionäre und revolutionäre Elemente enthalten. Einerseits gefährden die revolutionären Phasen den Fortbestand des betreffenden Unternehmens; andererseits beinhalten die Krisensituationen neben den Risiken auch Chancen zu einem weiteren Unternehmenswachstum. Indem das vorgestellte Modell die zunächst statischen organisatorischen Zusammenhänge dynamisiert, kann es eine **Orientierungshilfe für die langfristige Unternehmensentwicklung** sein. Das ist insbesondere dann der Fall, wenn man nicht eine bestimmte Abfolge der Entwicklungsphasen zugrundelegt, sondern davon ausgeht, daß die Reihenfolge und die Zeitpunkte der kritischen Übergänge nicht vorgegeben sind. Jedenfalls stellt sich die Frage, welche Felder sich der Unternehmensführung für die aktive und vorausschauende Gestaltung von Veränderungsprozessen bieten.

7.3 Handlungsfelder des Veränderungsmanagements

Die Beispiele *Daimler-Benz/DaimlerChrysler, Hoechst* und *Siemens* machen deutlich, daß grundlegende und umfassende aufbau- und ablauforganisatorische Restrukturierungsmaßnahmen immer mit einer Überprüfung oder Neuausrichtung der Unternehmensstrategie, einer Anpassung der im Unternehmen eingesetzten Technologie und einer Veränderung der Unternehmenskultur einhergehen. Veränderungsprozesse mit einer derart großen Reichweite und Tiefe werden auch als **transformativer Wandel** bezeichnet (vgl. *Krüger, W.* 1993 S. 358). Es ist demnach nicht sinnvoll, die Veränderungen der Aufbau- und Ablaufstrukturen isoliert zu betrachten. Geplante organisatorische Maßnahmen müssen vielmehr im Gesamtzusammenhang der **vier Handlungsfelder des Change Managements** gesehen werden (vgl. Abb. 88).

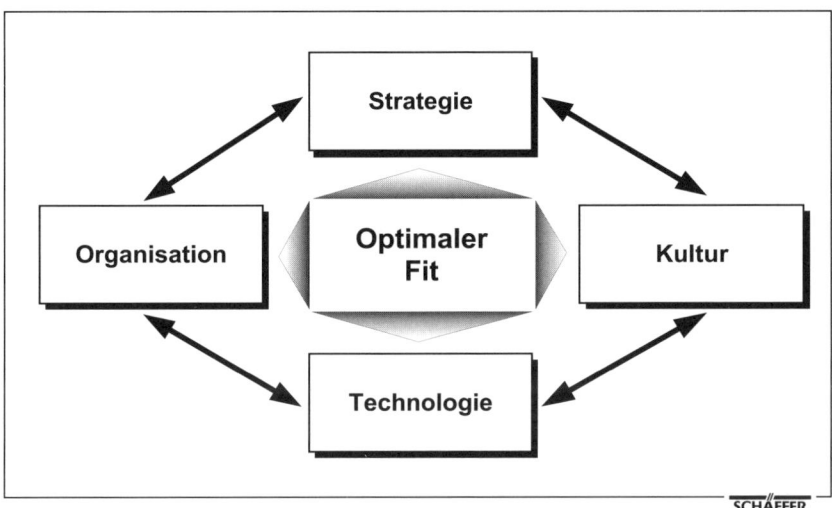

Abb. 88: Handlungsfelder des Veränderungsmanagements

Die **Unternehmensstrategie** (corporate strategy) bringt zum Ausdruck, wie die vorhandenen und die potentiellen Stärken eingesetzt werden sollen, um den Veränderungen der Rahmenbedingungen zielgerecht zu begegnen. Die Strategie wird also durch bereits eingetretene oder noch erwartete Umweltveränderungen beeinflußt. Sie kann reaktiv als Anpassungsstrategie formuliert oder von der Unternehmensführung im Hinblick auf die zukünftigen Rahmenbedingungen aktiv gestaltet werden. Mit der Vorgabe einer Unternehmensstrategie wird das Ziel verfolgt, nachhaltige Erfolgspotentiale durch die Nutzung von Wettbewerbsvorteilen aufzubauen

Strategie

und das Unternehmen innerhalb seiner Umwelt zu positionieren. Dadurch wird die allgemeine Richtung festgelegt, in die sich ein Unternehmen entwickeln soll. Auf der Grundlage der Unternehmensstrategie werden dann die **Geschäftsbereichsstrategien** (business strategies) und die **Funktionsbereichsstrategien** (functional area strategies) definiert (vgl. *Kreikebaum, H.* 1993 S. 25, 52).

Im Hinblick auf die Unternehmensstrategie sind die Funktionsbereichs- und die Geschäftsbereichsstrategie demzufolge untergeordnete Strategieebenen, deren Zielsetzungen mit den Unternehmenszielen in einem hohen Maße komplementär sein müssen:

- Die **Funktionsbereichsstrategien** legen die grundsätzlichen Zielsetzungen und Aktivitäten von bestimmten betrieblichen Funktionsbereichen fest (z.B. Personalstrategie, F+E-Strategie, Marketing-Strategie, EDV-Strategie).
- Demgegenüber dienen die **Geschäftsbereichsstrategien** der strategischen Ausrichtung der einzelnen Geschäftsbereiche eines Unternehmens, wobei sich ein Geschäftsbereich als organisatorische Einheit in der Praxis häufig auf ein Geschäftsfeld konzentriert, d.h. für die Bearbeitung eines spezifischen Markts oder Marktsegments verantwortlich ist (z.B. Strategie des Geschäftsbereichs Hausgeräte eines divisional organisierten Elektrokonzerns).

Die Strategieformulierung stellt damit einen wichtigen Teil des Veränderungsmanagements dar, aus dem sich die Planungs- und die Durchsetzungsaktivitäten in den anderen Handlungsfeldern ableiten. Die Veränderungen in der strategischen Ausrichtung des gesamten Unternehmens, wie beispielsweise die Entwicklung neuer Geschäftsfelder oder das Eingehen von Kooperationen, werden auch als **Reorientierung** bezeichnet.

So führte beispielsweise die Vision des »Integrierten Technologiekonzerns« in der *Daimler-Benz AG* zu der Formulierung einer **Wachstums-** und **Diversifikationsstrategie**. Aufgrund der neuen strategischen Zielrichtung ergaben sich nicht nur Aktivitäten wie der Zukauf von Unternehmen und die Erschließung neuer Absatzmärkte, sondern auch ganz konkrete organisatorische, kulturelle und systemseitige Umsetzungsmaßnahmen im Konzern (z.B. die Schaffung einer Holdingorganisation, die Formulierung eines Unternehmensleitbildes oder die Gestaltung eines konzernweiten Planungs- und Kontrollsystems; vgl. Abschnitt 7.2.1).

Die Formulierung einer neuen Unternehmensstrategie wirkt demnach sowohl nach **innen** als auch nach **außen**. Sie bleibt nicht ohne Folgen für die bestehenden Organisationsstrukturen: Eine Wachstumsstrategie (Welche neuen Märkte oder Kunden sollen zukünftig bearbeitet werden?) führt unter Umständen zu einer regional oder kundenbezogen ausgerichteten Geschäftsbereichsstruktur, während eine Schrumpfungsstrategie (In welchen Bereichen soll desinvestiert werden?) wahrscheinlich den Abbau von Organisationseinheiten und eine Straffung der Strukturen und Abläufe mit sich bringt. In jedem Fall muß der interne Bezugsrahmen der jeweiligen Strategie angepaßt werden, was gegebenenfalls in einer **Reorganisation**, d.h. einer umfassenden und tiefgreifenden strukturellen Neugestaltung (major change), endet.

Probst nennt drei Gründe für eine Reorganisation im Zusammenhang mit der Neu- oder Umformulierung der Unternehmensstrategie (vgl. *Probst, G. J. B.* 1992 S. 194):

- Die Organisationsstruktur muß einer völlig neuen Strategie angepaßt werden.
- Die Strukturen sollen im Hinblick auf zukünftige Strategieänderungen flexibel gestaltet werden.
- Die Unternehmensstrategie sieht eine starke Wechselwirkung mit anders strukturierten Unternehmen vor (z.B. im Rahmen von Unternehmenszusammenschlüssen), die möglichst kompatible Strukturen erfordert.

Unter der **Organisations-** oder **Unternehmenskultur** ist die Gesamtheit aller in einer Organisation wirksamen Werte, Normen und Einstellungen zu verstehen, die nach innen das Denken, die Entscheidungen und das Verhalten der Organisationsmitglieder prägen und nach außen die Art und Weise der Interaktion zwischen der Organisation und ihrer Umwelt bestimmen (vgl. Abschnitt 4.6.4.2).   **Kultur**

Gegenüber den »harten« Faktoren gewinnt die Unternehmenskultur als »weiches« Handlungsfeld des Veränderungsmanagements, insbesondere durch den gesellschaftlichen Wertewandel und seine Folgen, zunehmend an Bedeutung. Die Bedürfnisstruktur der Organisationsmitglieder hat sich geändert: Viele Mitarbeiter erwarten heute eine abwechslungsreiche und verantwortungsvolle Tätigkeit, die Freiräume für ihre persönliche Entfaltung bietet. Dementsprechend sind die Aufgaben, die Verantwortung und die Kompetenzen organisatorisch zu gestalten. Nur so können die koordinierenden und motivationsfördernden Wirkungen der Unternehmenskultur für die schnelle und erfolgreiche Umsetzung der Strategie und das Funktionieren der Führungsstrukturen und -systeme optimal genutzt werden.

Aus kulturellen Gründen können organisatorische Maßnahmen grundsätzlich dann erforderlich werden, wenn

- eine allgemeine Wandlung der gesellschaftlichen Wertvorstellungen mit erheblichen Auswirkungen auf die Unternehmen und ihre Mitarbeiter erfolgt,
- sich die Werte und Normen grundlegend ändern, die eine bestimmte Unternehmenskultur prägen oder

- in einem Unternehmen aus bestimmten Gründen eine neue Kultur angestrebt wird (vgl. *Probst, G. J. B.* 1992 S. 196).

Die Veränderung der Unternehmenskultur wird auch als **Remodellierung** oder **Reframing** bezeichnet. Damit sind die Veränderungen im »belief system« des Unternehmens gemeint, also ein mentaler Wandel hinsichtlich der von den Organisationsmitgliedern geteilten Werte und Überzeugungen. Die Remodellierung ist eine wichtige Voraussetzung für Veränderungen im Führungs- und Kooperationsverhalten sowie der persönlichen Fähigkeiten. Sie ermöglicht eine **Revitalisierung** der Organisation z.B. durch einen neuen Führungsstil, die Dezentralisierung von Kompetenzen oder die Bildung von Prozeßteams (vgl. *Krüger, W.* 1993 S. 360). Wie wichtig der kulturelle Wandel für viele Unternehmen geworden ist, zeigen die beiden folgenden Beispiele der *Mercedes-Benz AG* und der *Siemens AG*:

Die *Mercedes-Benz AG* hat 1993 das »*Mercedes-Benz* Erfolgsprogramm« initiiert, das seinen Schwerpunkt zunächst im **kulturellen Wandel** hatte und unterdessen zu einem ganzheitlichen Veränderungskonzept erweitert wurde. Im Geschäftsbericht des Unternehmens heißt es dementsprechend (*Mercedes-Benz AG* [Hrsg.] 1995 S. 34):

»Das *Mercedes-Benz* Erfolgsprogramm hat 1995 an Schubkraft gewonnen. Als ›Kulturentwicklungsprogramm‹ 1993 gestartet, welches das Denken und Verhalten der Mitarbeiter als Erfolgsfaktor in den Vordergrund stellte, bündelt es heute die gesamtheitliche Veränderung des Unternehmens in einem integrierten Ansatz. Auf der Basis des Leitbildes ›*Mercedes-Benz* – Ihr guter Stern‹ und den vier Grundhaltungen des Erfolgsprogramms – Kompromißlose Kunden- und Marktorientierung, Kontinuierlicher Verbesserungsprozeß, Null-Fehler-Ziel und Konsequente Entscheidungsdelegation – werden stategische, prozeß- bzw. strukturorientierte sowie verhaltensbezogene Veränderungen auf allen Ebenen des Unternehmens vorangetrieben.«

Die Bedeutung eines **kulturellen Wandels** für die Verbesserung der Innovations- und Wettbewerbsfähigkeit wird auch von dem Vorstandsvorsitzenden der *Siemens AG* mit Blick auf das unternehmensinterne top-Programm betont (*Siemens AG* [Hrsg.] 1995a S. 5):

»Zur Beschleunigung unserer Innovationsfähigkeit auf breiter Front gehört eine Unternehmenskultur, die den Mitarbeitern die nötigen Freiräume schafft sowie ihre Stärken und ihre Begeisterungsfähigkeit zur Geltung kommen läßt. ›Culture Change‹ ist – wie gesagt – die Basis für unsere top-Bewegung. Dabei geht es vor allem um eine strikte Ausrichtung aller Abläufe am Kundennutzen, um funktionsübergreifende Teamfähigkeit, um stärkere Leistungsorientierung und höhere Risikobereitschaft, um vorbehaltlose Zusammenarbeit sowie um konsequente Internationalisierung. Wir haben bereits eine Vielzahl von Maßnahmen und Programmen eingeleitet, die zum Wandel unserer Unternehmenskultur beitragen werden und daraus einen selbsttragenden Prozeß machen.«

Empirische Untersuchungen zeigen, daß sich Unterschiede in der Organisationsstruktur auch durch den Einsatz von unterschiedlichen technischen Methoden und Verfahren erklären lassen. So kann die starke Zunahme der Nachfrage nach einem bestimmten Produkt die bisher angewandte Fertigungstechnologie (z.B. Einzel- oder Kleinserienfertigung nach dem Werkstattprinzip mit einem geringen Automatisierungsgrad) in Frage stellen und zu einem neuen Produktionsverfahren führen (z.B. hochautomatisierte Massenfertigung nach dem Fließprinzip). Die damit verbundene Umstellung hat erhebliche Auswirkungen auf die Fertigungsorganisation. Dieser Zusammenhang zwischen Technologie und Organisation ist plausibel. Er wurde von *Woodward* bereits in den fünfziger Jahren in empirischen Untersuchungen nachgewiesen (vgl. *Kieser, A./ Kubicek, H.* 1992 S. 203). Insofern handelt es sich bei der angewandten Technologie offenbar um ein weiteres Handlungsfeld des Veränderungsmanagements.

Technologie

Unter **Technologie** sind die Verfahren, Methoden, Maschinen, Werkzeuge, Werkstoffe und das damit verbundene Anwendungswissen zu verstehen, die in einem Unternehmen eingesetzt werden. Während es sich im Produktionsbereich von Industriebetrieben hierbei vorrangig um die Herstellungsverfahren und die eingesetzte Hardware handelt, ist im Verwaltungsbereich und in Dienstleistungsunternehmen insbesondere die Informations- und Kommunikationstechnologie gemeint.

Auf die **Informations- und Kommunikationstechnologie (IKT)** soll hier näher eingegangen werden, weil sie zunehmend leistungsfähiger wird und damit Spielräume für die organisatorische Gestaltung schafft. Diese Leistungsfähigkeit trägt u.a. dazu bei,

IKT

- neue Formen der Arbeitsorganisation zu realisieren (von der Teleheimarbeit über Videokonferenzen und Telekooperationen rund um den Globus bis hin zu überbetrieblichen virtuellen Netzwerkstrukturen, in denen sich unabhängige und räumlich verteilte Unternehmen zusammenschließen, um eine definierte Leistung gemeinsam zu erbringen; zu den Charakteristika, Möglichkeiten und Grenzen virtueller Unternehmen vgl. z.B. die Darstellung bei *Picot, A./Reichwald, R./Wigand, R. T.* 1996 S. 396 ff.);
- Bearbeitungsprozesse schneller und damit effizienter zu machen (z.B. durch die Vernetzung von Datenbeständen im Unternehmen, durch die Überführung von unstrukturierten in routinemäßige Abläufe oder durch die Verkürzung der Zugriffszeiten auf die benötigten Daten);
- Aufgaben zu integrieren und so ganzheitliche Verantwortungsbereiche zu definieren (indem beispielsweise ein Sachbearbei-

ter Zugriff auf alle benötigten Daten hat und so einen ganzen Vorgang vollständig bearbeiten kann) und

- Aufgaben und Entscheidungen zu zentralisieren oder zu dezentralisieren (z.B. aufgrund der Möglichkeiten der Informationsbeschaffung und -verarbeitung auf allen Führungsebenen mittels Management-Informations-Systemen).

Die Entwicklung der IKT hat somit einen unmittelbaren Einfluß auf die Veränderung der Unternehmensstrukturen. Insbesondere durch eine schnellere und kostengünstigere, raum- und zeitüberbrückende Informationsübertragung und -verarbeitung, wie beispielsweise Electronic Data Interchange (EDI), werden bestimmte neue Organisationsformen überhaupt erst realisierbar (z.B. Just-in-Time-Kooperationen, virtuelle Unternehmen). Der organisatorische Wandel ist hier gewissermaßen durch technische Innovationen induziert. Gleichzeitig ist eine effizienzsteigernde und die Transaktionskosten reduzierende IKT aber auch die Voraussetzung, um angesichts des Markt- und Wettbewerbsdrucks überlebensfähig zu bleiben. Die IKT wird hier zu einem Instrument, mit dem der organisatorische Wandel unterstützt und vollzogen wird (vgl. *Picot, A./Reichwald, R./Wigand, R. T.* 1996 S. 57, 136 ff.).

Der frühere Geschäftsführer der *IBM Deutschland GmbH, Bernhard Dorn,* sieht in der IKT einen Katalysator für den Unternehmenswandel (*Dorn, B.* 1994 S. 216 f.):

»Bei der *IBM* hat sich z.B. in den letzten Jahren ein gravierender Umbruch mit einer starken Dezentralisierung von Kompetenzen in die Landesgesellschaften vollzogen. So hat die *IBM Deutschland* die weltweite Geschäftsverantwortung für Großsysteme übernommen. Die Pariser Europazentrale wurde dabei stark verkleinert. Auch die Hauptverwaltungsfunktionen in Deutschland wurden vor Ort in die Regionen und Geschäftsstellen verlagert. Kundennähe und Kundenfreundlichkeit sollen dadurch gefördert werden. Der Informationsverbund innerhalb des Konzerns und auch zu den Kunden, die sog. Intra- und Inter-Unternehmenskommunikation, ist der entscheidende Faktor, um die schnelle und richtige Abwicklung der Geschäftsprozesse sicherzustellen. ›Just-in-time‹ ist nicht nur das Erfolgsrezept für den Produktionsverbund, sondern besonders bei der Kommunikation zum Kunden.«

Die Möglichkeiten der IKT können allerdings nur dann optimal genutzt werden, wenn die Systeme zeitgleich mit der Organisationsstruktur konzipiert werden. Zumindest müssen konkrete Vorstellungen von der angestrebten Struktur bestehen, um unterstützende Anwendungen entwickeln und einsetzen zu können. Während der Computer in der Anfangszeit noch als Mittel zur Automatisierung vorhandener Arbeitsabläufe eingesetzt wurde, eröffnet die IKT heute in zunehmendem Maße die Chance zur Gestaltung neuer Arbeitsabläufe und Strukturen. Organisation und IKT beeinflussen sich dabei gegenseitig: Einerseits müssen die Systeme an die Organisationsstrukturen angepaßt werden, um die Informationsbedürfnisse der Mitarbeiter zu decken. Andererseits muß die Organisation unter Umständen grundlegend verändert werden, um die Potentiale ausschöpfen zu können, welche die IKT bietet (vgl. *Schwarzer, B./Krcmar, H.* 1996 S. 78 ff.).

Das Handlungsfeld **Organisation** umfaßt sämtliche Maßnahmen, die auf eine zielorientierte ganzheitliche Gestaltung der Aufbau- und Ablaufbeziehungen eines Unternehmens gerichtet sind. Hierzu gehören die Bildung und die Konfiguration von Organisationseinheiten, die Gestaltung ihres Beziehungsgefüges und die Regelung der Prozeßabläufe. Typische Maßnahmen der **Reorganisation** sind zum Beispiel der Abbau von Hierarchieebenen, die Einrichtung von Cost, Profit und Investment Centern oder der Übergang von einer funktionalen zu einer prozeßorientierten Struktur.

Organisation

Restrukturierungsmaßnahmen sind die konsequente Folge eines transformativen Wandels, der tiefgreifende und weitreichende Veränderungen mit sich bringt. Sie werden erforderlich, wenn eine strategische Neuausrichtung andere Strukturen verlangt, die Rahmenbedingungen für eine veränderte Unternehmenskultur geschaffen werden sollen oder die Erfolgspotentiale neuer Technologien nur in einer anderen als der bisherigen Organisationsform ausgeschöpft werden können.

Wie wir in den vorangegangenen Ausführungen gesehen haben, geht die Weiterentwicklung eines Unternehmens immer mit Veränderungen der Unternehmensorganisation einher, gleichgültig ob dieser Wandel bewußt gesteuert wird oder völlig »unkoordiniert« verläuft. Die zunehmende Änderungsdynamik der Umwelt erfordert aber in steigendem Maße **gezielte** Maßnahmen zur **proaktiven**, d.h. vorausschauenden Gestaltung der Organisationsstruktur, der Strategie, der Kultur und der Technologie eines Unternehmens. Die simultane Betrachtung des Gesamtzusammenhangs dieser Faktoren macht letztendlich den Erfolg oder den Mißerfolg von Transformationsprozessen aus. Zwischen den Maßnahmen auf allen vier Feldern des Veränderungsmanagements ist deshalb ein **optimaler Fit** im Sinne einer gesamthaften, ganzheitlichen Abstimmung herzustellen. Dabei beeinflussen die Umweltfaktoren die internen Transformationsprozesse und umgekehrt. Diese ständigen und vielschichtigen Wechselwirkungen sind bei der Gestaltung von organisatorischen Veränderungsprozessen zu berücksichtigen.

Optimaler Fit

Entsprechend der Zielsetzung dieses Lehrbuches als eine Einführung in die Organisationstheorie und -praxis beschränken sich die folgenden Ausführungen im wesentlichen auf die Fragen des **organisatorischen Wandels**. Die spezifischen Probleme und Vorgehensweisen bei der Strategieformulierung, der kulturellen Gestaltung und der Einführung von neuen Technologien werden nur insoweit behandelt, als dies zum Verständnis der organisatorischen Veränderungsprozesse erforderlich ist.

7.4 Hemmnisse des organisatorischen Wandels

7.4.1 Ursachen von Widerständen

Organisatorischer Wandel bedeutet Veränderung. Veränderung bringt einen Verlust an Stabilität mit sich. Althergebrachtes wird durch Neues und bisher Unbekanntes abgelöst. Die zukünftige Entwicklung, die berechenbar erschien, ist auf einmal ungewiß. Diese Ungewißheit erzeugt bei vielen Betroffenen Unsicherheit, Angst und Hilflosigkeit. »Alle Veränderung macht mich bange« hat schon *Immanuel Kant* festgestellt (zitiert nach *Helferich, C.* 1985 S. 185). Nur wenige Personen sehen in einer anstehenden Veränderung dagegen eine Chance und stehen ihr ohne Vorbehalte aufgeschlossen gegenüber. Die weitaus meisten Menschen sehen in Veränderungen eher eine Bedrohung oder sogar eine konkrete Gefahr, weil man eventuell von den vielen »liebgewonnenen Gewohnheiten« Abschied nehmen muß. Insofern ist es nachvollziehbar, daß **Widerstände** eine selbstverständliche und normale Begleiterscheinung von Veränderungen und Neuerungen sind, wobei unter Widerständen emotionale Sperren verstanden werden, die Organisationsmitglieder gegen Änderungen aufbauen, weil sie eine Verschlechterung ihrer Situation befürchten. Solche emotionalen Barrieren können sowohl auf der Ebene einzelner Personen als auch auf Gruppen- und Unternehmensebene auftreten (vgl. *King, N./ Anderson, N.* 1995 S. 167 f., *Schanz, G.* 1994 S. 388, *Steinmann, H./Schreyögg, G.* 1993 S. 431 f.).

Was hemmt den organisatorischen Wandel und löst Widerstände aus?

Um eine erste Antwort auf diese Frage zu finden, ist ein Blick in die Unternehmensgeschichte ebenso hilfreich wie die Analyse aktueller Beispiele.

Erfolg als Hemmnis   Unternehmenshistorische Untersuchungen zeigen, daß es oftmals gerade der **wirtschaftliche Erfolg der Vergangenheit** ist, der sich als größtes Hindernis für organisatorische Umbrüche erweist. Wirtschaftshistoriker und Organisationswissenschaftler weisen zu Recht warnend darauf hin, daß geschäftlicher Erfolg die Unternehmen leicht dazu veranlassen kann, das Ziel einer langfristigen Erfolgssicherung aus den Augen zu verlieren (vgl. *Lindenlaub, D.* 1983

S. 91 ff., *Starbuck, W. H./Nystrom, P. C.* 1995 Sp. 1387 f.). Anstatt sich auf die veränderten internen und externen Rahmenbedingungen einzustellen, wird an **ehemals** erfolgreichen und in Programmen standardisierten Lösungen festgehalten, ohne deren Tauglichkeit für die Bewältigung neuer Problemsituationen zu hinterfragen. Innovative Problemlösungskonzepte stoßen dagegen häufig auf Ablehnung. Ihre Einführung scheitert an dem massiven Widerstand der Organisationsmitglieder. Ein Sachverhalt, der übrigens nicht nur für privatwirtschaftliche Unternehmen zutrifft, sondern sich auch in Organisationen der öffentlichen Verwaltung, der Politik oder der Kirche bestätigt findet.

Letztendlich sind es die in einem Unternehmen **handelnden Personen**, die Entwicklungen nicht nur vorantreiben, sondern sie auch hemmen oder sogar verhindern können. Der hier angesprochene Personenkreis umfaßt sämtliche Entscheidungsträger von der obersten bis zur untersten Führungsebene. Was in jahrelanger »Arbeit« an Strukturen geschaffen und verfestigt wurde, wird oft als eine »conditio sine qua non« für die erfolgreiche Bewältigung von Zukunftsproblemen gesehen. Man hat sich gewissermaßen »eingerichtet«, Beziehungsgeflechte aufgebaut, Absicherungsmechanismen zur Minimierung der persönlichen Risiken installiert und dafür Sorge getragen, daß »Überraschungen«, die ein schnelles und entscheidungsfreudiges Handeln erfordern würden, nur ausnahmsweise auftreten können. In ihrem »Kleinen *Machiavelli*« schildern *Noll* und *Bachmann* die Hintergründe und die Wirkungen derartiger Sachverhalte zwar satirisch überzeichnet aber doch mit großer Realitätsnähe (vgl. *Noll, P./Bachmann, H. R.* 1987).

Personen als Hemmnis

Beispielsweise erläutern die beiden Autoren in ihrem »**Gesetz der 50jährigen Männer**« die Wirkungen des Verhaltens von Top-Managern (die zumeist das 50. Lebensjahr überschritten haben) und die zugehörigen Motive anhand des Beispiels der *Chrysler Corporation* (*Noll, P./Bachmann, H. R.* 1987 S. 13 ff.; Kursivsetzung durch den Verfasser):

»Als der Autogigant *Chrysler* im Jahre 1979 nahezu Pleite machte, da griff sich jedermann an den Kopf: Wie konnten diese brillanten Manager eine Entwicklung verschlafen, die doch jeder vorausgesehen hatte! Seit 1973 gab es die Ölkrise; man wußte, daß der Ölpreis weiter und weiter steigen und die Ölreserven bald zu Ende gehen würden. Trotzdem haben sich *Chrysler* – und übrigens auch *General Motors* – darauf kapriziert, weiterhin Autos zu produzieren, die eher wie Fregatten aussahen und entsprechend viel Sprit soffen. Dabei waren längst schon die Deutschen und die Japaner mit kleinen, sparsamen, teils sogar schmucken Autos auf dem Markt. Die Manager von *Chrysler* und *General Motors* aber blieben ruhig auf ihren Autohalden sitzen.

Das Unternehmen hat die Entwicklung verschlafen, wie man so schön sagt. Haben auch die Manager geschlafen? Keineswegs. Waren die Manager dumm oder blind? Natürlich trifft auch dies nicht zu. Wenn sie es auch nicht sagten, haben sie doch ziemlich genau die Entwicklung vorausgesehen, nicht anders als

B

die ausländische Konkurrenz. Warum haben sie dann aber nichts getan? Warum haben sie weiterhin ihre kaum verkäuflichen großen Fregatten produziert? Wir alle, Anhänger der freien Marktwirtschaft, sind der festen Überzeugung, daß es der Wirtschaft und den Unternehmungen gut geht, wenn und weil es den Managern gut geht. Diese sind voll kreativer Kraft, optimieren die Gewinne, verhelfen über das Konkurrenzprinzip den Kunden zu günstigen Angeboten und werden dafür von ihrer Firma entsprechend belohnt. Zwischen den Interessen des Unternehmens und den Interessen der Manager besteht keinerlei Widerspruch.

Leider müssen wir an dieser idyllischen Vorstellung einige kleinere Korrekturen anbringen, die sich nicht zuletzt mit den Beispielen von *Chrysler* und *General Motors* und etwa auch mit der Uhrenindustrie in der Schweiz begründen lassen. Grob gesagt: Das Interesse des Managers **kann** mit dem Interesse des Unternehmens übereinstimmen, tut es auch hin und wieder, **muß** es aber nicht. Wenn das Interesse des Managers mit dem des Unternehmens kollidiert, dann zieht der Manager regelmäßig sein eigenes Interesse dem Interesse der Firma vor. ... Im Grunde stand das Management von *Chrysler* vor einem gänzlich unlösbaren Dilemma. Hinterher läßt es sich leicht sagen, man hätte eben schon 1973 die Produktion von großen Autos einstellen und nur noch kleine, sparsame Wagen, gewissermaßen mit japanischen Schlitzaugen produzieren müssen. Diese an und für sich richtige Entscheidung, eine Entscheidung für eine eigentlich chirurgische Operation, mochte ganz einfach niemand verantworten. Das Unternehmen hätte eine grauenhafte Durststrecke durchschreiten müssen; die Gewinne wären auf mindestens fünf Jahre hinaus gestrichen worden, die Aktionäre hätten aufgeheult; wahrscheinlich hätten sogar Arbeiter entlassen werden müssen. Wohl wurde hin und wieder im Aufsichtsrat von der möglichen Notwendigkeit einer so scharfen Maßnahme gesprochen; doch bald einigte man sich darauf, mehr Energie für die Suche nach Argumenten zu verwenden, die dazu dienten, sich selbst und dem Publikum plausibel zu machen, daß nichts geändert wurde. Schließlich war ja nicht *Chrysler* daran schuld, daß die OPEC ständig die Ölpreise hinauftrieb, ...«.

Die Konservierung von tradierten Problemlösungen und Strukturen ist jedenfalls kein Garant für eine langfristige Erfolgssicherung. Verschiedene Unternehmen (und nicht etwa nur Automobilhersteller) haben in der Vergangenheit diese leidvolle Erfahrung machen müssen. Im Gegenteil: Gerade angesichts der Marktdynamik ist eine schnelle und bestenfalls antizipative Anpassung von Unternehmen zwingend erforderlich. Die Erneuerung sollte ein ständiges Anliegen der Unternehmensführung sein. Das setzt aber keine veränderungsresistenten Strukturen, sondern die Bereitschaft und die Fähigkeit sowohl auf seiten der Führungskräfte als auch auf seiten ihrer Mitarbeiter voraus, den Handlungsbedarf rechtzeitig zu erkennen und notwendige Veränderungen gegebenenfalls auch gegen interne Widerstände im Unternehmen durchzusetzen.

Diese personenbedingten **internen Widerstände** haben vielfältige Ursachen und ergeben sich häufig aus den folgenden Defiziten:

- Das **Werte- und Zielsystem** des Unternehmens einerseits und dasjenige der Mitarbeiter andererseits harmonieren nicht. Dadurch entstehen Zielkonflikte bis hin zur Unvereinbarkeit von Unternehmens- und Individualzielen.
- Es fehlt an einem übereinstimmenden **Problemverständnis** und **Problemlösungsbewußtsein**, d.h. es mangelt an der Einsicht, daß organisatorische Veränderungen überhaupt erforderlich sind, und es herrscht kein Konsens über die Vorgehensweise.
- Der **Informationsstand** der von den strukturellen Veränderungen betroffenen Individuen ist nicht ausreichend, d.h. Informationen über die Veränderung kommen überhaupt nicht, zur falschen Zeit und/oder unvollständig bei ihnen an oder sie sind unglaubwürdig.
- Den Mitarbeitern fehlt es an **Vertrauen** zu den Initiatoren (Geschäftsleitung) und den Durchführenden (Führungskräfte) des Veränderungsprojekts, d.h. sie schenken den ihnen vorliegenden Informationen keinen Glauben.
- Die von der Veränderung Betroffenen werden nicht **aktiv** an der Vorbereitung und an der Durchführung des Veränderungsprozesses **beteiligt**. Sie verbleiben in einer passiven Beobachterrolle ohne die Chance zu einer Einflußnahme auf das Geschehen.
- Veränderungen werden als **persönliche Dequalifizierung** (z.B. Prestigeverlust, Verlust an Kompetenzen, Einkommenseinbußen) erlebt, die bis hin zu dem Verlust des Arbeitsplatzes gehen kann. Demzufolge wollen oder können die Betroffenen die Veränderungen nicht mittragen, weil sie sich von den vorgesehenen Maßnahmen keine positiven Konsequenzen versprechen.
- Schließlich bedeuten Veränderungsprozesse für die Betroffenen **zusätzliche Arbeit**. Während die Neuerungen entwickelt und umgesetzt werden, geht das »Tagesgeschäft« weiter. Das kann zu einer psychischen und physischen Überlastung der Organisationsmitglieder führen, die in einer Ablehnung des Wandels endet.

Die genannten Ursachen machen deutlich, daß sich erfolgreiche Veränderungen nicht »von oben« verordnen und nach irgendeinem Vorgehensmodell »durchziehen« lassen. Veränderungen müssen vielmehr möglichst von allen Betroffenen akzeptiert und mitgetragen werden. Dazu bedarf es der besonderen Berücksichtigung der psychologischen Ebene, wie im Kapitel 7.4.3 gezeigt wird. Nur wenn es den Initiatoren des Wandels gelingt, die mangelnde Akzeptanz als **das** Kernproblem jedes Veränderungsprozesses zu überwinden, können die Veränderungsmaßnahmen auch erfolgreich durchgesetzt und realisiert werden. Zunächst sollen jedoch die verschiedenen Arten von Widerständen und ihre jeweiligen Merkmale dargestellt werden.

7.4.2 Arten und Merkmale von Widerständen

Grundsätzlich lassen sich drei **Arten von Widerständen** gegen organisatorische Veränderungen ausmachen:

Widerstandsarten

- **Rationaler Widerstand**

Der rationale Widerstand kann in logische Argumente gefaßt werden und stellt damit für Veränderungsprojekte den am leichtesten handhabbaren Widerstand dar. Wenn nachvollziehbar begründet werden kann, warum die Strukturveränderung für das Unternehmen von entscheidender Bedeutung ist, weicht diese Art von Widerstand schnell der besseren Einsicht.

- **Politischer Widerstand**

Politischer Widerstand entsteht, wenn die Veränderung mit der Angst verbunden ist, den Einfluß und die Positionsmacht im Unternehmen zu verlieren. Der Verlust der bisherigen hierarchischen Stellung ist beispielsweise ein entscheidender Aspekt beim Übergang von einer zentralen zu einer dezentralen Organisationsstruktur. Dieser Widerstand stellt insofern ein Problem dar, als er nur selten offen vorgebracht wird und der Machterhaltungswille zu irrationalen Handlungsweisen führen kann, die nicht vorhersehbar und in ihren Auswirkungen nicht kalkulierbar sind. Wenn die Einbindung der »Widerständler« in den Veränderungsprozeß mißlingt, bleibt nur eine möglichst rasche Trennung von ihnen als Lösung.

- **Emotionaler Widerstand**

Emotionaler Widerstand resultiert aus mehr oder weniger konkreten Befürchtungen und aus der Angst vor allem Neuen. Er äußert sich in Form eines unbestimmten Gefühls, das nicht rational erklärt werden kann. Ihm liegen keine sachlichen Überlegungen oder logischen Argumente zugrunde. Häufig beruht er lediglich auf dem subjektiven Gefühl, mit der Veränderung »nicht fertig zu werden«. Dadurch wird der emotionale Widerstand zu der Widerstandsart, die am schwersten zu handhaben ist. Er kann nur gebrochen werden, indem die Befürchtungen oder die Ängste thematisiert und über ernsthafte und vertrauensvolle Gespräche Schritt für Schritt abgebaut werden.

In Veränderungsprozessen sind die drei Arten von Widerständen in aller Regel **zeitgleich** anzutreffen. Mitunter sind sie sogar in einer Person vereint, wenn rationale Argumente durch unbestimmte Ängste überlagert werden und zu konspirativen Aktivitäten führen, deren Ziel es ist, den Wandel zu verhindern oder zumindest zu unterlaufen. Die bekannte Standardformel lautet dann: »Das geht bei uns nicht, weil ...«. Gerade dort, wo ein veränderungsbedingter objektiver monetärer oder nicht-monetärer Nachteil nicht ohne weiteres ersichtlich ist, sind Veränderungswiderstände erklärungsbedürftig.

Wie können derartige Widerstände identifiziert werden?

Widerstände, gleich welcher Art, lassen sich nicht immer leicht erkennen. Meistens wird zunächst nur deutlich, daß irgend etwas »nicht stimmt«. Offene Reaktionen sind dagegen eher selten, wie beispielsweise die explizite Ablehnung der Veränderung oder sogar Streiks mit dem Ziel, die Veränderung abzuwehren.

Als **typische Merkmale von Widerständen** einzelner Personen oder kleinerer Gruppen können die folgenden Anzeichen gelten (vgl. *Doppler, K./Lauterburg, C.* 1995 S. 295, *Hill, W./Fehlbaum, R./Ulrich, P.* 1992 S. 492):

- Es »rollt« plötzlich nicht mehr. Die Arbeit kommt nur noch mühsam und zähflüssig voran. Sitzungen werden lustlos geführt. Entscheidungsprozesse geraten ins Stocken. Das Betriebsklima ist durch eine offene oder unterschwellige Aggressivität gekennzeichnet. Es kommt immer wieder zu Wutentladungen einzelner Personen.
- Es wird endlos über nebensächliche Fragen debattiert; man gerät vom Hundertsten ins Tausendste; keiner hört dem anderen zu; der »rote Faden« geht verloren.
- Es entstehen peinliche Schweigepausen. Man sieht betretene Gesichter. Auch Mitarbeiter, die sich sonst engagieren, halten sich auffallend zurück. Es herrscht allgemeine Ratlosigkeit.
- Auf klare Fragen erhält man unklare Antworten. Das eine oder andere erscheint vordergründig plausibel, aber vieles läßt sich auch bei genauem Zuhören nicht richtig »einordnen«.
- Das Leistungsniveau sinkt spürbar. Es gibt absichtliche Fehlleistungen, mit denen die Unzweckmäßigkeit der Neuerungen bewiesen werden soll. Immer mehr Organisationsmitglieder flüchten in die »innere Kündigung« oder verlassen das Unternehmen.

Merkmale von Widerständen

Weitere mögliche Indikatoren für Widerstände auf Bereichs- und Unternehmensebene sind ein hoher Krankenstand, viele Fehlzeiten, hohe Fluktuationsraten, eine steigende Unruhe, zunehmende Intrigenbildung, vermehrte Reibungsverluste und Kommunikationsprobleme usw. In jedem Fall stellt sich bei dem Auftreten von Widerständen die Frage, wie ihnen unter Berücksichtigung der mit dem Veränderungsprozeß verfolgten Zielsetzungen zweckmäßigerweise zu begegnen ist.

7.4.3 Umgang mit Widerständen

Widerstand ist eine selbstverständliche Begleiterscheinung des Wandels. Ihn zu umgehen oder zu übergehen, ohne nach seinen Ursachen zu forschen, wäre ebenso falsch, wie der Versuch, eine Krankheit nur an ihren Symptomen zu kurieren. Problematisch an Veränderungswiderständen ist, daß sie nicht immer offen vorgebracht werden. Gelegentlich kommt die ablehnende Haltung der Organisationsmitglieder in sehr subtiler, schwer nachweisbarer Form zum Ausdruck. Aber unabhängig davon, ob Widerstände offen oder verdeckt gezeigt werden, können sie organisatorische Veränderungen verhindern oder zumindest ernsthaft gefährden. Insofern ist es erfolgsentscheidend, wie mit den tatsächlichen oder potentiellen Widerständen umgegangen wird (ein guter Überblick über einige »klassische« Konzepte zur Überwindung von Widerständen findet sich bei *King, N./Anderson, N.* 1995 S. 157 ff.).

Angesichts von geplanten Veränderungen stellen sich die Organisationsmitglieder in der Regel drei Fragen (vgl. *Doppler, K./Lauterburg, C.* 1995 S. 296 f.):

- Warum findet eine Veränderung statt, und was wird damit bezweckt?
- Kann ich die kommenden Aufgaben bewältigen?
- Was bringt mir persönlich die Veränderung, und will ich sie mittragen?

In diesen Fragen kommt zum Ausdruck, daß **sachliche** (z.B. Welches Ziel wird mit der Veränderung verfolgt?) und **emotionale** Sachverhalte (z.B. Bin ich dem gewachsen, was da auf mich zukommt?) untrennbar miteinander verbunden sind. Um den potentiellen oder tatsächlichen Widerständen erfolgreich zu begegnen, ist deshalb eine enge Verzahnung zwischen der sachlichen und der psychologischen Ebene über den gesamten Veränderungsprozeß hinweg erforderlich. Technokratische Ansätze, die lediglich auf die Überwindung der äußeren Anzeichen von Widerständen gerichtet sind und deren tiefere Ursachen außer acht lassen, sind dagegen nicht sinnvoll.

In der Literatur zum organisatorischen Wandel findet sich eine Vielzahl von verhaltensorientierten Empfehlungen zur **Überwindung von Widerständen** in Veränderungsprozessen. Zu diesen Maßnahmen eines »managing people« gehören beispielsweise (vgl. *Hill, W./Fehlbaum, R./Ulrich, P.* 1992 S. 492 ff., *Lippitt, G. L./Langseth, P./Mossop, J.* 1989 S. 99 ff., *Staehle, W. H.* 1991 S. 904):

- Eine rechtzeitige und offene Information der Organisationsmitglieder über die Ursachen und die Ziele des Wandels, die sicherstellt, daß die Gründe für die Einleitung eines Veränderungsprozesses auch verstanden werden,
- die aktive Beteiligung der vom Wandel betroffenen Personen an der Planung und an der Implementierung der Veränderungsmaßnahmen,
- der Aufbau eines vertrauensvollen Kommunikations- und Arbeitsklimas, das von den Mitarbeitern ein laufendes Feed-back über den Veränderungsprozeß fordert und in die Maßnahmengestaltung einfließen läßt,
- die Berücksichtigung langjähriger Arbeits- und Sozialbeziehungen bei der organisatorischen Neugestaltung,
- der Schutz von Personen, die vom Wandel negativ betroffen werden (z.B. Zusagen, daß keine Entlassungen erfolgen, Wahrung von Besitzständen oder Umschulungen),
- die sichtbare Belohnung der Promotoren des Wandels,
- das Vermeiden revolutionärer Ansätze,
- die Schaffung frühzeitiger Erfolgserlebnisse, die schon in der Anfangsphase zur Fortsetzung der Veränderungsmaßnahmen motivieren,
- der Einsatz eines kompetenten internen oder externen Beraters und
- die rasche Stabilisierung der erzielten Veränderungen.

Maßnahmen zur Überwindung von Widerständen

Den genannten Maßnahmen gemeinsam ist der Ansatz, die betroffenen Organisationsmitglieder ausreichend zu informieren und sie **aktiv** am Wandel zu beteiligen. Das kommt der Tatsache entgegen, daß Menschen rational handelnde und ihren Eigeninteressen folgende Individuen sind. Folglich werden Änderungen in erster Linie dann angenommen, wenn sie für den Betroffenen persönlich vorteilhaft erscheinen. Durch die **Information** und die **Partizipation** der Organisationsmitglieder wird versucht, die Akzeptanz der Maßnahmen zu erhöhen und so deren Umsetzung zu erleichtern. Allerdings haben empirische Untersuchungen gezeigt, daß zumindest die deutsche Praxis eher radikale Strategien des Wandels bevorzugt, bei denen eine Einbindung der Mitarbeiter so weit wie möglich vermieden und statt dessen auf Zwangsmaßnahmen zurückgegriffen wird (vgl. *Staehle, W. H.* 1991 S. 905; zur Beteiligung von Organisationsmitgliedern am Veränderungsprozeß vgl. auch Abschnitt 7.5.2).

Schanz weist darauf hin, daß bei der Festlegung des Partizipationsgrades insbesondere das mit der geplanten Veränderung verbundene **Konfliktpotential** berücksichtigt werden muß. Ist das vorhandene oder das vermutete Konfliktpotential zu groß, scheidet eine

Betroffene als Beteiligte?

Partizipationsstrategie von vornherein aus. Er sieht darin allerdings eher eine Ausnahmesituation. Im allgemeinen wird die Beteiligung der Organisationsmitglieder den Umgang mit Widerständen wesentlich erleichtern (vgl. *Schanz, G.* 1994 S. 395). Das ist insbesondere dann der Fall, wenn die Auswahl der Beteiligten sehr sorgfältig erfolgt. Gerade in Veränderungsprozessen wird es immer eine vielfältige und umfassende Kritik geben. Für die Planung und die Durchführung der Veränderungsmaßnahmen ist eine pauschale und oberflächliche Kritik nicht hilfreich. Nur wenn die kritischen Aussagen begründet sind und Wege zu einer besseren Lösung weisen, tragen sie zu der Bewältigung der vorliegenden Probleme bei. Die Initiatoren des Wandels sind also auf solche Personen angewiesen, die über eine ausreichende betriebliche Erfahrung verfügen und die bereit sind, den Wandel kreativ mitzugestalten (vgl. *Lippitt, G. L./ Langseth, P./Mossop, J.* 1989 S. 101).

7.5   Konzepte des organisatorischen Wandels

Aus der Vielschichtigkeit von Veränderungsprozessen ergibt sich eine extrem hohe Komplexität und Interdependenz, denen viele Unternehmen in der Praxis des Veränderungsmanagements durch eine Vielzahl von Programmen und Maßnahmen zu begegnen versuchen. Orientierungsprobleme sind häufig die Folge. Das ist eigentlich auch nicht verwunderlich, denn jede Veränderung ist anders. Checklisten, Phasenmodelle und Grundregeln des Wandels können zwar einen Beitrag zur Bewältigung von organisatorischen Veränderungen leisten; um aber die Veränderungsziele tatsächlich zu erreichen, bedarf es darüber hinaus umfangreicher Erfahrungen in der Gestaltung von Veränderungsprozessen.

In diesem Abschnitt werden verschiedene **Konzepte des organisatorischen Wandels** vorgestellt, die sich im Hinblick auf die folgenden Fragen unterscheiden (vgl. auch Abb. 89):

* Wie läßt sich eine organisatorische Veränderung methodisch zweckmäßig umsetzen (vgl. Abschnitt 7.5.1)?
* Wie lassen sich die Einstellungen, Verhaltensweisen und Beziehungen der Organisationsmitglieder im Hinblick auf die Organisationsänderung zielgerichtet beeinflussen (vgl. Abschnitt 7.5.2)?
* Mit welcher Intensität sind organisatorische Veränderungen durchzuführen (vgl. Abschnitt 7.5.3)?

Organisationsgestaltung

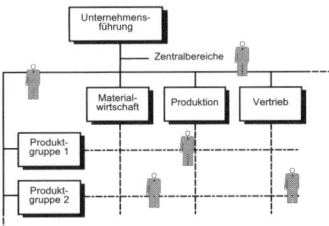

Ziel: Effiziente Strukturen und Prozesse
Organisationsstruktur im Mittelpunkt

Technologisch orientierter Ansatz

Organisationsentwicklung

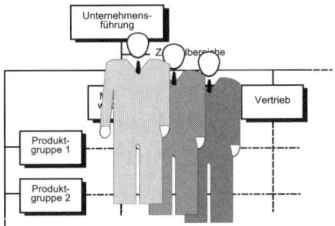

Ziel: Positives Organisationsklima
Organisationsmitglieder im Mittelpunkt

Verhaltensorientierter Ansatz

 **Revolutionärer Wandel versus Evolutionärer Wandel**
Radikaler Umschwung oder kontinuierliche Veränderung?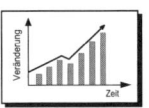

Abb. 89: Konzepte des organisatorischen Wandels

7.5.1 Organisationsgestaltung als primär sachlogisch orientiertes Veränderungskonzept

7.5.1.1 Grundgedanken der Organisationsgestaltung

Das **Konzept der Organisationsgestaltung** umfaßt die systematische Planung, Einführung und Kontrolle expliziter organisatorischer Regeln und wird deshalb auch als »struktureller Ansatz« oder »prozeßtechnologischer Ansatz« bezeichnet (vgl. *Hill, W./Fehlbaum, R./Ulrich, P.* 1992 S. 468 ff.). Im Mittelpunkt stehen die Funktionalität und die Effizienz der Strukturen und Prozesse, die bewußt und rational gestaltet, ständig überwacht und erforderlichenfalls wieder reorganisiert werden. Die Zielsetzung der Organisationsgestaltung ist es, ein zu erwartendes oder ein bereits vorhandenes organisatorisches Problem möglichst effizient zu lösen.

Unter einem Problem ist die Differenz zwischen einem vorhandenen Ist-Zustand und einem angestrebten Soll-Zustand zu verstehen.

Der Bereich, in dem Problemzusammenhänge vermutet werden, wird als **Problemfeld** bezeichnet. Um ein Problem erkennen zu können, sind zum einen Informationen über den Ist-Zustand erforderlich. Zum anderen müssen möglichst konkrete Vorstellungen über den Soll-Zustand vorliegen, damit das Problem beschrieben werden kann. In der Organisationspraxis herrscht häufig sowohl über den Ist- als auch über den Soll-Zustand weitgehend Unklarheit. Oft ist es nur ein »Gefühl«, daß irgendetwas »nicht stimmt«. Dieses Gefühl kann nur vage umrissen werden. Damit steht die Problemanalyse mit einer genauen Beschreibung des Ist-Zustands und einer ebenso präzisen Formulierung des Soll-Zustands am Anfang aller Aktivitäten zur organisatorischen Gestaltung.

Nach dem Ausmaß des Problemfelds können **strategische** und **operative Organisationsprobleme** unterschieden werden (vgl. *Schulte-Zurhausen, M.* 1995 S. 291 f.):

Organisations-probleme

- Der Bereich **strategischer** Organisationsprobleme ist die gesamte Organisation. Ein Beispiel für eine derartige Problemstellung ist die Frage, ob ein Unternehmen von einer funktionalen zu einer divisionalen Organisationsstruktur übergehen soll. Solche Organisationsentscheidungen sind von grundlegender Bedeutung und entsprechend langfristig orientiert. Sie werden von der obersten Hierarchieebene getroffen und stark von den verschiedenen Interessen der Entscheidungsträger beeinflußt. Häufig entscheidet letztendlich die Machtverteilung über die Problemlösung.
- **Operative** Organisationsprobleme sind dagegen auf einen überschaubaren Bereich der Organisation beschränkt. Beispielsweise handelt es sich dabei um die Neugestaltung eines Funktionsbereiches oder eines Geschäftsprozesses. Entscheidungsträger ist in der Regel das mittlere Management. Im Mittelpunkt der organisatorischen Gestaltung stehen hier mehr die Sachfragen.

Im Rahmen der Organisationsgestaltung sollen Lösungen für die identifizierten strategischen und operativen Strukturprobleme gefunden werden. Bei der Lösungssuche geht es darum, eine **optimale** Organisationsalternative zu finden und zu realisieren. Am Ende steht eine Reorganisation, d.h. die Implementation einer geplanten strukturellen Veränderung der Organisation.

Welches Vorgehensmodell ist für die Identifikation und die Auswahl der organisatorischen Lösungsalternativen geeignet?

7.5.1.2 Der Ansatz des Systems Engineering als Vorgehensmodell

Das Vorgehen der Organisationsgestaltung orientiert sich an dem Ansatz des **Systems Engineering**, der seinen Ursprung in der Gestaltung von technischen Systemen hat und später auf organisatorische Problemstellungen übertragen wurde. Das Systems Engineering-Konzept beschreibt den Problemlösungsprozeß von der Problemerkenntnis (dem Anstoß) über die Systemplanung und -realisation bis hin zur Kontrolle und Weiterentwicklung des Systems. Es beruht auf **vier Grundgedanken** (vgl. *Daenzer, W. F./Huber, F.* 1994 S. 29 ff., *Krüger, W.* 1983):

1. Grundgedanke: Vorgehensprinzip »Vom Groben zum Detail«

Das Vorgehensprinzip »Vom Groben zum Detail« (auch als »Top-down-Prinzip« bezeichnet) schränkt das Betrachtungsfeld **schrittweise** ein. Das Problemfeld wird **zunächst** weit gefaßt, grob strukturiert und hinsichtlich seiner Probleme, Teilprobleme und Problemzusammenhänge beschrieben (»Problemlandkarte«). Es werden nur globale Ziele definiert und generelle Lösungsmöglichkeiten mit ihren Konsequenzen aufgezeigt. In der Folge werden das Problemfeld und die Zahl der Lösungen dann eingeengt und ausführlicher dargestellt.

Durch diese Vorgehensweise soll verhindert werden, daß sofort nach der Problemerkenntnis mit der Analyse und der Lösung von Detailproblemen begonnen wird, die in der Summe keine zweckmäßige Gesamtlösung ergeben. Das wäre nur dann sinnvoll, wenn es um kleine Probleme oder um Detailverbesserungen einer insgesamt funktionierenden Lösung geht. Gerade komplexe Problemstellungen erfordern dagegen ein ganzheitlich ausgerichtetes Vorgehen über mehrere Detaillierungsstufen hinweg.

2. Grundgedanke: Prinzip der stufenweisen Alternativenbildung und -auswahl

Ein Problem kann normalerweise auf verschiedene Arten gelöst werden. Das zweite Vorgehensprinzip des Systems Engineering besteht deshalb darin, sich nicht mit der erstbesten Lösungsidee zufriedenzugeben, sondern nach weiteren denkbaren Lösungsmöglichkeiten zu suchen. Deshalb werden auf jeder Detaillierungsstufe möglichst **alle** alternativen Lösungsvarianten beschrieben. Um zu vermeiden, daß die Anzahl der Lösungen mit zunehmender Detaillierung zu groß wird und der Zeit- und Arbeitsaufwand für die Alternativenentwicklung und -beschreibung unverhältnismä-

Grundgedanken des Systems Engineering

ßig ansteigt, sind auf jeder Detaillierungsstufe **Zwischenentschei-dungen** zu treffen. Nur diejenige Lösungsvariante mit der größten Zielwirksamkeit wird danach weiter detailliert. Die Abbildung 90 zeigt diese Vorgehensweise am Beispiel einer Entscheidung über den Distributionskanal.

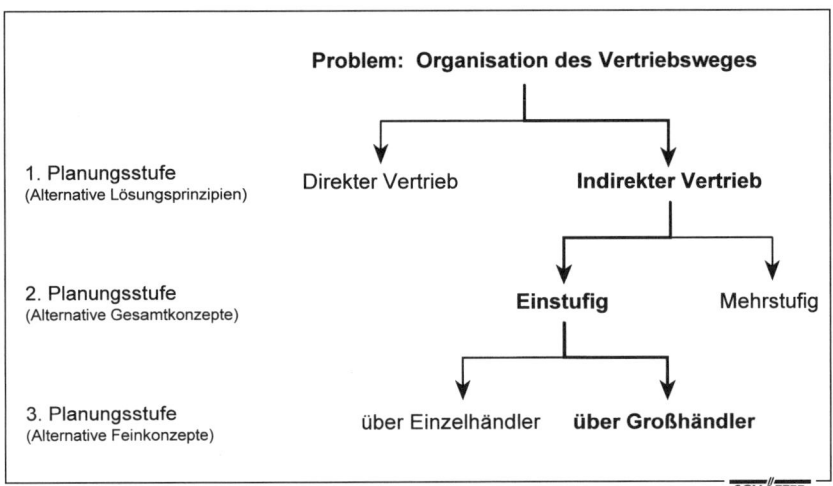

Abb. 90: Stufenweise Alternativenbildung und Alternativenwahl
am Beispiel einer Vertriebsentscheidung

Ein Unternehmen hat seine Produkte bisher nur im direkten Vertrieb »ab Werk« im Rahmen des Werkverkaufs und über den Postversand an seine Kunden ausgeliefert. Um den Absatz seiner Produkte auszuweiten und neue Käuferschichten zu erschließen, macht sich die Verkaufsleitung Gedanken über die zukünftigen Absatzkanäle. Als alternativer oder zusätzlicher Absatzkanal wird der indirekte Vertrieb gesehen (1. Planungsstufe). In einer 2. Planungsstufe werden die alternativen Vertriebskonzepte des indirekten Vertriebs näher betrachtet. Hier bietet sich zum einen der mehrstufige Vertrieb über Großhändler und Einzelhändler an. Nachteilig an dieser Lösung ist die zu erwartende hohe Handelsspanne, die zu reduzierten Produktdeckungsbeiträgen führen würde. Zum anderen besteht die Möglichkeit, ausschließlich über einen Absatzmittler (Einzel- oder Großhändler) zu gehen. Letztere Alternative wird wegen der zu erwartenden geringeren Vertriebskosten favorisiert. In der 3. Planungsstufe werden nun alternative Feinkonzepte für den Vertrieb über Einzelhändler und über Großhändler erarbeitet. Dabei kommt man zu dem Ergebnis, daß der Vertrieb über den Großhandel wegen des geringeren Betreuungsaufwands, der größeren Abnahmemengen und der Möglichkeit einer langfristigen vertraglichen Bindung trotz einer höheren Rabattierung die aus Vertriebssicht bessere Alternative darstellt.

Diese stufenweise Einengung des Lösungsraumes kann allerdings dazu führen, daß sich mit dem zunehmenden Wissensstand ein eingeschlagener Weg als nicht gangbar erweist. In einem solchen Fall muß auf eine höhere Planungsstufe mit einem geringeren Detaillierungsgrad zurückgekehrt werden, um von dort aus eine neue Lösungsrichtung zu suchen.

3. Grundgedanke: Stufenweise Gliederung der Systemgestaltung

Der Prozeß der Systemgestaltung gliedert sich in logisch und zeitlich voneinander zu trennende Einzelschritte, die jeweils zu konkreten Arbeitsergebnissen führen. Dieses Prinzip der Phasengliederung verfolgt den Zweck, den Entstehungsprozeß einer Lösung in **überschaubare Teilschritte mit vordefinierten Entscheidungspunkten** zu gliedern. Im allgemeinen werden die Stufen Systemplanung, Systemrealisation, Systemimplementation sowie Systemkontrolle und -weiterentwicklung unterschieden. Die Stufe der Systemplanung wird weiter in die Planungsstufen der Vorstudie, der Hauptstudie und der Teilstudien differenziert (vgl. Abb. 91).

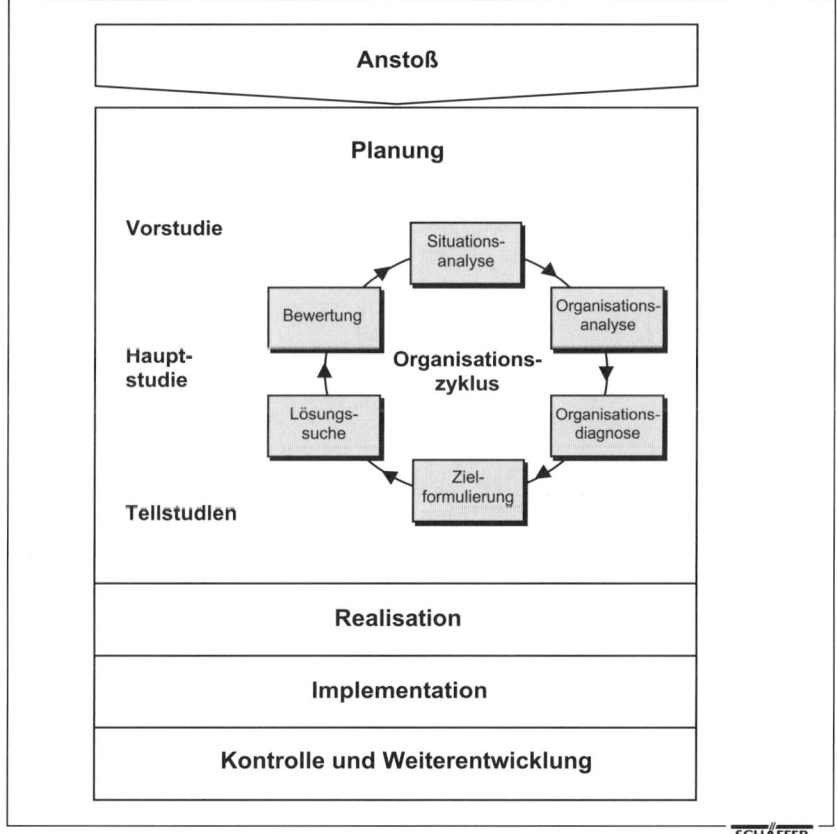

Abb. 91: Vorgehensweise der Organisationsgestaltung

4. Grundgedanke: Gliederung des Planungsprozesses in Phasen

Innerhalb der drei Planungsstufen (Makro-Logik des Vorgehens) wird das Vorgehen wiederum in einzelne **Planungsphasen** unterteilt (Mikro-Logik des Vorgehens; vgl. *Daenzer, W. F./Huber, F.* 1994 S. 47). Den Schwerpunkt dieser Mikro-Logik bilden die Teilschritte

- der Zielsuche und Zielkonkretisierung (Wo stehen wir? Was wollen oder brauchen wir? Warum?)
- der Lösungssuche (Welche alternativen Möglichkeiten gibt es, um die Ziele zu erreichen?) und
- der Auswahl der geeignetsten Lösungsmöglichkeit (Welche Lösung ist am besten geeignet oder am zweckmäßigsten?).

Diese Phasen bilden einen Zyklus, der in jeder Planungsstufe, also in der Vorstudie, der Hauptstudie und den Teilstudien, durchlaufen wird. Die wiederkehrende Folge von Planungsphasen wird auch als **Problemlösungszyklus** oder im Falle von Organisationsproblemen als **Organisationszyklus** bezeichnet.

7.5.1.3 Vorgehensweise der Organisationsgestaltung

Die Organisationsgestaltung vollzieht sich entsprechend der Darstellung in der Abbildung 91 in fünf aufeinander folgenden Abschnitten, die sich an das Vorgehensmodell des Systems Engineering anlehnen (vgl. *Büchi, R./Chrobok, R.* 1994 S. 69 ff., *Krüger, W.* 1983 S. 26 ff.).

(1) Anstoß

Schritte der Organisationsgestaltung

Der erste Abschnitt der Organisationsgestaltung umfaßt die Zeitspanne zwischen dem Empfinden eines Problems (Unzufriedenheit mit der aktuellen Situation, Vermutung einer Chance oder eines Risikos, Auftauchen einer neuen Lösungsidee o.ä.) und dem Entschluß zu einer konkreten Problemlösungshandlung. Maßgeblich dafür, daß tatsächlich ein **Anstoß** erfolgt, ist die Akzeptanz der Problemempfindung bei denjenigen Stellen, die für die Mittelzuweisung zuständig sind und einen Projektauftrag erteilen können.
Die internen und externen Rahmenbedingungen einer Organisation ändern sich laufend. Daraus ergibt sich unter Umständen die Notwendigkeit, die Strukturen und Prozesse der veränderten Situation anzupassen (konkreter Anstoß). Diese Anpassung kann

sowohl **reaktiv** aufgrund vorhandener Schwächen oder Stärken als auch **antizipativ** aufgrund erwarteter Bedrohungen oder Chancen erfolgen. Allerdings führt nicht jedes Problem zwangsläufig auch zum Anstoß einer organisatorischen Gestaltungsmaßnahme. Erst wenn der aktuellen oder der erwarteten Problemsituation eine gewisse Bedeutung beigemessen wird, erfolgt die Initiierung eines Organisationsprojekts. Um sich über die Art und den Umfang des Problems Klarheit zu verschaffen, kann die Durchführung einer Vorstudie sinnvoll sein, in der das Problem grob analysiert und hinsichtlich seiner möglichen oder tatsächlichen Auswirkungen bewertet wird. Erst nach Abschluß der Vorstudie wird dann entschieden, ob ein **Projektauftrag** erteilt und damit die erste Planungsstufe eingeleitet wird.

(2) Planung

In der Planungsphase wird nach dem Vorgehensprinzip »Vom Groben zum Detail« sichergestellt, daß über die einzelnen **Planungsstufen** hinweg die optimale Lösung für das Organisationsproblem gefunden wird. Dabei wird der **Organisationszyklus** mit einem zunehmenden Konkretisierungs- und Detaillierungsgrad mehrfach durchlaufen. Nach jeder Planungsstufe wird in Abhängigkeit von dem jeweiligen Ergebnis entschieden, ob das Projekt fortgeführt oder ob es beendet wird.

    Planungsstufen sind die Vorstudie, die Hauptstudie und die Teilstudien. Sie sind in der Abbildung 92 näher gekennzeichnet.

    Der **Organisationszyklus** wird in jeder Planungsstufe mindestens einmal durchlaufen und setzt sich aus den Phasen Situationsanalyse, Organisationsanalyse, Organisationsdiagnose, Zielformulierung, Lösungssuche und Bewertung zusammen, die in der Abbildung 93 kurz beschrieben werden.

    Dieses Phasenkonzept der Organisationsplanung dient dazu, den Problemlösungsprozeß **innerhalb** der einzelnen Planungsstufen zu systematisieren. Dabei sind die Phasen nicht isoliert zu sehen, sondern eng miteinander verbunden. So setzen beispielsweise die Situations- und die Organisationsanalyse gewisse Vorstellungen über den angestrebten Soll-Zustand voraus. Insofern müssen in diesen Phasen bereits Grobziele formuliert sein. Allerdings ist eine operationale Formulierung der Organisationsziele erst möglich, wenn bereits über alternative Lösungen nachgedacht worden ist. Die Reihenfolge der Phasen ist nicht zwingend vorgegeben, sondern kann je nach Problemstellung verändert werden. Sowohl das Überspringen einzelner Phasen als auch ihr Mehrfachdurchlauf innerhalb einer Planungsstufe ist möglich. Mit der Auswahl der besten Lösungsalternative endet der Organisationszyklus.

Planungsstufen	Ziele, Aktivitäten und Ergebnisse
Vorstudie	**Ziel:** In relativ kurzer Zeit und mit relativ geringem Aufwand klären, ob, in welchem Umfang und in welcher Form organisatorische Veränderungen durchgeführt werden sollen. **Inhalte:** • Untersuchung des gesamten Problemfelds und seiner relevanten Umwelt (Wird das richtige Problem angegangen?) • Problemeingrenzung und -beurteilung (Wo ist es zweckmäßig, nach Problemlösungen zu suchen?) • Erarbeitung eines Zielsystems mit Zielgewichtung (Welche Ziele sollen vorrangig erreicht werden?) • Erarbeitung alternativer Lösungsprinzipien (Welche Lösungsvarianten sind denkbar und können in technischer, wirtschaftlicher, sozialer und zeitlicher Hinsicht realisiert werden?) • Bewertung der Lösungsprinzipien (Welche Lösung ist die optimale?) • Entscheidung über das Rahmenkonzept (Fortführung des Organisationsprojekts?) **Ergebnis:** Grobstudie mit generellen Zielsetzungen, alternativen Lösungsprinzipien und Rahmenvorgaben für das weitere Vorgehen als Basis für die Hauptstudie
Hauptstudie	**Ziel:** Präzisierung des ausgewählten Lösungsprinzips in einem Gesamtkonzept (Masterplan) **Inhalte:** • Detaillierte Analyse des eingegrenzten Problemfelds (v.a. Problemstruktur, Ursache-Wirkungs-Zusammenhänge, Beeinflußbarkeit und Auswirkungen der Probleme) • Formulierung und Operationalisierung detaillierter Ziele durch die Betroffenen und Festlegung der Kriterien zur Messung der Zielerreichung • Erarbeitung alternativer Gesamtkonzepte • Bewertung der Gesamtkonzepte (u.a. Erfüllung der Anforderungen, Aufwand-Nutzen-Relation) • Entscheidung über ein weiter zu verfolgendes Gesamtkonzept (Fortführung des Organisationsprojekts?) **Ergebnis:** Gesamtkonzept, aus dem abgegrenzte Bereiche getrennt in Teilstudien weiterbearbeitet werden können
Teilstudien	**Ziel:** Präzisierung des Gesamtkonzepts in detaillierten und realisierungsfähigen Feinkonzepten **Inhalte:** • Überprüfung des Lösungsbereichs hinsichtlich Rahmenbedingungen, Zielsetzungen und Zweckmäßigkeit • Überprüfung und ggf. Anpassung des Zielsystems • Erarbeitung alternativer Feinkonzepte (Teillösungen) für jeden der abgegrenzten Bereiche • Sicherstellung der Integration der Feinkonzepte • Erforderlichenfalls Anpassung des Gesamtkonzepts • Entscheidung über das weitere Vorgehen im Rahmen der Realisationsphase (Fortführung des Organisationsprojekts?) **Ergebnis:** Teillösungen, die realisiert und eingeführt werden können

Abb. 92: Kennzeichnung der Planungsstufen

Phase	Aktivitäten
Situations-analyse	• Systematische Untersuchung und Beschreibung des als problematisch empfundenen Ist-Zustands (Lagebeurteilung, verbesserte Problemsicht) • Identifikation allgemeiner Problemursachen, Einflußgrößen und Zusammenhänge • Ausgrenzung nicht problemrelevanter Bereiche • Sammlung relevanter Informationen für die Zielformulierung und die Lösungssuche
Organisations-analyse	• Systematische Analyse der internen Strukturen und Abläufe zur Identifikation organisationsspezifischer Problemursachen, Einflußgrößen und Zusammenhänge • Sammlung relevanter Informationen über die interne Situation der Organisation
Organisations-diagnose	• Identifikation von Stärken und Schwächen der vorhandenen Organisation • Ermittlung kritischer Erfolgsfaktoren • Bewertung des Ist-Zustands der Organisation
Zielformulierung	• Suche nach lösungsneutralen Zielideen sowie Präzisierung der Vorstellungen über den Soll-Zustand in qualitativer und quantitativer Hinsicht • Strukturierung und Operationalisierung der Ziele • Zielgewichtung • Aufstellen eines operationalen, realistischen und widerspruchsfreien Zielsystems (Zielentscheidung)
Lösungssuche	• Festlegung einer Suchstrategie (Rückgriff auf eigene Erfahrungen, Einbindung von externem Know-how, Einsatz von Kreativitätstechniken zur Entdeckung innovativer Lösungen) • Suche nach Lösungsmöglichkeiten • Konkretisierung der als geeignet erscheinenden Problemlösungen • Prüfung der Lösungsvorschläge auf ihre Eignung zur Problemlösung und Erstellung eines Katalogs mit Problemlösungen
Bewertung	• Festlegung einer Bewertungsmethode • Darstellung und Bewertung der Auswirkungen einzelner Lösungsalternativen auf die verfolgten Zielsetzungen • Auswahl der optimalen Lösungsalternative (des am besten geeigneten Organisationskonzeptes)

Abb. 93: Kennzeichnung der Phasen des Organisationszyklusses

(3) Realisation

In der Realisationsphase werden die personellen, materiellen und strukturellen **Voraussetzungen** für die Einführung der organisatorischen Lösung geschaffen. Beispielsweise werden

- die veränderten oder neuen organisatorischen **Regeln** festgelegt (z. B. Abläufe, Informations- und Kommunikationsbeziehungen),
- die notwendigen **Dokumente** erstellt (z.B. Stellenbeschreibungen, Organisationspläne, Prozeßbeschreibungen, Funktionendiagramme, Benutzerdokumentationen) und
- die erforderlichen **Sachmittel**, wie die Hard- und Software, beschafft, installiert und getestet.

Die Realisierung dieser Voraussetzungen kann sowohl in einer bestimmten zeitlichen Stufung als auch parallel zueinander erfolgen.

(4) Implementation

Durch die **offizielle** Bekanntgabe der Veränderungen wird die Implementation der organisatorischen Lösung eingeleitet. Erforderlichenfalls werden die Maßnahmen erklärt und die Mitarbeiter geschult. Während kleinere und einfachere Lösungen »auf einen Schlag« eingeführt werden können, ist bei großen und komplexen Organisationsänderungen eine **schrittweise** Einführung zweckmäßig. Dabei sollten einzelne Mitglieder des Projektteams für eine gewisse Zeit als Ansprechpartner für die nicht beteiligten Organisationsmitglieder zur Verfügung stehen und auch gegebenenfalls Feinkorrekturen vornehmen.

Gerade in der Einführungsphase treten häufig **Akzeptanzprobleme** auf, weil die Organisationsmitglieder hier auf einmal zu Betroffenen werden, ohne in der Planungsphase beteiligt gewesen zu sein. Dieser Aspekt, der für den Erfolg oder Mißerfolg von organisatorischen Veränderungsmaßnahmen von zentraler Bedeutung ist, wird im folgenden Abschnitt 7.5.2 aufgegriffen und ausführlich behandelt.

(5) Kontrolle und Weiterentwicklung

In der letzten Phase der Organisationsgestaltung wird die implementierte Problemlösung einem quantitativen und qualitativen **Soll-Ist-Vergleich** unterzogen, in dem überprüft wird, ob die mit der organisatorischen Veränderung verfolgten Ziele auch tatsächlich erreicht worden sind. Als Meßkriterien der harten Reorganisationsfaktoren dienen beispielsweise Kosten, Arbeitsproduktivität, Durchlaufzeiten und Fehlerraten. Die Veränderung weicher Faktoren läßt sich unter anderem mittels Abwesenheitsstatistiken, Fluktuationsraten und Befragungen der Organisationsmitglieder messen. Werden dabei positive oder negative Abweichungen festgestellt, so sind deren Ursachen zu ermitteln und zu analysieren. Einflüsse, die nicht mit der Reorganisation im Zusammenhang stehen, müssen soweit wie möglich eliminiert werden. Falls es erforderlich ist, sind korrigierende Maßnahmen einzuleiten.

Darüber hinaus sollte in regelmäßigen zeitlichen Abständen die Effizienz der Organisation geprüft werden. Bei Bedarf sind Verbesserungsmaßnahmen einzuleiten, die der **Weiterentwicklung** der Organisation dienen. Treten gravierende Abweichungen auf, können diese den Anstoß für einen neuen **Reorganisationsprozeß** geben, der dann entsprechend der oben dargestellten Vorgehensweise verläuft.

Abschließend ist darauf hinzuweisen, daß die tatsächliche Vorgehensweise von den hier idealtypisch dargestellten fünf Schritten abweichen kann und dem konkret vorliegenden Organisationsproblem angepaßt werden muß. So ist im Einzelfall festzulegen, in welchem Umfang die einzelnen Schritte und insbesondere die Planungsstufen (Vorstudie, Hauptstudie und Teilstudien) zu durchlaufen sind. Allerdings sollte dabei sichergestellt sein, daß nach jeder Stufe entschieden werden kann, ob die Lösungssuche fortgesetzt oder abgebrochen wird.

7.5.2 Organisationsentwicklung als primär verhaltensorientiertes Veränderungskonzept

7.5.2.1 Grundgedanken der Organisationsentwicklung

Das **Konzept der Organisationsentwicklung** (OE, organization development, planned organizational change) richtet sich im Gegensatz zur sachlogisch orientierten Reorganisation in erster Linie auf die Einstellungen und Verhaltensweisen der Organisationsmitglieder und deren soziale Beziehungen. Im Mittelpunkt dieser verhaltenswissenschaftlich ausgerichteten, partizipativen Konzeption stehen demnach die vom Wandel betroffenen Individuen oder Gruppen. Das Ziel ist es, einen organisationsweiten Veränderungsprozeß in Gang zu setzen und zu unterstützen. Langfristig soll die Problemlösungsfähigkeit der Organisation verbessert werden.

Die Organisationsentwicklung hat ihre Wurzeln in der **Gruppendynamik** und in der **Aktionsforschung**:

Ursprünge der OE

- »Die ersten gruppendynamischen Seminare wurden nicht zuletzt auch aufgrund des Mangels an Psychiatern und Therapeuten für Einzelgespräche 1946/47 in England und den USA initiiert. Dort wurde eher zufällig die einstellungs- und verhaltensändernde Wirkung von Feedback über Gruppenereignisse auf den Einzelnen festgestellt. Dabei stammt das Feedback nicht nur von den externen Trainern, sondern als Ergebnis einer Selbst-Analyse der Gruppe auch von den Gruppenmitgliedern selbst« (*Staehle, W. H.* 1991 S. 847).
- »Aktionsforschung ist ein Konzept problemorientierter Organisationsveränderung, bei dem die Probleme gemeinsam mit den Beteiligten erhoben und analysiert werden. Veränderungsmaßnahmen werden auf Basis der *gemeinsam* erarbeiteten Problemanalyse eingeleitet, durchgeführt und in ihren Wirkungen analysiert« (*Staehle, W. H.* 1991 S. 848).

Grundgedanken der OE

Das Konzept der Organisationsentwicklung wurde erstmals Mitte der fünfziger Jahre von der Mineralölgesellschaft *Esso* in den USA eingesetzt, um die Unternehmensstrukturen neu zu gestalten. Diesem Veränderungskonzept liegt im wesentlichen der Gedanke zugrunde, daß ein organisatorischer Wandel nur dann möglich ist, wenn sich auch die bisherigen Einstellungen und Verhaltensweisen der Organisationsmitglieder ändern. Die vom Wandel **Betroffenen** sollen zu **Beteiligten** werden, indem sie an der Planung und an der Durchführung der organisatorischen Maßnahmen bewußt und aktiv mitwirken. Die Organisationsentwicklung zielt insbesondere auf einen planmäßigen Wandel

- der individuellen Verhaltensmuster, Einstellungen und Fähigkeiten der Organisationsmitglieder,
- der Organisationskultur und
- der Organisations- und Kommunikationsstrukturen sowie der strukturellen Regelungen im weitesten Sinne (z.B. Arbeitszeit, Lohnform).

Lernprozesse

Hierzu werden gezielt **Lernprozesse** in Gang gesetzt und durch geeignete Methoden und Verfahren unterstützt. Dadurch erkennen die Einzelpersonen und Gruppen zum Beispiel, welche Wirkungen ihr bisheriges Verhalten hat, nehmen die Veränderungen in ihrem Umfeld bewußter wahr und lernen, mit ihnen umzugehen oder sie aktiv mitzugestalten. Durch diese »Hilfe zur Selbsthilfe« sollen die Organisationsmitglieder in die Lage versetzt werden, auftretende Strukturprobleme zumindest teilweise selbst zu lösen. Externe und/oder interne Berater (Change Agents) dürfen in dem OE-Konzept nur unterstützend wirken und keine dominante Rolle bei der Gestaltung der Veränderungsmaßnahmen übernehmen. Dadurch wird die Abhängigkeit von den Experten verringert (vgl. *Kieser, A./Bomke, P.* 1995 Sp. 1832 f., *Thom, N.* 1996 S. 10).

Die so verstandene Aufgabe des »**Change Agent**« läßt sich am ehesten mit dem Begriff »Veränderungshelfer« beschreiben. Die Change Agents können dabei sowohl einzelne Personen als auch Gruppen sein, die im Veränderungsprozeß Beratungsaufgaben wahrnehmen und die Organisation und ihre Mitglieder (das sogenannte »Client System«) bei der Identifikation, der Beurteilung und der Lösung der im Prozeßverlauf auftretenden Probleme unterstützen. Für eine derartige **Prozeßberatung** müssen sie eine ganze Reihe von Voraussetzungen mitbringen, wie beispielsweise einschlägige Erfahrungen aus anderen Veränderungsprojekten, ein umfangreiches Methodenwissen, analytische Fähigkeiten, soziale Kompetenz und persönliche Integrität. Im Idealfall führt die Tätigkeit der Change Agents dazu, daß sie sich durch das »Enabling« der Organisationsmitglieder, also deren Befähigung zu einer eigenständigen Fortführung des OE-Prozesses, letztendlich selbst überflüssig machen (vgl. *King, N./Anderson, N.* 1995 S. 152 ff., *Schanz, G.* 1994 S. 399 ff., *Thom, N.* 1992 Sp. 1480).

Change Agents

Das IT-Unternehmen *Siemens Nixdorf (SNI)* hat im Zuge eines 1994/95 begonnenen umfangreichen Veränderungsprozesses »Change Agencies« gebildet. Die Change Agents sollten den Prozeß des Wandels aktiv unterstützen. Ihre Aufgaben wurden darin gesehen, »... wichtige Prozesse im Unternehmen zu untersuchen, zu verändern und weiterzuentwickeln – sie sind zu internen Consultants geworden. ... Die Change Agents haben sich verpflichtet ›ihr Geld wert zu sein‹. Inzwischen gibt es bereits 60 Change Agents, und jedes Jahr kommen 20 hinzu« (*Siemens Nixdorf Informationssysteme AG* [Hrsg.] 1998 S. 67; vgl. hierzu auch die ausführliche Darstellung des *SNI*-Veränderungsprozesses im Abschnitt 7.5.4).

Obwohl es bisher keine allgemein akzeptierte inhaltliche Definition der Organisationsentwicklung gibt, lassen sich bestimmte **Merkmale** nennen, anhand derer sich die Organisationsentwicklung als primär verhaltensorientiertes Veränderungskonzept kennzeichnen läßt (vgl. *Klimecki, R. G.* 1995 Sp. 1653, *Schanz, G.* 1994 S. 398 ff., *Staehle, W. H.* 1991 S. 849):

- Organisationsentwicklung ist ein geplanter Wandel und kein zufälliger Wandel.
- Es werden umfassende Veränderungen vorgenommen, und es bleibt nicht bei der Änderung von Details.
- Der Schwerpunkt liegt auf dem Wandel von Gruppen und weniger von Individuen.

Merkmale der OE

- Der Wandel erfolgt durch die individuelle Veränderung des menschlichen Verhaltens sowie von Werten und Normen und nicht mittels vorgefertigter Musterlösungen von Experten.
- Die Intervention wird durch partizipative Prozesse und erfahrungsgeleitetes Lernen unterstützt und nicht mittels Anordnung »von oben« durchgeführt.
- Es wird ein langfristiger und möglichst antizipativer Wandel angestrebt und kein kurzfristiges organisatorisches Krisenmanagement.

7.5.2.2 Der Drei-Phasen-Ansatz von *Lewin* als Vorgehensmodell

Ein klassisches Modell für die bewußte Steuerung von Individuen und Gruppen in einem Veränderungsprozeß ist der Ansatz von *Kurt Lewin* (field theory, force field analysis). Er wurde auf der Basis einer Gleichgewichtsvorstellung formuliert und umfaßt die drei Phasen des »Auftauens« (unfreezing), des »Änderns« (moving, changing) und des »Wiedereinfrierens« (refreezing; vgl. *Lewin, K.* 1947 S. 34 ff. und *Schanz, G.* 1994 S. 404 ff., *Schein, E. H.* 1975 S. 128 ff., *Steinmann, H./Schreyögg, G.* 1993 S. 432 ff.; vgl. auch Abb. 94).

Lewins Feldtheorie

Lewin geht in seinen Überlegungen davon aus, daß in jeder Situation Kräfte wirksam sind, die den Wandel vorantreiben (**driving forces**) und solche Kräfte, die den Wandel behindern (**restraining forces**). Ist die Summe dieser Kräfte jeweils gleich groß, besteht ein Gleichgewicht. Wenn eine Organisation dauerhaft überleben will, muß sie grundsätzlich für einen Zustand sorgen, in dem das Verhältnis zwischen den akzelerierenden und den retardierenden Kräften ausgewogen ist. Überwiegen nämlich die »restraining forces«, dann scheitern notwendige Organisationsveränderungen an den vorhandenen Widerständen. Sind dagegen die »driving forces« zu stark, so kommt die Organisation durch den laufenden Wandel nicht zur Ruhe und wird instabil. Wenn nun ein bestehender Gleichgewichtszustand zugunsten eines neuen Gleichgewichtszustands aufgegeben werden soll, muß das im status quo bestehende Kräfteverhältnis zunächst verändert und dann auf dem angestrebten höheren Niveau wieder stabilisiert werden. Die Abbildung 94 verdeutlicht diesen Sachverhalt am Beispiel einer beabsichtigten Steigerung der Betriebsleistung. Dabei wird es regelmäßig so sein, daß die Leistungskurve im Veränderungsprozeß aufgrund der damit verbundenen Unruhe und Unsicherheit zunächst einmal abfällt, um sich nach dem erfolgreichen Wandel auf einem höheren Leistungsniveau einzupendeln (vgl. *Lewin, K.* 1947 S. 4 ff., *Lewin, K.*

1963 S. 223 ff. sowie die übersichtliche Darstellung bei *Staehle, W. H.* 1991 S. 551 ff.).

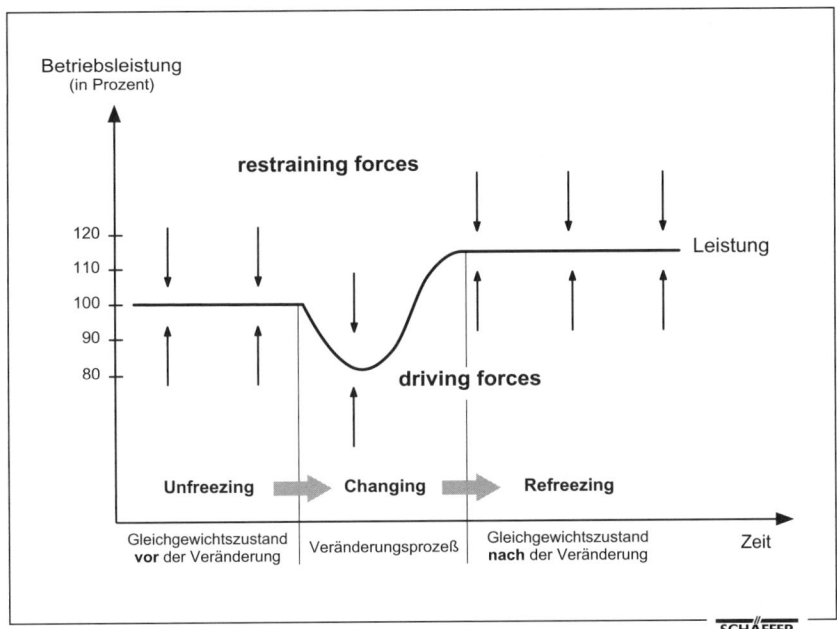

Abb. 94: Wandel als Veränderung von Gleichgewichts-
zuständen (vgl. *Lewin, K.* 1963 S. 236 ff.,
Staehle, W. H. 1991 S. 552)

Phase 1: »Auftauen«

Unfreezing

Die Zielsetzung der ersten Phase ist es, die Veränderung des Gleichgewichtszustands vorzubereiten. Die Durchführbarkeit und der Erfolg von vielen organisatorischen Veränderungsmaßnahmen hängen entscheidend davon ab, ob und inwieweit es gelingt, die betroffenen Organisationsmitglieder von der Notwendigkeit des Wandels zu überzeugen und ihnen die negativen Konsequenzen einer Fortführung des Status quo deutlich zu machen. Ihre bisherigen Vorstellungen und Verhaltensweisen müssen »aufgetaut« werden, um eine **Bereitschaft zur Veränderung** zu erzeugen. Veränderungsvorhaben, die diese erste Phase des »Verlernens früherer Weisheiten« und der »Mobilisierung der internen Kräfte« überspringen, scheitern in der Praxis häufig.

Um den Prozeß des Auftauens anzustoßen und zu beschleunigen, können die drei folgenden Mechanismen eingesetzt werden, die einen ausgeprägt manipulativen Charakter haben (vgl. *Schein, E. H.* 1975 S. 130 ff.):

Unfreezing-Mechanismen

- **Verunsicherung**: Das Ziel ist es, die psychische »Einbettung« einer Person oder einer Gruppe in ihre bisherige Situation zu lockern oder aufzulösen, indem ihr anhand bestimmter Fakten vor Augen geführt wird, daß ihre bisherige Einschätzung der Situation unzutreffend ist.
- **Induzierung von Schuldangst**: In denjenigen Personen, von denen eine Änderungsbereitschaft erwartet wird, werden Angst- und Schuldgefühle ausgelöst. Dies geschieht beispielsweise, indem sie als »konservativ«, »reaktionär« oder »uneinsichtig« denunziert werden, wenn sie die Veränderung nicht mittragen. Eine solche Vorgehensweise stößt zwar zu Recht auf moralische und rechtliche Bedenken, ist aber dennoch in der Realität immer wieder anzutreffen.
- **Sicherheit trotz Wandel**: Den Betroffenen wird die Angst vor den potentiellen oder tatsächlichen Gefahren und Nachteilen so weit wie möglich genommen, die mit der Veränderung verbunden sein können. Dies geschieht zum Beispiel dergestalt, daß ihnen die Erhaltung des Arbeitsplatzes oder vorteilhafte Kompensationen in Aussicht gestellt werden.

Die Wirksamkeit der genannten Mechanismen hängt wesentlich davon ab, in welcher (subjektiven) Verfassung sich die betroffenen Organisationsmitglieder befinden. Betrachten sie den alten Organisationszustand ohnehin als unbefriedigend, so werden sie eher zu Veränderungen bereit sein, als wenn ihnen der Ist-Zustand erhaltenswert erscheint. In jedem Fall kommt der **offenen Kommunikation** in der Phase des Auftauens eine ganz entscheidende Bedeutung zu. Durch eine nachvollziehbare Begründung, weshalb eine Veränderung stattfinden muß, werden das Problemverständnis und die Änderungsbereitschaft erhöht. Informationen über die Teilziele, die geplanten Zwischenschritte und den anzustrebenden Endzustand der Veränderung reduzieren die Ungewißheit, die mit einem Veränderungsprozeß zwangsläufig verbunden ist. Schließlich sollte offen auf mögliche Problembereiche der Veränderung hingewiesen werden. So können sich die Organisationsmitglieder ein Bild über die Art und das Ausmaß der Veränderung machen.

Eine offene Kommunikationspolitik führt aber nicht zwangsläufig zu geringeren Widerständen. Vielmehr können die Widerstände durch sie verstärkt werden oder überhaupt erst aufkommen (Bumerang-Effekt). Um dem entgegenzuwirken, ist die **aktive Beteiligung** der betroffenen Personen ein wesentliches Element für die erfolgreiche Durchführung von Veränderungsprozessen.

Phase 2: »Verändern«

Mit der Phase des »Veränderns« wird das Ziel verfolgt, den ursprünglichen Zustand **neu zu gestalten**. Hierzu ist ein Organisationskonzept zu entwickeln und zu implementieren. Das Verhaltensspektrum der Organisationsmitglieder reicht in dieser Phase von einer passiven Anpassung an die neuen strukturellen Bedingungen bis hin zur aktiven Teilnahme an ihrer Gestaltung.

Moving/ Changing

Grundsätzlich sollte den vom Wandel betroffenen Individuen und Gruppen die Möglichkeit gegeben werden, sowohl auf den Verlauf als auch auf das Ergebnis des Veränderungsprozesses Einfluß nehmen zu können (**Partizipationsstrategie**). Dieses Vorgehen entspricht dem Grundgedanken der Organisationsentwicklung, Betroffene zu Beteiligten zu machen. Als Instrumente können dabei beispielsweise das Sensitivitätstraining, die Transaktionsanalyse, die Prozeßberatung durch Change Agents, die Teamentwicklung, das Coaching und die Durchführung von Konfrontationstreffen eingesetzt werden (zu den genannten Instrumenten vgl. die Darstellungen bei *Cohen, A. R./Fink, S. L./Gadon, H.* et al. 1996 S. 510 ff., *Hill, W./Fehlbaum, R./Ulrich, P.* 1992 S. 476 ff., *Schanz, G.* 1994 S. 417 ff. und *Staehle, W. H.* 1991 S. 868 ff.).

Auf eine **Ausnahme von der Partizipationsstrategie** ist allerdings hinzuweisen: Wird das mit einer geplanten Veränderung verbundene Konfliktpotential als zu hoch eingeschätzt und besteht zudem ein dringender Handlungsbedarf, kann es aus Unternehmenssicht zweckmäßiger sein, auf die Beteiligung der betroffenen Personen von vornherein zu verzichten. Statt dessen kann zum Beispiel eine »Strategie des Bombenwurfs« verfolgt werden (vgl. Abschnitt 7.5.2.3).

Phase 3: »Wiedereinfrieren«

In der letzten Phase des Ansatzes von *Lewin* soll die erreichte Organisationsänderung langfristig **stabilisiert** werden, damit sie Bestand hat. Die Organisation darf nicht nach einer Weile der »Macht der Gewohnheit« erliegen und wieder in den alten Zustand zurückfallen. Eine wesentliche Voraussetzung hierfür ist die erfolgreiche Durchführung der beiden vorangegangenen Prozeßphasen und die subjektive Wahrnehmung des Veränderungserfolgs durch die Organisationsmitglieder, der sich beispielsweise in einer besseren Zusammenarbeit oder in größeren Entscheidungsspielräumen erkennen läßt.

Refreezing

»Refreezing« im Sinne der Organisationsentwicklung bedeutet aber **kein starres Festhalten** an den neuen organisatorischen Regeln, sondern bildet vielmehr die Ausgangsbasis für deren Weiterentwicklung. Allerdings ist davon auszugehen, daß ein erfolgreiches »Wiedereinfrieren« einige Zeit in Anspruch nimmt, denn die alten Verhaltensmuster müssen durch neue ersetzt werden. Die dabei zu durchlaufenden individuellen Verlern- und Lernprozesse sind kurzfristig nicht zu bewältigen. Dieser Sachverhalt ist auch dann zu berücksichtigen, wenn man den Erfolg einer organisatorischen Veränderungsmaßnahme abschließend bewerten möchte.

7.5.2.3 Alternative Vorgehensweisen der Organisationsentwicklung

Die Organisationsentwicklung strebt eine umfassende Veränderung der Organisation an. Ab einer bestimmten Größe der Organisation ist es aber nicht mehr praktikabel, alle Mitglieder **gleichzeitig** aktiv in den Veränderungsprozeß einzubeziehen. Daher ist nach einem zweckmäßigen Ausgangspunkt für die geplanten Veränderungen zu suchen, der in Abhängigkeit von den jeweiligen Gegebenheiten sehr unterschiedlich sein kann.

Vor dem Hintergrund des hierarchischen Aufbaus von Organisationen lassen sich nach dem Kriterium **Interventionsebene in der Hierarchie** idealtypisch die vier in der Abbildung 95 dargestellten alternativen Vorgehensweisen bei der Einführung von Veränderungen unterscheiden (vgl. *Schanz, G.* 1994 S. 412 ff.).

- **Top-down-Ansatz**

Top-down

Das **Top-down**-Vorgehen setzt auf der obersten Führungsebene an. Der hier initiierte Veränderungsprozeß wird nach »unten« in die Organisation getragen. Dabei muß es sich keineswegs zwangsläufig um eine reine Macht- oder Zwangsstrategie handeln, mit der die Veränderungsmaßnahmen auf dem Verordnungsweg durchgesetzt werden. Dies wäre nur bei der sogenannten **Strategie des Bombenwurfs** der Fall, die der Organisation ein neues Konzept schlagartig und unwiderruflich ohne Beteiligung der Betroffenen aufzwingt (vgl. *Bleicher, K.* 1996 S. 550). Das Top Management sollte vielmehr davon überzeugt sein, daß die Veränderung von der Führungsspitze aktiv »**vorgelebt**« werden muß, damit sie von den anderen Organisationsmitgliedern mitgetragen wird. Hilfreich sind hierbei **Visionen** und **Leitbilder** (vgl. Abschnitt 4.6.2.4), die ein möglichst klares Zukunftsbild entwerfen und dem Denken und Handeln der Mitarbeiter eine bestimmte Richtung geben können.

Vorteilhaft an diesem Ansatz ist zweifellos die gegenüber den anderen Vorgehensweisen bessere Steuerungsmöglichkeit, weil die

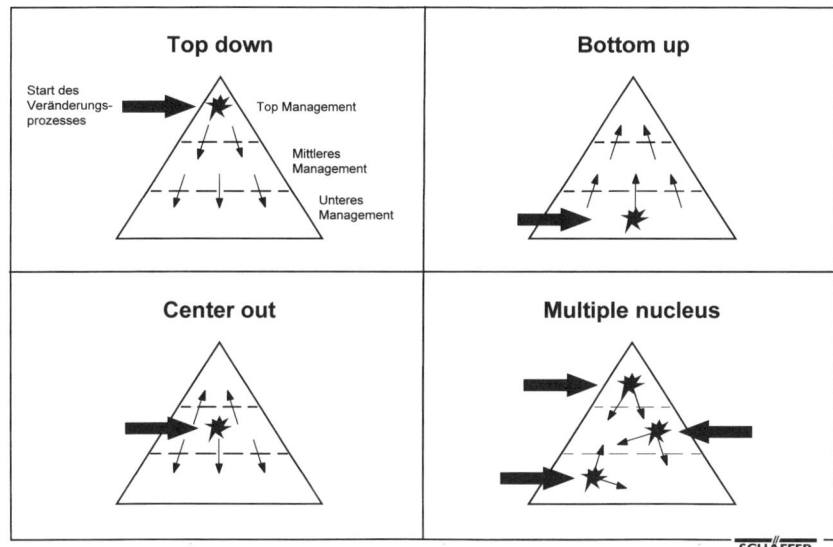

Abb. 95: Vorgehensweisen bei der Einführung von Veränderungen

oberen Führungskräfte durch ihre Vorbildfunktion das Ausmaß und die Grenzen der Veränderung aufzeigen und so die Rahmenbedingungen für die nachgeordneten Hierarchieebenen festlegen können. Wohl deshalb wird dem Top-down-Ansatz in der Praxis in den meisten Fällen der Vorzug gegeben, da mit ihm am leichtesten und am nachhaltigsten die notwendige Unterstützung durch die oberste Führungsebene sichergestellt werden kann (vgl. *Staehle, W. H.* 1991 S. 859).

Im Sinne der Organisationsentwicklung beinhaltet dieses Vorgehen notwendigerweise auch **partizipative** Elemente. Die Organisationsmitglieder sollten sowohl an der Leitbildentwicklung als auch an der Gestaltung der strukturellen Maßnahmen beteiligt werden. Nur so läßt sich vermeiden, daß das Top-down-Vorgehen als aufgezwungen empfunden wird und damit von vornherein auf Ablehnung stößt.

- **Bottom-up-Ansatz**

Das **Bottom-up**-Prinzip kehrt die eben geschilderte Vorgehensweise um: Ausgangspunkt der Veränderung ist die unterste Hierarchieebene. Von dort soll sich der Veränderungsprozeß nach oben fortsetzen und schließlich die Führungsspitze erreichen. Dieses Vorgehen bietet sich insbesondere dann an, wenn auf der Ausführungsebene grundlegende Veränderungen vorgenommen werden sollen. Der Grund ist darin zu sehen, daß die dort tätigen Mitarbeiter und

Bottom-up

ihre unmittelbaren Vorgesetzten vergleichsweise genau wissen, welche Veränderungen notwendig und besonders dringlich sind.

In der betrieblichen Praxis dürfte die idealtypische Form des Bottom-up-Vorgehens kaum anzutreffen sein. Zum einen ist die ideelle und materielle Unterstützung des Veränderungsprozesses durch die oberste Führungsebene eine notwendige Voraussetzung, damit die Veränderungsmaßnahmen überhaupt geplant und eingeleitet werden können. Zum anderen müssen die für die Gestaltung des Wandels erforderlichen fachlichen und methodischen Kompetenzen vorhanden sein. Hierzu bedarf es selbst bei einem hohen Grad an Problemlösungsfähigkeit auf der untersten Ebene in aller Regel zumindest der methodischen Unterstützung durch interne oder externe Prozeßberater. Problematisch ist zudem die Rolle des mittleren Managements, das bei dieser Vorgehensweise leicht in eine »**Sandwich-Situation**« gerät, indem es sich von der obersten und der untersten Hierarchieebene »in die Zange genommen« fühlt. Die Folge kann ein erheblicher Veränderungswiderstand der mittleren Führungskräfte sein.

- **Center out-Ansatz**

Center out

Beim **Center out**-Vorgehen, das auch als Keil-Strategie bezeichnet wird, bildet die mittlere Führungsebene den Ausgangspunkt des Veränderungsprozesses. Die Führungskräfte dieser Ebene verfügen meistens über einen gewissen Handlungsspielraum, der die Verbreitung der Veränderungsidee und die Durchsetzung der organisatorischen Maßnahmen nach oben und nach unten begünstigt. Sie können sowohl auf die ihnen unterstellten Führungskräfte als auch auf ihre Vorgesetzten einwirken und so den Veränderungsprozeß nach »oben« und »unten« vorantreiben.

Die Center out-Strategie erscheint damit für eine ganze Reihe von Veränderungen als erfolgversprechend. Eine besondere Bedeutung kommt ihr bei Veränderungen im Bereich der **Personalführung** zu, wie beispielsweise bei der Änderung des Führungsstils oder bei der Standardisierung der Führungsbeziehungen durch Führungsgrundsätze.

- **Multiple nucleus-Ansatz**

Multiple nucleus

Der **Multiple nucleus**-Ansatz (Flecken-Strategie) eignet sich insbesondere für solche Organisationen, in denen das Geschehen nicht stark durch hierarchische Beziehungen geprägt ist, wie beispielsweise in Team- oder Netzwerkorganisationen. In solchen Fällen können Veränderungen zeitgleich an verschiedenen Stellen angestoßen werden. Auf der Basis der dabei gesammelten Erfahrungen wird der Veränderungsprozeß dann an anderen Stellen der Organisation solange fortgesetzt, bis er schließlich die gesamte Organisation umfaßt.

Die Problematik dieser Methode ist darin zu sehen, daß die zunächst unabhängigen Aktivitäten der verschiedenen Interventionspunkte miteinander in Einklang gebracht werden müssen. Das erfordert eine entsprechende Planung und Abstimmung der Veränderungsmaßnahmen. Die **Einrichtung einer Koordinationsstelle**, die den Gesamtüberblick über alle Maßnahmen hat und erforderlichenfalls beratend und unterstützend eingreifen kann, trägt mit dazu bei, daß der Multiple nucleus-Ansatz nicht zu einem chaotischen Verlauf des Veränderungsprozesses führt, an dessen Ende eine Vielzahl nicht integrierbarer organisatorischer Teillösungen steht.

Neben den erörterten Vorgehensweisen lassen sich noch **weitere Einstiegspunkte** für die Durchführung von Veränderungsmaßnahmen unterscheiden, die hier zumindest stichwortartig erwähnt werden sollen (vgl. *Schanz, G.* 1994 S. 417):

- Der **pilorare Ansatz** beginnt mit der Veränderung gleichzeitig an der Spitze und an der Basis der Organisation. Er wird dann empfohlen, wenn mit einem starken Widerstand der mittleren Führungsebene zu rechnen ist. **Weitere Vorgehensweisen**
- Die **Methode vertikaler Schnitte** greift einen bestimmten Organisationsbereich (z.B. den Vertrieb, die Produktion, einen Produktbereich, ein Geschäftsfeld) heraus und schließt alle Hierarchieebenen dieses Bereiches ein.
- Bei der Anwendung der **Methode diagonaler Schnitte** wird eine Einstiegsgruppe gebildet, die sich aus Mitgliedern aller Führungsebenen und aller Bereiche zusammensetzt. Um den Einfluß von formalen Machtbeziehungen so weit wie möglich auszuschließen, ist darauf zu achten, daß der Einstiegsgruppe niemand angehört, der unmittelbarer Vorgesetzter eines anderen Mitglieds ist.

Gleichgültig welche Vorgehensweise bei der Einführung organisatorischer Veränderungen zur Anwendung gelangt, sind die Anforderungen an die Führungskräfte aller Ebenen sehr hoch. Sie müssen den Wandel nicht nur mitgestalten, sondern sie müssen ihn auch vorleben. Dazu bedarf es einer umfassenden **fachlich-methodischen** und insbesondere einer hohen **sozialen Kompetenz**. Im einzelnen gehören dazu die Fähigkeiten, ganzheitlich und vernetzt denken zu können, Mitarbeiter zu motivieren und ihnen die Unternehmensziele zu vermitteln, Konflikte rechtzeitig aufzuspüren und offen auszutragen, den Mitarbeitern als Moderator und Partner zur Verfügung zu stehen, Freiräume bewußt zuzulassen u.v.m. **Anforderungen an die Führungskräfte**

Viele Führungskräfte sind damit derzeit noch überfordert und müssen durch entsprechende Personalentwicklungsmaßnahmen auf die Übernahme dieser umfassenderen und komplexeren Rolle vorbereitet werden. Hier bieten sich neue Perspektiven für die Weiterbildung von Führungskräften (vgl. *Kübel, R.* 1994 S. 33, *Messmer, I.* 1994 S. 276 ff.).

7.5.3 Revolutionärer und evolutionärer Wandel

Bei organisatorischen Veränderungsprojekten stellt sich nicht nur die Frage nach der Art und Weise des Vorgehens und der inhaltlichen Ausgestaltung sondern auch nach der **Intensität der Intervention**. Die Frage, ob der Wandel evolutionär oder revolutionär verlaufen soll, ist allerdings nicht neu (vgl. das Wachstumsmodell von *Greiner* in Abschnitt 7.2.3).

Nach dem Umfang und der Stärke des Eingriffs lassen sich **zwei Ansätze** zur Gestaltung der Intensität des organisatorischen Wandels unterscheiden. Während der eine Ansatz ein radikales Vorgehen innerhalb einer relativ kurzen Zeitspanne vorsieht (»structural changes should occur rapidly, in large dramatic jumps ...«), setzt der andere Ansatz auf ein langfristig angelegtes, »sanftes« Vorgehen in kleinen Schritten (»... or gradually and incrementally«; *Miller, D./Friesen, P. H.* 1984 S. 220 ff., vgl. auch *Servatius, H.-G.* 1994 S. 39 f.):

Revolutionärer und evolutionärer Ansatz

- Organisatorischer Wandel muß sich **revolutionär** vollziehen. Nur in Krisenzeiten ist ein grundlegender Wandel möglich, da in Wachstumsperioden die Widerstände zu groß sind und weitreichende Veränderungen unmöglich machen. Revolutionärer Wandel ist radikal und erfolgt in einem zeitlich begrenzten Quantensprung häufig als Reaktion auf Veränderungen des Unternehmensumfelds und/oder auf interne Probleme. Gefragt sind bei diesem Ansatz eher die autoritären »Macher«, die sich gegen intensive Widerstände durchsetzen und so die Veränderungen vorantreiben.
- Organisatorischer Wandel muß sich **evolutionär** vollziehen. Zu starke und zu schnelle Veränderungen werden von den betroffenen Personen nicht akzeptiert. Deshalb muß der Veränderungsprozeß kontinuierlich und in kleinen Lernschritten über einen längeren Zeitraum hinweg erfolgen. Zur Begleitung der evolutionären Maßnahmen ist ein kultursensibler Prozeßmoderator und Coach erforderlich, der die Mitarbeiter in die Planung und die Gestaltung des Veränderungsprozesses integriert.

Die Abbildung 96 faßt die wesentlichen Merkmale des revolutionären und des evolutionären Wandels zusammen.

Merkmale	Revolutionärer Wandel	Evolutionärer Wandel
Grundidee	Nur bei einem hohen Problemdruck können grundlegende Veränderungen durchgesetzt werden	Nur schrittweise Veränderungen werden von den handelnden Personen nachhaltig akzeptiert
Ziele	Erhebliche und anhaltende Erhöhung der Wirtschaftlichkeit (ökonomische Effizienz)	Erhöhung der Wirtschaftlichkeit (ökonomische Effizienz) und der Humanität (soziale Effizienz)
Charakteristik des Wandels	Fundamentales Überdenken und radikale Neugestaltung durch ein diskontinuierliches und zeitlich begrenztes Vorgehen in einem Prozeß der kreativen Zerstörung	Behutsame Weiterentwicklung über einen längeren Zeitraum hinweg in Lernschritten; Wandel als kontinuierlicher Prozeß
Transformationsphilosophie	Synoptisches und rational geplantes Vorgehen, das häufig als Reaktion auf die Veränderungen des internen und externen Umfelds erfolgt	Inkrementales und selbstgelenktes Vorgehen zur proaktiven Ausschöpfung der aktuellen und der zukünftigen Erfolgspotentiale
Selbstverständnis der Führung	Rationaler Planer, Autoritärer Macher	Prozeßmoderator, Coach
Rolle der Mitarbeiter	»Manövriermasse«	»Mitgestalter«

Abb. 96: Merkmale revolutionären und evolutionären Wandels
(vgl. *Servatius, H.-G.* 1994 S. 40, *Thom, N.* 1996 S. 12)

Wenn auch einiges dafür spricht, die organisatorischen Veränderungen möglichst umfassend und zügig durchzuführen, gibt es zweifelsohne auch Situationen, in denen der Mißerfolg mit einer radikalen Vorgehensweise schon vorprogrammiert ist. Deshalb werden im folgenden die Voraussetzungen und die Vorgehensmuster der beiden Ansätze einander gegenübergestellt.

7.5.3.1 Revolutionärer Wandel als radikale Veränderung

Ein **revolutionärer Wandel** (radical change, frame-breaking change) verlangt tiefgreifende und umfassende Eingriffe in die Organisation. Dazu gehören grundlegende strukturelle Veränderungen und der Austausch von solchen Führungskräften, die sich dem Wandel widersetzen. Gewissermaßen zu einem Synonym für die radikale Veränderung ist das Konzept des »Business Reengineering« oder »Business Process Reengineering« geworden, das von einer fundamentalen und strukturübergreifenden Umgestaltung des Unternehmens oder der wesentlichen Unternehmensprozesse ausgeht. Insofern kann man den Business Reengineering-Ansatz mit *Scholz* als ein »neotayloristisches Konzept« bezeichnen, das konsequent und kompromißlos die Verbesserung der organisatorischen Effizienz verfolgt (vgl. *Scholz, C.* 1997 S. 163 ff.).

Business Reengineering

Michael H. Hammer und *James C. Champy*, die beiden bekanntesten Propagandisten des Konzepts, bezeichnen **Business Reengineering** ziemlich vollmundig als eine Vorgehensweise, mit der »... die heutigen Unternehmen eine wahrhafte Renaissance einleiten können.« Und weiter: »Für die neue Revolution im Unternehmen hat Business Reengineering den gleichen Stellenwert wie die Spezialisierung der Arbeitskräfte für die letzte. Auch die größten Unternehmen – ja selbst die erfolgreichsten und aufstrebendsten – müssen sich die Grundsätze des Business Reengineering zu eigen machen und umsetzen, weil sie ansonsten im Schatten der noch beeindruckenderen Erfolge jener Firmen stehen werden, die sich dem Business Reengineering verschrieben haben. ... Business Reengineering ist ein völliger Neubeginn – eine Radikalkur« (*Hammer, M./Champy, J.* 1995 S. 12 f.).

Nach der Überzeugung von *Hammer/Champy* ist ein Business Reengineering in kleinen, vorsichtigen Schritten nicht möglich. Deshalb beschreiben sie ihre Methode als ein »fundamentales Überdenken und radikales Redesign«, die zu einer Verbesserung »... um Größenordnungen in entscheidenden, heute wichtigen und meßbaren Leistungsgrößen in den Bereichen Kosten, Qualität, Service und Zeit« führen sollen (*Hammer, M./Champy, J.* 1995 S. 48). Dabei stehen in erster Linie nicht die Unternehmensstrukturen sondern die Unternehmensprozesse im Blickpunkt.

Das Konzept des Business Reengineering baut demnach auf den beiden Vorgehensgrundsätzen einer **fundamentalen** Veränderung einerseits und einer **radikalen** Veränderung andererseits auf und läßt sich anhand der folgenden Merkmale beschreiben (vgl. *Hammer, M./Champy, J.* 1995 S. 48 ff.):

- Der **erste Grundsatz** des Business Reengineering (fundamentale Veränderung) verlangt von seinen Anwendern, daß sie sich gedanklich vollständig von den bestehenden Strukturen und Prozessen lösen und »ganz von vorne anfangen« (**Tabula rasa-Prinzip**). Im Blickpunkt stehen nicht einzelne Funktionen oder Teilprozesse sondern das Gesamtunternehmen oder komplette Geschäftsprozesse (**ganzheitlicher Ansatz**). Folglich sind sämtliche Arbeitsstrukturen und -abläufe und die ihnen zugrundeliegenden Organisationsprinzipien fundamental in Frage zu stellen (**Paradigmenwandel**) und, ausgehend vom Unternehmenszweck und mit Blick auf den Kunden, neu zu definieren (**Kundenfokussierung**). Am Ende soll eine vollkommen neue Lösung als eine Art Idealkonzept entstehen.

- Der **zweite Grundsatz** verlangt die **schnelle** und **radikale** Neugestaltung des Unternehmens in »**Quantensprüngen**« (z.B. Halbierung der Durchlaufzeiten, Verdoppelung des Umsatzes je Mitarbeiter) und keine zaghafte Verbesserung, Erweiterung oder Modifizierung der Geschäftsprozesse. Die Verantwortlichen müssen bereit sein, einen klaren Trennungsstrich unter die Vergangenheit zu ziehen, und sie müssen die Radikalität und die Irreversibilität des Veränderungsprozesses gegenüber den Organisationsmitgliedern deutlich machen.

Grundsätze

Hammer/Champy sehen in der Benennung der für den Reengineering-Prozeß **Verantwortlichen** und in der Rollenverteilung die vordringlichste Aufgabe. Erst danach sind die erfolgs- und zeitkritischen **Unternehmensprozesse** zu identifizieren, zu dokumentieren, zu analysieren, zu verstehen und hinsichtlich ihrer Zweckmäßigkeit zu hinterfragen. Im Mittelpunkt der Aktivitäten steht der **Verständnisprozeß**. Weniger die detailgetreue und entsprechend zeitaufwendige Analyse als vielmehr die **kreative** Auseinandersetzung mit den vorhandenen Prozessen unterstützt deren radikale Veränderung. Dabei werden beispielsweise Fragen wie »Warum machen wir die Dinge, die wir tun?« oder »Weshalb machen wir sie auf diese Art und Weise?« gestellt. Diejenigen Prozesse, die nicht oder nicht richtig funktionieren, und solche Abläufe, die eine erhebliche Bedeutung für das Unternehmen besitzen **und** für ein Redesign geeignet sind, werden dann völlig neu gestaltet (»Clean-paper-Ansatz«). Als wesentliche Voraussetzungen für ein erfolgreiches Vorgehen werden die Beachtung der Wertvorstellungen und der Überzeugungen der Mitarbeiter, die Anwendung einer Top-down-Strategie mit wenigen partizipativen Elementen, die Bereitschaft und der Mut zur Überwindung von Widerständen und die weitgehende Durchführung des Reengineering-Prozesses innerhalb eines

Vorgehensweise

Jahres genannt (vgl. *Hammer, M./Champy, J.* 1995 S. 134 ff., 260 ff., *Hammer, M./Stanton, S. A.* 1995 S. 30 ff.).

Kritik des Reengineering-Ansatzes

Das Business Reengineering ist nicht grundsätzlich neu, sondern vielmehr die »... Fortsetzung eines Trends der Organisationsgestaltung hin zu einer stärkeren Objektorientierung ...«, der nach Ansicht von *Kieser* bereits 1920 mit der Einführung der divisionalen Organisation bei *DuPont* begann (*Kieser, A.* 1996 S. 182). Neu am Business Reengineering ist allerdings die große konzeptionelle Breite, die seiner anwendungsorientierten Zielrichtung entsprechend nicht nur bestimmte organisatorische Problemlösungen empfiehlt, nämlich die Prozeßorganisation, sondern auch die Organisationsmethodik vorgibt: Es setzt auf fundamentale und radikale Veränderungen statt auf inkrementalen Wandel. Ein Problem dabei ist, daß nur wenige Unternehmen zu einer derartigen Radikalität **wirklich** bereit und in der Lage sind. Kaum eine Organisation kann mit einem Schlag ihre tradierten Strukturen aufbrechen, um sich zu reorientieren und die gesamte Wertschöpfungskette sozusagen »auf der grünen Wiese« neu zu gestalten. Das übersteigt zumeist die vorhandenen Möglichkeiten und stößt häufig dort an Grenzen, wo es um Machtfragen geht (vgl. *Kieser, A.* 1996 S. 184, *Theuvsen, L.* 1996 S. 67). Zudem wird eines unterschätzt: Die **Langlebigkeit** des weichsten Reengineering-Faktors, **der Unternehmenskultur.** Ihre Veränderung beansprucht vor allem Zeit und ist demzufolge eher Gegenstand eines evolutionären und partizipativen denn eines revolutionären und autoritären Prozesses. Das ausdrücklich geforderte Top-down-Vorgehen steht dem jedoch entgegen (vgl. *Metzen, H.* 1994 S. 279 ff., *Osterloh, M./Frost, J.* 1994 S. 362).

Reengineering in der Praxis

Insofern ist es auch nicht erstaunlich, daß trotz einzelner Erfolge offenbar ein Großteil der Reengineering-Projekte in der Praxis fehlschlägt. Die Schätzungen reichen hier von 50 bis 80% und selbst *Hammer* und *Champy* haben in dem letzten Kapitel ihres grundlegenden Reengineering-Buches festgestellt, daß »über den Daumen gepeilt ... sogar 50 bis 70 Prozent der Unternehmen, die den Weg des Business Reengineering wählen, nicht die beabsichtigten durchschlagenden Resultate erzielen« (*Hammer, M./Champy, J.* 1995 S. 260). Eine branchenübergreifende Studie zum Reengineering in 100 deutschen Unternehmen mit jeweils mehr als 1.000 Beschäftigten zeigt, daß nur rund jedes vierte Unternehmen das Kernziel der Produktivitätssteigerung und nur etwa jedes dritte Unternehmen die Kernziele »Erhöhung der Prozeßgeschwindigkeit«, »Steigerung der Prozeßqualität« und »Steigerung der Kundenorientierung« erreicht, was die Verfasser zu dem Schluß führt, daß das Konzept des Reengineering hierzulande in der Anwendung gescheitert sei (vgl. *Homburg, C./Hocke, G.* 1996 S. 14). Dazu mag allerdings auch die Tatsache beitragen, daß Reengineering häufig als klassisches Kostensenkungsprogramm »mißbraucht« wird und die Glaubwürdigkeit bei den betroffenen Personen damit verlorengeht (vgl. *Berger, R./Schwenker, B.* 1996 S. 1047, *Nippa, M.* 1995 S. 61); denn es gibt durchaus auch Berichte über erfolgreiche Reengineering-Programme (vgl. *Demmer, C./Gloger, A./Hoerner, R.* 1996). Eines ist allerdings unbestritten: Der Business Reengineering-Ansatz hat viele Unternehmen für die Bedeutung des organisatorischen Wandels sensibilisiert und eine ganze Reihe von ihnen dazu veranlaßt, sich intensiv mit den revolutionären Denkansätzen zu befassen (siehe hierzu auch den lesenswerten kritisch-ironischen Aufsatz von *Kieser* über den »Mythos Reengineering«; vgl. *Kieser, A.* 1996 S. 179 ff.).

Welche Vorteile und welche Nachteile bringt der revolutionäre Wandel grundsätzlich mit sich?

Ein Vorteil des revolutionären Ansatzes ist insbesondere die **klare Trennung** von »Ruhephasen« und Phasen der Veränderung, d.h. die Organisation kann sich nach dem radikalen Umbruch auf die veränderte Situation einstellen. Da dieser Umbruch in der Regel in einer Krisensituation erfolgt, ist die **Änderungsbereitschaft** der Organisationsmitglieder grundsätzlich sehr hoch und die Widerstände sind dementsprechend gering. Die angestrebte zeitliche Befristung des Veränderungsprozesses stellt darüber hinaus weitgehend sicher, daß der **Wandel aus einem Guß** ist und nicht aus einer Vielzahl von nicht integrierten oder nicht integrierbaren Einzelaktivitäten besteht. | **Vorteile**

Nachteilig können sich die mit dem revolutionären Ansatz verbundenen Risiken auf die Organisation auswirken. Hier ist beispielsweise die **begrenzte Planbarkeit** von Veränderungen zu nennen. Um im Bild zu bleiben: Wird die Revolution zur falschen Zeit oder am falschen Ort ausgerufen, kann es schnell passieren, daß sie »ihre Kinder frißt«, d.h. die Maßnahmen wirken nicht in dem gewünschten Maße, sie wirken überhaupt nicht oder sie bewirken nicht geplante und nicht gewollte Veränderungen. Kritisch ist auch die **hohe Instabilität** in der Veränderungsphase zu sehen, die zu großer Unruhe und Unsicherheit führt und dadurch den Veränderungsprozeß behindern kann. Auf allen Beteiligten lastet ein **starker Handlungsdruck**, der leicht in eine Überbeanspruchung der Organisation münden kann. Unter Umständen werden dann kurzfristige Verbesserungen zu Lasten von langfristigen Lösungen begünstigt und machen nach relativ kurzer Zeit wieder neue Anpassungsprozesse erforderlich (vgl. *Krüger, W.* 1993 S. 371, *Perich, R.* 1992 S. 456 ff.). | **Nachteile**

Ein Beispiel für die erfolgreiche Anwendung des (modifizierten) revolutionären Ansatzes ist die *Porsche AG*. Durch neue Wettbewerber, den Einbruch des wichtigsten Auslandsmarkts USA und eine falsche Einschätzung der Preiselastizität der Nachfrage bei Sportwagen-Kunden war das Unternehmen am Ende der achtziger Jahre in eine tiefe Krise geraten. Die Konsequenz dieses »Schockereignisses« war der »größte Veränderungsprozeß in der Geschichte des Unternehmens«. Die alten Denkmuster und Zusammenhänge galten nicht mehr. Statt dessen mußte das Bewährte vollkommen in Frage gestellt werden. »Auf das, was als Antwort herauskam, treffen sicherlich auch die Attribute des gegenwärtigen ›Zauberwortes‹ Reengineering zu: auf den Kunden ausgerichteter Umbau des Unternehmens, in rasantem Tempo, vieles zeitgleich, ein radikales Programm mit dem Ziel einer sprunghaften Prozeßinnovation«, so beschreibt der Vorstandsvorsitzende den Veränderungsprozeß bei *Porsche (Wiedeking, W.* 1995 S. 207). Allerdings hat das Unternehmen die »reine Lehre« des Reengineering im wesentlichen in dreierlei Hinsicht modifiziert: Erstens wurde nicht das gesamte Unternehmen mit einem Schlag neu gestaltet, sondern die Neuausrichtung begann mit dem Geschäftsprozeß Produktion, die eine Kernkompetenz des Unternehmens darstellt; zweitens wurden die Führungskräfte und die Mitarbeiter von Anfang an aktiv in den Veränderungsprozeß mit einbezogen, und drittens hat sich *Porsche* wesentlich mehr Zeit als ein Jahr für den strukturellen Wandel genommen (vgl. *Wiedeking, W.* 1995 S. 208 ff.).

7.5.3.2 Evolutionärer Wandel als kontinuierlicher Veränderungsprozeß

Im Gegensatz zu der Radikalität des revolutionären Wandels verlangt der **evolutionäre Wandel** (gradual change, converging change) eine Anpassung der organisatorischen Eingriffe an das Ausmaß, in dem die Organisation Veränderungen verkraften kann. Diese Form des Wandels vollzieht sich über einen längeren Zeitraum in inkrementalen Entwicklungsschritten und lehnt sich an die Grundgedanken des Konzepts der Organisationsentwicklung an.

Voraussetzungen

Die wichtigste Voraussetzung für die Durchführung eines evolutionären Veränderungsprozesses ist der Faktor **Zeit**. Nur wenn sich ein Unternehmen vorausschauend mit den Fragen des organisatorischen Wandels auseinandersetzt oder wenn der Problemdruck nicht so groß ist, daß schnelle und radikale Einschnitte erforderlich sind, ist eine schrittweise und kontinuierliche Entwicklung ohne jedes revolutionäre Element möglich. Das verlangt ein **stabiles Management** mit langfristiger Zielorientierung, um die Kontinuität des Entwicklungsprozesses sicherzustellen, und eine vergleichsweise **stabile Unternehmensumwelt**.

Vorgehensweise

Im Gegensatz zum revolutionären Ansatz ist der evolutionäre Wandel nicht darauf gerichtet, die Organisation in ihrer Gesamtheit schnell und radikal zu verändern. Statt dessen sollen Teilfunktionen oder Teilprozesse **sukzessive** und unter intensiver **Beteili-**

gung der Organisationsmitglieder optimiert oder umgestaltet werden. Demzufolge steht die Kommunikation des Handlungsbedarfs und das Schaffen von Vertrauen am Anfang eines evolutionären Vorgehens. Erst danach werden die Kernprozesse identifiziert und in Abhängigkeit vom Veränderungsbedarf priorisiert. Das Verstehen dieser Prozesse und das Sammeln von Redesign-Ideen bildet die nächste Stufe. Am Ende stehen die Konzeptentwicklung und das Coaching der Verantwortlichen (vgl. *Servatius, H.-G.* 1994 S. 51).

Vorteile

Ein wesentlicher Vorteil des evolutionären Ansatzes ist in der Möglichkeit zu sehen, den Entwicklungsrhythmus an die **Entwicklungsfähigkeit** der Organisation anzupassen. Während sich kleinere Veränderungen kurzfristig und unmittelbar umsetzen lassen (z.B. Verbesserungen in der Büroorganisation), können langfristige Veränderungsprozesse **kontinuierlich** ablaufen und so zu einer fortschreitenden Verbesserung der **Problemlösungskapazität** der Organisation beitragen.

Nachteile

Als ein entscheidender Nachteil des evolutionären Ansatzes kann sich die mit dem kontinuierlichen Prozeß verbundene **ständige Unruhe** in der Organisation auswirken. Permanente Veränderungen lassen sich leicht als »Herumdoktern« ohne eine klare Zielrichtung deuten. Möglicherweise führt dies im Laufe der Zeit zu einer **nachlassenden Veränderungsbereitschaft** der Organisationsmitglieder und fördert Widerstände zu Tage. Wie oben bereits erwähnt wurde, ist ein evolutionärer Wandel schließlich nur dann möglich, wenn der Organisation **ausreichend Zeit** für die Bewältigung der Veränderungen zur Verfügung steht. Bei einer hohen Umweltdynamik kann sich dieses Konzept also schnell als unbrauchbar erweisen (vgl. *Krüger, W.* 1993 S. 371, *Perich, R.* 1992 S. 456 ff.).

Der Chemiekonzern *Bayer* bevorzugt nach Aussage seines Vorstandsvorsitzenden den evolutionären Wandel (»Evolution statt Revolution«). Begründet wird dies damit, daß »... eine Totalreform in einem breit diversifizierten Konzern mit sehr unterschiedlichen Arbeitsgebieten, regionalen Schwerpunkten und technologischen Strukturen weder sinnvoll noch ohne weiteres machbar« sei (*Schneider, M.* 1995 S. 24). Statt dessen werden langfristig angelegte, evolutionäre Übergänge bevorzugt, die durch ein schrittweises und bereichsbezogenes Vorgehen gekennzeichnet sind, das kontinuierlich fortgesetzt wird.

7.5.4 Veränderungsmanagement als integrativer Ansatz

Situationsgerechtigkeit der Konzepte

Welches der bisher vorgestellten Konzepte des organisatorischen Wandels als zweckmäßig erachtet wird, hängt in der Praxis von vielen Faktoren ab. Wie wir gesehen haben, bestehen fundamentale Unterschiede insbesondere hinsichtlich des Menschbilds und

B

des Machtverständnisses. *Thom* nennt als wesentlichen Faktor für die **Situationsgerechtigkeit** eines bestimmten Wandlungskonzepts die Art der Krise, in der sich ein Unternehmen befindet: Liegt eine ernsthafte und akute Bedrohung des Unternehmensbestands vor, beispielsweise in Form einer Liquiditätskrise mit der unmittelbaren Gefahr einer Insolvenz, ist ein rasches Handeln geboten. Insofern bleibt in diesem Fall nur ein radikales und schnell wirkendes Vorgehen im Sinne des revolutionären Ansatzes. Zeichnet sich dagegen eine Krisensituation erst allmählich und auf längere Sicht ab (strategische Krise) und bestehen demgemäß noch ausreichend Handlungsspielräume, ist die Anwendung evolutionärer Konzepte des Wandels möglich (vgl. *Thom, N.* 1996 S. 11).

Um den Veränderungsbedarf bereits vor dem Eintritt von konkreten Chancen oder Bedrohungen identifizieren zu können, haben viele große Unternehmen, wie beispielsweise der Maschinenhersteller *Voith*, »**Früherkennungssysteme**« eingerichtet, mit deren Hilfe »Veränderungen durch permanente Analyse der externen und internen Einflußgrößen« möglichst frühzeitig erkannt und bewertet werden sollen (*Voith* [Hrsg.] 1991 S. 35). Das »Scanning« (ungerichtetes Abtasten des Umfelds nach relevanten Veränderungen, den sogenannten »Issues«) und das sich anschließende »Monitoring« (Analyse und Bewertung der relevanten Veränderungen) des Umfelds ermöglichen es den Unternehmen, auch »schwache Signale« (z.B. Meinungsäußerungen von Experten, Wertewandel in der Gesellschaft) zu ermitteln und bei den betrieblichen Entscheidungen zu berücksichtigen. Durch ein derartiges Issue-Management ist eine vorausschauende Bewältigung des Veränderungsbedarfs möglich, durch die sich Unternehmenskrisen weitgehend vermeiden lassen. Außerdem wird bei den Entscheidungsträgern das Bewußtsein für die Problematik eines kontinuierlichen Wandels wachgehalten, was die Bereitschaft zu einem schnellen und zielgerichteten Handeln erhöht (vgl. *Ansoff, H. I.* 1976 S. 129 ff., *Krüger, W.* 1993 S. 364 f., *Krystek, U./ Müller-Stewens, G.* 1993 S. 28 ff.; eine übersichtliche, allgemeine Darstellung von Früherkennungssystemen und des Konzepts der schwachen Signale findet sich bei *Bea, F. X./Haas, J.* 1997 S. 270 ff.).

Spannungsfeld des Wandels

Generell ist festzustellen, daß sich Veränderungsprozesse immer in einem Spannungsfeld von internen und externen Einflußgrößen einerseits und von Vergangenheit und Zukunft andererseits befinden. Laufende Veränderungen in der Markt- und Wettbewerbssituation stoßen auf bestehende organisatorische Regeln und bestimmte Verhaltensmuster der Organisationsmitglieder. In der Vergangenheit bewährte Strukturen und Abläufe erweisen sich als ineffizient und müssen durch neue Organisationsformen ersetzt werden. Je besser es gelingt, die Widersprüche dieses Spannungsfelds auszugleichen, desto erfolgreicher werden die Veränderungsmaßnahmen sein. Dies läßt sich als ein allgemeines **Leitbild für einen integrativen Ansatz** formulieren, der im folgenden in groben Zügen dargestellt wird.

Wie gezeigt wurde, besteht die besondere Problematik von Transformationsprozessen darin, daß die Veränderung der »harten« Faktoren als Gegenstand der Organisationsgestaltung und die Veränderung der »weichen« Faktoren als Gegenstand der Organisationsentwicklung möglichst eng aufeinander abgestimmt werden müssen. Während revolutionäre Akte aufgrund ihrer Radikalität die Organisationsmitglieder vielfach überfordern, fällt es bei der evolutionären Vorgehensweise schwer, die Betroffenen überhaupt wachzurütteln und auf lange Sicht für die laufende Veränderung zu motivieren. Außerdem entsteht im Verlauf des Wandels häufig eine **Realitätslücke** zwischen der intendierten Verhaltensänderung und der organisatorischen Veränderung, für die zwei **Ursachen** maßgeblich sein können (vgl. Abb. 97):

**Problem
der Realitätslücke**

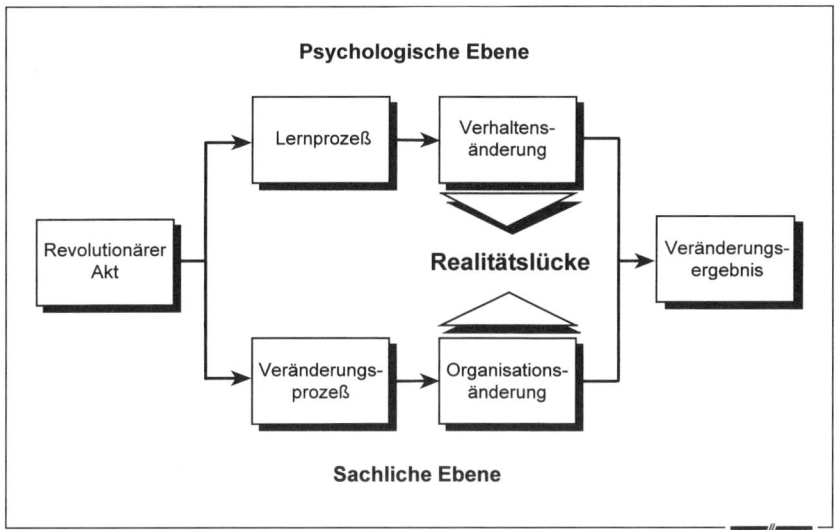

Abb. 97: Die Realitätslücke

- Nach dem revolutionären Anstoß verläuft die organisatorische Veränderung auf der sachlichen Ebene **zu schnell** oder sie ist zu umfassend und zu radikal. Die Organisationsmitglieder haben zuwenig Zeit, um sich mit den neuen Werten und Normen identifizieren und ihr Verhalten daran ausrichten zu können. Die sich auf der psychologischen Ebene vollziehenden individuellen und kollektiven Lernprozesse halten mit dem strukturellen Wandel nicht Schritt. Dadurch stoßen die bisherigen Verhaltensmuster, die zumindest noch teilweise vorhanden sind, auf eine bereits veränderte strukturelle Realität.

- Nach dem revolutionären Anstoß erfolgt die organisatorische Veränderung **zu langsam** oder sie ist nicht tiefgreifend und nicht radikal genug. Die Lernprozesse verlaufen schneller als erwartet. Es besteht eine ausgesprochene Bereitschaft zur Veränderung. Das bereits geänderte Verhalten der Organisationsmitglieder trifft auf die herkömmlichen Strukturen und Abläufe.

Für das Entstehen der Realitätslücke können verschiedene Ursachen genannt werden: Hierzu gehört beispielsweise eine gewisse Selbstherrlichkeit, die sich in der Beibehaltung der traditionellen Verhaltensmuster oder Strukturen äußert (»Wir haben das schon immer so gemacht, und wir waren erfolgreich damit!«). Auch ein allgemeiner Mangel an On the job-Verstärkung der bereits geänderten Verhaltensweisen, der die Verhaltensänderungen nicht »belohnt«, sondern »bestraft«, wird den Wandel ebenso behindern wie Störungen im unmittelbaren Umfeld durch Kollegen, Mitarbeiter und Vorgesetzte. Die Folgen der Realitätslücke sind für den Veränderungsprozeß fatal. Es kommt zu einer **Desorientierung** der betroffenen Personen, zu einem **Glaubwürdigkeitsverlust** der Unternehmensführung und zu einer **Demotivation** der Mitarbeiter aufgrund der erlebten Enttäuschungen, die bis zu einer völligen Ablehnung des Veränderungsvorhabens führen können.

Für den Erfolg von Veränderungsprozessen ist demnach die Verknüpfung zweier Ebenen von entscheidender Bedeutung: Die Maßnahmen der **Organisationsgestaltung** und der **Organisationsentwicklung** sind zeitlich und inhaltlich möglichst genau aufeinander abzustimmen. Es geht nicht nur um die strukturelle Neugestaltung der Organisation, sondern vor allem um den »Wandel in den Köpfen«, also eine mentale Veränderung durch die Umdeutung der subjektiven Einstellungen und Wahrnehmungen der Organisationsmitglieder. Nach einem revolutionären Akt des Anstoßes von Veränderungsmaßnahmen muß ein evolutionärer Entwicklungsprozeß einsetzen, der die **Sachebene** und die **psychologische Ebene** miteinander verbindet. Die Abbildung 98 zeigt das Konzept des integrativen Ansatzes.

Vorgehensweise des integrativen Ansatzes

Zu Beginn eines Transformationsprozesses müssen die Richtung und der Sinn der angestrebten Veränderung von der obersten Führung mittels einer zukunftsweisenden **Vision** und entsprechenden **Leitbildern** aufgezeigt werden (»Envisioning«). Der geplante Wandel bietet die Möglichkeit, die langfristigen Ziele und den zur Gewohnheit gewordenen Handlungsrahmen zu überprüfen, zu modifizieren oder völlig neu zu definieren. Nur ein Zukunftsbild, das in den Augen der Betroffenen erstrebenswert erscheint, erzeugt die erforderliche Änderungsbereitschaft und setzt die für den Transformationsprozeß notwendigen Energien frei. Auf der Grundlage

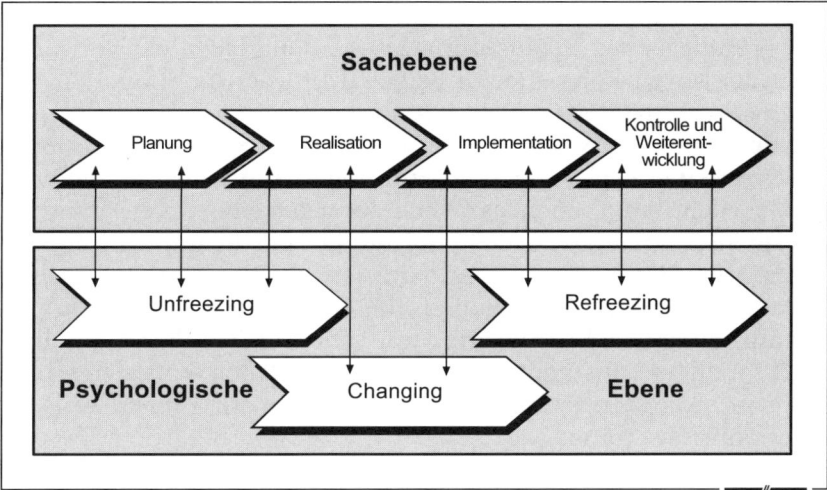

Abb. 98: Veränderungsmanagement als integrativer Ansatz

einer Beschreibung der Ausgangssituation muß darüber hinaus in aller Eindringlichkeit über die Stärken und die Schwächen der aktuellen Unternehmenssituation informiert werden. Die sich daraus ergebenden Schlußfolgerungen sollten tatsächlich **revolutionäre** Züge tragen, d.h. die Betroffenen müssen erkennen, daß ein Umbruch mit fundamentalen Veränderungen eingeleitet wird. Nur durch eine umfassende und vertrauensvolle **Kommunikationspolitik** sind die notwendige Geschwindigkeit und die erforderliche Intensität des beginnenden Veränderungsprozesses zu gewährleisten. Im Verlauf von ausführlichen Diskussionen, in die gegebenenfalls auch die Erfahrungen der nicht betroffenen Unternehmensbereiche oder von anderen Unternehmen einfließen können, sind nicht nur die Gefahren offen anzusprechen sondern auch die mit der Veränderung verbundenen Chancen aufzuzeigen. In Teilstudien werden die im Rahmen der Vor- und der Hauptstudie gewonnenen Erkenntnisse vertieft, und gemeinsam mit den betroffenen Mitarbeitern werden Lösungsansätze erarbeitet. Die **Beteiligung** der Betroffenen trägt in diesem Abschnitt der Veränderung wesentlich zur Akzeptanz der erarbeiteten Maßnahmen bei. Noch in der Unfreezing-Phase beginnen bereits die ersten personellen, materiellen und strukturellen Realisationsmaßnahmen zur Einführung der organisatorischen Lösung.

Der eigentliche Veränderungsprozeß schließt sich an. Er muß **konsequent** und mit Durchhaltevermögen tiefgreifende und für jeden **erkennbare** Veränderungen in die Wege leiten. Kleine Korrekturen können die bisherige Situation nicht wirklich verändern.

Sie werden eher als mangelnde Bereitschaft oder als Unfähigkeit zur grundlegenden Veränderung gesehen und laden zur Verweigerung der Mitwirkung und zur Beibehaltung der traditionellen Mechanismen ein. Wenn aber klare und eindeutige Zeichen gesetzt werden, zum Beispiel durch die Einrichtung einer Parallelhierarchie mit einer Fach- und einer Führungskräftelaufbahn, und neue Rituale deutlich machen, daß Veränderungen eingetreten sind, zum Beispiel regelmäßige Geschäftsleitungsgespräche mit den Angehörigen aller Hierarchieebenen, dann ist der Rückzug in die alten Handlungsweisen wesentlich erschwert. Insofern muß die Implementation der Problemlösung zwar schrittweise, aber doch zügig und vor allem vollständig erfolgen. Das **Vorleben der Veränderung** wird in dieser Umsetzungsphase zu einer wesentlichen Aufgabe aller Führungskräfte.

In der Schlußphase des Transformationsprozesses geht es darum, die Implementation der Veränderungen abzuschließen und das Erreichte zu stabilisieren. Dabei ist insbesondere darauf zu achten, daß die Führungskräfte und deren Mitarbeiter nicht doch wieder in die alten Verhaltensmuster zurückfallen. Die laufende Kontrolle der Maßnahmen und ihrer Umsetzung trägt wesentlich zu einem dauerhaften Veränderungserfolg bei. Sie bildet die Grundlage für den sich anschließenden **kontinuierlichen Optimierungsprozeß** (continuous improvement), der bewirkt, daß die Organisation entsprechend den situativen Anforderungen **evolutionär** weiterentwickelt wird.

Die *Siemens Nixdorf Informationssysteme AG (SNI)*, ein Unternehmen mit knapp 13 Mrd. DM Umsatz und ca. 37.000 Mitarbeitern (Stand 1997), führte von 1993/94 bis 1997 ein umfangreiches Veränderungsprogramm durch, um das Unternehmen angesichts von Milliardenverlusten und der dramatischen Entwicklungen auf dem Computermarkt neu zu gestalten. Eine weitere Ursache für die Neuausrichtung von *SNI* war die Tatsache, daß die kulturellen Unterschiede zwischen den im Jahr 1990 fusionierten Unternehmen *Siemens* und *Nixdorf* nach wie vor erhebliche Probleme bereiteten. Die vorrangigen Ziele des »**Revitalisierungsprogramms**« waren die Erhöhung der Kundenzufriedenheit und die dauerhafte Verbesserung der wirtschaftlichen Lage des Unternehmens. Die »Roadmap zum Erfolg« von *SNI* mit den Phasen Mobilisierung, Repositionierung, Learning, Doing, Performing und Differentiation ist ein interessantes Beispiel für die Umsetzung des integrativen Veränderungsansatzes in der Unternehmenspraxis (vgl. *Fröschl, F.* 1997 S. 189 ff., *Siemens Nixdorf Informationssysteme AG* [Hrsg.] 1998):

- In der ersten Phase, der sogenannten **Moblisierungsphase**, wurde ein »Culture Change-Programm« gestartet, das den »Wandel in den Köpfen« herbeiführen, eine Aufbruchstimmung erzeugen und zur Entwicklung einer eigenständigen *SNI*-Kultur beitragen sollte. Hierzu wurden Meinungsführer in den Prozeß eingebunden, themenspezifische Arbeitsgruppen gebildet und zentrale Veranstaltungen und Workshops durchgeführt. In den zweiwöchentlichen

»Friday Foren« wurde ein abteilungsübergreifender, institutionalisierter Informationsaustausch gepflegt, um das Auftreten von unterschwelligen Widerständen und Konflikten zu vermeiden. Elektronische Medien wie E-Mail unterstützten diese Vorgehensweise, beispielsweise in Form des »Friday Forum Flash Report«.

- Der eigentliche Transformationsprozeß begann mit der **Repositionierungsphase**, in der die »harten Faktoren« angegangen wurden. Durch die Identifizierung der Kernfähigkeiten und der Geschäftsprozesse sowie durch die Konzentration auf die Kerngeschäfte des Unternehmens sollte die verlorengegangene Markt- und Kundennähe wiederhergestellt werden. Im Rahmen einer umfassenden Bestandsaufnahme wurden sämtliche Geschäftsbereiche analysiert und hinsichtlich ihrer Zukunftsaussichten bewertet. Die Geschäftsbereichsaktivitäten wurden konsolidiert und in Produkt-, Lösungs- und Systemgeschäften neu geordnet.

- »Danach folgte eine Phase, die naturgemäß nie abgeschlossen sein wird und die mit ›**Learning/Doing**‹ umschrieben ist. Learning umfaßt viele Facetten sowie die dazu notwendigen Randbedingungen (...). ›Doing heißt, wir haben vieles erarbeitet, aber das müssen wir jetzt auch umsetzen‹, ... ›Doing‹ beinhaltet einen klaren Imperativ: ›Nicht nur reden, handeln ist das Gebot der Stunde‹« (*Siemens Nixdorf Informationssysteme AG* [Hrsg.] 1998 S. 9; Hervorhebung durch den Verfasser).

- Im Rahmen des »**Performing**« standen die Steigerung von Produktivität und Qualität im Mittelpunkt des Wandels (z.B. durch die Nutzung von economies of scale, die weitere Anpassung der Strukturen und Prozesse an die Marktentwicklung, ein zielgerichtetes Portfolio-Management durch Akquisition, Optimierung oder Desinvestition von Geschäftseinheiten). Durch die Maßnahmen sollte ein jährlicher Produktivitätszuwachs von rund zwei Mrd. DM erzielt werden.

- In der letzten Phase »**Differentiation**« wurden 1997/98 die Stärken des Unternehmens gegenüber seinen wichtigsten Wettbewerbern herausgearbeitet und weiter ausgebaut. Als besondere Differenzierungskriterien wurden dabei das Verständnis der Geschäftsprozesse der Kunden und die Fähigkeit gesehen, die aktuelle Technik zu beherrschen und die technologische Entwicklung der IT-Branche mitzugestalten. *SNI* sollte so zu einem »Major Player« in der zukünftigen Informationstechnik werden.

Mit ihrem »Fahrplan der Veränderung« wollte die *SNI AG* einen häufig gemachten Fehler vermeiden: »Das Unternehmen hat nicht zuerst ein Reengineering der Hauptprozesse durchgeführt und sich in neuer Struktur dem Markt gestellt – um erst dann an die Mitarbeiter zu denken, die diese Struktur ›leben‹ müssen. Im Gegenteil: Bei *Siemens Nixdorf* wurde in einer ›Mobilisierungsphase‹ der Wandel der Unternehmenskultur mit dem Schwergewicht auf ein verändertes Verhalten zusammen mit den Baselining-Aktivitäten eingeleitet« (*Siemens Nixdorf Informationssysteme AG* [Hrsg.] 1998 S. 9; Kursivsetzung durch den Verfasser). Insgesamt wurde mit dem *SNI*-Veränderungsprogramm eine Ergebnisverbesserung von rund 700 Mio. DM erzielt, und *SNI* entwickelte sich im Jahr 1997 zur umsatzstärksten Computerfirma in Deutschland (vgl. *Rieker, J.* 1998 S. 51). Ohne eine Bewertung des Change-Prozesses vornehmen zu wollen oder zu können, bleibt festzuhalten, daß der größte Teil von *Siemens Nixdorf* im Rahmes eines internen »Mega-Mergers« zum 1. Oktober 1998 in den *Siemens*-Konzern und dort in das neue Arbeitsgebiet »Information und Kommunikation (IUK)«

zurückgegliedert wurde. Die *SNI* als eigenständige Tochtergesellschaft wird sich in Zukunft nur noch um Kassensysteme und Selbstbedienungsterminals kümmern (vgl. *Preissner, A./Schwarzer, U.* 1998 S. 106, *Rieker, J.* 1998 S. 46 ff.).

Organisation des Wandels

Die Integration der Handlungsebenen und die straffe Durchführung des organisatorischen Wandels sind durch eine geeignete Projektorganisation sicherzustellen. Aufgrund der großen Tragweite, der hohen Komplexität und des Umfangs von Transformationsprozessen kommt dem Projektmanagement eine besondere Bedeutung zu. Die installierte Projektorganisation sollte einfach, überschaubar und verständlich sein und die Verteilung der Aufgaben, der Verantwortung und der Kompetenzen verbindlich und eindeutig regeln. *Berger/Schwenker* empfehlen aufgrund ihrer Erfahrungen eine **dreistufige Projektorganisation** mit einem Lenkungsausschuß als dem obersten Entscheidungsgremium, einem Kernteam zur Steuerung der operativen Aktivitäten und Projektteams zur Bearbeitung von konkreten Problemstellungen (vgl. Abb. 99 sowie *Berger, R./ Schwenker, B.* 1996 S. 1052 f., *Meindl, R.* 1996 S. 1076 f.):

Lenkungsausschuß

• Der **Lenkungsausschuß** setzt sich in der Regel aus Vertretern des Vorstands oder der Geschäftsführung und des Betriebsrats zusammen. Er legt die Gesamtzielsetzung des Veränderungsvorhabens verbindlich fest, entscheidet in allen Grundsatzfragen und delegiert die erforderlichen Ausführungs- und Leitungskompetenzen an das Kernteam und die Projektteams. Im Rahmen der Projektvorbereitung und -durchführung hat der Len-

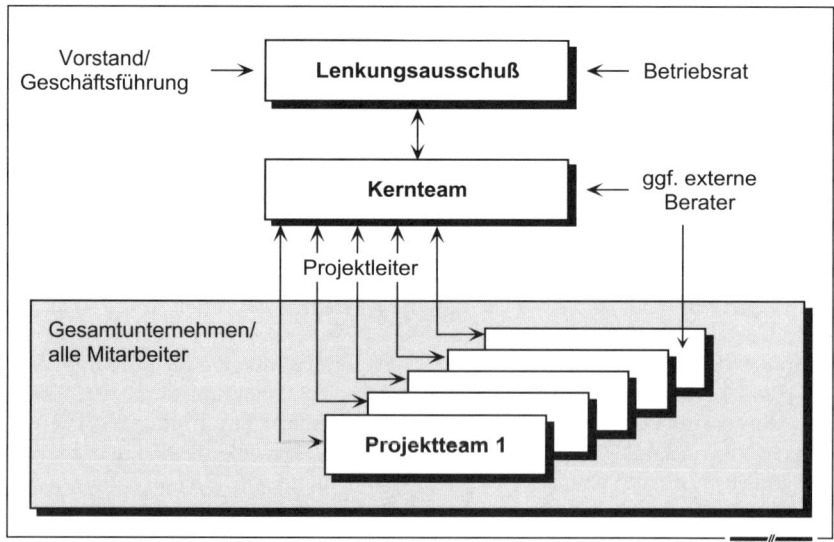

Abb. 99: Projektorganisation als Instrument
    des Veränderungsmanagements

kungsausschuß die unternehmensweite Kommunikation der Veränderungsmaßnahmen und den Informationsfluß innerhalb der Projektorganisation zu unterstützen. Falls erhebliche Veränderungswiderstände auftreten, sind sie von den Mitgliedern des Lenkungsausschusses abzubauen. Insofern übernehmen die Lenkungsausschuß-Mitglieder die im Veränderungsprozeß sehr wichtige Rolle der **Machtpromotoren**. Nach Abschluß der einzelnen Transformationsphasen evaluiert der Lenkungsausschuß die erzielten Ergebnisse im Sinne eines Implementierungs-Controlling und korrigiert gegebenenfalls die Vorgaben für den weiteren Prozeßverlauf. Während des Veränderungsprojekts erstattet er dem Vorstand oder der Geschäftsführung laufend Bericht.

- Zu den wichtigsten Aufgaben des **Kernteams** gehört es, die ganzheitliche Durchführung des Veränderungsprozesses im Hinblick auf die Zielsetzungen zu gewährleisten. Es steuert, koordiniert und unterstützt die Projektteams. Das Kernteam setzt sich überwiegend aus den Projektleitern zusammen, die durch Führungskräfte der Funktionsbereiche und der Sparten ergänzt werden können. Alle Mitglieder des Kernteams sollten über ausreichende Erfahrungen im Projektmanagement und über eine möglichst hohe Akzeptanz in der Organisation verfügen. In Konfliktfällen stehen sie der Organisation als Ansprechpartner zur Verfügung. Das Kernteam kann durch externe Berater ergänzt werden, die es insbesondere in Fach- und Methodenfragen unterstützen. Es berichtet in regelmäßigen Abständen an den Lenkungsausschuß (je nach Phase des Veränderungsprozesses z.B. vierzehntägig oder quartalsweise). Seine Mitglieder haben die Rolle von **Fachpromotoren**.   **Kernteam**

- Die **Projektteams** bearbeiten bereichs- oder prozeßbezogen Einzelprobleme und setzen die sich daraus ergebenden Maßnahmen gemeinsam mit den betroffenen Organisationseinheiten um. In ihnen sind die mittlere und die untere Führungsebene sowie die Ausführungsebene vertreten. Damit bilden die Projektteams das Bindeglied zur Gesamtorganisation und sind für die Akzeptanz und die Funktionalität des Veränderungsprozesses von entscheidender Bedeutung. Nach Möglichkeit sind neben den Betroffenen, wie bei den Kernteams auch, (externe) Experten in die Projektteams mit einzubinden, die eine fachliche und methodische Hilfestellung leisten. Die Projektleiter werden in der Praxis auch als **Transformationsmanager** bezeichnet. Sie sind aufgrund ihrer unmittelbaren Nähe zur Organisation die eigentlichen »Treiber« des Veränderungsprozesses: »The mid-level and frontline managers are the real change leaders« (*Katzenbach, J. R.* 1996 S. 149; vgl. auch *Tushman, M. L./ Newman, W. H./Romanelli, E.* 1986 S. 41 f.).   **Projektteams**

Durch die enge Verbindung der strukturellen mit den kulturellen Maßnahmen und durch den Einsatz von unterstützenden Methoden wird die Weiterentwicklung der Organisation von einem zeitlich befristeten Projekt zu einem kontinuierlichen Prozeß, der von den Organisationsmitgliedern nicht nur mitgetragen sondern auch aktiv gefördert und kreativ vorangetrieben wird. Allerdings ist nicht zu leugnen, daß in der betrieblichen Praxis viele Transformationsprozesse **versanden**, d. h. sie werden abgebrochen oder laufen zwar weiter, werden aber weder zielgerichtet noch engagiert vorangetrieben. Woran scheitern organisatorische Veränderungsprozesse, und wodurch können sie erfolgreich werden?

7.6   Erfolgs- und Mißerfolgsfaktoren des organisatorischen Wandels

Die Gründe für einen erfolglosen Transformationsprozeß sind ebenso vielfältig wie die Faktoren, die zu einem Erfolg führen. Im wesentlichen lassen sich die folgenden **Erfolgs-** und **Mißerfolgsfaktoren** identifizieren (vgl. *Berger, R./Schwenker, B.* 1996 S. 1047 f., *Hall, E. A./Rosenthal, J./Wade, J.* 1994 S. 124 ff., *Katzenbach, J. R.* 1996 S. 160 f., *Kotter, J. P.* 1995 S. 59 ff., *Tushman, M. L./Newman, W. H./Romanelli, E.* 1986 S. 33 ff.):

Erfolgsfaktoren
Ein wesentlicher Erfolgsfaktor ist eine klare **Veränderungsvision**, die in konkrete und für die Mitarbeiter und die Kunden erkennbar zweckmäßige und anspruchsvolle **Zielvorgaben** und **Maßnahmen** umgesetzt werden muß. Ein Teil der Zielvorgaben sollte kurzfristig erreichbar sein, um schnell erste sichtbare Erfolge (»early wins«) zu erzielen. Die motivierende Wirkung derartiger Erfolge fördert das Selbstvertrauen der Organisationsmitglieder (»Wir schaffen es!«) und unterstützt damit die langfristig orientierten Anstrengungen. Die bereichsübergreifende **Beteiligung** der Mitarbeiter und die gemeinsame Auseinandersetzung mit dem Veränderungsvorhaben ist eine zweite Voraussetzung für ein erfolgreiches Vorgehen. Nur eine Partizipations- und Kommunikationsstrategie, die von Offenheit und Vertrauen geprägt ist, sichert den erforderlichen **kulturellen Wandel**. Dazu trägt auch ein **integrativer Ansatz** bei, der auf Teiloptimierungsversuche verzichtet und die Handlungsfelder des Veränderungsmanagements als sich gegenseitig beeinflussende Elemente eines dynamischen und komplexen Systems begreift. Schließlich sind tiefgreifende Veränderungsprozesse von Anfang an zum Scheitern verurteilt, wenn sie nicht die uneingeschränkte Unterstützung der obersten Führungsebene besitzen (**Top Management-Commitment**). Das setzt die Identifikation der Unterneh-

mensführung mit den Zielen und der Vorgehensweise des Veränderungsprozesses voraus.

Aus den Erfolgsfaktoren ergeben sich die Faktoren, die einen Veränderungsprozeß negativ beeinflussen oder zum Scheitern bringen können. Hier steht die **unscharfe, nicht verständliche Vision** an erster Stelle. Den Mitarbeitern fehlt ein klares Leitbild, das ihnen in der Phase des Übergangs eine Orientierungshilfe bieten und die Kräfte bündeln kann. Wenn darüber hinaus ein mangelndes **Verständnis der Problemsituation** besteht, wird es kaum gelingen, eine breite Akzeptanz für grundlegende Veränderungen zu erreichen. Die **unvollständige Kommunikation** der Ursachen, der Ziele, der Maßnahmen und der Folgewirkungen der angestrebten Veränderung und die **zaghafte** Durchführung **punktueller** Aktivitäten bewirken in diesem Fall ein übriges, um den Transformationsprozeß zum Scheitern zu bringen. Von besonderer Bedeutung ist in diesem Zusammenhang der **fehlende Mut,** falls erforderlich auch personelle Konsequenzen zu ziehen. Wenn die Promotoren des Veränderungsprozesses nicht sichtbar unterstützt und die Opponenten nicht erkennbar sanktioniert werden, schwindet die Bereitschaft zu tiefgreifenden Veränderungen schnell. Schließlich wird der **Zeitbedarf** für den kulturellen Prozeß häufig unterschätzt. Das Lernen und das Verlernen sind keine Vorgänge, die sich kurzfristig bewältigen lassen.

Mißerfolgsfaktoren

Das Wissen um diese Erfolgs- und Mißerfolgsfaktoren und ihre Berücksichtigung bei der Konzeption und der Durchführung des organisatorischen Wandels leisten einen wesentlichen Beitrag zur Vermeidung von schwerwiegenden Fehlern. Das ist gerade in einer Phase der Instabilität und der Ungewißheit von besonderer Bedeutung, wenn die Mitarbeiter in bezug auf Veränderungen hochgradig sensibilisiert sind und jede Maßnahme besonders kritisch verfolgen und beurteilen. Die Abbildung 100 faßt die wichtigsten Erfolgs- und Mißerfolgsfaktoren von Veränderungsprozessen zusammen.

7.7 Organisationales Lernen als Veränderungskonzept der Zukunft?

7.7.1 Zukünftige organisatorische Herausforderungen

Wer sich mit der Literatur zu Fragen des organisatorischen Wandels auseinandersetzt und sich die aktuellen strukturellen Probleme vieler Unternehmen vor Augen führt, kommt fast zwangsweise zu dem Schluß, daß in der organisatorischen Gestaltung auf ab-

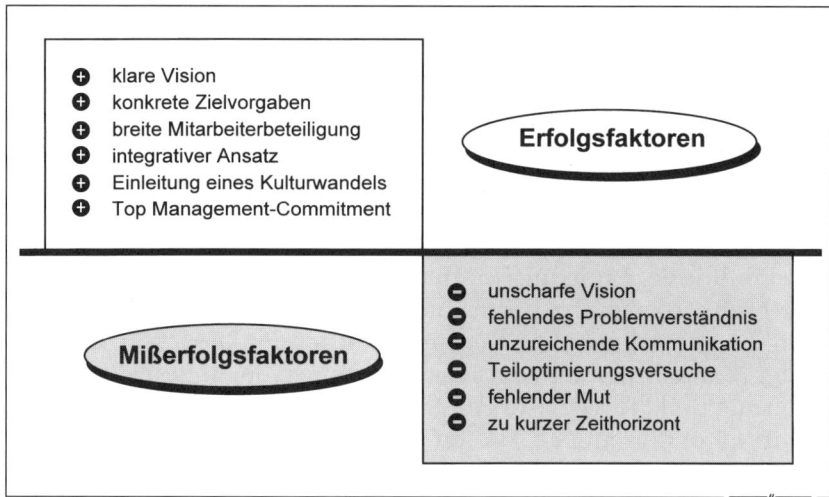

Abb. 100: Erfolgs- und Mißerfolgsfaktoren
von Veränderungsprozessen

sehbare Zeit eine **Daueraufgabe** zu sehen ist. Die Unternehmen müssen sich angesichts der internen und externen Veränderungen verstärkt um geeignete organisatorische Problemlösungen bemühen, um die sich bietenden Chancen nutzen und die drohenden Risiken abwehren zu können. Diejenigen Unternehmen, die auf die drängenden Fragen schnell eine innovative strukturelle Antwort finden, werden entscheidende Wettbewerbsvorteile erlangen. Die im Zusammenhang mit dem Business Reengineering-Ansatz vorgebrachte Kritik weist in die richtige Richtung: Organisatorischer Wandel muß sich tendenziell eher **evolutionär** vollziehen, was gelegentliche revolutionäre Phasen allerdings nicht ausschließt. Wer zukünftig Organisationen verändern will, muß vor allem die kulturellen Variablen des organisatorischen Wandels ausreichend berücksichtigen.

Welchen Bereichen der organisatorischen Gestaltung kommt in Zukunft eine besondere Bedeutung zu?

Schanz sieht insbesondere in den folgenden Bereichen **Handlungsfelder der strukturellen Gestaltung**, ohne jedoch bestimmte Schwerpunkte ausmachen zu können (vgl. *Schanz, G.* 1994 S. 429 ff.; vgl. auch *Reichwald, R./Höfer, C./Weichselbaumer, J.* 1996 S. 17 ff.):

Zukünftige Handlungsfelder

• Die **Organisationsstruktur** (**Makrostruktur**) wird zwangsläufig auch weiterhin außerordentlich wichtig sein, weil die Gestaltung der Aufbau- und der Ablauforganisation die Grundlage für eine konsequente Markt- und Kundenorientierung des Unternehmens ist.

- Im Bereich der **Arbeitsplatzgestaltung (Mikrostruktur)** stehen insbesondere durch den Wandel der Informations- und Kommunikationstechnologie (z.B. im Bereich der Telearbeit) weitere strukturelle Veränderungen bevor. Hier bieten sich zahlreiche Möglichkeiten für eine konsequente Mitarbeiterorientierung, beispielsweise bei der individuellen Gestaltung der Aufgabeninhalte und -umfänge.

- Durch die zunehmende Globalisierung der Märkte ergeben sich im **interorganisatorischen Bereich** zusätzliche Ansatzpunkte für strukturelle Veränderungen. Die Bildung geschlossener und unternehmensübergreifender Wertschöpfungsketten und die umfassende Nutzung von Synergiepotentialen werden den Netzwerkcharakter von Organisationen weiter verstärken. Durch die Modularisierung der Strukturen, eine kundenorientierte Prozeßgestaltung und den Einsatz moderner Kommunikationstechnologien entstehen zeitlich befristete virtuelle Organisationen, die als standortübergreifende, aufgabenorientierte Ad-hoc-Kooperationen eine optimale Nutzung der verfügbaren Ressourcen und Kernkompetenzen sowie schnelle Reaktionen ermöglichen sollen (vgl. *Bullinger, H.-J.* et al. 1996 S. 23 f., *Scholz, C.* 1996 S. 204 ff. sowie Kapitel 9).

- Die wachsende Bedeutung des »**Produktionsfaktors Zeit**« wird sich auf die drei zuvor genannten Bereiche unmittelbar auswirken. Die Leistungs- und die Managementprozesse sind so zu gestalten, daß Probleme frühzeitig erkannt und gelöst werden können, sich Produkt- und Verfahrensinnovationen schnell umsetzen lassen, die Durchlaufzeiten weiter verkürzt werden usw.

- Bedingt durch den Wertewandel und das zunehmende Erfordernis interdisziplinärer Problemlösungen, wird die **Teamarbeit** weiter an Bedeutung gewinnen. Die traditionelle Rolle der Führungskraft als »Vorgesetzter« wird durch diejenige des »Koordinators« und »Coach« abgelöst werden.

- Die Erkenntnis, daß es sich bei der **Organisationskultur** um einen wesentlichen Erfolgsfaktor handelt, wird sich immer mehr durchsetzen. Demgemäß muß der kulturelle Wandel in Zukunft ein integraler Bestandteil von organisatorischen Veränderungsprozessen sein, wenn diese langfristig Erfolg haben sollen.

Angesichts des zunehmenden Veränderungsbedarfs und der Vielfalt der zu berücksichtigenden Handlungsfelder stellt sich die Frage, ob ein integrativer Ansatz ausreicht, wie er in Abschnitt 7.5.4

vorgestellt wurde, um die Zukunftsprobleme im strukturellen Bereich bewältigen zu können. Kritisch ist vor allem anzumerken, daß der organisatorische Wandel auch bei einer Integration der sachlich-technokratischen Ebene (Organisationsgestaltung) und der psychologisch-emotionalen Ebene (Organisationsentwicklung) eine **Expertenangelegenheit** bleibt und den Charakter eines fest umschriebenen und in sich geschlossenen Einzelproblems behält. Damit nimmt der Strukturwandel eine **Sonderrolle** ein, während er in Wirklichkeit zu einer mehr oder weniger kontinuierlichen Aufgabe geworden ist. In diesem Zusammenhang darf auch bezweifelt werden, ob das Phasenmodell von *Lewin* angesichts eines »chronically unfrozen systems« noch zeitgemäß ist (vgl. *Schreyögg, G.* 1996 S. 510, *Steinmann, H./Schreyögg, G.* 1993 S. 441).

7.7.2 Das Konzept des organisationalen Lernens

Praktische Erfahrungen zeigen, daß einiges dafür spricht, die kritisierte Verengung und Einseitigkeit der bisherigen Betrachtung des Problems organisatorischer Veränderungen aufzugeben und das Verständnis des Wandels zu erweitern. Hier bietet sich das **Konzept des organisationalen Lernens** an, das die Entwicklung von Organisationen als einen fortdauernden Lernprozeß versteht, der von der gesamten Organisation zu leisten ist.

D

> **Organisationales Lernen läßt sich als die Fähigkeit einer Organisation definieren, Fehler zu entdecken, zu korrigieren und die organisationale Werte- und Wissensbasis so zu verändern, daß neue Problemlösungs- und Handlungskompetenzen entstehen** (vgl. *Probst, G. J. B.* 1993 S. 473, *Thommen, J.-P.* 1996 S. 251).

Demnach geht das organisationale Lernen weiter als die konventionelle Auffassung vom organisatorischen Wandel, wie auch aus der Abbildung 101 hervorgeht (vgl. *Schreyögg, G./Noss, Ch.* 1995 S. 169 ff., *Steinmann, H./Schreyögg, G.* 1993 S. 440).

Worin ist die Besonderheit des organisationalen Lernens zu sehen?

Merkmale organisationalen Lernens

Lernen ist zunächst einmal eine höchst individuelle Angelegenheit, die sich zwischen der lernenden Person und der sie umgebenden Umwelt abspielt. Erst im Kontext von Organisationen findet organisationales Lernen statt. Dabei lernen zum einen die Organisationsmitglieder als Individuen in der Organisation und erweitern oder verändern so ihr Wissen, wobei das Ausmaß und die In-

Konventioneller organisatorischer Wandel	Organisationales Lernen
• Wandel als zeitlich befristeter Sonderfall • Wandel als spezielles Problem • zumeist zentrale Steuerung des Wandels • Wandel durch interne und/oder externe Experten - Organisationsmitglieder als Klienten	• Wandel als Normalfall • Wandel als generelles Problem • indirekte, dezentrale Gestaltung des Wandels • Wandel als Kompetenz aller Organisationsmitglieder

SCHÄFFER
POESCHEL

Abb. 101: Konventioneller organisatorischer Wandel und organisationales Lernen

tensität der Lernvorgänge in einem hohen Maße von den jeweiligen Bedingungen der Organisation abhängen. Zum anderen lernen aber auch die Organisationen, indem sie über Speichersysteme verfügen, wie beispielsweise Unternehmens- und Führungsgrundsätze, Leitlinien, Arbeitsanweisungen oder bestimmte kulturelle Merkmale, die unabhängig von ihren Mitgliedern existieren und deren Inhalte ständig modifiziert werden. Ein historisches Beispiel aus der Zeit der Hochindustrialisierung soll die Wechselwirkung zwischen dem Lernen von Individuen und Organisationen verdeutlichen:

»Bevor *Taylor* durch seine Beobachtungen von Arbeitsschritten und deren systematischer Aufzeichnung individuelles Wissen einer organisationalen Verwertung zugänglich gemacht hat, war z.B. die Herstellung in einem metallverarbeitenden Betrieb abhängig von den einzelnen Arbeitern, ihren Fähigkeiten und ihrem individuellen Wissen über die Materialbearbeitungsmethoden. Die Beobachtungen *Taylor*s, die er im Rahmen seiner bekannten ›metal-cutting-experiments‹ durchführte, wurden detailliert aufgezeichnet, womit erstmalig genaue Beschreibungen von Arbeitsverfahren erfolgten und Normen zu optimalen Laufzeiten, zum Schleifen von Werkzeugen und zur Härte von Werkzeugstahl ermittelt und registriert wurden. Durch die Aufzeichnung dieses Wissens wurde der Betrieb unabhängig von dem individuellen Wissen der einzelnen Arbeiter. Die differenzierte Aneignung dieses ›know-hows‹ durch den Betrieb ermöglichte somit eine, vom einzelnen Arbeitnehmer unabhängige Replikation des Wissens. So konnten weniger qualifizierte Kräfte für diese Arbeitsvollzüge angestellt werden, anstatt wiederum höher qualifizierte Arbeitnehmer zu beschäftigen, die sich dieses Handlungswissen durch einen erneuten Erkenntnis- und Erfahrungsprozeß aneignen mußten. ... Durch diese Speicherung von individuellem Wissen in organisationalen Wissens-Systemen wurden Handlungskompetenzen sukzessive abstrahiert und im organisationalen System implementiert. Vormals individuelles Wissen wurde damit zu organisationalem Wissen, das andauernd und beliebig replizierbar war« (*Pawlowsky, P.* 1992 S. 201 f.; Kursivsetzung durch den Verfasser).

**Organisationale
Lernprozesse**

Die Vorbedingung für organisationales Lernen sind also individuelle Lernprozesse; denn die einzigen kognitiven Strukturen, über die Organisationen verfügen, sind diejenigen ihrer Mitglieder. Sie ermöglichen es Organisationen, Umweltveränderungen wahrzunehmen und sich entsprechend den Erfordernissen zu verhalten. Dabei ist das Lernen einer Organisation nicht mit der Summe des Lernens ihrer Mitglieder identisch. Organisationales Lernen setzt vielmehr voraus, daß die Ergebnisse der individuellen Lernvorgänge durch eine intensive hierarchie- und bereichsübergreifende Kommunikation der Organisation zugänglich gemacht werden. Erst dadurch wird die von den Mitgliedern geteilte **organisatorische Wissensbasis** (organizational knowledge base) oder das »organisationale Gedächtnis« modifiziert, erweitert und restrukturiert, und das aktuelle organisationale Wissen kann aktiv genutzt werden. Letztendlich hat organisationales Lernen damit Konsequenzen für das Verhalten der Organisation.

Die *Speedy GmbH* plant die Formulierung von Führungsgrundsätzen in einem Top-down-Vorgehen. Ein neu eingestellter Mitarbeiter hat in der Vergangenheit die Erfahrung gemacht, daß die mit der Einführung von Führungsgrundsätzen angestrebten Ziele (z.B. verbesserte Kommunikation und Zusammenarbeit, höhere Mitarbeitermotivation) nur dann erreicht werden, wenn die Grundsätze partizipativ erarbeitet worden sind. Aus bestimmten Gründen (z.B. der Angst, als »Besserwisser« zu gelten) hält er sein erworbenes Wissen jedoch zurück. Obwohl das gesamte Wissen der Organisationsmitglieder durch die Einstellung des neuen Mitarbeiters größer geworden ist, bleibt die organisatorische Wissensbasis unverändert. Als Konsequenz wird die *Speedy GmbH* den Fehler wiederholen, den der frühere Arbeitgeber des neuen Mitarbeiters schon einmal gemacht hat – sozusagen mangels »besseren Wissens«.

**Lernen
und Verlernen**

Organisationen können demzufolge als **Wissenssysteme** angesehen werden, in denen nach und nach Wissen akquiriert und gespeichert wird. Dazu mußten in der Vergangenheit und müssen in der Gegenwart und in der Zukunft Lernprozesse stattfinden, die durch solche des Verlernens ergänzt werden; denn nur durch **Verlernen** (teilweise auch als »Entlernen« bezeichnet), also einen Prozeß, in dem die Organisation altes Wissen und überholte Verhaltensweisen ablegt, werden Freiräume für neue Lösungsansätze und Handlungsweisen geschaffen. Der Vorgang des Verlernens ist damit nicht mit »Umlernen« gleichzusetzen, denn beim Verlernen werden die überholten Lerninhalte nicht den aktuellen Anforderungen angepaßt sondern systematisch durch Neues ersetzt. Für Organisationen ist es deshalb wichtig, ein Gleichgewicht herzustellen zwischen der Fähigkeit, Neues zu erlernen, und der Bereitschaft, Altes zu verlernen. Nur so kann der Erfolg von geplanten Veränderungsprozessen sichergestellt werden (vgl. *Hamel, G./Prahalad, C. K.* 1995 S. 104 ff., *Pawlowsky, P.* 1993 S. 199 ff., *Perich, R.* 1992 S. 398 f.,

Schanz, G. 1994 S. 432, *Scholz, C.* 1997 S. 305 f., *Sonntag, K.* 1996 S. 67, *Thommen, J.-P.* 1996 S. 253 ff., *Zahn, E./Greschner, J.* 1996 S. 45 ff.).

Wie lernen Organisationen?

Organisationales Lernen vollzieht sich auf unterschiedlichen Lern-niveaus. Eine bekannte Klassifizierung ist die im folgenden darge-stellte Unterscheidung von **drei Ebenen organisationalen Lernens** (vgl. Abb. 102 und *Argyris, C.* 1994 S. 7 ff., *Argyris, C./Schön, D. A.* 1978 S. 18 ff., *Sonntag, K.* 1996 S. 67 ff., *Steinmann, H./Schreyögg, G.* 1993 S. 446 ff., *Zahn, E./Greschner, J.* 1996 S. 52 ff.):

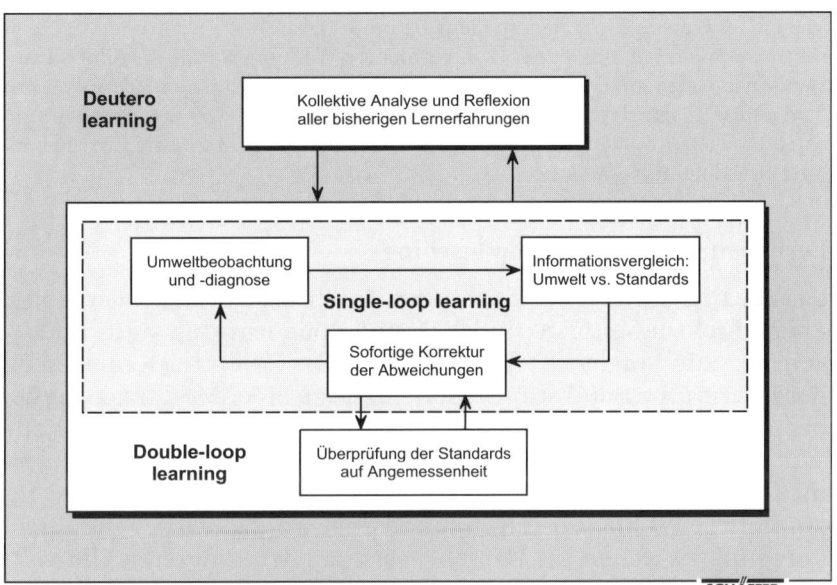

Abb. 102: Ebenen organisationalen Lernens

Lernebene 1: Single-loop learning

Das Single-loop learning (Einkreislernen) vollzieht sich als einfa-cher kybernetischer Regelkreis in einem festen, unumstößlichen Kontext von Werten, Normen und Standards. Die Organisations-mitglieder reagieren auf wahrgenommene Veränderungen, indem sie versuchen, die Fehlerquellen zu identifizieren und die Abwei-chungen zu den Standards zu beseitigen. Das Single-loop learning ist demzufolge auf eine effizientere Zielerreichung **innerhalb des vorgegebenen Bezugsrahmens**, der handlungsleitenden, kollekti-ven Theorie (»theory in use«), gerichtet und damit ein reines **An-**

Ebenen organisationalen Lernens

passungslernen. Die Grundorientierung der Organisationsmitglieder bleibt unverändert. Der primäre Lernprozeß wird von den Individuen geleistet und führt lediglich zu einer Erweiterung der bestehenden Wissensbasis. Er ist unzureichend, wenn es darum geht, grundlegende Veränderungen in turbulenten Umwelten zu bewältigen. Unter solchen Bedingungen sind Lernprozesse notwendig, die über die Abweichungskorrektur hinausgehen (vgl. *Pawlowsky, P.* 1992 S. 207).

Im Rahmen ihrer Zielplanung hat die *Speedy GmbH* im vergangenen Jahr die Monatsumsätze für das kommende Geschäftsjahr festgelegt. Im Laufe des neuen Geschäftsjahres stellt sich heraus, daß die Ist-Umsätze entgegen den Erwartungen zurückgehen und die angestrebten Planwerte nicht erreicht werden. Diese Diskrepanz von Ist- und Sollwerten führt zu Abweichungsanalysen, um die Ursachen des Umsatzrückgangs zu identifizieren. Daraufhin werden operative Korrekturmaßnahmen eingeleitet (z.B. vermehrte Werbung für die einzelnen Fahrzeugtypen, stärkerer Einsatz der Verkaufsförderung am Point of Sale usw.), mit denen die Umsatzziele doch noch erreicht werden sollen. Die ursprünglich festgelegten Ziele und der Rahmenplan für den Einsatz der Marketinginstrumente bleiben jedoch unverändert.

Lernebene 2: Double-loop learning

Lassen sich auftretende Störungen durch Lernprozesse der ersten Ebene nicht beseitigen, findet Double-loop learning statt. Im Gegensatz zum Single-loop learning führt das Zweikreislernen zu einer Überprüfung und erforderlichenfalls zu einer Modifizierung der bisherigen Grundwerte und -überzeugungen. Solche Standards, die sich angesichts der veränderten Rahmenbedingungen als unangemessen erwiesen haben, müssen hinsichtlich ihrer Eignung für zukünftige Problemlösungen hinterfragt werden. Durch die Rückkopplung zwischen der Wissensbasis und der konkreten Umweltveränderung findet eine Reorientierung statt. Sie führt zu der **Etablierung neuer Standards**. Das Double-loop learning wird deshalb auch als **Veränderungslernen** bezeichnet. Voraussetzung hierfür ist die Fähigkeit zum organisationalen Verlernen (unlearning). Die beteiligten Organisationsmitglieder müssen bereit sein, ihre Grundorientierungen und die in der Vergangenheit erfolgreich angewandten kollektiven Handlungsmuster zu revidieren. Dies erfordert ein offenes Organisationsklima, das durch Unvoreingenommenheit und Veränderungswillen gekennzeichnet ist.

Beispielsweise könnten die operativen Korrekturmaßnahmen bei der *Speedy GmbH* nicht die erhoffte Wirkung zeigen, d.h. die Umsätze gehen auch nach dem verstärkten Einsatz von Werbung und Verkaufsförderung weiter zurück. Das reine Anpassungslernen ohne eine Veränderung der gültigen Standards hätte sich damit als unwirksam erwiesen. In diesem Fall wird das Unternehmen zum einen die bisherigen Umsatzziele hinterfragen und zum anderen über eine grundsätzliche Neuausrichtung seines Marketinginstrumentariums nachdenken. Das Ergebnis dieses Lernprozesses der zweiten Ebene können beispielsweise Zielreduzierungen und eine geänderte Preis- und Produktpolitik sein. So ist es denkbar, daß die *Speedy GmbH* von ihrer bisherigen Hochpreispolitik abrücken muß, was möglicherweise an den bis dahin gültigen Grundüberzeugungen der Geschäftsführung rüttelt und sie zu einem völligen Umdenken hinsichtlich der Marktpositionierung des Unternehmens veranlaßt.

Lernebene 3: Deutero learning

Das Deutero learning setzt die Fähigkeit zum Single- und Double-loop learning voraus und ist eine Art **Meta-Ebene des Lernens**. Auf dieser Lernebene wird die organisationale Lernfähigkeit selbst zum Gegenstand des Lernprozesses (»Lernen des Lernens«). Das Deutero learning analysiert und hinterfragt alle bisherigen Lernvorgänge im Hinblick auf den Lernkontext, das Lernverhalten sowie die Lernerfolge und -mißerfolge. Es identifiziert die lernfördernden und die lernhemmenden Faktoren und ist dadurch geeignet, die Innovations- und die Wandlungsfähigkeit von Organisationen kontinuierlich sicherzustellen. Das Deutero learning wird deshalb auch als **Problemlösungslernen** oder **Prozeßlernen** bezeichnet.

Würde die Geschäftsführung der *Speedy GmbH* aufgrund ihrer Erfahrungen dazu übergehen, zukünftig sämtliche Entscheidungen, Handlungen und deren Auswirkungen im Vertriebsbereich (und möglicherweise auch in den anderen Unternehmensbereichen) systematisch und kontinuierlich hinsichtlich ihrer Zielwirksamkeit zu überprüfen und dies auch zu einer Aufgabe von allen Organisationsmitgliedern machen, dann läge ein Lernen der dritten Ebene vor. Dieses Lernen zur laufenden Verbesserung der Lernprozesse erfordert eine ständige Auseinandersetzung mit den organisationalen Lernvorgängen und stellt damit höchste Anforderungen an die Lernbereitschaft und die Lernfähigkeit der Führungskräfte und ihrer Mitarbeiter. Empirische Untersuchungen zeigen allerdings, daß das Deutero Learning in der Praxis häufig an den Rahmenbedingungen scheitert. Insbesondere der Unternehmenserfolg gehört zu den Faktoren, die Lernprozesse hemmen oder sogar verhindern, wie Wirtschaftshistoriker in Untersuchungen über die »erfolgsgefährdende Wirkung des Erfolgs« festgestellt haben (vgl. *Lindenlaub, D.* 1983 S. 91 ff.).

Unabhängig davon, auf welcher Ebene sich die Lernprozesse vollziehen, sind vier allgemeine **Grundformen des organisationalen Lernens** zu unterscheiden (vgl. *Steinmann, H./Schreyögg, G.* 1993 S. 449 f.):

- Das **Lernen aus Erfahrung** knüpft an den in der Vergangenheit gesammelten Erfahrungen einer Organisation an. Die bisher erfolgreichen Problemlösungen, Handlungsmuster und Routinen werden bei dem Auftreten eines neuen Problems hinsichtlich ihrer Zweckmäßigkeit und ihrer voraussichtlichen Erfolgswirkung beurteilt und gegebenenfalls modifiziert oder durch neue

Grundformen organisationalen Lernens

Lösungsansätze substituiert. Dadurch verändert sich die Wissensbasis einer Organisation.

- Nutzt eine Organisation die Erfahrungen einer anderen Organisation, liegt **vermitteltes Lernen** vor. Den Anstoß für derartige Lernvorgänge können unternehmensübergreifende Arbeitskreise, Gespräche mit Lieferanten und Kunden oder gezielte Suchprozesse bilden, wie das systematische Auswerten von Veröffentlichungen. Auch das Lernen aufgrund von Instruktionen, zum Beispiel in Workshops oder Schulungen, gehört zu dieser Grundform organisationalen Lernens, die auch als ein »Lernen aus der Erfahrung **anderer**« bezeichnet werden kann.
- Die **Inkorporation neuer Wissensbestände** ist die dritte Lernform. Sie ist durch die Eingliederung bisher organisationsfremden Wissens gekennzeichnet, die beispielsweise durch die Einstellung von externen Fachleuten oder die Integration anderer, mit einem spezifischen Wissen ausgestatteter Organisationen erfolgt (»Zukauf von Know-how«).
- Schließlich können Organisationen durch Lernprozesse **selbstreferentiell** neues Wissen generieren. Bei dieser Lernform werden die in der Organisation vorhandenen Wissenselemente neu miteinander verknüpft und zu innovativen Problemlösungen weiterentwickelt. Selbstreferentielle Lernprozesse erfordern eine weitgehende Kollektivierung des verfügbaren Wissens und setzen somit eine intensive Kommunikation der Organisationsmitglieder voraus.

Ingangsetzen von Lernprozessen

An dieser Stelle ist noch einmal darauf hinzuweisen: Die bloße quantitative Erweiterung der Wissensbasis einer Organisation stellt noch kein organisationales Lernen dar. Erst wenn der bisherige Wissensbestand restrukturiert wird und dadurch neue Problemlösungs- und Handlungskompetenzen entstehen, kann von einem organisationalen Lernen gesprochen werden.

Ein zweckmäßiger Ansatz, um in Organisationen Lernprozesse in Gang zu setzen ist die gezielte **Dezentralisierung von Aufgaben, Verantwortung und Kompetenzen**. Die Möglichkeit, eigenverantwortlich Entscheidungen zu treffen, eine offene Kommunikation und eine Unternehmenskultur, in der Fehler erlaubt sind und die gültigen Grundwerte und Handlungsmuster in Frage gestellt und reflexiv überprüft werden können, sind wesentliche Elemente auf dem Weg zur lernenden Organisation. Gerade weil das Lernen primär ein individueller Vorgang ist, kommt der umfassenden Kommunikation zur Kollektivierung der Lernergebnisse dabei eine besondere Bedeutung zu. Hier bestehen in der Unternehmenswirklichkeit aber zumeist noch erhebliche Defizite, weil die etablierten Machtstrukturen eine Dezentralisierung von Wissen einschränken. Vielfach herrscht bei den Führungskräften und deren Mitarbeitern die Angst vor, daß ihr Einfluß mit der Weitergabe von Informationen schwindet und die eigene Position gefährdet wird. Die Wirkungen von derartigen Verhaltensmustern sind selbstverständlich kontraproduktiv für organisationale Lernvorgänge.

Wird das Konzept des organisationalen Lernens konsequent umgesetzt, dann führt dies auf der institutionellen Ebene zu einer **lernenden Organisation**. Sie wird in der letzten Zeit sowohl von Wissenschaftlern als auch von Unternehmensberatern verstärkt propagiert.

Lernende Organisation

> **Unter der lernenden Organisation ist eine Organisation zu verstehen, die fähig ist, Wissen zu generieren, zu sammeln und zu vermitteln, und die ihr Verhalten auf der Grundlage gewonnener Einsichten verändern kann** (vgl. *Garvin, D. A.* 1993 S. 80).

Schanz weist zu Recht auf die Mißverständlichkeit des Begriffs »lernende Organisation« hin, weil teilweise suggeriert wird, »... daß es sich um etwas völlig anderes als individuelles Lernen handelt. Das ist selbstverständlich nicht der Fall, aber es ist durchaus gerechtfertigt, zwischen diesen beiden Begriffen zu unterscheiden« (*Schanz, G.* 1994 S. 432).

Lernende Organisationen werden als »**anti-strukturell**« beschrieben und sind vor allem durch die Merkmale der **Hierarchiefreiheit**, der **Selbstkoordination** und der **mündlichen Kommunikation** gekennzeichnet. Es wird eine nahezu vollständige Entkoppelung und Flexibilisierung der Strukturen angestrebt, die als Voraussetzungen für ein funktionierendes organisationales Lernen angesehen werden. Derartige Organisationen befinden sich ständig im Wandel, indem sie die Signale der Umwelt in Selbstorganisationsprozessen verarbeiten, die eine fortlaufende strukturelle Neuausrichtung bewirken (vgl. hierzu die kritische Betrachtung von *Steinmann, H./Schreyögg, G.* 1993 S. 452).

Merkmale der lernenden Organisation

Müssen die vorhandenen Strukturen vollständig abgebaut werden, um die lernende Organisation als Veränderungskonzept der Zukunft zu etablieren?

Wie wir am Anfang dieses Buches gesehen haben, sind Organisationsstrukturen das Ergebnis des Organisierens. Organisieren bedeutet das Festlegen bestimmter Regeln, die Gebilden eine Ordnung geben und das Chaos vermeiden. Um komplexe Aufgaben effektiv und effizient lösen zu können, ist ihre organisatorische Gestaltung eine äußerst wichtige Voraussetzung. Deshalb kann die Vorstellung einer völlig strukturlosen Organisation nicht überzeugen. Zukünftig kann es nicht um die Frage »Struktur **oder** Lernen?«

gehen, sondern darum, wie Struktur **und** Lernen miteinander verbunden werden können. Angesichts der Tatsache, daß die zunehmende Komplexität und die wachsende Dynamik der Umwelt ständig steigende Anforderungen an die Qualität der organisatorischen Problemlösungen stellen, kann das Konzept des organisationalen Lernens als **Problemlösungslernen** einen wesentlichen Beitrag zur langfristigen Sicherung der Überlebensfähigkeit einer Organisation leisten. Eine zentrale Voraussetzung hierfür ist es allerdings, daß eingefahrene Denk- und Verhaltensweisen (defensive routines) abgebaut werden, die das Lernen behindern oder sogar blockieren. Dieser »Verlern-Prozeß« ist zumeist schwierig und zeitaufwendig. Der Verlust überkommener Denk- und Handlungsmuster wird von den Organisationsmitgliedern häufig als schmerzhaft empfunden. Trotzdem wird nur durch ein andauerndes Lernen und Verlernen die Kernkompetenz einer lernfähigen Organisation gefördert, die darin besteht, den organisatorischen Wandel in einer turbulenten Umwelt erfolgreich zu gestalten.

7.8   Wiederholungsfragen zu Kapitel 7

1. Was ist unter dem geplanten organisatorischen Wandel zu verstehen?
2. Worin sehen Sie mögliche unternehmensinterne und -externe Ursachen für organisatorische Veränderungen?
3. Von welchen Grundannahmen gehen die Modelle zur Erklärung der Organisationsdynamik aus?
4. Erläutern Sie die fünf Phasen des Wachstumsmodells von *Greiner*.
5. Inwieweit kann das Wachstumsmodell von *Greiner* zur Erklärung und zur Bewältigung von aktuellen Veränderungsprozessen herangezogen werden?
6. Nennen und erläutern Sie die vier Handlungsfelder des Veränderungsmanagements.
7. Warum können diese Handlungsfelder nicht isoliert betrachtet werden?
8. Wodurch können Widerstände gegen organisatorische Veränderungen hervorgerufen werden?
9. Welche Arten von Widerständen kennen Sie? Erläutern Sie die Besonderheiten der verschiedenen Widerstandsarten.
10. Welche Möglichkeiten gibt es, mit Widerständen im Rahmen von Veränderungsprozessen umzugehen?
11. Erläutern Sie die Grundgedanken der Organisationsgestaltung.

12. Worin unterscheiden sich strategische und operative Organisationsprobleme?

13. Auf welchen Grundgedanken beruht der Ansatz des Systems Engineering?

14. Stellen Sie die einzelnen Phasen der Organisationsgestaltung dar, und erläutern Sie ihre wesentlichen Inhalte.

15. Wodurch sind die Planungsstufen der Vorstudie, der Hauptstudie und der Teilstudien gekennzeichnet?

16. Erläutern Sie die einzelnen Phasen des Organisationszyklusses.

17. Skizzieren Sie die Grundgedanken der Organisationsentwicklung.

18. Erörtern Sie den Ansatz von *Lewin*.

19. Inwieweit eignet sich der Drei-Phasen-Ansatz von *Lewin* als Vorgehensmodell im Rahmen der Organisationsentwicklung?

20. Welche alternativen Vorgehensweisen bei der Einführung von Veränderungen kennen Sie? Stellen Sie deren jeweilige Besonderheiten in übersichtlicher Form dar.

21. Nach der Intensität der Intervention lassen sich revolutionäre und evolutionäre Ansätze des Wandels differenzieren. Worin sehen Sie die wesentlichen Unterschiede?

22. Erläutern Sie die Grundsätze des Business Reengineering-Ansatzes.

23. Welche Vor- und Nachteile sind mit einem revolutionären Wandel verbunden?

24. Welche besonderen Merkmale kennzeichnen das evolutionäre Vorgehen bei organisatorischen Veränderungen, und welche Voraussetzungen müssen erfüllt sein?

25. Welche Vor- und Nachteile sind mit einem evolutionären Wandel verbunden?

26. Wie könnte ein integrativer Ansatz für organisatorische Veränderungen aussehen?

27. Gestalten Sie eine zweckmäßige Projektorganisation für die Durchführung eines Veränderungsprozesses?

28. Woran scheitern viele Veränderungsvorhaben?

29. Nennen Sie die wesentlichen Erfolgsfaktoren von Veränderungsprozessen.

30. Warum und in welchen Punkten wird zunehmend Kritik am Konzept der Organisationsentwicklung geübt?

31. Was ist unter dem Konzept des organisationalen Lernens zu verstehen?

32. Wie lassen sich die Lerntypen des Single-loop learning, des Double-loop learning und des Deutero-learning voneinander abgrenzen?

33. Erläutern Sie den Wirkungszusammenhang der drei Lerntypen.
34. Welche Merkmale kennzeichnen die lernende Organisation?
35. Ist es sinnvoll, die lernende Organisation als strukturloses Gebilde zu gestalten?

8 Anmerkungen zum Berufsbild des Organisators

Im Kapitel 1 wurde deutlich, daß Organisation im Sinne von Organisieren von jeher eine **Führungsfunktion** ist, die gleichbedeutend neben den anderen Führungsaufgaben steht. Insofern gehört die organisatorische Gestaltung der Aufbau- und Ablaufstrukturen eines Unternehmens grundsätzlich in den Verantwortungsbereich der obersten Leitungsebene.

In kleinen und mittelgroßen Unternehmen wird die Geschäftsleitung diese Aufgabe auch tatsächlich meist selbst übernehmen. Eine für Organisationsfragen hauptamtlich zuständige Stelle oder sogar Abteilung findet sich hier nur ausnahmsweise. Anders ist dies in Großunternehmen, in denen es regelmäßig Abteilungen oder Bereiche gibt, die sich ausschließlich mit organisatorischen Problemstellungen beschäftigen. Das ist letztendlich eine Folge der mit der Unternehmensgröße und -komplexität zunehmenden Arbeitsteilung und der Delegation von Führungsfunktionen auf die nachgeordneten Organisationseinheiten.

Die Wurzeln des Organisatorenberufs liegen im ausklingenden 19. Jahrhundert, als das Größenwachstum vieler Unternehmen im Zuge der Hochindustrialisierung bis dahin nicht gekannte Ausmaße erreichte. Der Organisationsbedarf nahm ebenso zu wie das Bedürfnis der organisatorisch Tätigen nach einem intensiven Erfahrungs- und Gedankenaustausch. So erschien 1898/99 der erste Jahrgang der Zeitschrift »Organisation – Mitteilungen für Industrie, Handel und Behörden«. Anfang 1922 kam es in Berlin zur Gründung eines Verbandes der Organisatoren, aus dem 1926 die *Gesellschaft für Organisation (GfürO)* mit ihrer Zeitschrift für Organisation (ZfürO; seit 1982: Zeitschrift Führung + Organisation [zfo]) hervorging (vgl. *Bleicher, K.* 1978 S. 429 ff., *Thom, N.* 1988 S. 6).

Ein regelrechtes **Berufsbild des Organisators** entwickelte sich aber erst mit der zunehmenden Spezialisierung und Professionalisierung der Organisationsfunktion in den sechziger und siebziger Jahren. Getragen von Institutionen wie der *Akademie für Organisation (AfürO)* in Gießen oder dem *Verband für Arbeitsstudien (REFA e.V.)* in Darmstadt, entstanden mehrstufige Ausbildungsgänge zum Organisator, die zur Übernahme von anspruchsvollen Organisationsaufgaben qualifizierten. An den Universitäten und Fachhochschulen wurden zunehmend Veranstaltungen zur Organisationslehre angeboten und entsprechende Lehrstühle eingerich-

Ursprünge des Organisators

tet, die sich heute praxisnah in Forschung und Lehre mit Organisationsthemen auseinandersetzen (vgl. *Krüger, W.* 1993 S. 24, *Lindelaub, H.* 1992 Sp. 1879 f., *Vahs, D.* 1995 S. 384).

Differenzierung des Berufsbildes

Innerhalb der Organisationsfunktion fand in der Folgezeit eine weitergehende **Spezialisierung** auf bestimmte Teilbereiche statt, die häufig aus den Berührungspunkten mit anderen Aufgabengebieten resultierte. Neben den »**klassischen**« **Organisator**, der sich mit Fragen der Stellenbildung, der Strukturgestaltung und der formalen Regelung von organisatorischen Sachverhalten befaßt, traten weitere Aufgabenspezialisten. Der Einzug der Datenverarbeitung in die Unternehmen führte beispielsweise dazu, daß Informatik- und Organisationsaufgaben häufig in einem Bereich »EDV und Organisation« zusammengefaßt wurden. Es entstand der **DV-Organisator**, dessen Aufgabenschwerpunkt die Gestaltung von Informations- und Kommunikationssystemen ist. Fragen der Büroorganisation, wie die Anordnung und die ergonomische Einrichtung von Arbeitsplätzen, ließen den **Büro-Organisator** entstehen. Die verstärkte Hinwendung zur Ressource Personal und die Schnittstellen zu organisatorischen Fragen, vor allem im Bereich des Veränderungsmanagements, führten zum Typ des **Organisationsentwicklers**, der sich als Coach auch um die verhaltensorientierte Seite der Organisation kümmert.

Heutige Sichtweise

Krüger bemerkt zu Recht, daß in den siebziger und achtziger Jahren eine Verlagerung der Organisationsarbeit von der Linie in den Stab festzustellen war, wobei sich in den letzten Jahren eine Veränderung der Aufgabenschwerpunkte abzeichnet (vgl. *Krüger, W.* 1993 S. 24 f.). Während der Organisator als, überspitzt formuliert, »Kästchenmaler« mehr und mehr an Bedeutung verliert, gewinnt seine Rolle als **Katalysator** und **Prozeßmoderator** zunehmend an Gewicht. Er wird zum Vordenker für die Entwicklung innovativer Strukturkonzepte, die eine Verbindung zwischen der Unternehmensstrategie, der Kultur, der Organisation und der eingesetzten Technologie schaffen und zu einer optimalen Erreichung der Unternehmensziele beitragen. Das erfordert vom Organisator ein generelles Fach- und Managementwissen, um die Probleme der Linie verstehen und zu ihrer Lösung beitragen zu können. Ohne die Fähigkeit, die von den Veränderungen betroffenen Bereiche in die organisatorischen Überlegungen einzubinden und mit ihnen gemeinsam nach akzeptablen Lösungen zu suchen, kann heute kein Organisator mehr erfolgreich sein. Diese Funktion als **Schnittstellenmanager** setzt neben einer umfassenden fachlichen und methodischen Kompetenz auch ein hohes Maß an Kommunikationsfähigkeit und sozialer Verantwortung voraus, um Konflikte entschärfen oder besser vermeiden zu können (vgl. Abb. 103 und *Probst, G. J. B.* 1986 S. 395 ff.).

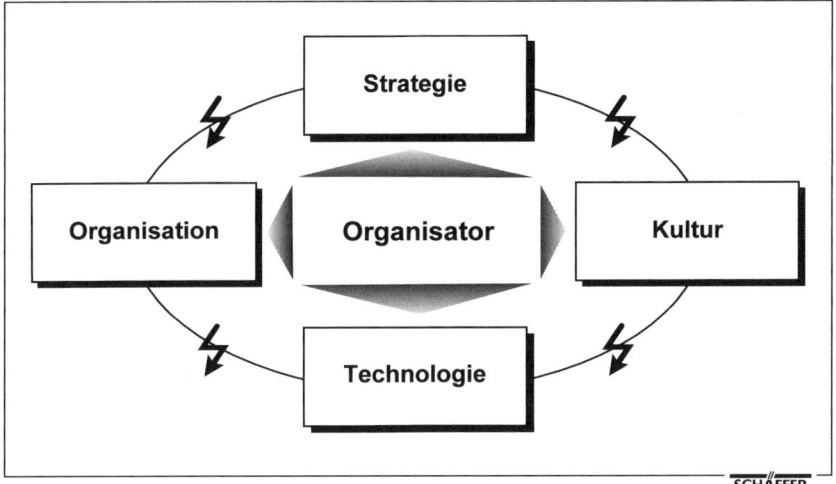

Abb. 103: Der Organisator als Schnittstellenmanager

Eine ähnliche Sichtweise vertreten zum Beispiel auch *Hill, Fehlbaum* und *Ulrich*, die unabhängig von der konkreten Rollendefinition die **Aufgaben des Organisators** so beschreiben (*Hill, W./Fehlbaum, R./Ulrich, P.* 1992 S. 505 f.):

- »Er hilft dem System, seinen eigenen Zustand und die Ursachen seiner Organisationsprobleme mit zweckmässigen Methoden zu diagnostizieren;
- er leistet methodische Hilfe bei der Erarbeitung und Beurteilung von Lösungsalternativen;
- er wirkt darauf hin, dass die involvierten Leitungsorgane eindeutige Entscheide in bezug auf ein zu realisierendes Organisationskonzept treffen;
- er hilft bei der schrittweisen Detailausarbeitung und Implementierung dieses Konzepts;
- er hilft dem System zu lernen, zukünftige Organisationsprobleme selbst aufzugreifen und zu lösen;
- er nimmt zuhanden der Systemleitung eine nachträgliche Erfolgsbeurteilung vor und hilft, verbliebene Schwierigkeiten zu bereinigen;
- Im ganzen ist er für die Erarbeitung eines Vorgehenskonzeptes, für methodische Fragen, für die Registrierung, Verarbeitung und Zusammenfassung der Arbeitsergebnisse und für den Projektfortschritt (Zeitplan) verantwortlich.«

Aktuelle Herausforderungen

Allerdings darf nicht übersehen werden, daß der Organisator trotz – oder gerade wegen – seiner Bemühungen um effizientere und effektivere Strukturen und Abläufe nicht immer ein positives Image besitzt. *Angermeyer* weist darauf hin, daß er eher für das Nichtfunktionieren einer Struktur als für ihre hohe Funktionalität verantwortlich gemacht wird (vgl. *Angermeyer, H. C.* 1995 S. 377 ff.). *Thom/Brölingen* haben in einer empirischen Untersuchung bereits Anfang der achtziger Jahre festgestellt, daß in den Organisatoren mitunter »Wegrationalisierer« gesehen werden, deren vordringliches Ziel die Kostensenkung ist (vgl. *Thom, N./Brölingen, B.* 1982 S. 90).

Nicht nur deshalb, sondern auch wegen der vermehrten Rückübertragung von Organisationskompetenzen an die Linienmanager werden zentrale Organisationsabteilungen derzeit in vielen Unternehmen abgebaut. Dadurch geht die zentrale, schnittstellenübergreifende Organisationskompetenz verloren. Sie kann von externen Beratern nur teilweise ersetzt werden. Gerade die Wahrnehmung von strategischen Organisationsaufgaben leidet in der betrieblichen Praxis darunter. Organisieren wird von einer ganzheitlich ausgerichteten und langfristig orientierten Tätigkeit zu einer Angelegenheit des »Durchwurstelns« auf der Suche nach kurzfristig wirksamen punktuellen Problemlösungen. Die damit verbundenen Schwierigkeiten haben bisher nur wenige Unternehmen erkannt, und sie verhalten sich dementsprechend antizyklisch (vgl. *Angermeyer, H. C.* 1995 S. 378 f., *Vetter, W.* 1995 S. 389).

Um die Überlebens- und Wettbewerbsfähigkeit der Unternehmen zu sichern, müssen neue Formen der Zusammenarbeit zwischen der zentralen Stabsfunktion Organisation und dem dezentralen Linienmanagement entstehen. Organisation ist angesichts des Kaizen-Gedankens noch wesentlich mehr als bisher zu einer ständigen Aufgabe für die Führungskräfte **aller** Ebenen im Sinne von Selbstorganisation geworden. Der Organisator übernimmt dabei aber als Ansprechpartner und Inhouse-Berater eine wichtige Rolle für seine Auftraggeber und unterstützt sie mit seinem Spezialwissen bei der Suche nach Verbesserungspotentialen. Aber nicht nur die Wissensvermittlung, sondern auch die Koordination der Aktivitäten der unternehmensweit tätigen »Linien-Organisatoren« gehört zu den wichtigen Zukunftsaufgaben des Organisators. So leistet er einen wesentlichen Beitrag zur Vermeidung von Doppelarbeiten, nicht integrierbaren Strukturlösungen und Suboptimierungen und erschließt sich damit neue Chancen für die moderne Organisationsarbeit (vgl. *Gaitanides, M.* 1995 S. 382).

Zukünftiges Berufsbild

Wie sieht das Berufsbild des zukünftigen Organisators aus?

Diese Frage ist nicht generell zu beantworten. Entscheidend sind die Aufgaben und die Rolle des Organisators in der Unternehmenspraxis. Die betriebliche Praxis ist ihrerseits aber ständigen Veränderungen unterworfen, und daran wird sich auch zukünftig nichts ändern – im Gegenteil. In der Folge unterliegt auch das Berufsbild des Organisators einem ständigen Wandel. Um es mit *Thom* kurz zu fassen:«**Den** Organisator gibt es nicht« (*Thom, N.* 1988 S. 7).

Das **Anforderungs-** und **Tätigkeitsprofil** des Organisators wird je nach Unternehmen (Branchenzugehörigkeit, Betriebsgröße, Technisierungs- und Internationalisierungsgrad, Führungskultur usw.)

und hierarchischer Einordnung (Sachbearbeiter oder Vorstandsmitglied) weiterhin sehr unterschiedlich aussehen. In einem Fall kann sich die Organisationsarbeit auch zukünftig auf Routineaufgaben beschränken, wie das Erstellen von Organisationsplänen und die Auswahl der richtigen Hard- und Software für die Funktionsbereiche. In einem anderen Fall wird es zu den vorrangigen Aufgaben des Organisators gehören, gemeinsam mit den Fachabteilungen innovative Organisations- und Führungskonzepte zu entwickeln und einzuführen. Im großen und ganzen wird sich das Berufsbild des Organisators langfristig jedoch deutlich ändern: Der Organisator wird von einem »rationalistischen, formenbedachten Regelungstechniker von Systemen« zu einem »Systemspezialisten für ein integratives Management« werden (vgl. *Bleicher, K.* 1991 S. 918 f.). Damit wird er eigentlich zu einem **Generalisten** mit einem umfassenden Fach- und Methodenwissen und zum Manager von organisatorischen Gestaltungsprozessen. – In der Tat eine interessante und herausfordernde Perspektive!

Die folgenden Ausführungen lehnen sich an ein Papier an, das die Weiterbildungskommission der *Gesellschaft für Organisation* Anfang der neunziger Jahre erarbeitet hat (vgl. *GfürO-Weiterbildungskommission [Hrsg.]* 1993). Das von der Kommission entwickelte idealtypische **Anforderungsprofil des Organisators** (vgl. Abb. 104) und eine **Stellenbeschreibung** der *BHW Bausparkasse AG* (vgl. Abb. 105) geben einen abschließenden Einblick in das Aufgaben-, Verantwortungs- und Kompetenzspektrum eines Organisators.

Anforderungsprofil des Organisators (Idealtypus)					
	weniger wichtig - sehr wichtig				
	1	2	3	4	5
Problemlösungsfähigkeiten					
Der Organisator soll • ganzheitlich denken • konzeptionell denken • analytisch denken • kreativ sein • initiativ sein • zielorientiert sein • die Übersicht behalten • Durchhaltevermögen besitzen • wirtschaftlich handeln					
Interaktionsfähigkeiten					
Der Organisator soll • überzeugen können • Interessen ausgleichen können • kooperationsfähig sein • zuhören können • sich sprachlich ausdrücken können • angemessene Umgangsformen haben					
Führungsfähigkeiten					
Der Organisator soll • Verantwortung übernehmen können • Menschen führen können • Entscheidungsvermögen besitzen					
Persönlicher Arbeitsstil					
Der Organisator soll • effizient arbeiten können • selbständig arbeiten können • belastungsfähig sein • eine rasche Auffassungsgabe besitzen • lernfähig sein					

Anforderungsprofile sind in allen veröffentlichten Berufsbildern enthalten. Sie tragen sämtlich einen idealtypischen Charakter, d.h. sind nur im Ausnahmefall in einer Person vereint auffindbar. Werden Anforderungsprofile dazu genutzt, um geeignete Personen für konkrete Situationen, Beziehungen und Rollen zu finden, ist das Anforderungsprofil eine geeignete Methode. Je anspruchsvoller, ganzheitlicher die Verantwortung, desto mehr Elemente im Profil müssen erfüllt sein.

Die Abhängigkeit von der konkreten Situation hat die *GfürO*-Weiterbildungskommission veranlaßt, das idealtypische Anforderungsprofil eines Organisators zwar vorzustellen, jedoch **keine Gewichtung** der einzelnen Attribute vorzunehmen.

Abb. 104: Anforderungsprofil des Organisators
 (*GfürO*-Weiterbildungskommission [Hrsg.] 1993 S. 16 f.)

BHW Bausparkasse AG - Stellenbeschreibung	
Unternehmensbereich	**Zentraldienste (UBZ)**
Organisationseinheit	**Hauptabteilung Organisation und Verwaltung (ORG-VW)**
Referat	**Büroorganisation (BUE 5)**
Stellenbeschreibung	**Leiter des Referates**
Der Stelleninhaber ist unterstellt	dem Leiter der Hauptabteilung
Der Stelleninhaber ist überstellt	dem Beauftragten für das Betriebliche Vorschlagswesen (in BVW- Angelegenheiten)
Der Stelleninhaber wird vertreten	von dem Beauftragten für das betriebliche Vorschlagswesen
Vollmachten	Korrespondenzvollmacht 2 nach der für die *BHW Bausparkasse* gültigen Vollmachtenregelung
Ziele der Stelle	Unterstützen des Leiters der Hauptabteilung bei der Erfüllung seiner Aufgaben, insbesondere durch Erarbeitung von Gutachten, Beratung in methodischen Fragen, Ausarbeitung von Vorschlägen und Alternativkonzepten in organisatorischen Aufgabenstellungen; Fördern und Nutzen des Ideenpotentials der Mitarbeiter in allen betrieblichen Belangen im Rahmen des Betrieblichen Vorschlagswesens; Sicherstellen der Durchführung und Weiterentwicklung des Betrieblichen Vorschlagswesens

Aufgaben:

- Führen und Leiten des Referats nach den Unternehmensgrundsätzen (Grundsätze für Führung und Zusammenarbeit, Organisationsgrundsätze und Planungsgrundsätze) gemäß dem Anforderungsprofil
- Erarbeiten von Vorschlägen zur Weiterentwicklung und Verbesserung des Betrieblichen Vorschlagswesens (BVW)
- Leiten der Sitzungen des Bewertungsausschusses für das BVW
- Erarbeiten von Vorschlägen zur Weiterentwicklung und Verbesserung der Investitions- und Budgetkontrolle in der *BHW-Gruppe*
- Beraten und Koordinieren in Fragen der Aus- und Weiterbildung von Auszubildenden, Jungkaufleuten und Praktikanten im Unternehmensbereich (UB) Zentraldienste
- Entwickeln von Grundsätzen zur Arbeitsgestaltung unter Berücksichtigung aktueller Erkenntnisse aus der Arbeitswissenschaft, Arbeitspsychologie und Ergonomie
- Auf- und Ausbauen eines organisatorisch ausgerichteten Kennzahlensystems (sowohl hausintern als auch auch im Vergleich zu Wettbewerbern)
- Vertreten des UB Zentraldienste im Ausschuß für Arbeitsschutz und Betriebssicherheit, Führen des Sitzungsprotokolls sowie Weitergeben der aus diesem Ausschuß resultierenden organisatorischen Aufträge an die zuständigen Stellen

- Ausarbeiten von Vorschlägen zur Organisation des Datenschutzes, zusammen mit dem Datenschutzbeauftragten der *BHW-Gruppe*
- Erstellen von Gutachten, Stellungnahmen und alternativen Lösungskonzepten für Organisationsvorhaben auf Veranlassung des Hauptabteilungsleiters und in Abstimmung mit dem Leiter der Abteilung Betriebsorganisation und dem Leiter des Referats Organisationstechnik, z.B.
  - Aufzeigen von Entwicklungs- und Einsparungspotentialen
  - Entwickeln von Synergiekonzepten als Voraussetzung für Rationalisierung und Entbürokratisierung von Büroprozessen
  - Vorbereitung und Initiieren von Organisationsentwicklungsprozessen
  - Analysieren und Bewerten des Technologie-Einsatzes und der technologischen Folgewirkungen unter Nutzengesichtspunkten
- Beraten der Hauptabteilungsleiter in Fragen der die Organisation betreffenden grundsätzlichen Personalentwicklungsmaßnahmen
- Erstellen der Maßnahmen-, Personalbedarfs- und Budgetplanung für das Referat einschließlich Überwachen der Kosten
- Wahrnehmen von Aufgaben für die *BHW-Gruppe* sowie für die von der *BHW Bausparkasse* betreuten Mandanten in Abstimmung mit dem Vorgesetzten
- Erledigen von Einzelaufträgen und Sonderaufgaben, die dem Wesen nach zum Aufgabenbereich gehören

SCHÄFFER
POESCHEL

Abb. 105: Beispiel einer Stellenbeschreibung im Bereich Organisation (entnommen aus: *GfürO*-Weiterbildungskommission [Hrsg.] 1993 S. 41 f.; Kursivsetzung durch den Verfasser)

9 Ausblick: Organisation – quo vadis?

In den wenigsten Lehrbüchern zur Organisation findet sich ein Ausblick auf die Perspektiven, die sich den Unternehmen zukünftig für die Gestaltung ihrer Strukturen und Prozesse bieten. Auch der Verfasser dieses Lehrbuches hat in seiner ersten Auflage darauf verzichtet. Woher kommt diese Zurückhaltung? Hierfür kann es drei allgemeine Gründe geben:

- Erstens sehen sich die Entscheidungsträger in den Unternehmen (wie im übrigen auch die Verfasser von Lehrbüchern) mit dem **Phänomen der Ungewißheit** konfrontiert. Genaue Vorhersagen über die Entwicklung der betrieblichen Handlungsfelder sind demzufolge nicht oder nur mit einer eingeschränkten Prognosegenauigkeit möglich. Ein tiefgreifender Wandel der Rahmenbedingungen, wie er sich beispielsweise in Gestalt einer zunehmenden Globalisierung der Märkte, einer steigenden Komplexität der wirtschaftlichen Verflechtungen, einer verstärkten Innovationsdynamik und eines weitreichenden Wertewandels in Wirtschaft und Gesellschaft vollzieht, erschwert die treffsichere Beurteilung der (organisatorischen) Zukunftsaussichten. – Und wer erweist sich schon gerne als ein »falscher Prophet«?

- Zweitens zeigt gerade das Handlungsfeld »Organisation« in den letzten Jahren **turbulente Veränderungen**, die durch wechselnde Anforderungen und immer neue Ansätze und Konzepte zur Effektivitäts- und Effizienzverbesserung der betrieblichen Strukturen und Abläufe gekennzeichnet sind. Die »Vorgabe der Richtung« kommt dabei spätestens seit den achtziger Jahren zumeist aus den USA und dort von der Schnittstelle zwischen Wissenschaft und (Beratungs-)Praxis, während die deutsche Organisationswissenschaft den anglo-amerikanischen Trends im allgemeinen »hinterherläuft« und versucht, die tatsächlich oder vermeintlich innovativen Ideen an die hiesigen Verhältnisse anzupassen.

- Drittens weisen die einzelnen Unternehmen trotz einer zunehmenden Globalisierung und einem Trend zu betriebsübergreifenden Zusammenschlüssen nach wie vor ein **hohes Maß an Individualität** auf. Der amerikanische Zukunftsforscher *John Naisbitt* bringt diesen Sachverhalt auf den Punkt: »Je größer die Weltwirtschaft, um so mächtiger sind ihre kleinsten Ak-

Probleme eines Ausblicks

teure« (*Naisbitt, J.* 1994 S. 12), womit er die Unternehmer und ihre überwiegend kleinen und unabhängigen Betriebe meint. Deren individuelle strategische und operative Ausrichtung, die Anforderungen ihrer jeweiligen Märkte und Wettbewerbsbedingungen und nicht zuletzt die Ziele und die Wertvorstellungen der in ihnen tätigen Menschen lassen kaum eine allgemeingültige Antwort auf die Frage zu, wohin sich »die« Unternehmensorganisation weiterentwickeln wird.

Welche Einflußgrößen werden die »Organisation der Zukunft« maßgeblich bestimmen? Wahrscheinlich sind es im wesentlichen **vier Determinanten**, die sich in den nächsten Jahren auf die organisatorische Gestaltung der Unternehmen auswirken werden und die sich in ihren Wirkungen gegenseitig beeinflussen (vgl. Abb. 106; vgl. auch die Abschnitte 7.2.2 und 7.7.1):

Determinanten zukünftiger Organisationsgestaltung

- **Zusätzliche Effektivitäts- und Effizienzerfordernisse**, u.a. durch einen steigenden Zeit-, Qualitäts- und Kostendruck sowie sinkende Margen auf den Absatzmärkten;
- **Erhöhter Flexibilitäts- und Innovationsbedarf** gegenüber Markt und Wettbewerb, u.a. durch eine zunehmende Wettbewerbsintensität auf stagnierenden oder schrumpfenden Märkten, immer kürzere Innovations- und Produktlebenszyklen und steigende Kundenanforderungen;
- **Wachsende Bedeutung des Humanpotentials**, u.a. durch den fortschreitenden Wertewandel in Wirtschaft und Gesellschaft und die Entwicklung des menschlichen Wissens und der menschlichen Fähigkeiten zum globalen Wettbewerbsfaktor Nummer eins;
- **Zunehmende Globalisierung wirtschaftlicher Aktivitäten**, u.a. durch das Entstehen größerer Wirtschafts- und Währungsräume und die Bildung transnationaler Wertschöpfungsbeziehungen zwischen den Unternehmen.

»Zelte« und »Paläste«

Angesichts der geschilderten Sachverhalte ist der folgende Ausblick als ein Versuch zu sehen, einige mögliche Perspektiven für die organisatorische Gestaltung aufzuzeigen, mit der die Unternehmen den kommenden Herausforderungen begegnen können. Der Schweizer Organisationswissenschaftler *Gilbert J. B. Probst* hat die Situation, in der sich viele Unternehmen derzeit befinden, metaphorisch folgendermaßen beschrieben (*Probst, G. J. B.* 1992 S. 580; Hervorhebung durch den Verfasser): »Es geht heute darum, wirksame und leistungsfähige Strukturen zu schaffen, die sowohl an einen **Palast** erinnern – wehrhaft und uneinnehmbar, von Mauern umgeben, einsam gelegen, um sich herum das weite Land, das

Abb. 106: Wesentliche Determinanten
          der »Organisation der Zukunft«

der Herrscher besitzt und bewirtschaftet –, und zum anderen an
Zeltlager – zum Angriff gerüstet, reaktionsschnell, begünstigt durch
seine mobile Infrastruktur, jederzeit verlegbar, falls Notwendig-
keiten, Bedürfnisse oder Chancen dies erfordern«. Die »Organisation der Zukunft« ist demnach **effektiv** in der strategischen Ausrichtung ihrer Potentiale, **innovativ** und **effizient** in der Gestaltung ihrer Leistungen, Strukturen, Prozesse und sozialen Beziehungen und **flexibel** gegenüber der Notwendigkeit von intern oder
extern induzierten Veränderungen. Was bedeutet das für die organisatorische Gestaltung von Unternehmen?

Bevor diese Frage beantwortet werden kann, ist zu klären, welche Anforderungen sich aus den Merkmalen zukünftiger Organisationen ergeben:

- Im »**Innenverhältnis**« wird die Organisation von Unternehmen
  sicherlich auch weiterhin ein ausgewogenes Verhältnis von
  Stabilität einerseits und Flexibilität andererseits aufweisen müssen. Wiederkehrende Aufgaben und deren Abwicklung erfordern nun einmal Strukturen, die sich nicht laufend verändern,
  sondern ein gewisses Maß an Standardisierung ermöglichen.
  Nur so läßt sich eine ausreichende Effizienz der internen Leistungserstellung und -verwertung erreichen. Diese Stabilität

**Interne und externe
Anforderungen an
zukünftige Organi-
sationen**

ist eher bei den Sekundärprozessen erforderlich, die keinen unmittelbaren Marktbezug aufweisen und für die Aufrechterhaltung der Betriebsbereitschaft und verantwortlich sind. Im Hinblick auf den externen Markt wird es allerdings zukünftig noch mehr als heute erforderlich sein, schnell und flexibel auf die Anforderungen der Kunden und auf die Aktivitäten der Wettbewerber reagieren zu können. Neue und komplexe Produkte müssen effektiver und schneller als früher zur Marktreife entwickelt werden, ohne daß Qualitätseinbußen auftreten oder die Kosten explodieren. Das erfordert kurze Entscheidungswege, die Delegation von Kompetenzen und die Vermeidung von Bürokratie. Insofern werden die Primärprozesse ein noch höheres Maß an Anpassungs- und Innovationsfähigkeit aufweisen müssen als dies heute bereits der Fall ist.

- Im Hinblick auf das »**Außenverhältnis**« wird die Offenheit für eine organisationsübergreifende Aufgabenbewältigung zu einem wesentlichen Erfolgsfaktor werden. Während sich viele Unternehmen heute noch als weitgehend autonome Einheiten betrachten, werden sie sich in Zukunft unter Beibehaltung ihrer individuellen Ziel- und Wertesysteme vermehrt auf Kooperationen mit externen Akteuren einlassen müssen, um die wachsende Komplexität und Dynamik des Marktes erfolgreich bewältigen zu können. Durch die Konzentration auf die Kernfähigkeiten und die Integration der Teilprozesse der Wertschöpfungskette lassen sich die Effizienz erhöhen, der Kundennutzen steigern und damit letztendlich die ökonomischen Ziele besser erreichen.

Organisationsformen der Zukunft

Zukünftige Organisationen müssen also im Innen- wie im Außenverhältnis noch schlagkräftiger und anpassungsfähiger sein als dies heute schon der Fall ist. Hierarchische Strukturen werden demzufolge weiter an Bedeutung verlieren. Diese Aussagen werden durch die Tendenzen bestätigt, die sich in Theorie und Praxis abzeichnen und die ihren Ausdruck beispielsweise in Veranstaltungen, wie der Herbsttagung 1997 der *Schweizer Gesellschaft für Organisation (SGO)* unter dem Motto »Virtuelle Organisation – Realität im Informationszeitalter?«, und in den Themenschwerpunkten von einschlägigen Zeitschriften finden, wie der Zeitschrift *Führung + Organisation* (z.B. zfo 4/98: Virtuelle Organisation und zfo 5/98: Netzwerkmanagement). Sie weisen auf einen Trend hin, der weg von den traditionellen hierarchischen Strukturen geht und zu **evolutiven und polyzentrischen Organisationsformen** führt. Zu diesen Organisationsformen gehören die modulare, die vernetzte und die virtuelle Organisation, die im folgenden in ihren Grundzügen dargestellt werden (vgl. hierzu Abb. 107 und *Bullinger, H.-J.* et al.

1996 S. 23 ff., *Naisbitt, J.* 1994 S. 21 ff., *Picot, A./Freudenberg, H.*
1998 S. 69 ff., *Probst, G. J. B.* 1992 S. 583 ff., *Reichwald, R.* et al.
1998 S. 221 ff., *Reichwald, R./Hesch, G.* 1998 S. 88 f., *Reiß, M.*
1998 S. 224 ff., *Schanz, G.* 1994 S. 429 ff., *Scholz, C.* 1997 S. 320 ff.):

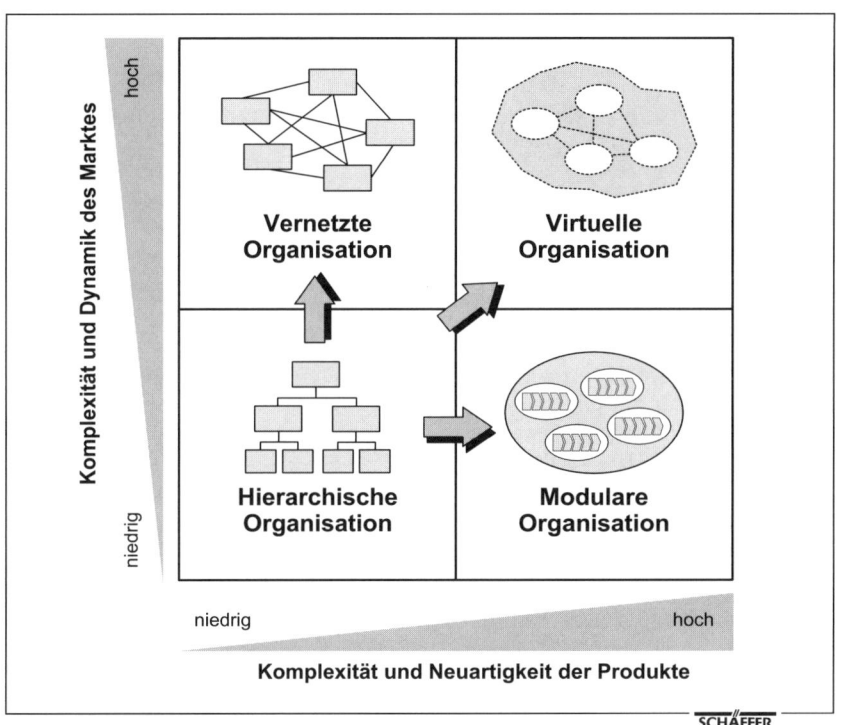

Abb. 107: Organisationsformen der Zukunft
         (vgl. *Reichwald, R./Hesch, G.* 1998 S. 88)

• Die **modulare Organisation** eignet sich für solche Unterneh-   **Modulare**
men, die ein komplexes Leistungsprogramm mit vielen Pro-   **Organisation**
duktvarianten aufweisen. Sie ist durch relativ kleine und überschaubare Einheiten (sogenannte Module oder Segmente) gekennzeichnet, deren Prozesse konsequent und ganzheitlich auf
den externen Markt hin ausgerichtet sind. Die operativen Aufgaben, die Ergebnisverantwortung und die Kompetenzen sind
weitgehend dezentralisiert und gewähren den einzelnen Mo-
dulen ein hohes Maß an Entscheidungsautonomie hinsichtlich
ihres Ressourceneinsatzes. Organisatorische Schnittstellen
werden durch die Zusammenfassung von interdependenten
Aufgaben weitgehend vermieden. Dadurch wird einerseits die
Komplexität der Leistungserstellung reduziert und andererseits

die Nähe zum Markt erhöht. Die Module können somit schnell und flexibel auf Veränderungen ihres Umfeldes reagieren. Die modulare Organisation entspricht folglich von ihrem Grundgedanken her einer divisionalen Struktur mit ergebnisverantwortlichen Organisationseinheiten (Profit Center, Investment Center; vgl. Abschnitt 5.4.2). Erweitert wird der Center-Ansatz insbesondere um die durchgängige Prozeßorientierung der Module und den damit verbundenen Abbau von horizontalen und vertikalen Barrieren innerhalb der Organisationseinheiten und zwischen den einzelnen Segmenten.

Eine der modularen Organisation ähnliche Form ist die »**fraktale Organisation**« (vgl. *Warnecke, H. J.* 1992). Der Begriff »Fraktal« (von lat. fractus = gebrochen) ist der mathematischen Chaostheorie entlehnt und bezeichnet weitgehend autonome Einheiten (z.B. Bereiche, Teams), die sich aufgrund ihrer gemeinsamen Wertesysteme und Zwecksetzungen sehr ähnlich sind (Selbstähnlichkeit) und innerhalb eines komplexen Systems agieren. Die Fraktale sind gewissermaßen »Unternehmen im Unternehmen«, die durch vielfältige, dynamische und selbstorganisierte Informations- und Leistungsbeziehungen miteinander vernetzt sind.

Vernetzte Organisation

- Als eine Form der unternehmensübergreifenden Zusammenarbeit ist die **vernetzte Organisation** zu sehen, die auch als »Netzwerkorganisation« bezeichnet wird. Die lokale, internationale oder globale Kooperation von mehreren Unternehmen erfolgt in Form von Joint Ventures, Wertschöpfungspartnerschaften und Strategischen Allianzen. Die Netzwerk-Partner sind jeweils auf bestimmte Teilaktivitäten spezialisiert und besitzen dort ihre Kernkompetenzen. Dadurch sollen die Wertschöpfungsprozesse möglichst effizient gestaltet, die Spezialisierungsvorteile und die gemeinsamen Ressourcen optimal genutzt sowie die Risiken eines anonymen und komplexen Marktes besser gehandhabt werden. Die traditionellen Unternehmensgrenzen werden dabei fließend und lösen sich tendenziell auf, was allerdings nicht heißt, daß die beteiligten Unternehmen ihre wirtschaftliche oder sogar ihre rechtliche Selbständigkeit aufgeben. Das Funktionieren von derartigen Netzwerken setzt allerdings erfolgreiche Integrationsprozesse der Netzwerk-Partner voraus, in denen Gemeinsamkeiten geschaffen und Konflikte gehandhabt werden, und verlangt umfangreiche und vor allem funktionierende Kommunikationsbeziehungen.

B

Die beschriebenen Netzwerkstrukturen finden sich beispielsweise in Technologiezentren, wie dem vielbeachteten *Silicon Valley* in Kalifornien (USA). Durch die räumliche Nähe einer großen Zahl von Computer- und Softwareherstellern sind Netzwerke entstanden, die erhebliche Synergien ermöglichen, wobei die geographische Nachbarschaft zwar die Bildung von unternehmensübergreifenden Beziehungen fördert aber keine notwendige Bedingung für das Entstehen von Unternehmensnetzwerken ist.

- Der Begriff der **Virtualität** hat seit der Mitte der neunziger Jahre eine regelrechte Inflation erfahren. Als »virtuell« (von lat. virtus = Tüchtigkeit, Mannhaftigkeit) wird »... die Eigenschaft einer Sache bezeichnet, die zwar nicht real ist, aber doch in der Möglichkeit existiert; Virtualität spezifiziert also ein konkretes Objekt über Eigenschaften, die nicht physisch, aber doch der Möglichkeit nach vorhanden sind« (*Scholz, C.* 1996 S. 204). »Virtuelles Büro«, »virtuelle Erlebniswelt« oder »virtuelle Hochschule« sind zu vielfach benutzten Schlagworten geworden, die eine vorgetäuschte Wirklichkeit beschreiben, die sich jedoch in einigen wesentlichen Aspekten durchaus als real erfahren läßt. In einer **virtuellen Organisation** werden für einen begrenzten Zeitraum ad hoc aufgabenspezifische und standortübergreifende Kooperationen gebildet, deren Ziel die Bewältigung von komplexen und neuartigen Problemen bei einer hohen Marktunsicherheit ist. Dabei werden sowohl die Vorteile der Modularisierung als auch der Vernetzung genutzt, weshalb diese Organisationsform teilweise als »Hybridmodell« bezeichnet wird. Dieses Modell ermöglicht den beteiligten Unternehmen eine »virtuelle Größe« trotz einer »realen Kleinheit« (vgl. *Reichwald, R.* et al. 1998 S. 253). Die jeweiligen Partner konzentrieren sich auf ihre Kernkompetenzen und vernetzen diese möglichst effektiv und effizient miteinander. Deshalb erfordern virtuelle Strukturen als eine »Sozietät von Kompetenzen« zum einen leistungsfähige Informations- und Kommunikationstechnologien, um die Kreativitäts- und Rationalisierungspotentiale bei der Wertschöpfung umfassend und zeitnah nutzen zu können. Zum anderen müssen das Wissen und die Fähigkeiten von hochqualifizierten Mitarbeitern **tatsächlich** verfügbar sein. Ohne die menschliche Komponente und einen umfassenden Teamgeist würde die Virtualisierung schnell an ihre Grenzen stoßen. Die beiden Autoren, die mit ihrer Veröffentlichung einen wesentlichen Anstoß zu der Diskussion über virtuelle Unternehmen gegeben haben, beschreiben die Zukunftsperspektive so: »Am Ende steht das virtuelle Unternehmen nicht mehr als eigenständige Wirtschaftseinheit da, wie es heute noch die Regel ist, sondern wird sich im gemeinsamen Handeln mit seinen Partnern inmitten eines gewaltigen und sich ständig wandelnden Beziehungsgeflechtes bewegen« (*Davidow, W. H./Malone, M. S.* 1993 S. 16).

Differenzierter aber mit der gleichen Tendenz stellt auch der deutsche Managementwissenschaftler *Christian Scholz* fest: »Sicherlich bergen auch die Bewegungen in Richtung auf virtuelle Netzwerkorganisationen mit ›fliegenden‹ Allianzen eine Fülle von neuen Problemen, angefangen von potentiellen Identifikations- und Motivationsproblemen der Mitarbeiter bis hin zur Gefahr der Profilierungsschwäche. Trotz aller Kritik werden aber gerade die virtuellen Organisationsformen als interessante Alternative zunehmend ernst genommen, ... Auch wenn Skeptiker sie noch immer in das Reich der unwissenschaftlichen Spekulation verbannen wollen: Die virtuelle Organisation wird – ob als virtuelles Einzelunternehmen oder als virtuelles Verbundunternehmen – zu **einem prägenden Faktor** in der Zukunft werden, da sich gerade auf diese Weise der Wunsch der Kunden nach aktuellen sowie gesamtheitlichen Lösungen mit dem Konzept der organisatorischen Kernkompetenz und dem Ziel der organisatorischen Effektivität verbinden läßt« (*Scholz, C.* 1997 S. 329 f., 408; hier findet sich auf den Seiten 320 ff. auch eine umfassende Darstellung der virtuellen Organisation; eine gleichfalls interessante Erörterung dieses aktuellen Themas nehmen *Reichwald, R.* et al. 1998 S. 232 ff. vor).

Schon im einleitenden Kapitel hatten wir festgestellt, daß Organisationen soziale Systeme sind (vgl. Abschnitt 1.4.1). Daran wird sich auch in der Zukunft nichts ändern. Was bedeuten die neuen Organisationsformen also für die Organisationsmitglieder? Worauf müssen sich die Menschen in den Unternehmen zukünftig einstellen?

Soziale Wirkungen der neuen Organisationsformen

Es ist offensichtlich, daß die neuen Konzepte für die Führungskräfte und deren Mitarbeiter veränderte Anforderungen und Rahmenbedingungen mit sich bringen werden. Vor allem die übergreifenden Abläufe und die Dezentralisierung von Aufgaben, Verantwortung und Kompetenzen werden zu einer (weiteren) **Reintegration von dispositiven und ausführenden Tätigkeiten** führen. Diese neue Ganzheitlichkeit setzt ein eigenverantwortliches und problemorientiertes Denken und Handeln aller Organisationsmitglieder voraus. Während in tayloristischen Strukturen die fehlerfreie und den Vorgaben entsprechende Abwicklung der zugewiesenen Tätigkeiten im Mittelpunkt stand, werden in Zukunft die Selbstorganisation und eine ganzheitliche, marktorientierte Aufgabenbewältigung zum entscheidenden Faktor werden. Das erfordert von den Führungskräften ein neues Führungs- und Rollenverständnis. An die Stelle einer direkten Führung durch Weisung und Kontrolle tritt ein Führungsstil, der die Mitarbeiter zur selbständigen Problemlösung motiviert und ihnen ausreichende Freiräume und Befugnisse für die Gestaltung ihres Handlungsbereiches gibt (»Empowerment«). Die Aufgaben der Führungskraft werden neben der Wahrnehmung von übergeordneten Koordinations- und Steuerungsfunktionen vorrangig darin bestehen, die Mitarbeiter zu unterstützen, ihnen als Coach bei Problemfällen zur Seite zu stehen und ein soziales Umfeld zu schaffen, in dem kreative Lösungen entstehen können (»Enabling«). Damit treten bei den Führungskräften die sozialen Fähigkeiten in den Vordergrund. Hierzu gehören beispielsweise die Fähigkeit zur Vermittlung von Visionen, eine offene und überzeugende Kommunikation, die Bereitschaft zur Wissensvermittlung, eine große Überzeugungs- und Motivationskraft und sicherlich auch die Fähigkeit zur aktiven Begleitung von Veränderungsprozessen. Das heißt allerdings nicht, daß die Führungskräfte zukünftig auf solide fachliche Kenntnisse verzichten können; sie werden nach wie vor die Grundlage jeder erfolgreichen Managementtätigkeit sein (vgl. *Reichwald, R./Hesch, G.* 1998 S. 89 ff.).

Der vorangegangene Blick auf die möglichen Entwicklungswege der Organisation erhebt keinen Anspruch auf Vollständigkeit. Es ist auch nicht zu erwarten, daß sich die Unternehmensorganisation genau in der einen oder in der anderen Weise entwickeln wird, und angesichts der Ungewißheit über die Zukunft kann dies sowieso niemand vorhersehen. Eines dürfte jedoch mit Sicherheit zutreffen: Auch in der Zukunft wird nichts beständiger sein als der Wandel. Diese Aussage ist zwar nicht neu, sie ist aber in bezug auf die Organisation von Unternehmen alles andere als trivial, wenn man an die dahinterstehenden Konsequenzen denkt. Neue Anforderungen werden zu immer – mehr oder weniger – neuen organisatorischen Konzepten führen, mit denen die Unternehmen den veränderten Bedingungen begegnen wollen. Je frühzeitiger und je schneller diese Anpassung erfolgt, desto besser werden sich die betreffenden Unternehmen gegenüber ihren Wettbewerbern behaupten. Die Organisation der Unternehmensprozesse und -strukturen wird damit ein zentraler, wenn nicht sogar **der** entscheidende Faktor für den Unternehmenserfolg bleiben.

Nichts ist beständiger als der Wandel

Literaturverzeichnis

Albach, H./Bock, K./Warnke, T.: Wachstumskrisen von Unternehmen, in: ZfbF 1984, S. 779-793

Albach, H. (Hrsg.): Organisation, Mikroökonomische Theorie und ihre Anwendungen, Wiesbaden 1989

Alioth, A.: Selbststeuerungskonzepte, in: HWFü, hrsg. von *Kieser, A.* et al., 2. A., Stuttgart 1995, Sp. 1894-1902

Angermeyer, H. C.: Organisation und Organisator in Deutschland – eine Standortbestimmung der Diskussion in der *GfürO*, in: zfo 1995, S. 377-380

Ansoff, H. I.: Managing Surprise and Discontinuity, Strategic Response to Weak Signals, in: ZfbF 1976, S. 129-152

Argyris, C./Schön, D. A.: Organizational Learning, Reading/Mass. 1978

Argyris, C.: On Organizational Learning, Cambridge, Mass. 1994

Arlt, U./Beecken, T.: Aktuelle Organisationskonzepte bei der *Deutsche Lufthansa AG*: Prozeßorientierte Organisation und flache Hierarchien in ausgewählten Unternehmensbereichen, in: Organisationsstrategien zur Sicherung der Wettbewerbsfähigkeit, Lösungen deutscher Unternehmungen, hrsg. von *Frese, E./Maly, W.*, ZfbF-Sonderheft 33/1994, S. 123-141

Asea Brown Boveri AG (Hrsg.): Geschäftsbericht 1995

Bartölke, K.: Teilautonome Arbeitsgruppen, in: HWO, 3. A., hrsg. von *Frese, E.*, Stuttgart 1992, Sp. 2384-2399

Bayer AG (Hrsg.): Mitarbeiterführung, Führungsgrundsätze, Leverkusen 1991

Bea, F. X./Kötzle, A.: Ursachen von Unternehmenskrisen und Maßnahmen zur Krisenvermeidung, in: DB 1983, S. 565-571

Bea, F. X.: Entscheidungen des Unternehmens, in: Allgemeine Betriebswirtschaftslehre, Bd. 1: Grundfragen, 6. A., hrsg. von *Bea, F. X./Dichtl, E./Schweitzer, M.*, Stuttgart et al. 1992, S. 309-424

Bea, F. X./Schnaitmann, H.: Begriff und Struktur betriebswirtschaftlicher Prozesse, in: WiSt 1995, S. 278-282.

Bea, F. X./Haas, J.: Strategisches Management, 2. A., Stuttgart et al. 1997

Becker, J./Vossen, G.: Geschäftsprozeßmodellierung und Workflow-Management: Eine Einführung, in: Geschäftsprozeßmodellierung und Workflow-Management, Modelle, Methoden, Werkzeuge, Bonn et al. 1996, S. 17-26

Berger, R./Schwenker, B.: Vorgehensplan zum Transformationsprozeß, in: Neue Organisationsformen im Unternehmen, Ein Handbuch für das moderne Management, hrsg. von *Bullinger, H.-J./Warnecke, H. J.*, Berlin et al. 1996, S. 1045-1054

Bertalanffy, L. v.: Zu einer allgemeinen Systemlehre, in: Organisation als System, hrsg. v. *Bleicher, K.*, Wiesbaden 1972, S. 31-45

Betzl, K.: Entwicklungsansätze in der Arbeitsorganisation und aktuelle Unternehmenskonzepte, in: Neue Organisationsformen im Unternehmen, Ein Handbuch für das moderne Management, hrsg. von *Bullinger, H.-J./Warnecke, H. J.*, Berlin et al. 1996, S. 29-64

Beuermann, G.: Zentralisation und Dezentralisation, in: HWO, 3. A., hrsg. von *Frese, E.*, Stuttgart 1992, Sp. 2611-2625

Bleicher, K.: 75 Jahre Zeitschrift Organisation, in : zfo 1978, S. 429-452

Bleicher, K.: Organisation, Strategien, Strukturen, Kulturen, 2. A., Wiesbaden 1991

Bleicher, K.: Holdings schützen vor Verkalkung, in: HM 3/1992, S. 69-77

Bleicher, K.: Das Konzept Integriertes Management, 4. A., Frankfurt, New York 1996

BMW AG (Hrsg.): Neue Arbeitsstrukturen bei *BMW*, München 1996

Böhnisch, W.: Personale Widerstände bei der Durchsetzung von Innovationen, Stuttgart 1979

Braun, G. E./Beckert, J.: Funktionalorganisation, in: HWO, 3. A., hrsg. von *Frese, E.*, Stuttgart 1992, Sp. 640-655

Brockhoff, K./Hauschildt, J.: Schnittstellen-Management – Koordination ohne Hierarchie, in: zfo 1993, S. 396-403

Bromann, P./Piwinger, M.: Gestaltung der Unternehmenskultur, Strategie und Kommunikation, Stuttgart 1992

Bruhn, M./Grimm, U.: Deterministisches Denken ist passé, in: Gablers Magazin 5/1992, S. 23-29

Büchi, R./Chrobok, R.: GOM – Ganzheitliches Organisationsmodell, Methode und Techniken für die praktische Organisationsarbeit, Baden-Baden 1994

Bühner, R.: Spartenorganisation, in: HWO, 3. A., hrsg. von *Frese, E.*, Stuttgart 1992, Sp. 2274-2287

Bühner, R.: Die schlanke Management-Holding, in: zfo 1993, S. 9-19

Bühner, R.: Betriebswirtschaftliche Organisationslehre, 8. A., München et al. 1996

Bullinger, H.-J. et al.: Management kreativer Unternehmen, Die Beherrschung von Strukturen und Prozessen lernender Organisationen, in: Lernende Organisationen, Konzepte, Methoden und Erfahrungsberichte, hrsg. von *Bullinger, H.-J.*, Stuttgart 1996, S. 13-39

Burt, N.: Visionäre Führung, Frankfurt, New York 1994

Buro, H. F.: Produktmanagement im Gebrauchsgüterbereich, in: Handbuch des Marketing, Anforderungen an Marketingkonzeptionen aus Wissenschaft und Praxis, hrsg. von *Bruhn, M.*, München 1989, S. 343-374

Champy, J.: Reengineering im Management, Die Radikalkur für die Unternehmensführung, Frankfurt, New York 1995

Chandler, A. D. Jr.: Strategy and Structure, Chapters in the History of Industrial Enterprise, Cambridge, Mass. et al. 1962

Cohen, A. R./Fink, S. L./Gadon, H. et al.: Wirkungsvolles Verhalten in Organisationen, Fälle, Konzepte und studentische Erfahrungen, Stuttgart 1996

Daenzer, W. F./Huber, F. (Hrsg.): Systems Engineering, Methodik und Praxis, 8. A., Zürich 1994

Daimler-Benz AG (Hrsg.): Geschäftsjahr 1997, Stuttgart 1998a

Daimler-Benz AG (Hrsg.): Führungsorganisation (Stand 1. Januar 1998), Stuttgart 1998b

Daimler-Benz AG (Hrsg.): Informationen zum Unternehmenszusammenschluß von *Daimler-Benz* und *Chrysler*, Stuttgart 1998c

Davenport, Th. H.: Process Innovation, Reengineering Work through Information Technology, Boston 1993

Davidow, W. H./Malone, M. S.: Das virtuelle Unternehmen, Der Kunde als Co-Produzent, Frankfurt, New York 1993

Demmer, C./Gloger, A./Hoerner, R.: Erfolgreiche Reengineering-Praxis in Deutschland, Die Vorbildunternehmen, Düsseldorf, München 1996

Deutsche Telekom AG (Hrsg.): Geschäftsbericht 1997

Deutsche Telekom AG (Hrsg.): Die Unternehmensgrundsätze der *Deutschen Telekom*, Bonn 1998a

Deutsche Telekom AG (Hrsg.): *Deutsche Telekom*, Für eine neue Qualität des Lebens, Bonn 1998b

Deutsche Telekom AG (Hrsg.): Organisationsplan der Zentrale, Bonn 1998c

Deutsche Unilever (Hrsg.): Geschäftsbericht 1997a

Deutsche Unilever (Hrsg.): *Unilevers* Organisation, Hamburg 1997b

Deutscher Normenausschuß (Hrsg.): DIN 69 901: Projektmanagement, Berlin 1980

Dierkes, M./Hähner, K.: Sozioökonomischer Wandel und Unternehmensleitbilder, Ein Beitrag zur Untersuchung der Wahrnehmungsprozesse und Reaktionsweisen von Unternehmen auf Umweltanforderungen, Forschungbericht FS II 91-108 des WZB, Berlin 1991

Dill, P.: Unternehmenskultur, Bonn 1987

Doppler, K./Lauterburg, C.: Change Management – Den Unternehmenswandel gestalten, 4. A., Frankfurt, New York 1995

Dormann, J.: Wir müssen handeln – Chemiestratege *Dormann* über die Reform der Konzernstruktur, in: MM 12/1996 S. 24

Dorn, B.: Informatik als Motor für Organisationsinnovation, in: Das biokybernetische Modell, Unternehmen als Organismen, hrsg. von *Fuchs, J.*, 2. A., Wiesbaden 1994, S. 205-225

Drucker, P. F.: Management, New York 1973

Drucker, P. F.: Neue Management-Praxis, Bd 1: Aufgaben, Düsseldorf, Wien 1974

Drucker, P. F.: Neue Management-Praxis, Bd. 2: Methoden, Düsseldorf, Wien 1974

Drucker, P. F.: Umbruch im Management, Was kommt nach dem Reengineering?, Düsseldorf 1996

Dülfer, E.: Kultur und Organisationsstruktur, in: HWO, 3. A., hrsg. von *Frese, E.*, Stuttgart 1992, Sp. 1201-1214

Eschner, K./Nestler, A.: Strategische Neuorientierung und Prozeßoptimierung bei der *Allianz Versicherungs-AG*, in: Organisationsstrategien zur Sicherung der Wettbewerbsfähigkeit, Lösungen deutscher Unternehmungen, hrsg. von *Frese, E./Maly, W.*, ZfbF-Sonderheft 33/1994, S. 33-45

Eversheim, W.: Prozeßorientierte Unternehmensorganisation, Konzepte und Methoden zur Gestaltung »schlanker« Organisationen, Berlin et al. 1995

Fayol, H.: Administration Industrielle et Générale, Paris 1916

Fischer, G./Schwarzer, U.: Noch einmal mit Gefühl, in: MM 12/1994, S. 72-91

Fischer, G.: Augen auf und durch, in: MM 12/1995, S. 52-75.

Fischer, G./Schwarzer, U.: Die ewigen Verfolger, in: MM 4/1997, S. 58-74

Fischer, M.: Eigene Aktien, in: Wirtschaftswoche 9/1995, S. 42-43

Föhr, S./Lenz, H.: Unternehmenskultur und ökonomische Theorie, in: Managementforschung 2, hrsg. von *Staehle, H. W./Conrad, P.*, Berlin, New York 1992, S. 111-162

Foppa, K.: Lernen, Gedächtnis, Verhalten – Ergebnisse und Probleme der Lernpsychologie, 8. A., Köln 1972

Ford, H.: Mein Leben und Werk, Leipzig 1923

Frese, E.: Organisationstheorie, Historische Entwicklung – Ansätze – Perspektiven, 2. A., Wiesbaden 1992a

Frese, E.: Organisationsstrukturen, mehrdimensionale, in: HWO, 3. A., hrsg. von *Frese, E.*, Stuttgart 1992b, Sp. 1670-1688

Frese, E./von Werder, A.: Organisation als strategischer Wettbewerbsfaktor, Organisationstheoretische Analyse gegenwärtiger Umstrukturierungen, in: Organisationsstrategien zur Sicherung der Wettbewerbsfähigkeit, Lösungen deutscher Unternehmungen, hrsg. von *Frese, E./ Maly, W.*, ZfbF-Sonderheft 33/1994, S. 1-27

Frese, E.: Grundlagen der Organisation, Konzept – Prinzipien – Strukturen, 7. Auflage, Wiesbaden 1998

Frey, D./Kleinmann, M./Barth, S.: Intrapreneuring und Führung, in: HWFü, hrsg. von *Kieser, A.* et al., 2. A., Stuttgart 1995, Sp. 1272-1284

Fröschl, F.: Vitalisierung bei *Siemens Nixdorf*, in: Unternehmensvitalisierung, hrsg. von *Booz/Allen/Hamilton*, Stuttgart 1997, S. 187-206

Fuchs, H.: Systemtheorie, in: Organisation als System, hrsg. v. *Bleicher, K.*, Wiesbaden 1972, S. 47-57

Gabele, E.: Reorganisation, in: HWO, 3. A., hrsg. von *Frese, E.*, Stuttgart 1992, Sp. 2196-2211

Gälweiler, A.: Grundlagen der Divisionalisierung, in: zfo 1971, S. 55-66

Gaitanides, M.: Prozeßorganisation, Entwicklung, Ansätze und Programme prozeßorientierter Organisationsgestaltung, München 1983

Gaitanides, M./Westphal, J./Wiegels, I.: Zum Erfolg von Strategie und Struktur des Kundenmanagements, in: zfo 1991, S. 15-21

Gaitanides, M.: Ablauforganisation, in: HWO, 3. A., hrsg. von *Frese, E.*, Stuttgart 1992, Sp. 1-18

Gaitanides, M./Scholz, R./Vrohlings, A.: Prozeßmanagement, Grundlagen und Zielsetzungen, in: Prozeßmanagement, Konzepte, Umsetzungen und Erfahrungen des Reengineering, hrsg. von *Gaitanides, M./ Scholz, R./Vrohlings, A.* et. al., München et al. 1994, S. 1-19

Gaitanides, M.: Folgen der Veränderung der Organisationsarbeit für die universitäre Ausbildung, in: zfo 1995, S. 381-383.

Garvin, D. A.: Building a learning organization, in: HBR 4/1993, S. 78-91

GfürO-Weiterbildungskommission (Hrsg.): Organisator, Aufgaben, Rollen, Profil, Qualifizierung, Reihe Organisation, Bd. 2, Baden-Baden 1993

Gomez, P.: Neue Trends in der Konzernorganisation, in: zfo 1992, S. 166-172

Gomez, P./Zimmermann, T.: Unternehmensorganisation, Profile – Dynamik – Methodik, 2. A., Frankfurt, New York 1993

Gouillart, F. J./Kelly, J. N.: Business Transformation, Wien 1995

Grässle, A. A.: Quantensprung, Durch Veränderungsmanagement zur Unternehmensidentität, München 1993

Greipel, P.: Strategie und Kultur, Bern et al. 1988

Grochla, E.: Unternehmungsorganisation, 9. A., Opladen 1983

Grün, O.: Projektorganisation, in: HWO, 3. A., hrsg. von *Frese, E.*, Stuttgart 1992, Sp. 2102-2116

Gutenberg, E.: Unternehmensführung, Organisation und Entscheidungen, Wiesbaden 1962

Gutenberg, E.: Grundlagen der Betriebswirtschaftslehre, 1. Bd.: Die Produktion, 22. A., Berlin et al. 1976

Haberfellner, R.: Projektmanagement, in: HWO, 3. A., hrsg. von *Frese, E.*, Stuttgart 1992, Sp. 2090-2102

Hahn, D./Krystek, U.: Frühwarnsysteme als Instrument der Krisenerkennung, in: Betriebswirtschaftslehre und ökonomische Krise, Kontroverse Beiträge zur betriebswirtschaftlichen Krisenbewältigung, hrsg. von *Staehle, H. W.* et al., Wiesbaden 1984, S. 3-24

Hahn, D.: Planung, Organisation der, in: HWO, 3. A., hrsg. von *Frese, E.*, Stuttgart 1992, Sp. 1978-1993

Hall, E. A./Rosenthal, J./Wade, J.: How to make reengineering really work, in: The McKinsey Quarterly 2/1994, S. 107-128

Hamel, G./Prahalad, C. K.: Wettlauf um die Zukunft, Wien 1995

Hammer, M./Champy, J.: Business Reengineering, Die Radikalkur für das Unternehmen, 5. A., Frankfurt, New York 1995

Hammer, M./Stanton, S. A.: Die Reengineering Revolution, Handbuch für die Praxis, Frankfurt, New York 1995

Hammer, M.: Beyond Reengineering, How the Process-Centered Organization is Changing Our Work and Our Lives, London 1996

Hanssen, R. A./Remmel, M.: Strategische und operative Führung im *Daimler-Benz*-Konzern – Philosophie und Instrumentarien, in: PuK – Controllingkonzepte, hrsg. von *Hahn, D.*, 4. A., Wiesbaden 1994, S. 847-955

Helferich, C.: Geschichte der Philosophie, Stuttgart 1985

Henzler, H.: Strategische Geschäftseinheiten (SGE): Das Umsetzen von strategischer Planung in Organisation, in: ZfB 1978, S. 912-919

Hewlett-Packard GmbH (Hrsg.): Geschäftsgrundsätze, Böblingen 1993

Hill, W./Fehlbaum, R./Ulrich, P.: Organisationslehre 1, Ziele, Instrumente und Bedingungen der Organisation sozialer Systeme, 5. A., Bern et al. 1994

Hill, W./Fehlbaum, R./Ulrich, P.: Organisationslehre 2, Theoretische Ansätze und praktische Methoden der Organisation sozialer Systeme, 4. A., Bern et al. 1992

Hinterhuber, H. H.: Strategische Unternehmungsführung, Bd. 1: Strategisches Denken, 5. A., Berlin et al. 1992a

Hinterhuber, H. H.: Strategische Unternehmungsführung, Bd. 2: Strategisches Handeln, 5. A., Berlin et al. 1992b

Hirsch-Kreinsen, H.: Restrukturierung von Unternehmen – Ziele, Formen und Probleme dezentraler Organisationen, in: Produzieren im 21. Jahrhundert, Herausforderungen für die deutsche Industrie, Ergebnisse des Expertenkreises »Zukunftsstrategien«, Bd. 1, hrsg. von *Lutz, B./Hartmann, M./Hirsch-Kreinsen, H.*, Frankfurt, New York 1996, S. 195-223

Hoechst AG (Hrsg.): *Hoechst* Aufbruch '94, in: kurz berichtet vom 29.04.94

Hoechst AG (Hrsg.): *Hoechst* Konzern Organisation, in: Targets 04/96, S. 2-8

Hoechst AG (Hrsg.): Geschäftsbericht 1997, Frankfurt 1998

Höhn, R.: Die Führung mit Stäben in der Wirtschaft, 2. A., Bad Harzburg 1970

Hörrmann, G./Tiby, C.: Projektmanagement richtig gemacht, in: Management der Hochleistungsorganisation, hrsg. von *Little, A. D.*, 2. A., Wiesbaden 1991, S. 73-91

Hoffmann, F.: Kritische Erfolgsfaktoren – Erfahrungen in großen und mittelständischen Unternehmungen, in: ZfbF 1986, S. 831-843

Hoffmann, F.: Aufbauorganisation, in: HWO, 3. A., hrsg. von *Frese, E.*, Stuttgart 1992, Sp. 208-221

Hoffmann, K./Linden F. A.: Kommando zurück, in: MM 11/1994, S. 34-45

Hofstede, G.: Die Bedeutung von Kultur und ihren Dimensionen im internationalen Management, in: Handbuch der internationalen Unternehmenstätigkeit, hrsg. von *Kumar, B. N./Haussmann, H.*, München 1992, S. 303-324

Homburg, C./Hocke, G.: Change Management durch Reengineering? – Eine Bestandsaufnahme, Koblenz 1996

Hronec, S. M.: Vital Signs, Indikatoren für die Optimierung der Leistungsfähigkeit Ihres Unternehmens, Stuttgart 1996

Hurst, D. K.: Crisis and Renewal, Meeting the Challenge of Organizational Change, Boston, Mass. 1995

IBM Deutschland GmbH (Hrsg.): Business Process Management Leitfaden, Stuttgart 1993

Imai, M.: Kaizen – Der Schlüssel zum Erfolg der Japaner im Wettbewerb, 12. A., München 1994

Jackson, P./Ashton, D.: ISO 9000, Der Weg zur Zertifizierung, 4. A., Landsberg/Lech 1996

Jacobsen, N.: Unternehmenskultur, Entwicklung und Gestaltung aus interaktionistischer Sicht, Frankfurt a. M. 1996

Jensen, S.: Der provinzielle Multi, in: MM 12/1998, S. 116-132

Kaden, W./Schlote, S.: Wir mußten handeln, in: MM 8/1997, S. 42-49

Kamiske, G. F. (Hrsg.): Die hohe Schule des Total Quality Management, Berlin et al. 1994

Kaplan, R. B./Murdock, L.: Core Process Redesign, in: The McKinsey Quarterly 2/1991, S. 27-43

Kasper, H.: Neuerungen durch selbstorganisierende Prozesse, in: Managementforschung 1, hrsg. von *Staehle, W. H./Sydow, J.*, Berlin, New York 1991, S. 1-74

Katzenbach, J. R.: Real change leaders, in: The McKinsey Quarterly 1/1996, S. 148-163

Kieser, A. (Hrsg.): Organisationstheoretische Ansätze, München 1981

Kieser, A./Segler, T.: Quasi-mechanistische Situative Ansätze, in: Organisationstheoretische Ansätze, hrsg. von *Kieser, A.*, München 1981, S. 173-184

Kieser, A./Kubicek, H.: Organisation, 3. A., Berlin et al. 1992

Kieser, A.: Anleitung zum kritischen Umgang mit Organisationstheorien, in: Organisationstheorien, hrsg. von *Kieser, A.*, 2. A., Stuttgart 1995, S. 1-30

Kieser, A.: Max Webers Analyse der Bürokratie, in: Organisationstheorien, hrsg. von *Kieser, A.*, 2. A. Stuttgart et al. 1995, S. 31-56

Kieser, A.: Managementlehre und Taylorismus, in: in: Organisationstheorien, hrsg. von *Kieser, A.*, 2. A. Stuttgart et al. 1995, S. 57-89

Kieser, A.: Human Relations-Bewegung und Organisationspsychologie, in: Organisationstheorien, hrsg. von *Kieser, A.*, 2. A. Stuttgart et al. 1995, S. 91-121

Kieser, A./Bomke, P.: Restrukturierung, Führung bei, in: HWFü, hrsg. von *Kieser, A.* et al., 2. A., Stuttgart 1995, Sp. 1829-1843

Kieser, A.: Business Process Reengineering – neue Kleider für den Kaiser? in: zfo 1996, S. 179-185

King, N./Anderson, N.: Innovation and Change in Organizations, London 1995

Klages, H.: Wertewandel in Deutschland in den 90er Jahren, in: Wertewandel, Herausforderung für die Unternehmenspolitik in den 90er Jahren, hrsg. von *Rosenstiel, L. v.* et al., Stuttgart 1993, S. 1-15

Kleinfeld, K.: Benchmarking als Startpunkt einer vollumfänglichen Restrukturierung, in: Benchmarking, Spitzenleistungen durch Lernen von den Besten, hrsg. von *Meyer, J.*, Stuttgart 1996, S. 29-53

Klimecki, R. G.: Organisationsentwicklung und Führung, in: HWFü, hrsg. von *Kieser, A.* et al., 2. A., Stuttgart 1995, Sp. 1652-1664

Kobi, J. M.: Management des Wandels, Die weichen und harten Bausteine erfolgreicher Veränderung, Stuttgart, Wien 1994

Kosiol, E.: Organisation der Unternehmung, 2. A., Wiesbaden 1976

Kotter, J. P.: Why transformation efforts fail, in: HBR 2/1995, S. 59-67

Kreikebaum, H.: Zentralbereiche, in: HWO, 3. A., hrsg. von *Frese, E.*, Stuttgart 1992, Sp. 2603-2610

Kreikebaum, H.: Strategische Unternehmensplanung, 5. A., Stuttgart et al. 1993

Krogh, H./Schlote, S.: Rührt Euch!, in: MM 5/1995, S. 34-49

Krüger, W.: Grundlagen der Organisationsplanung, Gießen 1983

Krüger, W.: Organisation der Unternehmung, 2. A., Stuttgart et al. 1993

Krystek, U./Müller-Stewens, G.: Frühaufklärung für Unternehmen, Identifikation und Handhabung zukünftiger Chancen und Bedrohungen, Stuttgart 1993

Kübel, R.: Aufgaben von Führungskräften, in: Handbuch des Führungskräfte-Managements, hrsg. von *Dahlems, R.*, München 1994, S. 19-36

Laske, S./Weiskopf, R.: Hierarchie, in: HWO, 3. A., hrsg. von *Frese, E.*, Stuttgart 1992, Sp. 791-807

Laux, H.: Grundfragen der Organisation, Delegation, Anreiz und Kontrolle, Berlin et al. 1979

Laux, H.: Organisationstheorie, entscheidungslogisch orientierte, in: HWO, 3. A., hrsg. von *Frese, E.*, Stuttgart 1992, Sp. 1733-1745

Laux, H./Liermann, F.: Grundlagen der Organisation, Die Steuerung von Entscheidungen als Grundproblem der Betriebswirtschaftslehre, 3. A., Berlin et al. 1993

Lehmann, H.: Organisationslehre, betriebswirtschaftliche, in: HWO, 3. A., hrsg. von *Frese, E.*, Stuttgart 1992, Sp. 1537-1554

Lehmann, H.: Organisationstheorie, systemtheoretisch-kybernetisch orientierte, in: HWO, 3. A., hrsg. von *Frese, E.*, Stuttgart 1992, Sp. 1838-1854

Leumann, P.: Die Matrixorganisation, Unternehmensführung in einer mehrdimensionalen Struktur, Theoretische Darstellung und praktische Anwendung, Bern et al. 1979

Lemke, S. G.: Transfermanagement, Göttingen et al. 1995

Lewin, K.: Frontiers in group dynamics (I und II), in: Human Relations 1947, S. 4-41 und 143-153

Lewin, K.: Feldtheorie in den Sozialwissenschaften, Bern, Stuttgart 1963

Liebelt, W.: Ablauforganisation, Methoden und Techniken der, in: HWO, 3. A., hrsg. von *Frese, E.*, Stuttgart 1992, Sp. 19-34

Likert, R.: Die integrierte Führungs- und Organisationsstruktur, Frankfurt, New York 1975

Lindelaub, H.: Organisator, in: HWO, 3. A., hrsg. von *Frese, E.*, Stuttgart 1992, Sp. 1874-1883

Linden, F. A./Wilhelm, W.: Die Akte *Reuter*, in: MM 8/1995, S. 30-54

Linden, F. A.: Traurige Bilanz, in: MM 8/1996, S. 112-113

Linden, F. A./Wilhelm, W.: Das neue Modell, in: MM 9/1996, S. 52-60

Linden, F. A.: Die Stunde des Perfektionisten, in: MM 11/1998, S. 70-76

Lindenlaub, D.: Unternehmensgeschichte, in: ZfB 1983, S. 91-123

Lippitt, G. L.: Organization Renewal, A Holistic Approach to Organization Development, 2. A., Englewood Cliffs, N. J. 1982

Lippitt, G. L./Langseth, P./Mossop, J.: Implementing Organizational Change, A Practical Guide to Managing Change Efforts, San Francisco, London 1989

Litke, H.-D.: Projektmanagement, 3. A., München et al. 1995

Luber, T.: Das Ende, in: Capital 11/1996, S. 36-44

Lufthansa AG (Hrsg.): *Lufthansa*, Information über die *Lufthansa* Unternehmensgruppe, Frankfurt 1996

Macharzina, K.: Unternehmensführung, Wiesbaden 1993

Madauss, B. J.: Handbuch Projektmanagement, 5. A., Stuttgart 1994

Mag, W.: Ausschüsse, in: HWO, 3. A., hrsg. von *Frese, E.*, Stuttgart 1992, Sp. 252-262

Meffert, H.: Kundenmanagement(s), Organisation des, in: HWO, 3. A., hrsg. von *Frese, E.*, Stuttgart 1992, Sp. 1215-1228

Meffert, H.: Marketing, Grundlagen marktorientierter Unternehmensführung, Konzepte, Instrumente, Praxisbeispiele, 8. A., Wiesbaden 1998

Meindl, R.: Beurteilung und Überwindung innerbetrieblicher Hemmnisse, in: Neue Organisationsformen im Unternehmen, Ein Handbuch für das moderne Management, hrsg. von *Bullinger, H.-J./Warnecke, H. J.*, Berlin et al. 1996, S. 1062-1077

Mercedes-Benz AG (Hrsg.): Geschäftsbericht 1995

Messmer, I.: Training aus der Sicht des Trainers, in: Handbuch des Führungskräfte-Managements, hrsg. von *Dahlems, R.*, München 1994, S. 263-282

Metro AG: Aktuelle Unternehmensinformationen 1998, http://www.metro.de

Metzen, H.: Leidensweg, in: MM 11/1994, S. 279-285

Meyer, J.: Benchmarking – Ein Prozeß zur unternehmerischen Spitzenleistung, in: Benchmarking, Spitzenleistungen durch Lernen von den Besten, hrsg. von *Meyer, J.*, Stuttgart 1996, S. 29-53

Miller, D./Friesen, P. H.: Organizations: A Quantum View, Englewood Cliffs, N. J. 1984

Monge, P. R.: Theoretical and Analytical Issues in Studying Organizational Processes, in: Longitudinal Field Research Methods, Studying Processes of Organizational Change, hrsg. von *Huber, G. P./Van de Ven, A. H.*, Thousand Oaks et. al 1995, S. 267-298

Morris, D./Brandon, J.: Revolution im Unternehmen, Reengineering für die Zukunft, Landsberg/Lech 1994

Müller-Stewens, G./Spickers, J. (Hrsg.): Unternehmerischen Wandel erfolgreich bewältigen, Change Management als Herausforderung, St. Galler Executive Forum, Wiesbaden 1995

Mutius, B. von: Die Kunst der Erneuerung, Was die Erfolgreichen anders machen: 12 Gebote des Gelingens, Frankfurt, New York 1995

Naisbitt, J.: Megatrends, Ten New Directions Transforming Our Lives, 2. A., New York 1984

Naisbitt, J./Abdurene, P.: Megatrends 2000, Zehn Perspektiven für den Weg in das nächste Jahrtausend, 3. A., Düsseldorf et al. 1990

Naisbitt, J.: Global Paradox, Warum in einer Welt der Riesen die Kleinen überleben werden, Düsseldorf et al. 1994

Nippa, M.: Anforderungen an das Management prozeßorientierter Unternehmen, in: Prozeßmanagement und Reengineering, Die Praxis im deutschsprachigen Raum, 2. A., hrsg. von *Nippa, M./Picot, A.*, Frankfurt et al. 1996, S. 13-38

Nippa, M.: Bestandsaufnahme des Reengineering-Konzepts, in: Prozeßmanagement und Reengineering, Die Praxis im deutschsprachigen Raum, 2. A., hrsg. von *Nippa, M./Picot, A.*, Frankfurt et al. 1996, S. 61-77

Nippa, M./Klemmer, J.: Zur Praxis prozeßorientierter Unternehmensgestaltung, in: Prozeßmanagement und Reengineering, Die Praxis im deutschsprachigen Raum, 2. A., hrsg. von *Nippa, M./Picot, A.*, Frankfurt et al. 1996, S. 13-38

Noll, P./Bachmann, H. R.: Der kleine *Machiavelli*, Handbuch der Macht für den alltäglichen Gebrauch, 16. A., Zürich 1987

Nordsieck, F.: Die schaubildliche Erfassung und Untersuchung der Betriebsorganisation, Stuttgart 1932

Nordsieck, F.: Grundlagen der Organisationslehre, Stuttgart 1934

Nordsieck, F.: Betriebsorganisation, Betriebsaufbau und Betriebsablauf, 3. A., Stuttgart 1968

Österle, H.: Business Engineering, Prozeß- und Systementwicklung, Bd. 1: Entwurfstechniken, Berlin et al. 1995

Osborn, R. N./Hunt, J. G./Jauch, L. R.: Organization Theory: An Integrated Approach, New York et al. 1980

Osterloh, M./Frost, J.: Business Reengineering: Modeerscheinung oder »Business Revolution«, in: zfo 1994, S. 356-363

Osterloh, M./Frost, J.: Prozeßmanagement als Kernkompetenz, Wie Sie Business Reengineering strategisch nutzen können, Wiesbaden 1996

*Parkinson, N. C.: Parkinson*s Gesetz und andere Untersuchungen über die Verwaltung, Reinbek bei Hamburg 1966

Pawlowsky, P.: Betriebliche Qualifikationsstrategien und organisationales Lernen, in: Managementforschung 2, hrsg. von *Staehle, W. H./ Conrad, P.,* Berlin, New York 1992, S. 177-237

Peddinghaus, J./Gehrckens, M./Hütz, N. v.: Bedeutung der »Soft Factors« bei Restrukturierungsprozessen, in: Gewinnen im Wettbewerb, Erfolgreiche Unternehmensführung in Zeiten der Liberalisierung, hrsg. von *Booz/Allen/Hamilton,* Stuttgart 1994, S. 177-198

Perich, R.: Unternehmungsdynamik, Zur Entwicklungsfähigkeit von Organisationen aus zeitlich-dynamischer Sicht, 2. A., Bern, Stuttgart, Wien 1992

Peters, T. J./Waterman, R. H.: In Search of Excellence, Lessons from America's Best-Run Companies, New York et al. 1982

Peters, T. J./Waterman, R. H.: Auf der Suche nach Spitzenleistungen – Was man von den bestgeführten US-Unternehmen lernen kann, 9. A., Landsberg/Lech 1984

Peters, T.: Jenseits der Hierarchien, Liberation Management, Düsseldorf 1993

Pfohl, H.-C./Krings, M./Betz, G: Techniken der prozeßorientierten Organisationsgestaltung, in: zfo 1996, S. 246-251

Picot, A./Franck, E.: Prozeßorganisation, Eine Bewertung der neuen Ansätze aus Sicht der Organisationslehre, in: Prozeßmanagement und Reengineering, Die Praxis im deutschsprachigen Raum, 2. A., hrsg. von *Nippa, M./Picot, A.,* Frankfurt et al. 1996, S. 13-38

Picot, A./Reichwald, R./Wigand, R. T.: Die grenzenlose Unternehmung, Information, Organisation und Management, 2. A., Wiesbaden 1996

Picot, A./Dietl, H./Franck, E.: Organisation, Eine ökonomische Perspektive, Stuttgart 1997

Picot, A./Freudenberg, H.: Neue organisatorische Ansätze zum Umgang mit Komplexität, in: Komplexitätsmanagement, Schriften zur Unternehmensführung, Bd. 61, hrsg. von *Adam, D.,* Wiesbaden 1998, S. 69-86

Pinchot, G.: Intrapreneuring, New York 1985

Pleschak, F./Sabisch, H.: Innovationsmanagement, Stuttgart 1996

Porter, M. E.: Wettbewerbsvorteile (Competitive Advantage), Spitzenleistungen erreichen und behaupten, 4. A., Frankfurt 1996

Preissner, A./Schwarzer, U.: Die letzte Reserve, in: MM 11/1998, S. 103-119

Preissner-Polte, A.: The Big Blues, in: MM 7/1993, S. 40-49

PricewaterhouseCoopers (Hrsg).: Unternehmens- und Imagebroschüre, o.O. 1998

Probst, G. J. B.: Der Organisator im selbstorganisierenden System, Aufgaben, Stellung und Fähigkeiten, in: zfo 1986, S. 395-399

Probst, G. J. B.: Organisation, Strukturen, Lenkungsinstrument, Entwicklungsperspektiven, Landsberg 1992

Probst, G. J. B.: Selbstorganisation, in: HWO, 3. A., hrsg. von *Frese, E.*, Stuttgart 1992, Sp. 2255-2269

Probst, G. J. B./Büchel, B. S. T.: Organisationales Lernen, Wettbewerbsvorteil der Zukunft, Wiesbaden 1994

Pugh, D. S./Hickson, D. J./Hinings, C. R./Turner C.: Dimensions of organization structure, ASQ 1968, Vol. 13, S. 65-105

Pugh, D. S.: Organization Theory, Selected Readings, London et al. 1971

Reber, G.: Lernen, organisationales, in: HWO, 3. A., hrsg. von *Frese, E.*, Stuttgart 1992, Sp. 1240-1255

REFA (Hrsg.): Methodenlehre des Arbeitsstudiums, Teil 1: Grundlagen, 7. A., München 1984

Reichwald, R./Höfer, C./Weichselbaumer, J.: Erfolg von Reorganisationsprozessen, Leitfaden zur strategieorientierten Bewertung, Stuttgart 1996

Reichwald, R./Koller, H.: Integration und Dezentralisierung von Unternehmensstrukturen, in: Produzieren im 21. Jahrhundert, Herausforderungen für die deutsche Industrie, Ergebnisse des Expertenkreises »Zukunftsstrategien«, Bd. 1, hrsg. von *Lutz, B./Hartmann, M./Hirsch-Kreinsen, H.*, Frankfurt, New York 1996, S. 225-294

Reichwald, R. et al.: Telekooperation, Verteilte Arbeits- und Organisationsformen, Berlin et al. 1998

Reichwald, R./Hesch, G.: Mitarbeiter und Manager in neuen Organisationsformen, in: Komplexitätsmanagement, Schriften zur Unternehmensführung, Bd. 61, hrsg. von *Adam, D.*, Wiesbaden 1998, S. 87-96

Reiß, M.: Spezialisierung, in: HWO, 3. A., hrsg. von *Frese, E.*, Stuttgart 1992, Sp. 2287-2297

Reiß, M./Zeyer, U.: Transitionsstrategien im Management des Wandels, in: Organisationsentwicklung 4/1994, S. 36-44

Reiß, M.: Einführung, in: Change Management, Programme, Projekte und Prozesse, hrsg. v. *Reiß, M./Rosenstiel, L. v./Lanz, A.*, Stuttgart 1997, S. 3 f.

Reiß, M.: Mythos Netzwerkorganisation, in: zfo 4/1998, S. 224-229

Remer, A.: Macht, organisatorische Aspekte der, in: HWO, 3. A., hrsg. von *Frese, E.*, Stuttgart 1992, Sp. 1271-1286

Richter, A.: Der Flurfunk in Möhringen sendet wieder seine Lieblingssendung, in: StZ Nr. 216 vom 17.09.96, S. 9

Rieker, J.: Zwingende Logik, in: MM 6/1998, S. 46-51

Riester, W. F.: Organisation und Kybernetik, in: Organisation als System, hrsg. v. *Bleicher, K.*, Wiesbaden 1972, S. 153-171

Risch, S.: Der Faktor Mensch, in: MM 7/1995, S. 170-172

Rolz, G./Lehmann, P.: Aktuelle Reorganisationstendenzen bei der *Quelle*, in: Organisationsstrategien zur Sicherung der Wettbewerbsfähigkeit, Lösungen deutscher Unternehmungen, hrsg. von *Frese, E./Maly, W.*, ZfbF-Sonderheft 33/1994, S. 143-162

Rosenstiel, L. v./Nerdinger, F. W./Spieß, E. et al.: Führungsnachwuchs im Unternehmen, Wertkonflikte zwischen Individuum und Organisation, München 1989

Rosenstiel, L. v.: Grundlagen der Organisationspsychologie, 3. A., Stuttgart 1992

Rosenstiel, L. v.: Organisationsklima, in: HWO, 3. A., hrsg. von *Frese, E.*, Stuttgart 1992, Sp. 1514-1524

Rosenstiel, L. v.: Organisationspsychologie, in: HWO, 3. A., hrsg. von *Frese, E.*, Stuttgart 1992, Sp. 1619-1633

Rüßmann, K.-H.: Primus ohne Antrieb, in: MM 8/1993, S. 54-63

Sackmann, S.: Organisationskultur: Die unsichtbare Einflußgröße, in: Gruppendynamik, Zeitschrift für angewandte Sozialwissenschaft 1983, S. 393-406

Sadler, P.: Managing Change, London 1995

Sattelberger, T.: Die lernende Organisation im Spannungsfeld von Strategie, Struktur und Kultur, in: Die lernende Organisation, Konzepte für eine neue Qualität der Unternehmensentwicklung, hrsg. von *Sattelberger, T.*, 3. A., Wiesbaden 1996

Schanz, G.: Organisation, in: HWO, 3. A., hrsg. von *Frese, E.*, Stuttgart 1992, Sp. 1459-1471

Schanz, G.: Organisationsgestaltung, Management von Arbeitsteilung und Koordination, 2. A., München 1994

Schein, E. H.: Wie vollziehen sich Veränderungen?, in: Änderung des Sozialverhaltens, hrsg. von *Bennis, W. G./Benne, K. D./Chin, R.*, Stuttgart 1975, S. 128-139

Schlote, S.: Aus dem Gleichgewicht, in: Wirtschaftswoche 26/1992, S. 116-126

Schmidt, G.: Methode und Techniken der Organisation, 10. A., Gießen 1994

Schmidt, R. H.: Organisationstheorie, transaktionskostenorientierte, in: HWO, 3. A., hrsg. von *Frese, E.*, Stuttgart 1992, Sp. 1854-1865

Schneider, M.: Strukturwandel und Restrukturierung in der chemisch-pharmazeutischen Industrie als unternehmerische Herausforderung, in: Reengineering, Konzepte und Umsetzung innovativer Strategien und Strukturen, Kongreß-Dokumentation 48. Deutscher Betriebswirtschafter-Tag 1994, hrsg. von der *Schmalenbach-Gesellschaft – Deutsche Gesellschaft für Betriebswirtschaft e.V.*, Stuttgart 1995, S. 15-31

Scholz, C.: Effektivität und Effizienz, organisatorische, in: HWO, 3. A., hrsg. von *Frese, E.*, Stuttgart 1992, Sp. 533-552

Scholz, C.: Matrixorganisation, in: HWO, 3. A., hrsg. von *Frese, E.*, Stuttgart 1992, Sp. 1302-1315

Scholz, C.: Personalmanagement, 4. A., München 1994

Scholz, C.: Virtuelle Organisation: Konzeption und Realisation, in: zfo 1996, S. 204-210

Scholz, C.: Strategische Organisation, Prinzipien zur Vitalisierung und Virtualisierung, Landsberg/Lech 1997

Scholz, R.: Geschäftsprozeßoptimierung, Crossfunktionale Rationalisierung oder strukturelle Reorganisation, 2. A., Bergisch Gladbach et al. 1995

Scholz, R./Vrohlings, A.: Realisierung von Prozeßmanagement, in: Prozeßmanagement, Konzepte, Umsetzungen und Erfahrungen des Reengineering, hrsg. von *Gaitanides, M./Scholz, R./Vrohlings, A.* et. al., München et al. 1994, S. 21-36

Scholz, R./Vrohlings, A.: Prozeß-Leistungs-Transparenz, in: Prozeßmanagement, Konzepte, Umsetzungen und Erfahrungen des Reengineering, hrsg. von *Gaitanides, M./Scholz, R./Vrohlings, A.* et. al., München et al. 1994, S. 57-98

Scholz, R./Vrohlings, A.: Prozeß-Redesign und kontinuierliche Prozeßverbesserung, in: Prozeßmanagement, Konzepte, Umsetzungen und Erfahrungen des Reengineering, hrsg. von *Gaitanides, M./Scholz, R./Vrohlings, A.* et. al., München et al. 1994, S. 99-122

Schreyögg, G.: Organisationskultur, in: HWO, 3. A., hrsg. von *Frese, E.*, Stuttgart 1992, Sp. 1525-1537

Schreyögg, G.: Organisationstheorie, entscheidungsprozeßorientierte, in: HWO, 3. A., hrsg. von *Frese, E.*, Stuttgart 1992, Sp. 1746-1757

Schreyögg, G.: Organisation, Grundlagen moderner Organisationsgestaltung, Wiesbaden 1996

Schreyögg, G./Noss, Ch.: Organisatorischer Wandel: Von der Organisationsentwicklung zur lernenden Organisation, in: DB 1995, S. 169-185

Schüler, W.: Organisationstheorie, mathematische Ansätze der, in: HWO, 3. A., hrsg. von *Frese, E.*, Stuttgart 1992, Sp. 1806-1817

Schulte-Zurhausen, M.: Organisation, München 1995

Schwarzer, B./Krcmar, H.: Wirtschaftsinformatik, Grundzüge der betrieblichen Datenverarbeitung, Stuttgart 1996

Schweiker, K. F. et al.: Restrukturierungsprogramme in der *Henkel*-Gruppe, in: Organisationsstrategien zur Sicherung der Wettbewerbsfähigkeit, Lösungen deutscher Unternehmungen, hrsg. von *Frese, E./Maly, W.*, ZfbF-Sonderheft 33/1994, S. 63-81

Schwendner, R.: Logik des Scheiterns, Potentiale im Unternehmen verbessern statt verspielen, Wiesbaden 1996

Scott, W. R.: Organization Theory, A Structural and Behavioral Analysis, 3. A., Homewood, Ill. 1976

Scott, W. R.: Grundlagen der Organisationstheorie, Frankfurt et al. 1986

Scott-Morgan, P.: Die heimlichen Spielregeln, Die Macht der ungeschriebenen Gesetze im Unternehmen, Frankfurt, New York 1994

Seidel, E.: Gremienorganisation, in: HWO, 3. A., hrsg. von *Frese, E.*, Stuttgart 1992, Sp. 714-725

Seidel, E./Redel, W.: Führungsorganisation, München et al. 1987

Seifert, B.: Verwirrspiel, in: Capital 5/1991, S. 148-155

Seiffert, U.: KVP-Bestandteil eines evolutionären Produktentstehungsprozesses, in: WiSt 1995, S. 197-202

Senge, P. M.: Die fünfte Disziplin, Kunst und Praxis der lernenden Organisation, Stuttgart 1996

Serfling, K.: Controlling, 2. A., Stuttgart et al. 1992

Servatius, H.-G.: Reengineering-Programme umsetzen, Von erstarrten Strukturen zu fließenden Prozessen, Stuttgart 1994

Siemens AG (Hrsg.): Unternehmensleitsätze, Grundsätze der Organisation und Zusammenarbeit, München 1990

Siemens AG (Hrsg.): top-Projekte, Zwischenbilanz: Die top-Bewegung gewinnt an Dynamik, München 1995a

Siemens AG (Hrsg.): Geschäftsbericht 1995b

Siemens AG (Hrsg.): Geschäftsbericht 1997, München 1998a

Siemens AG (Hrsg.): Unser Leitbild, Our Principles, München 1998b

Siemens AG (Hrsg.): top$^+$, Information für Führungskräfte, München 1998c

Siemens Nixdorf Informationssysteme AG (Hrsg.): Die Roadmap zum Erfolg, 3. A., o. O. 1998

Sonntag, K.: Lernen im Unternehmen, Effiziente Organisation durch Lernkultur, München 1996

Spalink, H. (Hrsg.): Werkzeuge für das Change-Management, Prozesse erfolgreich optimieren und implementieren, Frankfurt/Main 1998

Sprenger, R. K.: Mythos Motivation, Wege aus einer Sackgasse, 5. A., Frankfurt, New York 1993

Sprenger, R. K.: Das Prinzip Selbstverantwortung, Wege zur Motivation, 4. A., Frankfurt, New York 1996

Staehle, W. H.: Management, 6. A., München 1991

Staerkle, R.: Leitungssystem, in: HWO, 3. A., hrsg. von *Frese, E.*, Stuttgart 1992, Sp. 1229-1239

Starbuck, W. H./Nystrom, P. C.: Führung in Krisensituationen, in: HWFü, hrsg. von *Kieser, A.* et al., 2. A., Stuttgart 1995, Sp. 1386-1397

Stauss, B./Friege, C.: Zehn Lektionen in TQM, in: HBM 2/1996, S. 20-32

Steinle, C.: Stabsstelle, in: HWO, 3. A., hrsg. von *Frese, E.*, Stuttgart 1992, Sp. 2310-2321

Steinmann, H./Schreyögg, G.: Management, 3. A., Wiesbaden 1993

Striening, H.-D.: Qualität im indirekten Bereich durch Prozeß-Management, in: Qualität als Managementaufgabe, Total Quality Management, hrsg. von *Zink, K. J.*, Landsberg/Lech 1989, S. 145-175

Szyperski, N./Winand, U.: Duale Organisation – Ein Konzept zur organisatorischen Integration der strategischen Geschäftsplanung, in: ZfbF 1979, S. 195-205

Taylor, F. W.: Die Grundsätze wissenschaftlicher Betriebsführung, München 1913

Theuvsen, L.: Business Reengineering – Möglichkeiten und Grenzen einer prozeßorientierten Organisationsgestaltung, in: ZfbF 1996, S. 65-82

Thom, N./Brölingen, B.: Berufsbild des Organisators, Tätigkeiten, Bildungsmaßnahmen und Problemsituationen in einem Aufstiegsberuf, Stuttgart 1982

Thom, N.: Der Beruf des Organisators im Wandel, in: Office Management 9/1988, S. 6-9

Thom, N.: Zur Effizienz der Matrix-Organisation, in: Zukunftsperspektiven der Organisation, hrsg. von *Bleicher, K./Gomez, P.*, Bern 1990, S. 239-270

Thom, N.: Organisationsentwicklung, in: HWO, 3. A., hrsg. von *Frese, E.*, Stuttgart 1992, Sp. 1477-1491

Thom, N.: Stelle, Stellenbildung und -besetzung, in: HWO, 3. A., hrsg. von *Frese, E.*, Stuttgart 1992, Sp. 2321-2333

Thom, N.: Management des Wandels, Grundelemente für ein differenziertes und integriertes »Change Management«, Berner akademische Reden, Bern, Stuttgart, Wien 1996

Thommen, J.-P.: Organisationales Verlernen, um sich aus der Krise zu bewegen, in: Erfahrung, Bewegung, Strategie, hrsg. von der European Business School, Wiesbaden 1996, S. 247-270

Tichy, N. M.: Regieanweisung für Revolutionäre, Unternehmenswandel in drei Akten, Frankfurt, New York 1995

Tietz, B.: Produktmanagement(s), Organisation des, in: HWO, 3. A., hrsg. von *Frese, E.*, Stuttgart 1992, Sp. 2067-2077

Töpfer, A.: Analyse von Insolvenzursachen, in: Krisenmanagement und Sanierungsstrategien, hrsg. von *Schimke, E./Töpfer, A.*, Landsberg/Lech 1985, S. 158-171

Töpfer, A./Mehdorn, H.: Total Quality Management, Anforderungen und Umsetzung im Unternehmen, 4. A., Neuwied et al. 1995

Töpfer, A.: Die Restrukturierung des *Daimler-Benz* Konzerns 1995-1997, Neuwied, Kriftel 1998

Tominaga, M.: Erfolgsstrategien für deutscher Unternehmer, Erhöhen Sie die Produktivität durch den Einsatz japanischer und deutscher Managementtechniken, 3. A., Düsseldorf 1996

Türk, K.: Soziologie der Organisation, Eine Einführung, Stuttgart 1978

Tushman, M. L./Newman, W. H./Romanelli, E.: Convergence and Upheaval: Managing the Unsteady Pace of Organizational Evolution, in: California Management Review 1/1986, S. 29-44

Vahs, D.: Controlling-Konzeptionen in deutschen Industrieunternehmungen – eine betriebswirtschaftliche-historische Untersuchung, Diss., Frankfurt a. M. 1990

Vahs, D.: Wege zu effizienteren Organisationsstrukturen, in: zfo 1994, S. 305-311

Vahs, D.: Zum Bedeutungswandel des Studienfachs »Organisation« an den Fachhochschulen, in: zfo 1995, S. 384

Vahs, D./Burmester, R.: Innovationsmanagement – Von der Produktidee zur erfolgreichen Vermarktung, Stuttgart 1999

Vetter, W.: Veränderungen im Organisationsverständnis und in der Rolle des Organisators, in: zfo 1995, S. 389

Viehöver, U.: Komödie und Tragödie, in: Wirtschaftswoche 20/1990, S. 186-192

Viehöver, U.: Grenzen verwischt, in: Wirtschaftswoche 25/1990, S. 54-56

Viehöver, U.: Neue Führungsstruktur: Wer die Verlierer sind, in: Wirtschaftswoche 26/1992, S. 123

Wagner, D./Zander, E./Hauke, C.: Handbuch der Personalleitung, München 1992

Wahren, H.-K. E.: Gruppen- und Teamarbeit in Unternehmen, Berlin, New York 1994

Wahren, H.-K.: Das lernende Unternehmen, Theorie und Praxis des organisationalen Lernens, Berlin, New York 1996

Warnecke, H. J.: Die fraktale Fabrik – Revolution der Unternehmenskultur, Berlin 1992

Waterman, R. H.: Die neue Suche nach Spitzenleistungen, Erfolgsunternehmen im 21. Jahrhundert, Düsseldorf et al. 1994

Waterman, R. H./Peters, T. J./Phillips, J. R.: Structure is not organization, in: The McKinsey Quarterly, Summer 1980, S. 2-20

Weber, J.: Das Geheimnis der Reorganisation bei *ABB*, in: HM 3/1991, S. 9-11

Weber, M.: Wirtschaft und Gesellschaft, 5. A., Tübingen 1976

Weidner, W. et al.: Organisation in der Unternehmung, 4. A., München et al. 1992

Wiedeking, W.: Reengineering und Restrukturierung am Beispiel der *Porsche AG*, in: Reengineering, Konzepte und Umsetzung innovativer Strategien und Strukturen, Kongreß-Dokumentation 48. Deutscher Betriebswirtschafter-Tag 1994, hrsg. von der *Schmalenbach-Gesellschaft – Deutsche Gesellschaft für Betriebswirtschaft e.V.*, Stuttgart 1995, S. 205-217

Wilhelm, W.: R*euter*s Irrfahrt, in: MM 5/1990, S. 34-52

Wiswede, G.: Gruppen und Gruppenstrukturen, in: HWO, 3. A., hrsg. von *Frese, E.*, Stuttgart 1992, Sp. 735-754

Witte, E.: Entscheidungsprozesse, in: HWO, 3. A., hrsg. von *Frese, E.*, Stuttgart 1992, Sp. 552-565

Witte, E.: Effizienz der Führung, in: HWFü, hrsg. von *Kieser, A.* et al., 2. A., Stuttgart 1995, Sp. 262-276

Wittlage, H.: Unternehmensorganisation, 5. A., Herne et al. 1993a

Wittlage, H.: Methoden und Techniken praktischer Organisationsarbeit, 3. A., Herme et al. 1993b

Witzig, T./Breisig, T.: Umsetzung aktueller Konzepte des Qualitätsmanagements, in: ZfB 1994, S. 737-763

Womack, J. P./Jones, D. T./Ross, D.: Die zweite Revolution in der Automobilindustrie, Frankfurt, New York 1991

Wunderer, R.: Führung und Zusammenarbeit, Beiträge zu einer unternehmerischen Führungslehre, 2. A., Stuttgart 1997

Würth-Gruppe (Hrsg.): Geschäftsbericht 1997

Zahn, E./Greschner, J.: Strategische Erneuerung durch organisationales Lernen, in: Lernende Organisationen, Konzepte, Methoden und Erfahrungsberichte, hrsg. von *Bullinger, H.-J.*, Stuttgart 1996, S. 41-74

Zimmermann, A.: Planung und Kontrolle im Führungssystem des Hauses *Siemens*, in: PuK – Controllingkonzepte, hrsg. von *Hahn, D.*, 4. A., Wiesbaden 1994, S. 957-1070

Stichwortverzeichnis

Praxisnahes Wirtschaftsstudium

F. Hohmeister
**Grundzüge des Wirt-
schaftsprivatrechts**
Lehr- und Studienbuch für
Studierende der Rechts- und
Wirtschaftswissenschaften
2., überarb. Aufl. 1999.
318 S. Kart.,
DM 42,–/öS 307,–/sFr 39,–
ISBN 3-7910-1450-1

Das ergänzende
Arbeitsbuch:

F. Hohmeister/A. Küper
**Fälle und Lösungen
zum Wirtschaftspri-
vatrecht**
Übungen auf der Grund
lage höchstrichterlicher
Entscheidungen
1999. 122 S. Kart.,
DM 29,80/öS 218,–/sFr 27,50
ISBN 3-7910-1379-3

H. Hopp/A. Göbel
**Management
in der öffentlichen
Verwaltung**
Organisations- und
Personalarbeit in modernen
Kommunalverwaltungen
1999. 320 S. Kart.,
DM 48,–/öS 350,–/sFr 44,–
ISBN 3-7910-1377-7

M. Wobbermin
**Buchhaltung, Jahres-
abschluß, Bilanzanalyse**
Einführung mit Fallbei-
spielen und Kontrollfragen
1999. 324 S. Kart.,
DM 48,– /öS 350,– /sFr 44,–
ISBN 3-7910-1447-1

Weitere Bände sind in
Vorbereitung bzw. bereits
erschienen.

A. Frantzke
**Grundlagen der
Volkswirtschaftslehre**
Mikroökonomische Theorie
und Aufgaben des Staates
in der Marktwirtschaft
1999. 496 S. Kart.,
DM 58,–/öS 423,–/sFr 52,–
ISBN 3-7910-1261-4

H. W. Grafers
**Einführung in die
betriebliche
Außenwirtschaft**
1999. 355 S. Kart.,
DM 48,–/öS 350,–/sFr 44,–
ISBN 3-7910-1449-8

**SCHÄFFER
POESCHEL**

PF 10 32 41 · 70028 Stuttgart
Tel. (07 11) 21 94-0 · Fax -119
schmid@schaeffer-poeschel.de
http://www.schaeffer-poeschel.de

Verlag für Wirtschaft · Steuern · Recht